国史探微

谭徐锋 主编

为政之要 惟在得人

川北通江县的政权建设研究
（1950—1956）

何志明 著

当代中国出版社
Contemporary China Publishing House

序

申晓云*

何志明的新著《为政之要　惟在得人：川北通江县的政权建设研究（1950—1956）》即将由当代中国出版社正式出版，作为作者在南京大学攻读硕、博学位的指导老师，由衷地为他高兴！作者请我给他的新著写个"序"，欣然从命之余，顺便对他的研究经历做一下简要回顾。

志明是2008年9月从四川师范大学考入南京大学历史学系攻读硕士学位的。南大三年读硕期间，他很好地利用了中国第二历史档案馆和南京图书馆的优越条件，在梳理大量档案和报刊文献的基础上，选择以训政初期江苏、浙江国民党为研究对象，最终完成了硕士论文《权力重构与利益抗争：国民党江浙党部的政治主张及其实践（1928—1931）》。该文对这一时期国民党基层党部内部"党力"涣散之实况、症结所在，以及面临的执政困境，作了颇有深度的透析。在答辩阶段也得到了诸位专家的一致好评。

硕士研究生毕业后，志明仍然没有忘记对学术的追求，我们始终保持了不间断的联系。他在工作之余会去地方档案馆查阅档案，在短短两年的时间，搜集了大量第一手档案和党内刊物，同时开展田野调查，搜集了为数可观的口述访谈资料。在这一过程中，他的

---

* 申晓云，南京大学历史学院教授，博士生导师。

研究兴趣逐渐从国民党史转向了中共党史领域。志明有这个想法，我很赞同。作为中国近代史专业的研究生，将中国近代以来发展至今的全部历史作贯通审视乃题中之义。1949年是一个历史发生重大转折的节点，国民党和共产党都是中国近代革命思潮激荡的产物，且都"以俄为师"，若能将国民党统治的失败与共产党革命的成功作一异同比较，则是个很好的研究视角。既然他有意将研究目光转向中共党史领域，如果具备一定条件，特别在史料搜集上有突破的话，我是倍加鼓励的。

2013年，是我招收博士研究生的最后一年，志明果然如约而至，以出色的成绩通过了博士研究生入学考试。令我印象深刻的是，在他来校报到时，随身携带厚厚三大册装订整齐的资料，这是他在多家档案馆"蹲守"而获得的"战利品"，其中两册是编目索引，是他对地方档案馆馆藏史料作了近乎充分的浏览后，经消化、整理，然后精心编排而成的索引。另外一册是根据田野调查、记录整理而得的口述资料汇编。在看到摆在面前的这厚厚三大册时，我知道志明不仅已为自己进入博士阶段的学习做了充分的准备，而且其论文选题和大体的论述框架也呼之欲出了。果然，读博三年期间，他不仅高效率地修完了申请学位所需要全部课程，还发表了多篇有份量的论文。当然，博士学位论文的撰写也进行得十分顺利，而即将出版的这部新著，就是在博士学位论文《新中国初期政权建设中的基层干部研究：以川北通江县为中心》基础上的修订而成。

志明的这篇论文在答辩时就颇获好评，现经进一步打磨，在学术品格上更有新的提升，著中值得点评之处颇多，其精彩之处作者在书稿绪言中也有阐述。作为他的论文指导老师，我也是他现在这部新著的第一位读者，阅后获益良多。若要为志明的这部著作写"序"的话，重复著中作者本人的一些叙述，不免有赘述之嫌，基于对志明论文写作过程和付出艰辛的了解，不如将我对该著的品评结合作者的写作实践和治学特点，就如何才能写出一篇好论文，谈谈自己的感触，以此与各位读者做点交流。

序

对于进入研究生阶段学习的年轻学子来说，都希望自己在毕业时能交出一篇好的学位论文来，然而什么样的论文才能被称为"好"呢？问题意识是关键。对此，志明是有自觉性的，在他为自己的学位论文选择重点研究对象时，首先激起研究兴趣的是对历史上重大问题的关切。也许有人会说，在为自己选择研究对象和考察重点时，不是强调越具体越好吗，脑子里光有"大问题"行吗？不错，选择具体研究对象时，要强调的不是"大"，而是"小"，以便于深入开掘。但目标"小"并不意味着视域狭窄，强调要想"大问题"，也并不意味着海阔天空地乱想，而是强调在为论文作选题时，思路要开阔，站位要高，更确切地说，要有探索和回应历史上重大关切的自觉。有了这样的自觉，才有可能发现和找到既具宏观审视意义，又具微观考察价值，还能从小的切口进去，通过深入开掘能让研究意义和价值得到最好体现的典型个案和研究切入点。

志明将自己研究目光从国民党史转向中共党史，一方面固然是因为以往学界在这一研究领域的研究一直比较薄弱，更有很多历史的经验教训需要去总结，具有较大的开拓空间。除了这一考虑外，还有很重要的原因，我想就是延续了他硕士论文选题时的大的历史关怀，即从"政权更替""朝代兴衰"的历史进程中，去加深对历史规律的认知和经验教训的总结，以更好地发挥历史学"以史为鉴"的功能。不过，既然研究对象变了，那么提出的问题、思考的方向也会有所不同。在硕士阶段，他"问题意识"指向是对国民党政权短命原因的追索；反过来，共产党所建立的中华人民共和国迄今已有70余年的历史，其间也走过弯路，经历过大风大浪，但却能稳固如初，原因在哪里？

在这样的"问题意识"引领下，加上硕士论文研究结论给他的启示，志明似乎有了更深层次的联想，他从中国古代的"皇权不下县"，联想国民党统治时期虽曾试图将权力向县以下地区扩展，但实际情况是"上层有党，下层无党；城市有党，乡村无党；沿海有党，内地无党"，终其20多年的大陆统治，也未能对基层社会，尤其是广大乡村地区全面掌控的失败史实中，对共产党政权之所以能够长治久安的原因有了新的感悟。问题的关键要素是"人"，也就是一大批铁心跟共产党走的基层干部，正是有了这样一批人的成长，共产党方能借助组织的力量，不仅将组织触角迅速地延伸到了原本力量薄弱的广大农村新解放区，而且通过这样的渗透，新政权中县以下行政管理系统（"县—区—乡—村—组"）也迅速得以建立，社会统合能力得到空前加强，不仅为国家政令的传递与贯彻准备了畅通的管道，国家权力也因此得以毫无障碍地延伸到了基层社会的各个角落，甚至每一个农户家庭。

这一发现让他想到了"为政之要，惟在得人"这句老话。问题在于这一大批原本并无多少"共产主义"觉悟且几乎多为目不识丁的乡农，究竟是怎样在一个短时间内完成"公家人"的转型，进而被打造成贯彻国家意志无比坚定的乡村干部的呢？在这层层的追索下，问题更集中了，能不能就将此作为自己博士论文研究的课题呢？于是志明对相关研究动态和成果进行了一番搜索，发现这个问题虽然很重要，但在前的研究却无多涉及，更没有提供还原这一历史过程、能说明问题的案例。既然如此，何不就将20世纪50年代初期基层政权建设中的干部群体作为自己的论文选题呢？及此，在作者脑海中盘旋多日的对研究目标的选择，以及对如何着手去做的思考一下子变得明晰起来。

首先是重点考察时段的框定。作者既已明确要以新中国成立初期政权建设中乡村基层干部群体的成长轨迹为重点考察内容，在时段选择上将20世纪50年代的头几年列为重点无疑是最合适的。因为从历史上的朝代兴衰规律来看，任何政权要想统治长久，基础是否牢固至为关键。所以，无论考察对象是国民党，还是共产党，就"问题意识"而言，均应探讨其兴衰成败的原因。何况，从事历史研究的学者，在"问题意识"上要有现实观照的自觉，20世纪50年代是中国当代史的开端，研究当代史从50年代起步，不仅是研究时序展开的需要，而且重要的是从50年代开始，或从更远处启动的一切，仍在以不同的方式影响当下的社会和每个人的生活，其考察意义不言而喻。

在中国共产党夺取全国胜利的过程中，已把工作重心从农村转向城市，在城市中的组织力量和干部配备，都得到空前加强，但在中国最广袤的偏僻乡村，尤其是南方新解放区，一切都要从头做起。虽然中国革命走的是"农村包围城市"的道路，但新中国成立后，面临的却是跟以往完全不同的任务，怎样把散布在占中国国土面积大部的乡村地区千千万万目不识丁的农村民众组织动员起来，自觉跟着共产党走，这个任务完成得好不好，不仅关系到共产党建立政权后一系列社会改造和建设目标的实现，而且是共产党成功"打天下"后能不能成功"守天下"的关键。基于以上思考，作者不仅将考察重点区域选择在农村，而且选择了被称为"新区"的地方（也即新解放区，特指1949年10月以后方被解放的地区），可以说作者这样的选择是深具用心和独具慧眼的。

在论文选题目标、考察重点对象、时段和区域——有定后，下一步的工作就是为自己找准一个既具典型解剖意义，又方便入手去做深入开掘、观察的样本了。在做这项考虑时，志明选择了以原川陕苏区的政治中心——川北通江县为对象。对此，作者在其论文前言中作了这样的叙述：以新区基层干部群体的成长轨迹为考察重心，虽然解决了考察重点对象的问题，但新区幅员辽阔，区域与区域之间也有诸多不同，若以整个新区的基层干部为研究对象，不仅难以兼顾不同地区之间的差异，而且会使研究停留于泛泛而论且难以深入的状态。相形之下，以县域为对象的个案研究可以有效地避免这个问题。因为作者看来"县域既是各层级宏观政策最终落地之处，也是宏观与微观、政策与事件的反复碰撞之地，可以说是立体动态历史过程的最佳场域"。所以，决定采去"精准研究"的方式，以县域为个案，也将一个县的干部群体作为重点考察对象，将其放在新中国初期政权建设的大背景下审视，通过"解剖麻雀"来对乡村基层干部在新中国初期的成长过程，以及这一过程的完成对新中国政权巩固所产生的深远影响作出有深度的透视和解析。

志明完成博士论文是从广泛搜集和阅读相关史料开始的。文献研究、实证考察和田野调查是他自述的几个基本做法。先看他在文献搜集和阅读上下的功夫。首先是"泡"档案馆。如前已述，在研究生毕业后的两年多时间里，他多次前往省、市、县档案机构查阅相关档案文献，用"蹲守"的功夫，去对馆内的收藏进行了尽可能全面地浏览。他发现地方档案馆虽然级别不高，但同样可以看到由当时中共中央、西南局、川北区党委、四川省委等各上级领导部门发出下达至县、团一级的重要文件和仅在一定范围内传阅的党内刊物，如《组织工作》《党内资料》《中央财经公报》《中央政法公报》《西南工作》《西南工作资料》《川北工作》《西南政报》《川北政报》《西南区土改运动资料汇编》《宣传工作》《宣传简讯》《征粮通讯》等，这些刊物所刊内容翔实、具体，不回避问题，具有极高的史料价值。不仅于此，志明还利用了自己是当地人的有利条件，有目的地对一些地方文献等作了广泛搜集，通过对这些来自不同渠道、不同方面和不同层次的史料搜集，基本建立了中央、西南区、省、地、县等五级资料体系，也对一个县级政权在整个国家科层体系中的运作实态有了比较完整的了解和把握。

除了档案文献，深入田野开展口述访谈是新中国史研究的重要内容。与晚清和民国史研究不同，新中国史研究的一大优势是不少亲历者仍然健在，及时对他们进行口述访谈，从而最大限度地利用、挖掘活材料，是可以对纸质文献的不足作出一定程度弥补的。但作口述也有相当的难度，除需要一定的采访技巧外，还需要具备一定的人脉基础，因为在彼此尚未建立信任的基础上，即便找到合适的采访对象，人家也未必肯与你作"掏心窝"的对谈。而且做访谈工作量极大，耗时又费力，这也是很多人对此望而却步的原因。但这些都难不倒志明，他从硕士毕业不久，就有计划、有步骤地展开了口述资料的调查和整理。为了拜访相关当事人，他多次利用工作的间隙返乡对健在的老人进行采访，获取了一大批鲜活的口述文献。

在攻博以后的三年中，志明更是利用好了一切能够让自己研究能力得到提升的机会和平台。2014年，他得到了南京大学研究生院的资助，前往英国牛津大学万灵学院进行短期访学，尽管时间不长，但他同样使出了"泡馆"功夫，先是在牛津大学博德利图书馆及其分馆搜集了有关20世纪50年代初期中国史研究的著作与（学位）论文，又去英国国家档案馆、大英图书馆翻阅了此时期有关西南地区土改有关的一些文献资料，这使他不仅开阔了学术眼界，而且从国外学者那里学到了一些独到的观察视角和分析手段。而在得知香港中文大学中国研究服务中心有极为丰富的收藏后，他也为自己争取到了赴香港特区、台湾地区等参加学术会议和活动的机会，探访了那里的档案馆和图书馆，也因此斩获不少，如在港中大中国研究服务中心，他就欣喜地找到了一些在内地图书馆未能找见的方志资料和新华社编辑的《内部参考》。

功夫不负有心人，作者的博士论文撰写进展非常顺利，答辩中也颇获各评委好评。而这本即将正式出版的新著，确实可称得上一部在学术性、原创性上都有较大突破的力作，内中可圈可点之处甚多，读者在读他这本新著时，我想也会产生跟我一样的感觉。如果在"序"中需要对他的这部新著作出一些概括点评的话，我个人认为其中最具特点的也许有以下三个方面。

其一，作者"问题意识"鲜明，无论是论文选题的酝酿，还是典型个案的选择，以及研究进路的设定，"问题意识"都贯穿了作者成书过程的始终，只要对该著作进行仔细阅读，对此一定印象深刻。正是有了这种"问题"导向的引领，作者方能从一个以往为人所熟知但较易忽视的现象出发，用全新的视角，通过对一个县级政权建政过程中基层干部转型轨迹的追踪和"深描"，也对新中国基层干部队伍的生成模式与新政权巩固、发展的内在关联性，以及对新中国在新秩序建构上取得的巨大成功的原因和对政权稳固的长远影响，作了颇具新意的揭示和探讨并提供了自己极有新见的解释。

其二，在研究思路和方法运用上，能够坚持将宏观与微观并举，既有大历史的关怀，又有独到的考察视角。作者在选题时，视域是放的很宽的，是以一种全国性的视角来对一个地方史作出的考察，其关注的重心也始终定位在新国家秩序重建的方式和手段上，但考察的切入点不大，只一个县域的范围。为让这一研究既具有地方特点，又能时刻不忘"国家在场"，作者首先摒弃了以往当代史研究常见的宏大叙述的做法，采取的是从解剖个案入手，对国家权力渗入乡村过程展开精细考察的微观研究，致力于那些被掩蔽在"大叙述""大规律"下的历史细节的开掘，而在深入挖掘有关史实时，又自觉地将地方与中央、底层与上层、小事件与大运动作了整合性的考察和分析。所以，虽然本书以川北通江县为研究对象，却将该县新政权确立过程置于中共革命取得全国性胜利，新旧政权更迭实现后，秩序重建大背景下加以审视，不仅较好地避免了一些个案考察和书写中常见的"细节越来越清晰，背景越来越模糊"弊病，而且让作者和读者都能"跳出个案看个案"，较好地实现了作者在选题时就为自己设定的既能"大中见小"，又能"以小见大"的写作目标。

其三，作者治学态度严谨，不仅肯下功夫，也肯动脑筋。这不仅体现在为完成论文的长期史料收集中消化史实、梳理观点，也体现在写作时对语言文字的精心锤炼和形象表述上，更让自己的论文，即眼下这部即将出版的新著，在语言风格上展现了自己的特色。历史学是建立在反映历史实际、生活实际的史实基础上的。作者在论文写作中除极重细节的开掘，对共产党领导下政权建设的实际运作过程有细致入微的观察和"深描"外，作者在语言利用上也力求做到生动、具体，并致力于真实历史场景的再现。得益于口述史料的搜集和整理，在他的论文或新著中不仅所举事例鲜活、具体，还有不少生动、形象、"接地气"的比喻，这些语言素材都是采访所得。被访的对象多为当地乡农，他们在表述上未必清晰、有逻辑，但也更加贴近真实，较好地起到了还原现场、实态的效果，使新中国成立初期乡村政权基层干部队伍生成过程的复杂性和动态性得到了充分地揭示和反映。

值得一提的是，志明博士毕业后，进入四川大学马克思主义学院工作。在新的工作岗位上，他一刻也没懈怠，在承担繁重的教学工作之余，以南下干部为研究选题，申请进入四川大学历史文化学院中国史博后科研工作站，在李德英教授的指导下，又马不停蹄地开始了博士后课题研究，这是他在博士论文的基础上进行的又一极具开创意义的延展性研究。相信不久后该报告也会在整理修订的基础上顺利付梓印行。

长江后浪推前浪，作为以"传道、授业、解惑"为职志的老师，总是期待一批又一批学界新秀的出现。然而，"宝剑锋从磨砺出，梅花香自苦寒来"，学术研究没有捷径可走，欲卓越超群，非笃学不为功。作者博士论文的写作和出版仅是一个良好开端，我真诚地希望年轻一代学人能继续不骄不躁，再接再厉，潜心向学！所以，借这次为作者书稿作序的机会，给志明送上为师由衷的祝愿，希望今后更加奋发努力，争取"百尺竿头，更进一步"，在学术舞台上更好地展示年轻一代学人的风采和实力！

是为序。

2023 年 3 月于南京市鼓楼区南秀村

目 录

绪 论 … 1
　第一节　缘起与术语 … 1
　　一、缘起 … 1
　　二、术语 … 3
　第二节　研究现状 … 4
　　一、国内 … 5
　　二、国外 … 11
　　三、当下研究特点 … 16
　第三节　研究内容 … 19
　　一、结构 … 19
　　二、特点 … 21
　　三、文献 … 24

第一章　通江县的基本概况与既有干部基础 … 27
　第一节　历史沿革及社情民情 … 28
　　一、历史沿革 … 28
　　二、社情民情 … 31
　第二节　1950年前通江县的党组织 … 33
　　一、苏区时期的通江党组织 … 33
　　二、川北工委时期的通江地下党 … 36

第二章　南下干部主导下通江县政权的接管　41
第一节　接管初期各方干部的互动磨合　42
一、接管过程中的权力分配　43
二、接管初期南下干部的心态　50
三、民主人士干部的安排　59
第二节　干部的紧缺现状及其初步解决　68
一、"量少质弱"　68
二、留用旧职员　73
三、吸收新干部　80
四、小结　86

第三章　建政初期的通江县乡村干部培养及其教育　88
第一节　特殊的干部培养器皿：农协会　88
一、农代（协）会的组织　89
二、农协干部的初步更替　100
三、发现与培养妇女干部　107
第二节　乡村干部的技能训练和人事更替　112
一、从"学开会"到"会开会"　113
二、培育乡村"小领袖"　119
三、乡村权力结构重组　125
第三节　土改后乡村干部的思想教育　132
一、土地私有制与集体化目标　134
二、"换班"：土改后的通江乡村干部心态　140
三、思想规训中的社会主义远景教育　147
四、小结　155

第四章　土改中的特殊干部队伍——工作队　158
第一节　土改工作队的组建与派出　159
一、机构设置及其职权　160

目 录

　　二、人员遴选与前期训练　　　　　　　　　　　　167
第二节　作为干部培养平台的工作队　　　　　　　　171
　　一、成员的思想动态　　　　　　　　　　　　　　172
　　二、技能习得与巩固　　　　　　　　　　　　　　175
　　三、土改后的工作去向　　　　　　　　　　　　　181
第三节　"母鸡带小鸡"：工作队与乡村干部选拔　　189
　　一、包办代替及其纠正　　　　　　　　　　　　　190
　　二、"访苦"与"引苦"　　　　　　　　　　　　195
　　三、传、帮、带　　　　　　　　　　　　　　　　203
　　四、小结　　　　　　　　　　　　　　　　　　　210

第五章　基层权力重构：农村建党与乡村干部成长　　215
第一节　土改后通江农村建党的全面展开　　　　　　216
　　一、干群对共产主义的既有认知　　　　　　　　　217
　　二、构建"共意"：建党训练班　　　　　　　　　224
　　三、互助合作背景下的农村建党　　　　　　　　　231
第二节　"扎根子"：乡村权力结构中的农村党组织　240
　　一、入党积极分子的遴选与训练　　　　　　　　　240
　　二、组织末梢延伸：农村支部　　　　　　　　　　249
　　三、支部的实际效能：以统购统销为例　　　　　　254
　　四、区委对于农村支部的管理　　　　　　　　　　260
　　五、小结　　　　　　　　　　　　　　　　　　　269

第六章　普选建政：乡村干部的民主实践　　　　　　272
第一节　普选前奏：划乡建政中的干部选举　　　　　274
　　一、土改后的划乡建政　　　　　　　　　　　　　274
　　二、乡村干部选举的尝试　　　　　　　　　　　　280
第二节　乡村普选的动员与实际运作　　　　　　　　284
　　一、乡村干群对于普选的认识　　　　　　　　　　286

二、普选的宣传与动员　　292
　　三、基层普选的运行　　301
　第三节　乡村干群关系协调：普选中的国家、干部与选民　　311
　　一、普选前夕乡村的干群关系　　312
　　二、干群矛盾的调解　　317
　　三、违纪干部检讨及其处理　　327
　　四、小结　　337

结　语　　341
　第一节　基层干部的地方化与中央化　　342
　第二节　乡村干部的生成模式　　350
　第三节　"国家干部"的诞生　　354

参考文献　　363

后　记　　386

绪　论

第一节　缘起与术语

一、缘起

"为政之要，惟在得人。用非其才，必难致治。"这是唐代吴兢所著《贞观政要》中唐太宗李世民留给后世的定论。此语意在说明人才对于政权治乱兴衰的特殊意义。20世纪50年代初期是中国共产党在新解放区（指1949年10月以后解放的地区，以下简称新区）建设基层政权的重要阶段。中共在新区建立基层政权同样需要数量庞大的工作人员（干部），这种干部匮乏现象在县级政权以下表现得尤其明显。尽管中共中央为了接管新区，曾向这些地区随军派出一定数量的南下干部，但因新区幅员辽阔，要接管县区级以上的所有政府机构则难以满足需要。若将乡、村一级的干部计算在内，所需数量更是庞大。这一切，都使此时期中共在新区基层政权中面临严重的"干部荒"问题。

但事实证明，中共领导下的新区基层政权建设取得了巨大的成功。不仅如此，新政权在短短几年内，通过接管与建政，培养与提拔了大批基层干部，顺利地解决了干部不足的问题。在这个过程中，县以下行政管理系统（"县—区—乡—村—组"）的建立与完善，为国家政令的传递与贯彻准备了畅通的管道。借助此次建政，新政权也将组织末梢延伸到了以前尚未触及的广大新区乡村。基层政权建设的完成，使国家权力延伸到了乡村社会的各个角落，其社会统合能力得以空前加强。实现这一目标的关键群体就是基层干部。他们位于国家与底层民众间，发挥着承上启下的重要作用。国家必须依靠他们才能将政策贯彻到基层。可见，考察20世纪50年代初政权建设中基层干部群体的成长轨迹，是一个颇具学术价值的研究论题。

由于整个新区幅员辽阔，兼之区域差异较大，若以整个新区的基层干部为研究对象，不仅难以兼顾不同地区之间的差异，而且会使研究停留于泛泛而谈且难以深入的状态。相形之下，以县域为对象的个案研究可以有效地避免这个问题。因为"县域既是各层级宏观政策最终落地之处，也是宏观与微观、政策与实践的反复碰撞之地，可说是考察立体动态历史过程的最佳场域"。① 可见，这种"精准研究"的方式，有利于研究者集中精力耙梳资料，通过"解剖麻雀"的方式来分析基层干部在新中国初期的成长过程。

在研究对象上，经过阅读学界已有相关研究论著以及在地方档案馆长期"蹲点"，根据所占有的资料情况和掌握的学界基本研究动态，研究者决定选取一个县——川北通江县作为研究对象。作为一个通江人，笔者生长于斯，熟悉该县情况，同时便于搜集资料与开展田野调查，具有得天独厚的优势。同时，这种近乎"自我下放"②的选题，若能增进外界对于通江县的了解与关注，亦可算是一个游子对家乡所尽的一点绵薄之力。

---

① 葛玲：《中共历史研究的地方视野——兼论微观个案的适用性》，载杨凤城主编：《中共历史与理论研究》（第1辑），社会科学文献出版社2015年版，第69页。
② 西方学者罗威廉以湖北麻城为个案来研究该地区700余年的暴力史，并在该著作的中文版序言中谈到，在西方学界将关注热点投发于中国大都市的文化史研究之时，他却将视野转向农村，关注中国乡村甚至边缘地区，他将自己的学术选择戏谑地称为"这是一种自我下放"。[美]罗威廉：《红雨：一个中国县域七个世纪的暴力史》，李里峰等译，中国人民大学出版社2014年版，中文版序言第2页。

在研究时段上，本书主要以1950—1956年为断限，即从1950年新政权在通江建立到1956年通江县首次党代会召开。之所以如此，是因为1950年南下干部进入通江县城，以新县委取代旧的地下党县委并建立新的通江县政权和1956年通江县首次党代会的召开，标志着中共的各级党组织在该县普遍建立起来。需要说明的是，本书并未仿照其他相关著作将1954年普选建政作为考察下限，如该年通江县第一次人民代表大会召开，而是将时间推移至1956年通江县首届党代会召开。原因在于，与同级政权相较，党组织在地方政治生活中的地位更为重要，"县委—区委—乡支部"是贯彻上级党组织指令的关键路径，在此后的地方政治中继续发挥作用，所以基层党组织的建立完善，才是农村政权建设的重要分水岭。

二、术语

为了更好地向读者说明本书的研究主旨与问题意识，笔者需要对书中的一些关键概念进行简要阐释。

首先，本书标题中"政权建设"的"政权"，是指新解放区县级以下行政系统，主要包括的层级为县—区—乡—村—组。事实上，乡是国家行政体系的最低层级，而乡以下的村、组并不属于严格意义上的"国家政权"。但鉴于村、组干部数量最为庞大，在贯彻国家政令过程中是必不可少的一环，且对乡村民众的日常生活产生了重大影响。这个重要性更是随着此后农村合作（集体）化程度的加深而递增。换言之，20世纪50年代针对乡村出台的诸多政策，例如土改、合作（集体）化、统购统销等，都是借助这些村、组干部之力才得以顺利完成的，其重要性不言而喻。鉴于此，本书将乡级政权以下的层级，例如村、组亦涵盖到研究范围之中，并非无视它们在性质上与乡级政权之间存在的本质差异。

其次，本书中的"基层干部"，是指在县级以下行政系统、民众团体中任职的工作人员，他们既包括担任领导职务的干部，也包括普通工作人员，还包括上级下派到乡村执行政策的工作队员。总体说来，根据不同的标准，20世纪50年代初期县级政权中的干部主要分为以下几个类别：

第一，按照任职机构划分，主要分为县、区、乡级党政系统和县级以下民众团体中的工作人员（主要是农协）、下派的工作（团）队成员以及村（组）干部。村（组）干部则包括村长（后为代表主任）、村级武装队长、小组长等。

第二，按照干部来源划分，主要分为外来干部和本地干部。在通江县中，外来干部主要是南下干部和非通江籍干部，而南下干部则又分为北方籍南下干部和通江籍南下干部。本地干部则主要是通江籍干部。

第三，所谓"乡村干部"，本书主要泛指乡、村、居民小组三级干部。正如前文所言，乡政权与村、组事实上存在本质上的不同，而其中的干部自然亦不应被混为一谈。本书之所以将他们混同称呼，主要是相对于不少北方籍的县区干部而言，20世纪50年代初新区的乡、村、组干部则全部从本地提拔产生。因此，本书将乡与村（组）干部统称为"乡村干部"，主要是将其与北方籍的县区干部相区别，意在凸显前者的地方化特征，并非否认乡干部与村组干部性质的不同。在涉及村、组干部的内容时，"乡村干部"仅指村、组干部，不包括乡一级工作人员。

第二节 研究现状

关于中华人民共和国史（以下简称共和国史）的研究，目前国内外学界已经发表了相当多的成果，但因国外尤其是西方学界的共和国史研究起步很早，在20世纪五六十年代就陆续发表论著，经过半个多世纪的积累，其在共和国史领域所取得的成就已经令国内学界无法忽视，其中一些论著甚至是开创性的。相比之下，国内的共和国史研究起步较晚，尽管已出现了一些有分量的著作，但在很多领域仍然存在较大的开拓空间。限于篇幅，笔者简要归纳与介绍国（境）内外和本书相关的研究状况。

一、国内

中国大陆学界的共和国史研究起步较晚，在改革开放前国史研究处于初兴阶段。当前国内关于20世纪50年代共和国史的研究，在政治史领域大都集中于制度梳理与沿革，特别是在政权建设等方面更是成果丰硕，产生了为数众多的论著（文）。鉴于政权建设与本书主题不是直接相关，故介绍从略。总的说来，学界目前已有的相关论著大体可以分为宏观与微观两大类。

宏观性研究主要涉及苏俄干部制度的源流、中共的干部队伍建设等方面。中共以"以俄为师"著称，因此苏俄党的干部制度，对中共影响巨大，并成为中共后来干部制度的理论与实践来源。冯佩成对苏俄干部制度的形成、发展、运作机制与影响做了系统的梳理与研究。① 王建华对从中共建党到改革开放后的干部队伍建设进行了长时段的考察，该文主要运用马克思主义的立场、观点与方法，联系中共建党以来的干部队伍建设经验，总结其经验教训，并提出了建设高素质干部队伍的对策。② 自20世纪20年代起，苏俄党与中共的关系极为密切，通过以上作品，我们可以更为深刻地理解中共干部政策及其队伍建设的"前世今生"。

20世纪50年代是中华人民共和国成立的最初十年，特别是在初期，新政权既面临迅速稳定政局的任务，又为此后运作机制的日常化做了重要准备，这段时间形成的诸多治理模式与管控机制，为此后数十年所沿袭。近年来学界已经开始了对这段历史时期的干部问题的研究。大体说来，研究者主要从此时期的省主席任命、干部

---

① 冯佩成：《苏联干部制度的形成、发展与影响》，华东师范大学2006年博士学位论文。
② 王建华：《中国共产党干部队伍建设的历史考察与思考》，中共中央党校2002年博士学位论文。

收入分配制度沿革、干部整风与教育等方面展开。例如，陈德军从声望、人缘与地缘的角度，考察了新中国成立前后的省主席任命问题。① 杨奎松考察了新中国成立前后干部收入分配制度从供给制到职务等级工资制的演变。② 刘维芳从干部教育与整风整党、巩固团结等层面对20世纪50年代初期的干部队伍建设的历史经验进行了宏观归纳。③

此外，围绕此时期的干部教育问题，目前学界已经有数篇博士学位论文进行了专题研究。李跃新、王红霞对新中国成立初期中共的干部教育及其转型进行了专题研究。④ 两篇论文题目尽管相近，但各有侧重：李文主要在归纳1949年前中共干部教育经验的基础上，对1949年至1956年的干部教育内容、体系、基本特点以及成就与不足进行考察；而王文则在回顾中共建党以来的干部教育后，重点考察20世纪50年代初期中共在干部教育方面出现的转型，并探讨其转型的现实启示和借鉴意义。周竞风从1949年至1956年的江苏省干部队伍建设问题入手，分析干部队伍从革命到执政的转型过程。⑤

在微观研究方面，学界目前围绕本主题的学术论著相对较少，但在为数较多的基层政权建设的个案性研究中对干部问题有所涉

---

① 陈德军：《声望、人缘与地缘——以新中国成立前后的省主席为考察中心》，载中国社会科学院近代史研究所民国史研究室、四川师范大学历史文化学院编：《一九四〇年代的中国》（上卷），社会科学文献出版社2009年版，第426—440页。

② 杨奎松：《从供给制到职务等级工资制——新中国建立前后党政人员收入分配制度的演变》，载《历史研究》2007年第4期。

③ 刘维芳：《新中国建立初期干部队伍建设的历史经验》，载《当代中国史研究》2006年第2期。

④ 李跃新：《1949—1956年中国共产党干部教育研究》，中共中央党校2004年博士学位论文；王红霞：《建国初期中国共产党干部教育转型研究（1949—1956）》，华东师范大学2008年博士学位论文。

⑤ 周竞风：《新中国成立初期中共干部队伍建设的历史考察——以1949—1956年江苏省为中心》，南京大学出版社2015年版。

及。例如张济顺对20世纪50年代的上海基层组织进行了专题研究，认为新政权通过对"里弄"的改造，为居委会这个特殊的组织建立奠定了基础。① 在农民基层政权建设方面，陈益元以湖南醴陵县为个案，对1949年至1957年农村基层政权从常规党政系统的建立到大跃进时期的"政社合一"，做了长时段的考察。② 这是国内目前有关20世纪50年代初期农村基层政权建设少有的一部以县域为个案研究的著作，具有明显的开拓意义。此外，他还就此时期农村基层政权建设的研究状况进行了总体评述。③ 这些论著都涉及了基层政权中的干部问题，但因题目所限，大多注重分析建章立制，而对政权中"人"的作用关注不多。此外，其他一些个案研究也涉及干部问题。例如贾滕以土改为背景考察了河南商水县的乡村社会秩序重构问题，在论述中对该县的基层干部问题有所涉及，如干部的来源、待遇以及组织整顿等。④

目前对乡村干部进行专题研究的论文为数不多，主要侧重于集体化进程中乡村干部的行为与训练研究。马维强等人借用高王凌的"反行为"概念，以山西平遥双口村为个案，考察了集体化时期乡村干部在公共管理事务中谋求自身利益、满足自身心理需求而形成的利己模式。⑤ 满永对合作化开始后的乡村干部训练班进行了研究，认为这种训练班不仅是基层政府管控乡村社会的日常工作机制，更

---

① 张济顺：《远去的都市：1950年代的上海》，社会科学文献出版社2015年版。
② 陈益元：《建国初期农村基层政权建设研究：以1949—1957年湖南醴陵县为个案》，上海社科院出版社2006年版。
③ 关于20世纪50年代初期中共的农村基层政权建设研究，陈益元作了细致的学术综述，故在此不详细列举。参见陈益元：《新中国成立初期中国共产党农村政权建设研究述评》，载《中共党史研究》2014年第3期；《建国初期农村基层政权建设研究述论》，载《文史博览（理论）》2010年第12期。
④ 贾滕：《土改背景下的乡村社会秩序重构——以河南商水县为个案的考察（1947—1954）》，华中师范大学2008年博士学位论文，第155—160页。
⑤ 马维强等：《集体化时代乡村干部"反行为"研究——以山西平遥双口村为考察中心》，载《华东师范大学学报（哲学社会科学版）》2015年第6期。

是成为国家权力日常化的载体。①

在博士论文中,蒋天策以北京市为个案,考察了新中国成立初期干部队伍建设历史转型。②这是为数不多的一篇以干部为明确研究对象的个案研究论文。该文尽管是针对北京市的个案研究,但实际上以很大的篇幅对新中国成立前干部队伍建设的历史回顾、新中国成立初期干部建设转型的时代背景及特点分析,全文共七章,而关于北京市的干部队伍建设仅占两章。因此,该文体现了明显的宏观通论性特点。

作为执政党,中国共产党在 1949 年后的中国政治生活中扮演了关键性角色,为了将组织触角扩大到社会各个层面,1952 年下半年,中共在新区进行了一次大规模的建党,在乡村社会中,在乡一级建立支部,并在乡村干部中优先吸收党员。这种政治录用的特殊形式,使中共进一步强化了对乡村社会的管控能力。作为列宁主义政党,党组织在地方政治中处于核心地位,中共党员在干部录用、培养以及提拔方面都占据明显政治优势。但目前学界关于农村建党的专题研究并不多。满永、何志明从乡村权力机构改组的角度,分析了 20 世纪 50 年代的农村建党,强调中共组织权力在乡村中的"扎根"。③

在研究对象上,与本书相关的南下干部、乡村干部乃至积极分子,目前国内都已经有相关成果发表。具体如下。

(1)关于南下干部的研究。杨奎松考察了南下干部在新区的任职情况。他认为,20 世纪 50 年代中共在军事胜利后,选派大量南

---

① 满永:《集体化进程中的乡村干部训练——建国后国家权力渗入乡村过程的微观研究》,载《当代世界社会主义问题》2013 年第 4 期。
② 蒋天策:《1949—1956:建国初期干部队伍建设转型的历史考察——以北京市为例》,中共中央党校 2012 年博士学位论文。
③ 满永:《二十世纪五十年代的农村建党——以安徽省为中心的考察》,载《中共党史研究》2015 年第 11 期;何志明:《地权变动中的新区农村党建工作研究(1952—1954)——以川北达县为个案》,载《中南大学学报(社会科学版)》2014 年第 3 期。

下干部接管新区党政军大权，呈现了南方县级以上干部"北方化"的特点，有效地建构起中共中央在新区的威权地位。该文是目前学界对于此时期中共新区干部任用政策考察的代表性论文。① 在 20 世纪 50 年代初期，南方尤其是广东等地的反地方主义，是学界较为关注的问题。莫宏伟通过对广东土改的研究，揭示了南下干部与广东地方干部之间的冲突，②但该书的主要侧重点在于土改，故对南下干部群体的研究关注不多。近年来学界关于南下干部研究的论著逐渐增多，有力地推进了该论题研究的深度。③

（2）关于乡村干部的研究。萧冬连从乡村干部任职后取得的政治优势地位出发，探讨了他们在推动互助合作运动中的积极性因素。④ 这些乡村干部在历次政治运动中如征粮、剿匪、减租、退押，乃至土改被发现、提拔出来，最终成为新政权在乡村的代言人。⑤但土改后出于运动倦怠或者对合作化持抵触情绪，乡村干部出现了较为普遍的"换班"思想。⑥ 为此，中共中央在全国开展了一场针对乡村干部的思想教育，通过举办训练班，结合农村建党，使干部摒弃了既有的"换班"思想，带头加入互助合作运动，推动了合作

---

① 杨奎松：《建国初期中共干部任用政策考察——兼谈 1950 年代反"地方主义"的由来》，载韩钢主编：《中国当代史研究（一）》，九州出版社 2011 年版，第 3—39 页。
② 莫宏伟：《新中国成立初期的广东土地改革研究》，中国社会科学出版社 2011 年版，第 172—213 页。
③ 关于近十年来的南下干部研究，参见何志明：《南下干部研究综述》，载《中共党史研究》2018 年第 6 期。
④ 萧冬连：《筚路维艰：中国社会主义路径的五次选择》，社会科学文献出版社 2014 年版，第 59 页。
⑤ 胡现岭：《新解放区征粮运动中的农村基层干部行为选择——以河南商水县 1950 年夏征为例》，载《党史研究与教学》2012 年第 3 期。
⑥ 当时乡村干部出现了较为普遍的换班思想，在各地有着不同的称谓，如"李四喜思想""鄢斯云思想"等。参见王瑞芳：《严重的问题是教育农民——建国初期中共克服"李四喜思想"的成功经验》，载《当代中国史研究》2006 年第 4 期。

运动的顺利实现。① 满永从集体化进程中的乡村干部训练入手，对新中国成立后国家权力渗入乡村过程进行了微观分析，揭示了从积极分子到"国家干部"的身份转换过程。②

（3）关于积极分子的研究。在中共建政史上，除了干部，离不开一个关键而又特殊的群体——"积极分子"。贾滕以河南商水县为个案，研究了土改运动中积极分子的生成与淘汰机制。③ 土改后为了实现"人民当家做主"的目标，新中国开展了一次民主建政的普选运动，吴继平考察了此次普选中的积极分子，客观地评述了他们在普选中发挥的作用。④

在研究地域上，目前国内学界相关当代史论著的研究对象主要集中在中东部地区，因为研究人员的分布地区差异，西南地区致力于当代史研究的学者更是寥寥无几。目前发表的相关论文主题大都集中在征粮、土改、"镇反"及政权建设等专题。⑤ 对于20世纪50年代初期该地区的干部研究，有论者从宏观角度介绍了邓小平主政

---

① 何志明：《农村互助合作的发动与乡村干部教育——以川北达县为考察中心（1951—1952年）》，载《当代中国史研究》2014年第5期。

② 满永：《集体化进程中的乡村干部训练——建国后国家权力渗入乡村过程中的微观研究》，载《当代世界社会主义问题》2013年第4期。

③ 贾滕：《阶段性变动：乡村土改运动中积极分子生成与淘汰机制研究——以河南商水县为例（1947—1953）》，载《党史研究与教学》2012年第3期。

④ 吴继平：《当代中国第一次普选运动中的积极分子评析（1953—1954）以北京市为个案》，载《党史研究与教学》2007年第5期。

⑤ 曹树基、李婉琨：《"大户加征"：江津县1950年的征粮运动》，载《近代史研究》2013年第4期；王海光：《贵州接管初期征收一九四九年公粮问题初探》，载《中共党史研究》2009年第3期；陈翠玉：《西南地区实施〈土地改革法〉研究》，法律出版社2010年版；赵黎、张兰英：《解放初四川土地改革及其意义》，载《中共成都市委党校学报》2003年1期；李露珠：《建国初期"镇反"刑事政策的实施研究（1950—1953）——以西康地区实施状况为主要分析对象》，中国政法大学出版社2011年版；冉绵惠：《新中国建立初期中共重构四川乡村权力结构的努力与成效》，载《四川师范大学学报（社会科学版）》2013年第6期；何志明、郑超：《制法·执法·违法：1950年代初川西减租退押中的社会动员》，载《史林》2015年第5期；杨世宁：《西南军政委员会与建国初期西南区的政权接管》，四川大学2005年博士学位论文。

西南时期的干部队伍建设。① 其他还有关于此时期四川地区的整党、整风研究。② 这些既有干部队伍建设研究，大都是从党建的角度出发，在宏观层面进行了讨论。

"干部"在政治学与社会学领域同样是一个重要研究对象。除了历史学相关论著，在社会科学领域也已发表了一些值得关注的学术成果，这些论著运用本学科的理论方法，通过个案解剖，探讨了国家权力在乡村的运作情形。③ 它们虽然不是以干部为研究对象，但在其研究内容中均对干部问题有所观照。因作者采取视角与方法的不同，且考察时段过长，在某些历史细部的微观分析自然显得较为简略。而对于一个县级政权中的干部群体研究，最具代表性的则为冯军旗的博士学位论文《中县干部》，④ 该文属于典型的基层政治研究，它以1978年为起点，以河南某县为研究对象，运用大量第一手档案及访谈资料，揭示了一个县的官场实际生态，成为研究当代县域干部群体的代表性著作。

二、国外

国外对中华人民共和国史的研究自20世纪50年代就已开始了。与国内学界一样，西方英语学界亦较多关注"组织"的一面，

---

① 郭娅等：《邓小平与建国初期大西南党的干部队伍建设》，载《西南民族大学学报（人文社科版）》2004年第7期；陈洪等：《邓小平主政西南期间的干部教育思想与实践述论》，载《重庆社会科学》2005年第1期。

② 杨丽梅：《新中国成立初期四川党的建设研究（1950—1954）——以整风、整党运动为重点》，西南交通大学2014年博士学位论文。

③ 参见樊红敏：《县域政治：权力实践与日常秩序——河南省南河市的体验观察与阐释》，中国社会科学出版社2008年版；应星：《大河移民上访的故事：从"讨个说法"到"摆平理顺"》，生活·读书·新知三联书店2001年版；应星：《村庄审判史中的道德与政治：1951—1976年中国西南一个山村的故事》，知识产权出版社2009年版；于建嵘：《岳村政治——转型期中国乡村政治结构的变迁》，商务印书馆2001年版；吴毅：《村治变迁中的权威与秩序——20世纪川东双村的表达》，中国社会科学出版社2002年版。

④ 冯军旗：《中县干部》，北京大学2010年博士学位论文。

为政之要　惟在得人：川北通江县的政权建设研究（1950—1956）

即对中共主导下的苏区、边区乃至新老解放区的政权建设研究较多。因为干部群体是各级政权中的关键部分，他们在论述时也会涉及其中的干部问题。总的说来，主要分为以下几个方面：

西方学界既有的宏观论著主要侧重于政治史和组织史。在政治史方面，研究者大都集中于中共主导下的党政科层结构、人事嬗递以及社会管控机制等方面。亦有部分内容涉及干部问题。舒尔曼对中共的干部理论及其演变以及干部的录用来源进行了研究，阐述了中共干部理论与政策的苏联背景及其历史演变。同时，他指出，中共在1949年后一个短期内录用干部时存在一个较大的灵活性，即注重从各阶层中选任干部，但后来演变为两个方面的来源：工农群众（红）与知识分子（专）。[1]傅高义则从"正规化"的角度出发，分析中共干部群体从革命者到执政者的转变，指出新中国初期干部队伍中的长征干部、延安干部、解放干部、起义人员和旧职员的不同划分，决定了他们各自在干部队伍中的不同级别和升迁。[2]

在组织史方面，主要涉及新中国成立初期乡的政权结构。鲍大可在其著作中从"干部、官僚与政治权力"三个角度来探讨20世纪50年代及其后的共和国政权，对县级党政机构及其以下的公社、大队、生产队的组织机构及其运行进行了研究；[3]彭凯丰则将视角下移到国家机构的最底层——乡，就此来探讨国家政权与民众之间的沟通问题，他认为1949年后新政权沿用苏区时期的经验，高度重视建立乡级政权，通过乡一级政权进一步建立了政府与民众之间的沟通桥梁。新中国成立初期基层政权通过成立如农会、乡人民代

---

[1] Pranz Schurmann, *Ideology and Organization in Communist China*, University of California press, 1968, p. 17.

[2] Ezra F. Vogel, *From Revolutionary to Semi-Bureaucrat*: The "Regularisation" of Cadres, 29 The China Quarterly 43（1967）.

[3] A. Doak Barnett, *Cadres, Bureaucracy, and Political Power in Communist China*, Columbia University Press, 1967.

绪　论

表会议等机构，从中发现积极分子进而提拔为干部的方式，"一方面弥补了 1950 年代初期新政权干部的不足；另一方面，则有效地动员民众进入管理机构进而发挥人力优势"。①

在基层干部研究中，已经出现了针对南下干部和乡村干部的研究论著。在南下干部研究中，主要是涉及大城市的接管，以傅高义、高铮和田原史起为代表。② 他们的研究表明，南下干部在接管过程中，与以地下党为主的本地干部进行了磨合与调适。同时，前者进入新区后，面对陌生的新环境，他们亦表现出了对饮食习惯、语言环境、气候特征等诸多不适应，这种状况甚至影响了他们的工作热情。③

值得一提的是，国外学界已经出现了针对南下干部的专题论文，以日本学者田原史起为代表。他对接管江西、福建的东北南下干部开展专题研究，这是笔者所见国外学界关于南下干部的代表性专题研究论文。该文以地方政治人物成长为视角，探讨了南下干部与地方社会之间的互动关系，以及对南下干部逐步让位于地方干部

---

① Car F. Pinkele, *Local Government and Politics in the People's Republic of China*: 1949–1952, (Ph. D. Diss., The New School for Social Research, 1974), p. 175.

② ［美］傅高义：《共产主义下的广州：一个省会的规划与政治（1949—1968）》，高申鹏译，广东人民出版社 2008 年版，第 46—53 页；Ezra Vogel, *Land Reform in Kwangtung 1951—1953: Central Control and Localism*, The China Quarterly 38 (1969); James Z. Gao, *The Communist Takeover of Hangzhou: The Transformation of City and Cadre*, 1949—1954, University of Hawai'i Press, 2004, p. 43—51; A. Doak Barnett, *Cadres, Bureaucracy, and Political Power in Communist China*, Columbia University Press, 1967, p. 132—133；［日］田原史起：《新解放区县级政权的形成——南下干部与地方社会之互动分析》，载中国社会科学研究会编：《全球化下的中国与日本——海内外学者的多元思考》，社会科学文献出版社 2003 年版，第 182—214 页。

③ 鲍大可也注意到了福建南下干部在当地遇到的语言困境以及文化冲突。参见 A. Doak Barnett, *Cadres, Bureaucracy, and Political Power in Communist China*, Columbia University Press, 1967, p. 132—133。

的过程作了较长时段的考察。① 该文无论是就选题还是学理层面而言，都是目前学界关于南下干部研究中的一篇代表性著作。尽管作者搜集了一定数量的口述资料，但却未能注意鉴别，导致其在相关结论上亦与实际出现了偏差。

在乡村干部研究中，主要是侧重于土改期间的乡村干部选拔与教育。曹国春通过对中共成立至1959年间的农村政策演变进行梳理后认为，发布党内指示与派遣干部是中共领导土改的两个重要手段。他通过考察土改中的工作队后认为，他们除了有助于推动土改的全面开展，还在培养乡村干部中发挥着关键性作用，即通过工作发现积极分子，并将其培养为"村庄组织中的关键人物以及新土改地区的工作队干部"；② 王炯通过对土改研究后指出，"干部是中国土改中形成的最重要、独一无二的组织角色"，并注意到了乡村干部的生成过程和土改中的技能训练这一问题，即"由于训练课程质量参差不齐，实际上干部们的技能基本是在土改过程中形成的"。③

在干部的思想教育方面，国外学界注意到了土改后针对乡村干部的"换班"思想而采取的举措。乡村干部均为农民出身，他们在土改结束时就对继续担任干部心生倦意，一些人甚至产生了懈怠心理。由于土改后农村干部思想动态发生了很大的变化，这被新政权称为"松劲""换班"思想。为此，新政权发起了一次思想批判与讨论，并要求他们"反复向农民解释农业社会主义的优势"，④ 实

---

① ［日］田原史起：《新解放区县级政权的形成——南下干部与地方社会之互动分析》，载中国社会科学研究会编：《全球化下的中国与日本——海内外学者的多元思考》，社会科学文献出版社2003年版，第182—214页。

② Chao Kuo-Chun, *Agrarian Policy of the Chinese Communist Party* 1921—1959, Asia Publishing House, 1960, p. 113, p. 119.

③ John Wong, *Chinese Land Reform in Retrospect*, Land Tenure Center, University of Wisconsin-Madison, April 1974, p. 14. 牛津大学中国研究中心图书馆藏未刊论文。

④ Richard L. Walker, *China under Communism: The First Five Years*, Yale University Press, 1955, p. 140.

现了对乡村干部的意识形态教化。

关于积极分子的研究。积极分子是中共干部队伍建设中的重要组成部分，并成为中共干部录用中的预备力量。西方既有研究主要强调对积极分子的定位，以及积极分子的产生途径及其训练等。詹姆斯·R. 汤森认为积极分子连同（党员）干部，成为中国政治制度的核心政治角色。① 理查德则强调在选拔积极分子时，主要以积极主义作为政治价值观，通过积极分子强化了党对整个社会的渗透与掌控。② 托马斯·伯恩斯坦则通过对土改后的积极分子研究，认为通过在乡村不断进行社会运动，使积极分子始终处于发现、考察、训练、提拔乃至淘汰之中，最终为新政权提供了源源不断的干部资源贮备。③

以上即是国外学界对于本书相关研究成果的大致介绍。在区域研究方面，笔者目力所及，关于西南区的研究成果并不多见，而对于县级政权的个案研究则未见出版。在目前已有针对西南地区的共和国史研究中，主要关注高层制度变迁及其间的重要人物。苏黛瑞从政治整合的角度，对1949年至1954年间的西南军（行）政委员会及其内部机构设置进行了研究，并指出1954年全国人大召开，是新中国最终完成政治整合的重要分水岭。④ 在西南区的政治人物研究中，主要是以李井泉为研究对象。高大伟以四川、贵州两省为例，考察了中华人民共和国1955年至1965年时期的中央与省之间

---

① [美] 詹姆斯·R. 汤森等：《中国政治》，顾速等译，江苏人民出版社1996年版，第237页。

② Richard H. Solomon, *On Activism and Activists*: *Maoist Conceptions of Motivation and political Role Linking State to Society*, The China Quarterly 39（1969）.

③ Thomas P. Bernstein, *Problems of Village Leadership after Land Reform*, The China Quarterly 36（1968）.

④ Dorothy J. Solinger, *Regional government and Political Integration in Southwest China, 1949-1954: A Case Study*, University of California Press, 1977, p.249.

的关系。① 循此思路，他还以李井泉在"文化大革命"中的所谓"土皇帝"罪名为例，分析了1958年至1966年西南区与中央之间的关系。②

三、当下研究特点

通过梳理既有相关论著，可以发现当下的研究存在以下几个特点：首先，个案与宏观研究并举。总的说来，城市重微观，而农村重宏观。这在国外学界研究中表现尤为明显，这与其所处的研究条件有着密切的关系。其次，多学科交叉融合。一些社会学、政治学的相关学科理论开始引入到本课题研究领域中。最后，开始注重对政权中"人"的研究。毫无疑问，这些研究论著无论是选题还是视角，都体现了自身明显的创新性。但是，就目前的研究情况而言，关于基层干部论题的研究仍然存在较大的探讨空间。大致说来，主要体现在以下几个方面：

第一，在个案与宏观研究中，极易出现各走极端的现象。要么是全局性的宏大叙事，以致在论述时极易流于表面难以深入，特别是对历史进程中的多样性特殊性关注不足，以致只见森林不见树木；要么是局限于县、乡、村的微观研究，这种叙述的优势在于通过解剖"麻雀"，揭示基层政权建设运行实态，但容易就事论事，只见树木不见森林。因此，笔者同意陈益元提出的观点，即"在研究思路和理念上，有必要联通中央与地方，打通上与下的关系，既避免宏大叙事对地方关注较少的缺失，又关照地方、底层的历史，把地方与中央、底层与上层、小事件与大运动有机地结合起来，进

---

① David S. G. Goodman, *Central-provincial Relations in the People's Republic of China: Sichuan and Guizhou*, 1955-1965, (Ph. D. diss., School of Oriental and African Studies, 1981).

② David S. G. Goodman, *Li jingquan and the South-west Region*, 1958-66: *The Life and "Crimes" of a "Local Emperor"*, The China Quarterly, 81 (1980).

行整合性的考察和分析,做到既见森林又见树木"。① 就本书而言,关于1950年代前期县级政权中的干部研究,囿于资料获取之不易,以及问题本身的复杂性,使"不论是人民共和国研究,或是现代中国研究的领域,50年代地方政权问题始终是一个未开拓的领域"。② 田原这句话中的"地方政权"问题,并非政权建设,而是其中的南下干部与本地干部问题。但目前相关研究,基本上是围绕政权建设本身展开,尽管其中或有涉及干部问题,但县级政权中干部的个案研究,目前尚未见到相关专著出版。

第二,在研究视野上,人为地将研究对象以1949年或1950年为界限予以割裂。历史是延续传承而非孤立断裂的。中国学者李中清、康文林在研究了18世纪中期至今辽宁部分农村家族的社会流动性后即发现,尽管1949年后这些家族在政治、教育成就方面出现了很大的等级变化,但很多人口行为,如社会分层、社会流动等,其惯例与范式却可能变动不大,从古代延续到了今天。③ 这个结论给了我们启发,那就是在20世纪50年代基层政权的行为模式、行为规则与其在1949年前有何关联?其中的"变"与"不变"又是在何处?这些问题,都是学界需要深入关注的。但当前国内的中国当代史研究,不少论著存在明显的"1949(1950)年近视症",即在研究过程中往往不自觉地将考察视野限定于1949年以后,而有意无意地忽略研究对象在1949年前的发展脉络。④ 简而言

---

① 陈益元:《新中国成立初期中国共产党农村政权建设研究述评》,载《中共党史研究》2014年第3期。
② [日]田原史起:《新解放区县级政权的形成——南下干部与地方社会之互动分析》,载中国社会科学研究会编:《全球化下的中国与日本——海内外学者的多元思考》,社会科学文献出版社2003年版,第183页。
③ 李中清、康文林:《中国农村传统社会的延续——辽宁(1749—2005)的阶层化对革命的挑战》,载《清华大学学报(哲学社会科学版)》2008年第4期。
④ 朱莉即指出,以1949年为界,中国大陆的新旧政权间存在重要延续。参见 Julia C. Strauss, *Morality, Coercion and State Building by Campaign in the Early PRC: Regime Consolidation and after*, 1949—1956, The China Quarterly 188 (2006)。

之,不能在研究过程中自觉或不自觉地将1949年之前的历史忽略,而应更多地将其视为中共革命建设历史的一个整体。① 例如,南下干部在新区的执政方式,与其在老区时期的经历究竟有何联系?这都需要我们"跨过1949",将20世纪50年代的共和国史与1949年前的中共党史连接起来,以更加宽广的学术视野重新审视那个年代。

第三,在研究对象上,既有新中国成立后的干部问题研究成果大都侧重关注合作化以后的乡村干部,而较少关注中共接管建政之初对于乡村干部的培养与提拔。事实上,接管建政之初的干部选拔与培养,在很大程度上决定了这个特殊群体此后的行为模式与选择。言即,若脱离这段历史而孤立地研究集体化时期的乡村干部,得出的结论无疑难以全面与深入;此外,既有西南地区的干部队伍建设研究中,大都有一个共同点,那就是侧重党建领域,具有比较明显的预设立场与浓厚的意识形态叙述。这些论文在叙述手法与分析视角方面,与严格意义上的历史学论文有着显著的差别。这种宏大叙述的不足之处是显而易见的,主要体现在对整体性的描述存在强烈的"后见之明",往往容易根据结果来倒推原因,读者尚未看到结尾即能推知大概,而对于政策在基层贯彻执行出现的复杂面向,往往难以兼顾。当然,出现这个现象,除与研究手法有着密切联系外,亦和资料使用直接相关。

第四,在资料使用方面,国内外相关研究则各有自身的不足。正如周杰荣和毕克伟所指出的,西方学者在研究中华人民共和国史时,"资料受限使这些学者更多地关注这个党治政体的组织结构及

---

① 对此,冯筱才也提出要"跨过1949",认为民国史研究者应该关注20世纪50年代的中国当代史,而后者则应该将考察视野"回溯",注意到1949年前的历史在此后的关照,即对中国在"二十世纪作整体研究的基础上建立贯通性理解",他还对不少中国近现代史的研究者往往画地为牢,将自己的视野局限在1949年前的现象予以批评。参见冯筱才:《跨过1949:二十世纪中国整体研究刍议》,载《社会科学》2012年第5期。

功能，而非地方社会"。① 可见，西方学者很难有条件接触到基层档案资料，因而大都侧重宏大叙事或者理论框架先行的研究取向；相反，国内相关研究则容易出现"脚重头轻"的现象。所谓"脚重头轻"，是指在从事区域史乃至基层个案研究中，往往注重对第一手文献，如地方档案的使用，而对中央以及省（区）市层级资料的搜集与运用较为缺失。在现有关于 20 世纪 50 年代的个案研究中，可能是囿于材料，一些论著（文）在进行专题研究时，往往就事论事，在研究视野上难以打开，并未将其放在整个科层系统的大背景下考察，以致在研究一个县或一个区域的某个问题时，所使用的资料全部是当地县、市档案馆的档案。作为第一手的资料，其说服力毋庸置疑。但其不足之处在于，将资料局限于一个县，往往会使自身视野窄化，无法使读者从中得出一个较为全局性的认识。

第三节　研究内容

一、结构

在本书中，笔者将选取当时一些影响全国的重大政策、方针在通江县的贯彻，如征粮、减租、退押、土改、农村建党乃至普选等，以 20 世纪 50 年代初期政权建设为大背景，将基层干部论题贯穿其间，通过这种区域研究的形式展现历史丰富的多重面向，以期对当下的一些宏观性研究做出一些有益的补充。大体说来，除绪论和结语外，本书各章内容简介如下：

本书是针对川北通江县为主要对象的个案研究，所以在第一章

---

① Jeremy Brown & Paul G Pickowicz, *Dilemmas of victory: The early years of the People's Republic of China*, Harvard University Press, 2007, p. 4. 该书中文本参见周杰荣、毕克伟编：《胜利的困境：中华人民共和国的最初岁月》，姚昱等译，香港中文大学出版社 2011 年版。

需要对该县的历史沿革和民俗社情等情况予以总体介绍，同时交代1950年前中共在通江县的组织发展情况，为此后中共在通江的建政提供铺垫。

第二章主要介绍新中国成立初期南下干部接管通江的总体情况。通江县的南下干部主要来自晋绥分局组建的川西北入川工作团，以山西籍为主。他们在抵达通江后，首先与地下党干部汇合并在权力分配中占据绝对优势，成为接管旧政权的主导力量。由于新区的自然环境、人文习俗与山西截然不同，使一些南下干部仍然对在通江县任职心存去意。为了解决干部不足的问题，以南下干部为主的通江县委采取了融入地方的举措，比如任命民主人士干部、留用旧职员以及提拔本地干部等。通过这些办法，有效缓解了干部紧缺的问题。

乡村干部是县级政权中最为基础的一环。第三章考察了农协会与农代会在培养乡村干部中的特殊功能。新政权建立以后，首先借助减租、退押运动在农村组建农协会，代行基层政府职权，并揭示了农协会这种特殊的"干部培养器皿"在乡村干部生成中的作用。此外，伴随着接踵而来的土地改革，在乡村干部中展开了一场新的人事嬗递。同时，本书对土改后合作化运动中乡村干部的行为选择进行了考察，指出了他们在该运动中的重要作用。

第四章主要揭示了工作队在培养乡村干部中的作用。以往研究主要集中于工作队在贯彻国家政令中的关键角色，但本书主要从乡村干部培养的角度来研究"工作队"这种特殊的组织形式。为了贯彻土改政策，新区政权从上而下地组建了工作队，本书对通江县的土改工作队设置、人员构成及其职权进行了研究，指出他们在土改后的工作去向，同时对工作队员在培养乡村干部中的"母鸡"角色进行阐释。

新区土改后中共立即展开农村建党，藉此将组织触角深入到了乡村社会。第五章主要从"共产主义下乡"的角度分析农村建党与乡村干部培养之间的关系。土改后通江县开始建党，通过强化宣传共产党与共产主义，并借助互助合作运动发展党员，使两者处于并行不悖的地位。通江的农村建党，使县委以下的党组织逐步完善，建立了县委—区委—乡支部—党小组的格局，实现了党对乡村社会的全面掌控，而吸收干部民众入党，为他们在政治上的进一步发展奠定了基础，亦体现了其干部地方化的特征。

根据《共同纲领》，通过普选产生的人民代表大会及其选举的政府才是人民当家作主的体现。因此，第六章以干部地方化的角度对通江县的普选进行了考察。实际上，尽管普选是人民当家作主的直接体现，但选民文化素质较低，对普选的重要性认识不足，使普选的运行体现了鲜明的国家主导特征。普选工作队的派出，就是一个明显的例子。但工作队到来后，为解决普选前乡村干部因工作方式方法问题引起的干群矛盾创造了条件。工作队以国家代表的身份出面，调解双方之间的矛盾，使干部主动检讨，取得了选民的谅解，为其顺利当选为代表奠定了基础。但这个过程中，这些乡村干部对国家权力的依赖性也随之加大，使这些原本地方化的干部，进一步强化了其国家依附倾向。

二、特点

通过学术史回顾可知，目前学界关于共和国史的个案研究成果已为数不少，且还有一些博士论文即将陆续出版问世。本书以一个县的干部群体为研究对象，将其放在新中国初期政权建设的大背景下审视，探讨20世纪50年代新区干部群体的发展与转型趋向。总体说来，本书的学术创新主要体现在以下几个方面：

第一，在研究方法与视角上，以实证分析与文献分析为基本研究方法。尽管本书属于典型的个案研究，但在研究过程中并不就事论事，而是将研究对象放在整个党政科层体系的运作下考察，把中共中央、西南局、川北区党委（四川省委）、地委和县委整合起来，分析上级意志在县域政治的贯彻情况，力图避免"细节越来越清晰，背景越来越模糊"的个案研究弊端。因此，在阅读基层档案时，笔者亦会注意此时的中高层政治和政策的纲领性文献。同时，自中共建党之日起，中国革命就与国际共运尤其是联共（布）有着密切的关系，20世纪50年代"一边倒"政策的出台，更是这种关系加固的表现。因此，我们在从事个案研究时，必须时刻注意对"国家史"的关照，进而凸显个案研究的价值。也就是说，中共历史的微观研究，"无论区域还是特定县域，都只是中共大历史的地方实践过程，需要研究者具备贯通上下的自觉意识和能力"。① 出于这种考虑，笔者在研究过程中将充分考虑中共中央、西南局相关政策的出台与调适，并将其投放到一个县级政权之上，进而"以小见大"，力争实现"跳出个案看个案"的目标。

第二，在研究资料上，本书在注重档案资料的同时，尽力使用其他资料予以补充。这主要体现在两方面：一是各级党政机关内部或公开发行的刊物，这些刊物（特别是内部发行）登载了上级对下级的指示、下级对上级的报告请示乃至各地经验介绍等，属于珍贵的文献资料。但在目前已有相关研究成果中，大都侧重于对官方档案的依赖，而在内部刊物使用上较为缺失。二是口述资料的使用。新中国成立至今70余年，很多亲历者至今健在，从事20世纪50年代的历史研究，若缺乏相关口述资料，毫无疑问是一大缺憾与薄弱环节。笔者在材料准备之时，曾多次返乡开展口述调查，获取了大量第一手口述文献，将其中的部分运用到本书之中，使其历史感大大增强。②

需要说明的是，由于本书是以官方档案资料为依据而这些来自官方之手的报告材料，同质化极为严重，内容大而化之，写作手法也十分雷同，均反映了"执行政策—效果显著"的固定写作模式，

---

① 葛玲：《中共历史研究的地方视野——兼论微观个案的适用性》，载杨凤城主编：《中共历史与理论研究》（第1辑），社会科学文献出版社2015年版，第62页。

② 此外，因本书的相关内容涉及一些人的隐私，自然不愿被后人用以著书立说，尽管他们中的绝大多数人都已经不在人世，但为了慎（尊）重起见，笔者仍会对他们的姓名进行技术处理。如有姓名雷同者，纯属巧合。特此说明。

而使读者无从知晓政策执行的具体过程。笔者深知，在使用这类材料时应特别谨慎。这也是本书在档案资料使用上的难点。因当时西南局和川北区党委等领导机构创办了内部阅读的机关刊物，用以交流各地的情况，所以这些书刊在当时均有一定的阅读限制范围，其真实性较之档案文献更为可靠。对此，笔者将在使用档案的同时，利用当时党政机关内部发行的资料为旁证，力争避免落入其"陷阱"。

第三，在研究结论上，本书旨趣在于通过对一个县级政权的个案研究，揭示20世纪50年代初政权建设过程中基层干部的成长与转型轨迹，为此后中共基层干部队伍建设所取得的成功提供自己的解释。同时，通过考察这些基层干部的成长与转型轨迹，提出20世纪50年代整个新区干部群体呈现的一个共同发展与转型趋向，即干部地方化。这个趋向包含了两个关键性的内容。

一是南下干部地方化。南下干部在新区政权中扮演了关键性的角色，他们在南下接管新区县区级以上党政机关中发挥了重要作用，在维护新区政局稳定方面作出了重大贡献。在权力分配方面，他们往往占据该区重要岗位，而本土出身的地下党干部则边缘化。以往学界往往关注南下干部罔顾本地利益，盲目执行上级指示的"异质化"一面。但本书认为，南下干部在新区同样存在"同质化"的一面。为了顺利开展工作，他们需要尽力融入当地社会，适应该地风俗人文习惯，同时帮助提拔本地干部。

二是乡村干部的本土化。所谓乡村干部本土化，是指在南下干部的主导下，对乡、村、居民小组一级干部的提拔过程。这些人均为民国时期在村庄政治舞台中的边缘群体，他们在新中国初期迅速取代原有保甲长乃至传统士绅，成为新的乡村骨干人物，又是乡村干部本土化的体现。

新中国初期开展的一系列政治运动，使这些基层干部受到了技能训练、思想熏陶与组织惩戒，使他们对国家的依附性大大加强，一旦国家政策与本土利益出现冲突，这种人身依附状态会促使他们中的大多数人毫不犹豫地执行国家政策。从这个意义上讲，这种干部地方化趋向，又体现了强烈的国家依附特征。

三、文献

第一手资料是历史研究的基础。梁启超曾指出："史料为史之组织细胞，史料不具或不确，则无复史之可言。"① 本书研究具有较为扎实的史料基础，除在省、市、县等档案馆收集档案资料外，笔者还搜集了为数可观的报刊，其中不少是当时中共中央、西南局、川北区党委、四川省委等内部发行的书刊等。具体说来，主要可以分为以下几类。

首先是文献资料。所谓文献资料，即包括未刊档案、报刊、笔记、日记、信函等。自2011年起，笔者就开始着手搜集相关资料，目前已经获得了中国第二历史档案馆、江苏省档案馆、四川省档案馆、达州市档案馆、通江县档案馆等单位收藏的相关档案资料。特别值得一提的是，因1993年前通江县隶属于达县地区（今达州市），故有关20世纪50年代初期通江县递交给地委的报告、总结，以及达县地委的指示、批示等档案资料，全部保存在今达州市档案馆，这为笔者获取地区一级相关档案提供了相当的便利。

除了档案资料，还搜集了中共中央、西南区、川北区（四川省）、达县地区党内外发行的报刊，如《组织工作》《党内资料》《中央财经公报》《中央政法公报》《西南工作》《西南工作资料》《川北工作》《西南政报》《川北政报》《西南区土改运动资料汇编》《宣传工作》《宣传简讯》《征粮通讯》《四川日报》《川北日报》《通川报》② 等，这些文献中有些在当时属于秘密性质，大都

---

① 梁启超：《中国历史研究法：外二种》，河北教育出版社2000年版，第49页。
② 《通川报》是中共达县地委的机关报，创办于1951年7月1日，时任川北区党委书记的胡耀邦应邀题写报头。该报后相继改名为《通川日报》《东方红报》《达州日报》，现为中共四川省达州市委机关报。参见杨治坤：《我在通川日报社工作的片段回忆》，载全国政协四川省达县市委员会文史资料委员会编：《达县市文史资料选辑》（第3辑），1992年自版发行，第47页；四川省达县志编纂委员会编：《达县志》，四川辞书出版社1994年版，第726–727页。

绪 论

有一定的阅读范围，具有极高的史料价值。通过阅读这些来自不同层次的文献资料，笔者基本建立了中央、西南区、省、地、县等五级资料体系，较为完整地反映了一个县级政权在整个国家科层体系中的运作实态。

在国（境）外资料搜集方面，笔者曾于 2014 年 1 月前往香港中文大学参加学术会议，并在该校中国研究服务中心查阅资料，搜集到了一些新华社主办的《内部参考》以及地方性的方志、资料汇编等；2014 年 11 月至 12 月，承蒙南京大学研究生院的资助，前往牛津大学万灵学院进行为期一个月的访学，利用这段时间在牛津大学博德利图书馆及其分馆搜集了有关 20 世纪 50 年代初期中国史研究的著作与（学位）论文，还在该校中国中心图书馆查阅了该单位收藏的一些未刊论文，为笔者拓宽研究视野，更加全面地掌握既有研究动态提供了帮助。此外，笔者还前往伦敦的国家档案馆、大英图书馆查阅搜集资料，获得了一些西南地区土地改革的相关档案资料；2015 年 1 月赴台参加复旦大学历史系与中国台湾地区"中研院"近代史研究所联合主办的研习营，借此机会前往中国台湾地区"国史馆"、国民党党史馆搜集相关文献。这些资料的使用，将使本研究具有更加扎实的史料基础。

其次是口述资料。尽管档案资料在历史研究中发挥着重要作用，托克维尔即指出，"遍览政府档案不仅能使人对其统治手段有一精确概念，而且能一眼看到整个国家的状况"，① 但就笔者多年来阅读档案馆藏各类工作报告和总结的体会而言，这些档案具有一个共同的特征，即"同质化"现象十分严重，大都呈线性描述，我们从档案中看到的，大都是政策的顺利贯彻与实施、民众反映回馈良好，鲜有对政策执行过程中干部与群众对此的真实想法。这些信息是无法从那些官方形成的工作报告、总结中得到反映的。

---

① ［法］托克维尔：《旧制度与大革命》，冯棠译，商务印书馆 1997 年版，前言第 2 页。

因此，口述史料的补充，对本书写作来说同样关键。正如英国口述史专家保罗·汤普逊所说："就最一般的意义而言，一旦各种各样的人的生活经验能够作为原材料来利用，那么历史就会被赋予崭新的维度。"① 由于20世纪50年代初期距今70余年，尚有不少历史亲历者健在，口述资料自然就是本课题的另一资料来源。笔者在此基础上展开口述资料调查，进城镇，走大山，拜访相关当事人，获取了一批价值较高的口述史资料，以补充档案等纸质文献之不足。

---

① ［英］保尔罗·汤普逊：《过去的声音——口述史》，覃方明等译，辽宁教育出版社2000年版，第5页。

第一章
通江县的基本概况与既有干部基础

县一级政权为中国政权的关键环节,在上传下达中扮演着关键角色。古语有云——"郡县治则天下安",县制在中国两千多年来的历史中占据特殊地位。在传统中国行政建制中,"县是最稳定的行政单元"。① 它是介于省乡之间的一级政权机构,为国家政令贯彻的重要支点。特别是在 1954 年以后,县是介于省级政权的派出机构(专区)与其下级派出机构(区公所)两者之间的实体政权,其建设完善与否关乎基层政权的稳定。② 因此,作为县级政权的个案研究对象,笔者需要介绍一下通江县的情况以及 1950 年前中共在通江县的既有干部基础。

---

① 华伟:《县制:乡土中国的行政基础——县制丛谈之一》,载《战略与管理》2001 年第 6 期。
② 1951 年 4 月,时任西南局第一书记的邓小平在一次会议上明确指出了县一级政权的重要性:"县很重要,它是领导机关,又是执行机关,一个政策法令能不能贯彻执行,主要看县";1954 年 12 月 6 日,他在全国农村基层组织工作会议上亦称:"县是很重要的,县是农村的指挥机关。"中共中央文献研究室编:《邓小平传(1904—1974)》(下册),中央文献出版社 2014 年版,第 901 页;《在全国农村基层组织工作会议上的讲话要点》(1954 年 12 月 6 日),载中共中央文献研究室编:《邓小平文集(1949—1974)》(中卷),中央文献出版社 2014 年版,第 211 页。

第一节　历史沿革及社情民情

一、历史沿革

通江县位于四川省东北部，古属巴国，秦属巴郡，西魏置县，唐称壁州，天宝元年（741年）更名为通江县，迄今已有近1500年的历史。尽管其名称和隶属关系多有变动，但其行政范围基本没有大的变化，且为独立的县级政权运作。作为西南地区一个普通县份，通江县与西部其他县并无大的区别。通江县在清代隶属保宁府（驻地为今阆中市），辛亥革命后属嘉陵道。在防区制时代，该县为实力派田颂尧的势力范围。1935年防区制结束后，四川被分为16个行政督察专署区，通江县隶属于第十五行政督察专员公署（驻地达县，今达州市）。1950年后隶属于川北行署达县专区（1968年改称达县地区，今达州市），1993年10月后隶属于新成立的巴中地区（今巴中市）至今。

通江县位于四川省东北部，是四川通陕西关中平原的要道之地。该县东接万源市，南邻平昌县，西靠巴州、南江二区县，北连陕西南郑等县，县政府驻地为诺江镇。据清道光年间编修的《通江县志》记载，该地"北通兴汉，扼巴梁冲要；东下渝夔，据蜀楚咽喉"。①嘉庆年间，白莲教起义在川陕地区均以通江为活动大本营。全县地形属于中、低山区，呈现"三山夹两谷"地形。全县旅游资源丰富，有"一府三乡"（川陕革命根据地首府、溶洞之乡、银耳之乡、红军之乡）之称。

1933年12月18日，由鄂豫皖西进的红四方面军入川并抵达通江两河口，以通江县为首府建立了被毛泽东称为"中华苏维埃共和

---

① （清）李钟峨：《通江县志·舆地志》卷之二。

国的第二个大区域"① 的川陕苏区，红四方面军从原有的 1 万余人迅速扩展至 8 万多人。据统计，当时通江有 5 万余人参加红军，②诞生了傅崇碧、何正文、陈彬等 10 位通江籍共和国将军。截至 1935 年春红四方面军撤离，通江都是川陕苏区的政治中心，苏区最高指挥机关——西北革命军事委员会及红四方面军总指挥部、川陕省苏维埃政府、中共川陕省委等党、政、军机构均设在通江县城。此外，通江县还保存有全国最大的红军烈士陵园——王坪红军烈士陵园。苏区时期留下的大量石刻标语，在通江县至今保存完好，它们或张悬于高山峭壁，或掩映于路旁草丛。③ 其中最为著名的当数巨幅石刻标语——"赤化全川"。

在苏区时期，通江县内建立了较为完整的基层政权，下设赤北、赤江、红江三个县和苦草坝、洪口两个特别区，共计 29 个区，170 个乡，并建立了党组织和苏维埃政府。红军撤离通江后，旧通江县政府于 5 月从川北仪陇县迁回县城原址，于 1936 年分区设署，全县被划为 4 个区、220 个保、3052 个甲、34 个联保。④ 这种行政区划一直持续到通江县旧政权的崩溃。

---

① 毛泽东：《中华苏维埃共和国中央执行委员会与人民委员会对第二次全国苏维埃代表大会的报告》（1934 年 1 月），载中国人民解放军政治学院党史教研室编：《中共党史参考资料》（第 6 册），1979 年自版发行，第 517 页。

② 中共通江县委党史研究室编：《中国共产党通江县历史（1928—2007）》，中共党史出版社 2009 年版，第 28 页。

③ 通江县至今留存的红色文化遗迹相关调查报告，可参见何志明、吴俊江：《"革命历史是最好的营养剂"——红色故地通江田野调查》，载《四川党的建设（城市版）》2014 年第 8 期。

④ 《四川省各县市保甲户口统计表（续）》（1938 年），载四川省政府编：《四川统计月刊》1939 年第 2 期。

图 1-1 通江县的红色石刻标语之一①

图 1-2 通江县的红色石刻标语之二②

---

① 图片来源：2013 年 2 月 15 日作者摄于通江县毛浴镇。
② 图片来源：2013 年 2 月 15 日作者摄于通江县诺江镇。

图 1-3 通江县石刻标语之三①

二、社情民情

据《通江县志》记载，全县面积为 617.49 万亩，其中农耕地面积 77.15 万亩，②与中国西部绝大多数县份一样，通江县地处山区，为典型的农业县，绝大部分人口从事农业生产，县域经济与我国的东部县份差别悬殊。可以说，通江县在中西部县份中颇具代表性。据 1945 年调查，该县"无近代规模之工厂，仅东北路有造纸及制铁业生产合作社数个，工人数十，其余手工业均于农闲时为之，形成农家副业"。③1950 年通江县新政权建立后，工业产值占比从 1952 年的 3.2% 上升到 1957 年的 15.2%。④截至 1985 年底，

---

① 图片来源：《展览｜初心永恒——中国工农红军在四川标语特展》，载搜狐网，http://news.sohu.com/a/503208156_121124733，2021 年 11 月 24 日访问。
② 四川省通江县志编纂委员会编：《通江县志》，四川人民出版社 1998 年版，第 251 页。
③ 王希贤：《通江农业概况》，载《四川经济季刊》1945 年第 4 期。
④ 四川省通江县志编纂委员会编：《通江县志》，四川人民出版社 1998 年版，第 253 页。

全县仍有3个乡没有公路。由于交通不便,导致物流不畅,该县经济始终较为落后,长期为国家级贫困县。尽管经济发展较为滞后,但该地民风淳朴,热情好客:"凡政学军阀,曾今过百,都很体会通江人对客情意极重,许多外籍人,留恋不舍,多在通江安家者。"①

通江县曾为川陕苏区的政治中心,这个特殊的经历使它又与其他县份有所不同。作为原川陕苏区的行政中心,1932年底至1935年初(即川陕苏区时期),尽管面临"三路""六路"围攻的军事威胁,② 川陕苏区(包括通江县)在干部队伍建设方面仍然取得了一些成效。不少底层农民被提拔至各级苏维埃政府任职,红军撤离后,尽管他们中的一些人遭到了旧政权的报复,但仍然有相当部分干部得以保留,为1950年的新政权准备了干部基础。1950年通江县政府建立后,为解决干部不足的问题,采取了优先从原苏区时期担任干部,或者出身于苏区干部家庭的积极分子中选拔干部的方式,有效地缓解了干部匮乏的现状。

通江县因地处山地,耕地面积有限,特别是经历了苏区时期的"打土豪、分田地",兼之苏区动员了大量青壮年劳动力参军,使红军撤离后的通江县土地集中程度大为下降。据1943年通江县政府统计,全县自耕农、半自耕农、佃农、雇农分别占总人口的32.7%、14.4%、21.6%、15.2%,地主为16.1%,但"地广人稀"且"劳(动)力缺乏",使"主佃关系较佳,佃农生活不若外县之苦,该县近年租佃田地,期限不定,而无押租,一般纳租方式为

---

① 赵斌:《通江的银耳》,载《四川经济季刊》1947年第2—4期(原刊如此。——引者注)。

② "三路围攻"是红军进入川北后遭遇的首次大战。1933年春,蒋介石任命负责该地防务的四川实力派田颂尧为"川陕边区剿匪督办",企图将红军消灭。田集合38个团共6万余人,从南江、巴中和仪陇三个方向对根据地进行围攻,红军以1万余人应战,经过4个月的艰苦战斗,最终取得了胜利,并趁势将根据地扩大了一倍以上。此次战役在川陕苏区史上被称为反"三路围攻";1933年12月至1934年8月,四川实力派刘湘、邓锡侯、田颂尧等人集合了30余万人兵分六路,再次向川陕苏区发动进攻,史称"六路围攻"。

'见场分红'，即等至作物收后，按照全部数量，主佃双方平分或"四五分（原文如此。——引者注）"。① 可见，正是经历了苏区时期，通江县乡村内部的社会关系并未因土地集中程度过高而紧张。此外，红军撤离该地参加长征后，一些担任苏维埃干部的农民相继遭到旧政权及士绅报复与迫害的事实，导致他们在 20 世纪 50 年代初期重新担任乡村干部时心存顾虑。这种特殊的现象，使 20 世纪 50 年代初期通江县的乡村动员在方式与内容上出现了一定的特殊性。

第二节 1950 年前通江县的党组织

早在 20 世纪 20 年代末期，中共就已经开始在通江县发展组织，但总体发展较为缓慢。1932 年底，红四方面军入川并以通江县为中心建立川陕苏区后，在军队的帮助下，通江县的党组织发展迅速，在组织机构与党员人数上得到了较大程度的完善与提高。但随着红军的转移和旧政权的回迁，通江党的力量转而式微。抗战爆发后，在南方局的领导下，中共川北工委再次在通江县发展党组织，但因屡遭破坏，该地在 1950 年前夕的党组织力量较为薄弱。尽管如此，1950 年前的通江党仍然为新政权提供了一定的干部基础。

一、苏区时期的通江党组织

通江县地理位置较为偏僻，交通闭塞，1921 年至 1927 年间大革命的风潮尚未波及该地。直到 1927 年 4 月，中共川北地下党组织派吴尚德②在通江县城内张贴"打倒列强""打倒军阀""打倒土

---

① 王希贤：《通江农业概况》，载《四川经济季刊》1945 年第 4 期。
② 吴尚德（1915—1995），后名吴瑞林，四川省巴中市人，1928 年加入青年团，1932 年转入中国共产党，曾担任红四方面军总政治部共青团团委副书记、团赤江县委书记、八路军山东纵队第二支队政委、鲁中军区第一军分区司令员、四野四十二军军长、海军南海舰队司令员等职务，1955 年被授予中将军衔。

豪劣绅""劳工神圣"等标语,一时轰动整个县城。① 通过这种方式,中共首次将自己的主张展现在这个山区小县城。但此后通江县的党组织并未得到迅速发展。尽管负责四川党务的中共重庆地委在1926年就已经建立,但并未能将组织触角延伸到川北以及通江县。② 时至1929年,四川省委仍然承认,在发展党组织上主要将川西的成都作为"第一中心区域",尽管"川北工作很重要,但自来(一直以来。——引者注)因比较偏远,省委在客观上是忽视了"。③ 时至1931年,四川省委才采纳了川东军委书记兼游击总指挥王维舟的建议,组织巴中心县委,中心县委后派遣吴尚德等人前往通江发展党组织。"巴中心县委自始至终活动在通江,实为县内有中共党组织之始"。④

1932年12月下旬,红四方面军从陕南翻越大巴山进入川北,并在吴尚德等人的接应下顺利攻占通江县城,以该县为中心建立了川陕苏区。在红军的帮助下,苏区各级党政机构陆续建立,成立了该区的最高党务机构——川陕省委。根据制度设计,川陕省委下设道、县、区、乡等党组织。当时西北革命军事委员会、中共川陕省委(其驻地为现今通江县委)、川陕苏维埃省政府、红四方面军总指挥部、总政治部、总经理部等机关均驻通江县城。作为政治中心的通江县,被分为赤江、赤北、红江三县和苦草坝、洪口2个特别

---

① 中国人民解放军《中国人民解放军高级将领传》编审委员会等编:《中国人民解放军高级将领传》(第23卷),解放军出版社2013年版,第511页。

② 关于中共四川党组织早期的发展情况,参见何志明:《早期中共与青年团之间的组织纠纷及其调适——以四川地区为考察范围》,载《党史研究与教学》2014年第5期。

③ 《四川省委两个月工作总结报告(节录)——从六月十五日新省委成立到八月二十日移回重庆》(1929年10月9日),载四川省档案馆等编:《四川革命历史文件汇集 省委文件1929年4月—12月》(甲4),1985年自版发行,第218页。

④ 四川省通江县志编纂委员会编:《通江县志》,四川人民出版社1998年版,第565页。但关于通江县党组织的建立还有一种说法:1931年11月,中共地下党员吴尚德等人受南充中心县委指示,前往通江、南江、巴中三县开展秘密工作。参见中共通江县委党史研究室编:《中国共产党通江县历史大事记通编(1928—2008)》,中央文献出版社2009年版,第1页。

区即"三县两特区",共 5 个县级行政单位。川陕省委成立后,下属各级党委也陆续建立起来。

"三县两特区"的情况分别是:赤北县委,成立于 1933 年 1 月,成立时党员 20 人,先后下辖 5 个区委和 4 个区级市支部、29 个乡支部;赤江县委,成立于 1933 年 1 月,初始有党员 60 人,陆续下设 13 个区委和 2 个区级市支部、84 个乡支部;红江县委,成立于 1933 年 1 月,下设 6 个区委、31 个乡支部;洪口特别区委,1933 年 2 月成立,主要负责"领导红军驻军机关和省苏维埃派驻单位的党组织";苦草坝特别区委,1933 年 2 月成立,主要负责领导"红四方面军总供给部所属工厂、西北革命军事委员会开办的彭杨学校及川陕省经济公社等军政机关、企事业单位的党组织"。① 因 2 个特别区委的日常工作与地方事务没有直接关系,所以由川陕省委直接领导。因此,通江县的主要范围为赤江、赤北和红江三县,因当时通江尚无较为完整的地下党组织,故这三个县委均为红四方面军总政治部派军队协助建立。② 可见,川陕苏区时期通江县党组织有着浓厚的军队色彩,而原来的地下党巴中中心县委则被合并到川陕省委与苏维埃之中,吴尚德即当选为川陕省苏维埃委员会委员、青工部部长。

红军在进入通江后,党务工作主要由红四方面军下属的前敌委员会负责,为了尽快从通江发现并提拔一批干部,前敌委员会特地从部队抽调党员组成工作队,在"打土豪、分田地"中物色建党对象。"不到两个月,在县境内发展党员 200 余名。"③ 这种建党方式很快取得了成效。据统计,1933 年 2 月,赤北县委发展党员 800 余人,赤江

---

① 郭际富等编:《通江苏维埃志》,四川省社科院出版社 1988 年版,第 54、55、56 页。
② 中共四川省通江县委组织部等编:《中国共产党四川省通江县组织史资料 1933.1—1987.10》,四川人民出版社 1993 年版,第 26、33、36 页。
③ 四川省通江县志编纂委员会编:《通江县志》,四川人民出版社 1998 年版,第 563 页。

县委1300余人,红江县委600余人,洪口特区100余人,苦草坝特区200余人,整个通江县"共计3000余名党员"。① 这个数目在当时无疑是很可观的。但因苏区维持时间较短且军事压力持续增大,通江党在成员吸纳、组织结构以及实际运作中都存在诸多不足。②

在严酷的生存环境下,川陕苏区时期的通江党基本成为军队的办事机关,难以独立开展党务工作。据川陕省委统计,1934年2月,全区人口为700万人,但"党很薄弱。约有1.5万名党员"。③除去其中的军队党员,真正的地方党员人数则更少。1935年,随着川陕苏区内外部形势的变化,红四方面军与川陕省委的撤离,80%的地方党员跟随军队西渡嘉陵江参加长征。④ 这使原本就比较羸弱的通江党组织更加举步维艰。因此,通江党随即面临一个发展的低谷。尽管如此,中共代表劳苦大众的形象已经在该地被建构了起来。对于此点,作为政治对手的国民党也不得不承认。⑤

二、川北工委时期的通江地下党

红军撤离通江并带走大批党员后,使基础原本就较为薄弱的通江党的发展转入低潮。随着原通江县旧政权的建设,县内党组织有的被破坏,有的则停止活动,一些党员因难以开展工作被迫转移,甚至直接与党组织中断了联系。因此,1935年3月至1939年夏,包括通江党在内的整个四川党组织基本处于停顿状态。

---

① 郭际富等编:《通江苏维埃志》,四川省社科院出版社1988年版,第57页。
② 关于川陕苏区时期的乡村干部选拔,参阅何志明:《川陕苏区时期乡村干部的选拔·淘汰机制探析》,载《苏区研究》2019年第1期。
③ 《共产国际执行委员会远东局给共产国际执行委员会的电报》(1934年2月7日),载中共中央党史研究室第一研究部译:《联共(布)、共产国际与中国苏维埃运动(1931—1937)》(第14卷),中共党史出版社2007年版,第77页。
④ 郭际富等编:《通江苏维埃志》,四川省社科院出版社1988年版,第57页。
⑤ 1940年7月,国民党四川省党部在对通江县的党务工作调查后,认为通江县自经历川陕苏区阶段后,"全县民众多受共产党宣传的麻醉",进而在短期内难以完全清除。参见《四川省各县党务沿革概略》(1939年6月),中国第二历史档案馆藏国民党中央党部档案,档案号一一(2)/2628。

抗战全面爆发为中共在四川以及通江县发展党组织提供了契机。1938年1月，周恩来代表长江局致电中共中央，称"四川已成为抗战最后根据地，成为联接西南与西北的枢纽"，建议加强四川党的工作，如"派遣得力的及川籍的干部赴川主持党的工作"，并得到中共中央的同意。① 为了尽快恢复四川党组织，中共中央决定由邹凤平、廖志高前往成都建立四川省工作委员会（工委）。1938年3月，于江震前往南充建立川北工委，统一领导通江县在内的川北党组织。② 这标志着川北党正式建立。

1940年1月，肖中鼎（中共党员）以川陕鄂边区绥靖公署设计委员会通江分会副会长的身份来到通江，党组织交给他的任务是"建立据点，发展武装，安置外地疏散来的党员，恢复革命老根据地的党组织"。③ 肖利用自己的特殊身份，帮助很多从外地疏散来的党员潜伏下来。12月，通江县建立了自川陕苏区结束以来的第一个支部——竹子坎支部，因为党员主要是从阆中方面疏散过来的党员，故该支部隶属于阆南中心县委，该支部的建立"标志着通江党组织得到恢复"。④ 但1941年因支部内有党员变节，使不少人被迫撤离，竹子坎支部一时与上级中断联系。

实际上，根据长江局派遣得力干部前往四川"努力发展军事工作"并"寻找川北、川南、川西留下的红军游击队"的建议，⑤ 1939年秋，为了将原来川陕苏区时期留下的党员组织起来，中共中央派遣原红四方面军总部交通队指导员的巴中籍干部吴显良秘密

---

① 中共中央文献研究室编：《周恩来年谱（1898—1949）》（上册），中央文献出版社2007年版，第347、409页。

② 中共中央组织部等编：《中国共产党组织史资料第三卷（下）抗日战争时期（1937.7—1945.8）》，中共党史出版社2000年版，第1195—1196页。

③ 中共通江县委党史研究室编：《中国共产党通江县历史大事记通编（1928—2008）》，中央文献出版社2009年版，第13页。

④ 中共通江县党史研究办公室编：《党在通江的地下斗争史略》，1984年自版发行，第20页。

⑤ 中共中央文献研究室编：《周恩来年谱（1898—1949）》（上册），中央文献出版社2007年版，第409页。

返回通、南、巴①等地，并按照中共中央转来的名单联系该地的党员，但未能实现目标。②吴在返回通江后寻找党员未果，便被阆中中心县委安排在通江与巴中交界处开展工作，并发展了10余名党员。③1941年7月，川北工委派遣王叙五到通江传达中共中央关于在国统区实行"隐蔽精干、长期埋伏、积蓄力量，以待时机"的十六字方针，他以卖纸烟作为掩护，在肖中鼎的帮助下，联系巴中、广元等地的党组织。④但他并未能与吴显良接上关系。直到1946年9月，通南巴党的负责人王朴庵才通过伍级生与之建立联系。吴显良根据通南巴工委的指示，在通江县建立了何家湾、八家坪、贺家湾三个党支部。

1948年6月，巴中中心县委⑤正式决定成立通江县委，县委书

---

① 即通江、南江和巴中三县，因三县位置较近，同处四川东北部，故民间与官方常将其简称为"通南巴"。

② 中共通江县委党史研究室编：《中国共产党通江县历史大事记通编（1928—2008）》，中央文献出版社2009年版，第13页。

③ 事实上，中共中央以及四川党向包括通江县在内的原川陕苏区秘密派遣工作人员的消息，国民党方面亦通过相关渠道获得了情报。负责该地防务的邓锡侯还特地就此报告国民党高层，要求加强对该地的控制："查达县、万源、通江、南江、巴中各县僻处边陲，地形险阻，且过去曾为奸党所盘踞，潜伏势力不可忽视。"《邓锡侯电蒋介石称该区通南巴达万边境有由渠河窜来匪徒数股武器精良有奸党嫌疑》（1946年5月25日），台北"国史馆"藏蒋中正"总统"文物档案，档案号002/090300/00153/137。

④ 中共通江县党史研究办公室编：《党在通江的地下斗争史略》，1984年自版发行，第34页。

⑤ 巴中中心县委，又称通南巴中心县委。1946年4月，经南方局决定，成立川北第二工委，下设通（江）南（充）巴（中）等工委，该机构后更名为通南巴中心县委、巴中中心县委。1949年底，南下干部与地下党干部会师后，撤销巴中中心县委。但因该地区面积较大，且交通闭塞，为了方便管理，1950年2月，川北区党委决定重设巴中中心县委，代表中共达县地委直接领导通江、南江、巴中三县工作，中心县委与巴中县委合署办公，"一套机构，两枚印章"。1951年1月土改开始后，巴中中心县委改名为通南巴工委，由川北区党委派至该地的工作团团长龙鸣（兼任川北区党委组织部副部长）为工委书记。1951年8月，通南巴工委更复名为巴中中心县委，以王富源为书记，巴中县公安局局长、南江县县长、书记和通江县委书记为委员。1953年3月30日，撤销巴中中心县委。参见中共中央组织部等编：《中国共产党组织史资料第四卷（下）全国解放战争时期（1945.8—1949.9）》，中共党史出版社2000年版，第1540页；四川省巴中县志编纂委员会编：《巴中县志》，巴蜀书社1994年版，第589页。

记相继由吴显良和刘黎平担任。在此期间，通江县地下党组织屡遭破坏，但又很快被重建。截至1950年前夕，通江县委下辖3个区委和1个直属支部，党员为54人。① 同时，通江县委还建立了一支秘密武装力量——马家坪独立营，人数为300人，这支武装力量在解放军南下时发挥了维持秩序、协同作战的重要作用。

1949年10月1日中华人民共和国成立之际，南方的解放战争仍在继续。根据中共中央的部署，第十八兵团和一野一部在贺龙、胡耀邦等人率领下由陕南而下入川，负责经略西康、川西与川北。在大军压境之际，通江县的旧政权基本瘫痪，县政府及国民党县党部负责人四处流散。12月26日，中国人民解放军第十八兵团陕南独立师进入通江县城，正式宣告通江县旧政权的崩溃。为了维持地方秩序，在中共巴中中心县委书记艾文的领导下，中共通江县委及巴中县委所属地方武装队伍以及15名干部，联合通江县的上层民主人士，成立了通江县解放委员会，以中共地下党通江县委书记刘黎平②担任主任委员。这个委员会实际上起着过渡作用，存在时间较短，约1个月。

1950年1月23日，通江县委委员吴显良前往清江渡迎接杜国茂率领的15名南下干部（杜国茂、张立、党效权、徐世荣、

---

① 中共通江县委党史研究室编：《中国共产党通江县历史大事记通编（1928—2008）》，中央文献出版社2009年版，第17页；关于通江县新政权建立前夕地下党员的数量，据1950年达县地委报告，该县地下党员为150人。参见《通南巴平地下党情况的省略报告》（1950年3月），四川省达州市档案馆藏地委组织部档案，档案号15/1/5。

② 刘黎平（1926—不详），四川成都人，1948年加入中国共产党，曾在新四军五师青干班学习，后在鄂豫皖军区四军分区担任教育干部。1947年起被派回四川成都、遂宁、巴中等地从事学运工作。1948年7月后历任通江县委、通南巴中心县委书记，1950年后任通江县委宣传部部长、达县地委统战部秘书、地委办公室主任，1953年调任西南局监委副科长、市委办公厅二科科长，1988年任重庆市政协副主席。参见《重庆政协志》编纂委员会编：《重庆政协志1950年1月—1997年5月》，1998年自版发行，第548—549页。

宫福、任生明、管守忠、袁茂山、李效先、李光珍、李庆山、赵泰、张承寿、郭万钧、邢玉泰）。① 这批以山西人为主的南下干部到来后，迅速改组原有的地下党县委，成立新县委并接管旧县政府，"南下干部皆任要职"。② 新县委成立，预示着通江县一个新时代的来临。

---

① 中共通江县委党史研究室编：《中国共产党通江县历史大事记通编（1928—2008）》，中央文献出版社 2009 年版，第 19 页。

② 四川省通江县志编纂委员会编：《通江县志》，四川人民出版社 1998 年版，第 30 页。

第二章
南下干部主导下通江县政权的接管

解放军从战略防御转入反攻阶段后，对于接管新区中的县区级以上政权，其所需干部数量颇为庞大。而为了解决这个问题，中共中央调运了大批干部前往接管。在中共党史上这部分人被称为"南下干部"。① 他们当中很多人在接管过程中担任了县区以上党政要职并扎根当地，正是这些人的到来，极大地改变了当地的政治生态，掌握了其近30年的命运，至今仍然保持着不容小觑的影响力。② 在通江县，接管之初的南下干部为10余人，他们在新成立的党政机关中占据主要位置，并成为此后开展建政的主导力量。

---

① 严格来说，就干部流动的方向上看，"南下干部"一词并不十分周延。因为当时除了从北到南，还有从东向西运动的，如二野的西南服务团，其中不少接管干部来自苏南等地，从这个意义上讲他们不应该属于"南下干部"范畴。但为了便于行文，且遵从主流，故本书对这些外来干部统称为南下干部。

② 例如，据统计1949年至1960年间，在接管江西的东北南下干部团中，江西省内地、市委书记和厅局长基本为干部团中的红军时期干部担任，80多个县委书记、县长主要由抗战干部担任。而区委书记、区长均由除此之外的东北干部担任（参见张涛：《三大战役定乾坤 千军万马下江南——忆1949年东北南下干部到江西》，载《当代江西史研究》编辑部编：《记忆》，当代中国出版社2010年版，第175—176页）。随着时间的推移，这些县区级干部此后往往会被提拔至上一级的领导岗位。由此可以想见南下干部对于当地政治的持续影响力。

第一节　接管初期各方干部的互动磨合

为了向广大新区派出接管政权的南下干部，中共中央采取了随军派出的方式，即组建南下干部团随军南下，沿途接管各级政权。根据部署，接管川西、川北的南下干部调配由中共晋绥分局负责，后者为此组建了"川西北入川工作团"，以分局书记李井泉为团长。为了顺利完成任务，时任分局组织部长的龚逢春采取了"拆庙撤神"和成建制调配干部的方法，即"原来各县的主要负责干部调走，并要他们组建成一个县的架子，到新区搞好接管工作"。① 晋绥区最终选调地级以下（负责）干部共计3600余人。② 例如在晋绥雁南、五寨等地，即有大批干部被抽调南下并由县委书记带队随十八兵团入川。③

1950年至1952年间，四川被分为川南、川北、川东、川西四个省级行政单位与重庆市。其中川北区面积约为9万平方公里，下辖南充、遂宁、达县、剑阁4个专区，35个县和1个直辖市即南充市，耕地面积为2450余万亩，人口为1700余万人。④ 根据安排，

---

① 金昭典：《为党呕心沥血的十一个春秋——忆龚逢春同志在晋绥的革命事迹片断》，载中共四川省委党校等编：《龚逢春纪念文集》，1993年自版发行，第124页。龚逢春（1908—1978），陕西固城人，1930年加入中国共产党，历任中共陕甘边区特委宣传部部长、晋察冀区党委宣传部部长、中共中央晋绥分局组织部部长和宣传部部长，1949年南下担任中共川西区党委第三书记、中共中央西南局组织部第一副部长等职务。

② 周颐：《贺龙同志动员我们来四川——成都解放前后的片断回忆》，载中共山西省委党史研究室编：《1949：山西干部南下实录》（下册），山西人民出版社2012年版，第850页。

③ 据记载，时任山西省五寨县县长的杜国茂等人，于1949年8月10日带领干部南下四川。杜后被派遣接管川北通江县，成为该县首任县委书记兼县长。参见山西省五寨县志编纂办公室编著：《五寨县志》，人民日报出版社1992年版，第486页。

④ 张黎群等主编：《胡耀邦传（1915—1976）》（第一卷），人民出版社2005年版，第173页。

第二章 南下干部主导下通江县政权的接管

负责接管川北区的南下干部总计1284人。① 1949年12月20日，中共晋绥分局在山西襄城组建中共川北区达县地委，由杨绍曾和李敏（原山西山阴县中心县委书记）分别担任地委书记和达县专区专员，负责领导下属通江、南江、巴中、平昌、达县、宣汉、万源、开江八个县委及政府。② 干部团经川北广元县入川时，按照预定计划派出干部，陆续接收南充、遂宁、达县专区各县政权。③ 12月底，达县地委正式向通江县派出以杜国茂④为首的15名南下干部，负责接管旧政权并建立新的党政机构。⑤

杜国茂率领的南下干部到通江后，首先需要处理与地下党干部、党外干部的关系。因此在建政初期通江县的各方干部进行了一番互动磨合。

一、接管过程中的权力分配

尽管杜国茂等人的任职在陕南就已宣布，但他们并未立即前往通江县城，而是按照组织惯例，先期前往位于巴中县城的巴中中心县委接洽，在时任达县专区专员李敏的主持下，与中心县委书记艾文接洽了关系，之后在通江县委宣传委员吴显良的迎接下前往通江

---

① 《"西北入川工作团"综述》，载中共山西省委党史研究室编：《1949：山西干部南下实录》（下册），山西人民出版社2012年版，第718页；关于进入川北的南下干部，另有1680人之说。参见张黎群等主编：《胡耀邦传（1915—1976）》（第一卷），人民出版社等2005年版，第174页；《西南人民革命大学川北分校简史》，载蒋子恒主编：《西南革大史稿》，重庆大学出版社1990年版，第170页。
② 中共达川地委组织部等编：《中国共产党四川省达县地区组织史资料1926.8—1987.10》，重庆出版社1995年版，第76页；李敏：《我的片断回忆》，载中国人民政协会议四川省达县市委员会编：《达县解放初期的回顾》，1988年自版发行，第1、54页。
③ 杨万选等：《组织西北南下工作团入川》，载中共四川党史研究室编：《贺龙与四川》，四川人民出版社1998年版，第102页。
④ 杜国茂（1917—1991），山西五寨县人，曾任山西五寨县县长、县委书记，后南下陆续担任通江县县委书记兼县长，重庆市人大常委会副主任、党组副书记等职。
⑤ 李敏：《我的片段回忆》，载中国人民政协会议四川省达县市委员会编：《达县解放初期的回顾》，1988年自版发行，第5、9页。

县城。他们抵达县城后，随即与地下党县委书记刘黎平见面。刘先报告了通江县的一些情况，然后由杜国茂传达上级党组织给予通江县当前的工作任务，"刘（黎平）吴（显良）杜（国茂）张（立）党（效权）我们五个同志在互相勉励互相学习的精神下，根据本县情况和当前任务确定了今后工作方针"。在部队的会师方面也较为顺利，称"下面的通知都是经过双方介绍会面的，由于情况的关系，党内会师未曾举行隆重的会师形式，会师没发生问题"。① 此次会议还决定改组原通江县委，成立以杜国茂为书记的新县委，具体分工如表2-1：

表 2-1　通江新县委各成员分工情况（1950 年初）

姓名	职务	籍贯	来源	备注
杜国茂	县委书记	山西五寨县	南下干部	兼任县长
党效全	组织部长	山西保德县	南下干部	兼任税务局长
刘黎平	宣传部长	四川成都	地下党干部	后调任地委统战部干事
张立	县委委员	山西临汾	南下干部	兼任副县长
吴显良	县委委员	四川巴中县	地下党干部	后被判刑并开除党籍

资料来源：《通江县委机关干部登记表》（1950 年 2 月 21 日），通江县档案馆藏县委组织部档案，档案号 2/1/5。

从表 2-1 我们可以看出，在新县委的职务分配上，县委书记、县长、组织部长以及委员兼副县长这类关键岗位由南下干部担任，而原地下党县委书记刘黎平和原宣传委员吴显良分别兼任宣传部长、县公安局长。但刘黎平很快被调到达县地委统战部担任干事，通江籍南下干部程道远、董绍烈则陆续增补为县委委员。② 1950 年

---

① 《通江县我党的组织状况及干部的问题报告》（1950 年 4 月 2 日），四川省达州市档案馆藏达县地委组织部档案，档案号 21/1/8；四川省通江县档案馆藏县委组织部档案，档案号 2/1/6。此后分别简称"达州市/通江县档案馆"。

② 《中国共产党通江县委员会机关历史简介（一九五零年——九八二年）》，载通江县档案馆编：《通江档案史料》1986 年第 1 期。

第二章　南下干部主导下通江县政权的接管

7月16日，川北区党委组织部通知达县地委组织部，正式批准通江县委委员名单：杜国茂、程道远、党效权、张立、吴献（显）良。① 如此一来，新县委中地下党干部仅剩吴显良一人。

吴显良，四川省巴中县中兴乡人，1933年参加红军并加入中国共产党，后随军长征，曾任红四方面军总部交通队指导员，1938年受党组织派遣至通南巴地区寻找游击队。② 他先后担任通南巴中心县委副书记，通江县委书记、宣传委员等职。1950年任通江县委委员、公安局长。"镇反"运动开始后，身为公安局长的他很快因两次擅自释放人犯而被整肃。1951年底，川北区党委纪律检查委员会发出通报，称吴"解放后任公安局长以来，一贯在工作中贪图个人享受"，贪污公款，"接受恶霸礼物，吸食大烟"，并在"镇反"中将已经抓获的"反共救国军"通江游击纵队队长阎某、"反共游击纵队"队长张某和其他人犯等9人，"未很好审讯，擅自释放"，这些人后来再次被逮捕，并被判处死刑，但身为公安局长的吴显良认为"张某是亲友，已往对他很好，若处死刑，自觉难堪"，而再次将张释放。此事后经县委转报达县地委、川北区党委后，川北区纪委作出了如下结论：

> 吴显良参加革命十八年，由于丧失了斗志，政治上完全蜕化，在地下工作时就累次表现停滞不前，解放后身为公安局长，仍一意寻求享受，对反革命份子的□□（字迹模糊不清——引者注，后同）奉承送礼□□，自以为□□，竟然藐视县委领导，把血债累累恶迹昭著的反革命分子不只不严加处理，反而凭藉局长职权，两次释放，这种背叛革命的罪恶行为，不但使工作受到了极大损失，而

---

① 《达县分区各县参加县委名单》（1950年7月16日），达州市档案馆藏达县地委组织部档案，档案号21/1/1。

② 林超编：《川陕革命根据地历史长编》，四川人民出版社1982年版，第595页。

且在政治上给党和人民政府散布了极恶劣的影响。被察觉后，于今年四月经专署撤销局长职务，调回检讨，吴不但始终不正视自己的错误，反肆意向党隐瞒辩护，这种不可救药的份子，是党纪所不能宽容的，特决定开除其党籍，并建议人民行政公署依法判处。①

紧接着，达县专署检察分署与监察处联合发出通报，宣布撤销吴显良一切行政职务，"判处有期徒刑十年，劳动改造"。②

在现有的档案材料中，除了可以认定张某为其亲友，笔者无从知晓吴显良与被他释放的其他人犯之间究竟是什么关系，可能是地下党时期他为便于开展活动，与这些人建立的一些私人情谊使然。他的地下党同志，一度担任通江县政府副县长的伍级生后来在回忆录中谈及吴显良时，就对他所受的处罚无不惋惜甚至抱有不平："吴显良后来犯了错误，性质是严重，但不该判刑。他有点骄傲。"③ 从伍的回忆中可以大概推知吴个人的性格，以及在与以杜国茂为首的南下干部们共事时的情绪，正如川北区纪委所称——"藐视县委领导"。这种骄傲情绪无疑会加深他与县委书记杜国茂为首的南下干部之间的矛盾。至此，曾参加长征的老红军、早年奉命返回通江活动而成为"地下党干部"的吴显良，就这样永远消失在了通江的政治舞台上。此番人事变动亦开启了南下干部执掌通江党政大权的时代。

作为执政党，中国共产党在中国的政治生活中无疑扮演着关键

---

① 《川北区党委纪律检查委员会关于开除吴显良党籍的决定》（1951年11月30日），达州市档案馆藏中共达县专区纪委档案，档案号20/1/1。
② 《川北人民行署达县专员公署监察处　检察分署通报》（1951年12月25日），通江县档案馆藏县人民政府档案，档案号33/1/5；《中共川北区党委纪律检查委员会决定开除违法乱纪分子吴显良党籍》，载《通川报》1951年12月22日。
③ 伍级生：《我在通江的活动情况》，载中共通江县委党史资料征集组编：《通江现代史资料选》（第2辑），1982年自版发行，第166页。

角色，其各级党委的负责人即正副书记则更是处于核心地位。笔者梳理了 1950 年至 1956 年间担任通江县委正副书记的人员情况。（详见表 2-2）

表 2-2 通江县历届县委（副）书记（1950—1956 年）

姓名	职务	籍贯	文化程度	任职时间
杜国茂	书记	山西五寨	初中	1950.1—1952.10
程道远	书记	通江药铺	小学	1952.10—1953.4
叶永政	书记	山东南掖	初中	1953.4—1963.4
程道远	副书记	通江药铺	大学	1951.6—1952.10
高秦生	副书记	陕西城固	初中	1952.2—1956.4
张立	副书记	山西临汾	高小	1952.10—1956.4
管守忠	副书记	山西五寨	初小	1954.10—1964.11
张继	副书记	山西五寨	初中	1956.5—1962.7

资料来源：通江县志编纂委员会编：《通江县志》，四川人民出版社 1998 年版，第 567—568 页。

从表 2-2 可以看出，20 世纪 50 年代前期南下干部在通江县的政治生活中居于主导地位。县委一级是如此，而县政府下属各科局负责人的安排情况如表 2-3 所示：

表 2-3 通江县政府各科（局）负责人情况（1952 年 12 月）

姓名	类别	职务	来源
李恒	民政科	副科长	地下党干部
李庆山	财政科	科长	南下干部
王玉熙	文教科	科长	开明人士
马绍海	建设科	副科长	南下干部
张存寿	武装科	副科长	南下干部
杨秋田	工商科	科长	开明人士

续表

姓名	类别	职务	来源
司瑞	粮食局	局长	开明人士
李光珍	税务局	副局长	南下干部
张罗杰	人民银行	副行长	宣汉调来
吴显良	公安局	局长	地下党干部
程自浩	公安局	副局长	南下干部
张秋云	社会股	股长	南下干部

资料来源：《通江县干部登记表》（1952年12月25日），达州市档案馆藏达县地委组织部档案，档案号21/1/71。

与县委主要领导人为清一色的南下干部不同，因为各科局业务性质的差异，有些业务性较强的科局如文教科、工商科等为开明人士担任，但财政、税务、武装等重要岗位仍然为南下干部所占据，地下党干部吴显良担任的公安局长一职很快被撤销，代之以南下干部。可以说，在县直机关中南下干部仍然占有举足轻重的地位。

除此之外，新成立的通江县委还派出干部接管下属各区，当时通江县4个区（下设20个乡镇）的接管情况如表2-4所示：

表2-4　通江县初步配备县区干部（1950年2月）

姓名	职务	籍贯	来源	备注
管守忠	第一区区长	山西五寨县	南下干部	粗通文字
李庆山	副区长	河北高邑县	南下干部	初小
郭万钧	第二区区长	山西平定县	南下干部	高小
袁茂山	副区长	山西五寨县	南下干部	粗通文字
李庆	第三区区长	山西五寨县	南下干部	粗通文字
麻春印	副区长	河北临城县	南下干部	初小
宫福	第四区区长	山西五寨县	南下干部	粗通文字

续表

姓名	职务	籍贯	来源	备注
邢玉春	副区长	河北开滦县	南下干部	初小

资料来源：《通江县初步配备县区干部登记表》（1950年2月21日），通江县档案馆藏县委组织部档案，档案号2/1/5。

与县委主要负责人类似，4个区的正副区长均由清一色的南下干部担任，他们文化程度总体较低，且以山西五寨县籍居多。这种情况正如一位受访者所言："南下干部下来个个都没有当普通干部的，都是哪个单位哪个单位的领导头头。"①

日本学者田原史起曾对江西省接管的南下干部进行了研究，在论及处理与该省地下党的关系时，认为地下党人"是纳入县精英集团的首要对象"，而且在职位分配上"也享受到与南下人员之同等待遇"。②但就新区的大多数情况来看，事实并非如此，至少通江县的情况与之所述大相径庭。从上述各表可以看出，在通江县接管建政过程中的权力分配上，"南下"与"地下"有着显著区别，形成"南下为主，地下为辅"的政治格局。

不仅如此，西南地区地下党在解放前曾出现了一次突击发展党员的情况，引起了中共中央与西南局对于地下党"成分不纯"的怀疑。国民党政权垮台前夕，西南地下党为了尽快壮大自身力量，采取了一些权宜之计，大量发展党员，使一些旧官吏、会门成员乃至首领、保甲长等纷纷入党。据1950年初邓小平在给中共中央的报告中称，西南地下党情况较为复杂，如在云南丽江地区，起初统计

---

① 笔者对唐大伟的访谈记录。访谈地点：四川省达州市达川区石桥镇街道；时间：2015年3月7日。唐大伟，1925年出生，土改时为小土地出租成分，达州市达川区石桥镇人。1952年2月至1957下半年曾任通江县人民银行职员。

② ［日］田原史起：《新解放区县级政权的形成——南下干部与地方社会之互动分析》，载中国社会科学研究会编：《全球化下的中国与日本——海内外学者的多元思考》，社会科学文献出版社2003年版，第192页。

党员为数千人，不久就达万余人，再过一段时间就是两万人，"究竟多少弄不清楚"，而且表面上看起来"支部遍于各村，（但）有百分之九十九为特务地主和坏分子掌握"，还有"许多县委内部成份不纯，有国民党书记变为我们党委干事者，有国民党县党部宣传部长变为我们的宣传干事者，这种情况并非个别现象，不少党员实际上是斗争对象"。他建议首先"保障县委成分纯洁，清洗不可靠的分子"。① 在这种情况下，上级党组织对于地下党干部的使用自然也就有所考虑了。

据原地下党川北工委负责人王叙五回忆，他在和南下干部会师后担任了川北区党委委员、组织部副部长兼民政厅厅长，胡耀邦对他"极为倚重，常参与主要决策工作，特别是在统战工作方面多采用他的建议和意见"。② 尽管川北区"在团结培养川北地下党干部和处理地下党各种问题上，在当时四川四个区党委中是最好的"，③ 但在主要岗位的分配上，通江县仍然遵循了邓小平的这一说法。④

二、接管初期南下干部的心态

这些南下干部基本占据县区级干部以上的领导职位，成为主导地方社会命运的关键力量。他们中间除了少数人是原籍，绝大多数均为外籍人（如北方人），这些外地人进入地方社会后，必须适应

---

① 《邓小平一、二两月工作综合报告》（1950 年 3 月 13 日）；《邓小平九月十日给毛主席报告》（1950 年 9 月 11 日）（油印件），转引自杨奎松：《中华人民共和国建国史研究》，江西人民出版社 2009 年版，第 401—402 页。

② 王叙五：《王叙五传》，载四川师范学院等编：《王叙五遗作选》，2000 年自版发行，第 308 页。

③ 张乐山：《李登瀛同志在川北区党委时期的辉煌战斗历程》，载甘肃省人大常委会办公厅编：《怀念李登瀛同志》，1998 年自版发行，第 179 页。

④ 通江县的这一现象并非个案，而且具有较大普遍性。如临近的巴中县，1950 年至 1955 年间，除原地下党干部艾文曾于 1950 年 1 月至 1953 年 3 月担任县委副书记外，其余县委正副书记全部由外来干部担任，而该县正副县长则为清一色的山西人，参见四川省巴中县志编纂委员会编：《巴中县志》，巴蜀书社 1994 年版，第 590、652 页。

随之而来的自然地理、饮食习惯、物产气候乃至文化习俗冲突。①据从陕西入川的南下干部回忆,部队从陇南到四川江油后即在当地闹出了不少笑话:一些士兵去买橘子,将其误认作是太行山的柿子,张口就吃;司务长去买菜,却将柚子当作南瓜买回来,还抱怨说:"四川的南瓜色不正,皮不光,满身满脸疙疙瘩瘩,坑坑凹凹,只好凑合着吃。"② 此类笑话并非特例。在江西,亦流传着来自东北的南下干部将苦瓜摘来煮汤的故事。③ 可见,诸如此类的差异都需要南下干部去逐步调适。

南下干部抵达通江县城之后,随即接收各机关并整理钱粮账册。但通江县旧政权在崩溃之时将相关文书档案、桌椅板凳、房屋建筑焚毁或者破坏,使新政权面临一个千疮百孔的烂摊子。财粮部门是接收的重要对象。据报告,新县委成立后即于 1 月 25 日接管县政府,派出由 7 人组成的财经工作组,"由财政科兼组长从县往下接管,并会同解放委员会和地下党的同志,共同商量,接管财粮部分的东西",但发现"该县不但没有存粮存款与物资,并且连我解放军政府干部人员的吃粮(都)无法解决,只有解放委员会在解放过程中收下大米三二〇〇斤,(以)维持现况"。无奈之下,只好通过说服动员的方式向各乡镇"暂征借"大米 1 万斤、马草 2 万斤、马料 1 万斤,"以供几天食用"。在旧田粮处,在 10 天内"仅

---

① 此点在南下农村干部接管城市时表现得尤为明显。据 James Z. Gao 对接管杭州的研究,这些来自鲁中南区的农民干部初进城时感觉难以适应,除气候与饮食外,"杭州的市政设施、现代化技术、奇怪的服饰以及方言不通引起的文化冲突,都使一些农民干部因文化层次和处理城市问题能力的低下感到自卑",为此他们中的一些人甚至放弃了预先安排的职务。参见 James Z. Gao, *The Communist Takeover of Hangzhou: The Transformation of City and Cadre*, 1949-1954, p. 76。

② 吴林泉:《开路架桥奔西康》,载《向西北西南进军》编辑组编:《向西北西南进军》,四川人民出版社 1985 年版,第 257 页。

③ 张涛:《三大战役定乾坤 千军万马下江南——忆 1949 年东北南下干部到江西》,载《当代江西史研究》编辑部编:《记忆》,当代中国出版社 2010 年版,第 182 页。

收到田粮处装粮破麻袋小包子三二八〇个"，主要是"财政科在解放时将旧有账册全部焚烧""新欠粮谷始终未收到一粒，主计室烂表，现存十二个征收处，谷子毫无一粒"。① 因为当时政权初定，并未建立起稳定的上下级财经体系，通江县在短期内难以得到来自上级（达县专署）的财政支援，所有用度全赖自行解决。不仅如此，通江县还承担着上缴 1949 年度公粮的重任。当时新政权面临的经济压力之大可想而知。

财经部门接收情况是如此，其他部门也同样艰苦。县委在给地委的报告中即对当时的接管情况进行了生动描述：

> 我们初到此地，伪政府把办公用具桌凳全部破坏，干部大部没有床就在地上一连睡了五六天，至今下乡干部仍有在地下睡觉的，没有办公用具，拿破碗底做砚台，用桐油烟自造复写纸，没有油印机就用掉在地下的麻刷子刷，区上有一个时期买不到菜吃，每顿饭就用盐水浇着吃，有几天连盐也吃不上，就光吃米饭。②

通江县的情况基本是新区基层政权接收时的一个缩影。据时任川北军区副政委的郭祥林回忆，部队进入川北后"生活是相当艰苦的，有长达 1 个月的时间只吃盐水下饭"。③ 尽管当时大局初定，但川北还存在不少国民党遗留下来的"游击队""自卫队"等，因而军事优先是首要原则。部队尚且以盐水下饭，地方干部的生活状态自然更为困难。当然，对南下干部而言，克服这些艰苦的物质条件并非大问题。

---

① 《通江县将近一年来的财政工作报告》（1950 年 12 月 20 日），通江县档案馆藏减租工作团档案，档案号 52/1/2。
② 《通江县我党的组织状况及干部的问题报告》（1950 年 4 月 2 日），达州市档案馆藏达县地委组织部档案，档案号 21/1/8。
③ 郭林祥：《郭林祥回忆录》，解放军出版社 2003 年版，第 312 页。

第二章　南下干部主导下通江县政权的接管

在语言方面，四川话与山西话同属北方语系，因而这些山西干部在通江县并不存在语言交流障碍，① 他们在语言上并未遭遇其他南下干部在东南沿海地区所面临的困境。② 但随之而来的自然环境及社会（饮食）文化差异，则是他们所要面临的一道难关。正如朱德在对四野高级干部所作的报告中所言：

> 我军绝大部分是北方人，要去南方作战，不大适应南方的生活习惯，而且容易患疟疾、中暑、脚气、疥疮等疾病。此外，还会产生留恋家乡、保命偏安的情绪。③

与山西干燥的气候不同，通江县较为湿热，这些南下干部很快出现了水土不服的情况。据1950年9月通江县委报告达县地委，因工作任务繁重与气候不适等，很多干部身体出现了状况："身害疥疮的有百分之九十五，特别奇怪的是最近有十余个同志生殖器疼（痛），还有原来的毛病也发生，有吐血的，有害肠胃病的"，因当

---

① 笔者在从事口述访谈时，一些受访者回忆称，当时的通江民众基本都能听懂这些山西干部的语言。笔者对唐大伟的访谈记录，访谈时间：2014年2月14日；访谈地点：四川省达州市达川区石桥镇街道。笔者对刘坤远的访谈记录，访谈时间：2015年2月28日；访谈地点：四川省通江县铁佛镇平坝村。唐大伟（1925—），四川省达州市达川区石桥镇人，土改时成份为小土地出租。1952年至1957年任职于通江县人民银行业务股，无职务，主要负责下乡发放贷款。刘坤远（1927—），通江县铁佛乡平坝村人，贫农家庭出身，因在川陕苏区时期其父母均曾参加苏维埃工作，1950年被提拔担任村长，1952年后相继担任中共铁佛乡首任支部书记、副乡长，后转入农村信用社任职。

② 例如在福建，南下干部不懂闽南语，但不少本地干部同样不懂普通话（Mandarin），故后者在闲谈时都使用南下干部听不懂的闽南语。尽管南下干部将在非工作时间使用闽南语斥为"地方主义"，但时至1956年，该地召开党的会议时仍然需要使用用讲解员（interpreters），以便将普通话转换为闽南语。为了帮助一些地方干部提高语言水平，福建省还在该年推行了一次大的普通话学习运动。参见 A. Doak Barnett, *Cadres, Bureaucracy, and Political Power in Communist China*, New York and London：Columbia University Press, 1967, p. 133。

③ 朱德：《国内形势和南下后应注意的几个问题》（1949年4月11日），载《朱德军事文选》编辑组：《朱德军事文选》，解放军出版社1997年版，第696页。

地医疗条件有限,进而要求地委设法补助药品。① 南下干部此时普遍患疥疮的现象,亦被后来担任通江县医院首任院长的何力君证实。他在回忆录中称,因南下干部们"常年行军,穿在身上的衣服一月两月不换洗。睡大铺",兼之南方湿热的气候,使他们普遍患了疥疮,当时的县委书记杜国茂、副县长张立、徐世荣等人都不能幸免。杜国茂还曾前来找他治疗疥疮。据何回忆,当他揭开杜的衣服一看,"血水与脓水粘糊糊的几乎找不到一块好肉。晚上恶痒难忍,就用手搔,横七竖八的指痕里浸出血珠"。② 此外,通江县为典型的南方饮食文化区,以大米为主食,这对长期以面食为主的山西干部来说,也是需要适应的一个过程。这些来自北方的干部乃至官兵"初到南方,吃大米还不习惯,加上没菜吃,体质普遍下降,还由于水土不服,出现消化系统疾病明显增多"。③ 然而,这些困难只是南下干部需要面对的一部分。

因为通江县南下干部长期在北方生活,且大多数为文化层次较低的农民,他们中的不少人到南方后常常出现在风俗文化上"水土不服"的现象。这种隔阂首先在与当地地下党的关系上体现出来。因地下党员大都为本地人,文化层次较高,且家庭出身较南下干部为优,致使双方在工作中出现了若干不协调。据达县地委报告,包括通江县在内的南下干部与地下党干部因"生活习惯不同,语言不同,互相感到不便",地下党干部认为"老区来的农民不讲卫生,说话不转弯",而南下干部"开始对地下党估计很高,在工作上要求较高,但地下党新同志有些水平不高,不像有些老同志所估计的一样,还有个别地下党员因旧社会的影响,在用人上主要靠关系拉

---

① 《达县地委减租干部问题解决训练》(1950年9月12日),达州市档案馆藏达县地委组织部档案,档案号21/1/4。
② 何力君口述、李瑞明整理:《我在通江行医五十年》,载通江县政协文史资料委员会等编:《通江文史资料》(第3辑),1989年自版发行,第90、91页。
③ 郭林祥:《郭林祥回忆录》,解放军出版社2003年版,第312页。

拢，因而老区来的同志不满，视为地下党不行"。① 在通江"大多数人认为他们（南下干部。——引者注）没有文化（字写得差），穿着朴素。没有文化，就没有多大能耐"，② 进而产生轻视心理。而南下干部则认为"四川人狡猾不可靠"。③ 西南区一些南下干部亦存在"四川没有好人"的说法。④ 在通江，双方甚至曾因为语言文化差异，引发了一些矛盾冲突。当时驻军向地方武装（可能是地下党控制的）借枪，因电话通话时语言问题而出现误会，部队"听成不愿借给部队枪"，⑤ 进而引起不满。诸如此类的问题，都使一些南下干部产生了畏难情绪乃至退出心理。

因动员干部南下时，上级只片面宣传南下"进大城，住洋房""四川是天府之国"等，⑥ 结果南下干部到达目的地后，见通江条件与之反差很大，"山高路远，困难重重"，无形之中就产生了怨言，"比如行路爬在半山时候口里就说'好我那天府之国呀，就这样高的山，山西确实找不到这样好的县份'"。时任涪阳区长的南下干部李庆，到任后了解到全区南北长 500 余里，东西宽 300 余里，完全是高山，且是历史上出土匪的地方，"思想上发生了苦闷，再加上气候和水土关系，和本人身体弱，一直弄的病了二十余天"。李之所以长时间"生病"，应该是不愿意任职的一种推脱。此外，

---

① 《达县地委组织工作报告》（1950 年 3 月 27 日），达州市档案馆藏革命历史档案，档案号 15/1/5。
② 笔者对唐大伟的访谈记录，访谈地点：四川省达州市达川区石桥镇街道；时间：2015 年 3 月 7 日。
③ 《通江县区干部的情况》（1950 年 6 月），达州市档案馆藏达县地委组织部档案，档案号 21/1/76。
④ 《西南局组织部五月份给西南局并中央组织部的报告》（1950 年 5 月），载西南局编：《西南工作》1950 年第 7 期。
⑤ 《通江县我党的组织状况及干部的问题报告》（1950 年 4 月 2 日），达州市档案馆藏达县地委组织部档案，档案号 21/1/8。
⑥ 例如称四川"金黄的桔子，满山都是，打下来的粮食吃不完，到处是竹林，梯田"等。参见阎成恩：《进川日记》，载中国人民解放军六九一九部队政治部编：《胜利的战斗》，1962 年自版发行，第 287 页。

很多南下干部大都是农民，存在"打短工"思想："计划在四川革命二三年就回家，他每天都在想念老婆孩子。"① 因为每当过年过节"特别是家信来了"，总是"表现出不愉快的现象"。② 他们这种心理，也曾对通江县的本地干部透露过：

> 这些人（即南下干部。——引者注）总的说都对通江的山区看不起，都想争取上调。那个时候通江县城的交通不便，房子又少。他们常常抱怨：把我调到这个穷地方来。③

实际上，包括通江县在内的整个达县专区，位于四川东北部，地处山区且交通闭塞，经济发展整体滞后。时至1954年，一些南下干部都还不安心在该地工作，他们称"在南江（县）工作是劳改"，万源县的干部则有"重庆是天堂，达县（达县专署所在地。——引者注）是人间，万源是地狱"的说法。④ 而在建政之初，争取尽快上调或者调回山西老家，就是很多通江乃至四川南下干部的心态。

很快，中共中央以及西南局亦注意到了这个问题。西南局组织部向中共中央报告了一些南下干部因为各种原因向上级提出要求返回原籍的情况后，1950年9月，中共中央发出指示，称他们中"一般因不服水土疾病、短期可以痊愈者，应说服本人仍留原地治

---

① 《（通江县）组织工作报告（草案）》（1950年7月6日），达州市档案馆藏达县地委组织部档案，档案号21/1/1。

② 《通江县我党的组织状况及干部的问题报告》（1950年4月2日），达州市档案馆藏达县地委组织部档案，档案号21/1/8；通江县档案馆藏县委组织部档案，档案号2/1/6。

③ 笔者对唐大伟的访谈记录，访谈地点：四川省达州市达川区石桥镇街道；访谈时间：2015年3月7日。

④ 《中共达县地委组织部关于召开第二次组织工作会议情况报告》（1954年2月16日），达州市达川区档案馆藏达县县委组织部档案，档案号17/1/58。

疗休养，病愈后继续工作"，而"个别病情严重、短期无法治疗，亦不能进行工作者，及少数爱人牺牲、患病较重的妇女干部，可送回原籍，由当地省委供给，按照每人不同情况，使其休养、工作或学习"。① 可见，中共中央对南下干部返回原籍的要求基本不予支持，因为大多数南下干部基本就是属于"不服水土疾病、短期可以痊愈"范围。事实上，绝大多数南下干部最后适应了当地环境，实现了自身的"地方化"。

另外，由于经过了长途跋涉的艰辛，除了不安心在新区工作，还有一部分南下干部存在享乐懈怠思想，甚至在职务分配上主动提出要求。个别干部公开称："我有两个问题要求组织解决，一个是讨老婆，一个是要地位。"② 据达县地委称，"个别南下干部存在的问题，认为胜利了应该享受，并提拔职务，一些人因未能得到提拔'在工作上消极，说二话'，如称革命胜利了，'组织上看不起农民干部，老而无用了'。有的则主动向组织要求'参加县委'，并'在生活待遇上要求吃中灶'"。③ 这种居功自傲的思想在当时亦较为普遍。例如西南公安部一个干部说"不让我当处长副处长，让我当科长不干"，川东区一个老区来的干部说"人不为己，天诛地灭。不吃不喝，人生几何？"④ 据川北区党委称，一些南下干部"最计较地位待遇，分配工作时要先问，那一级，吃什么灶，给不给警卫。有的人（因）为地位，待遇不合意，而不接受工作。有的人简

---

① 《中共中央关于南下北方籍干部因病要求返原籍问题的指示》（1950年9月7日），载中央档案馆等编：《中共中央文件选集（1949年10月—1966年5月）》（第4册），人民出版社2013年版，第44页。

② 《邓小平与西南党的建设》，载中共重庆市委党史研究室等编：《邓小平与大西南1949—1952》，中央文献出版社2000年版，第172页。

③ 《达县地委组织工作报告》（1950年3月27日），达州市档案馆藏革命历史档案，档案号15/1/5。

④ 《西南局组织部五月份给西南局并中央组织部的报告》（1950年5月），载西南局编：《西南工作》1950年第7期。

直说：'别的什么不要都可以，但不能把中灶丢掉'"。① 另外"有些县的负责干部醉心于老婆问题，放松工作，不顾影响，乱搞恋爱，甚至有因未得批准结婚而谩骂组织者；有的干部居功自傲，大摆架子，出门坐滑竿；个别干部竟丧失立场，与某（些）很坏的旧人员结合打牌、喝酒、作威作福"。② 这种现象最终促使中共中央决定在全国尤其是新区范围内开展一次整风运动，主要对象就是这些南下干部，通过整风扭转南下干部中存在的享乐腐化思想。

当然，在这些南下干部存在享乐乃至退出心理之时，也有一些人服从组织安排并埋头苦干。建政不久，通江县委及区干部即冒着连绵不断的阴雨下乡检查工作，因为南下干部基本为农民出身，所以能很快与当地农民打成一片，他们呈现出与旧政权官员截然不同的面貌，并得到了民众的好评："真是人民的干部，要是过去的县长区长出巡，下这样的雨还得为咱人民修路去"，同时称"你们这些人真不赖，过去那些官员们看见我们的影子也是黑的，连半句话也说不上"。时任四区代区长的南下干部宫福，县里给他分配后，天快黑了，"离目的地四十里地，不怕夜黑，不怕吃苦，当天就到目的地"。③ 为了开展工作，宫福下雨时"连鞋也不穿，出门也不带行李"，农民见了亦颇为感动："过去那些区长来下城里开会，带短枪的有四五个警卫员，还有长枪"。④ 可见，通江县的南下干部基本为农民出身，他们的这种特殊身份，在从事相关工作时反而成为优势。

---

① 《组织工作报告（草案）》（1950年7月6日），达州市档案馆藏达县地委组织部档案，档案号21/1/1。

② 《川北区党委关于纠正享乐腐化思想的决定》（1950年4月10日），载中共川北区党委办公厅编印：《〈川北工作〉主要材料汇集》（二），1952年自版发行，第5—6页。

③ 《通江县我党的组织状况及干部的问题报告》（1950年4月2日），达州市档案馆藏达县地委组织部档案，档案号21/1/8；通江县档案馆藏委组织部档案，档案号2/1/6。

④ 《通江县区干部的情况》（1950年6月），达州市档案馆藏达县地委组织部档案，档案号21/1/76。

三、民主人士干部的安排

在权力分配上,南下干部成为执掌县级政权的主要力量,但除此之外,建政初期还有一支干部力量不应忽视,那就是民主人士干部。这些人因自身威望高、工作能力强以及积极向新政权靠拢等被提拔(或留用),成为新区建政初期干部结构中的一支新兴力量。

1949年12月9日,中共中央专门就新区使用旧政权工作人员发出指示,认为除了"高级的积极推行反动措施的政务官,不宜留用,或另行处理",其他工作人员均可在一定程度上予以考虑留用或任用。① 几天后,西南局在回复贵州省委关于吸收民主人士参加政府时,明确指出,在建政时"防止关门倾向。因为留在西南的较有名望的人物,很少或甚至没有参加过民主活动。而有些参加过或多或少的民主活动的民主人士则又嫌资望不够。因此如果我们的尺度不放宽一些,就很难找到理想的人物",同时指示"应加强统战部的工作(对外亦叫做统一战线部)"。② 1950年3月底的一次中央政治局会议上,毛泽东再次强调在各地组建的各界人民代表会议中"共产党员不能太多,多则无力,不多不少则力量大"。③ 在川北区,党委第一书记胡耀邦十分重视对民主人士干部的任用。为此,川北区党委组织部向各地发出指示:

> 根据区党委扩大会议,关于吸收党外人士三分之一参加政权工作的决定,各级组织部协调统战部门政权机关,有计划的结果慎重考虑提出党外民主人士参加政权各部门

---

① 《中央关于旧人员处理原则的解释与指示》(1949年12月9日),载中共中央西南局政策研究室编:《党内资料》1950年第2期。

② 《西南局关于吸收民主人士参加政府工作问题复贵州省委》(1949年12月12日),载中共中央西南局政策研究室编:《党内资料》1950年第2期。

③ 中共中央文献研究室编:《毛泽东年谱(1949—1976)》(第1卷),中央文献出版社2013年版,第106页。

工作的具体意见和名单经超一级党委批准执行。应该认为如果政权成为清一色,一定使我在政治上限于孤立。既给党外人士分配工作就应当成为我们干部,大胆使用(当然政治警惕性还必须随时存在),使之真正有职有权,敢于放手工作。①

据统计,川北区党委先后邀请了四百多位各界人士参加新政权建设工作,② 使川北区在统战工作方面出现了较好的气象。1950年3月,川北区党委正式成立统战部,由胡耀邦兼任部长,他指出,"统战部是党委领导下的重要工作部门之一,是党在统一战线方面的参谋部和办事机构,是党外干部的政治部"。③ 胡耀邦与李大章成为在四川4个区中兼任统战部长的两个党委一把手。④ 这无疑有力地推动了川北区统战工作的开展。

在县一级政权中,川北区党委同样要求大胆任用民主人士干部。建政初期,各类干部奇缺,为了解决这一问题,川北区党委明确规定,在县级政权中配备干部时"除民政、财政由党员担任外,其余科长可用有德有能力的非党干部或民主人士来担任,能力弱一点有造就者亦可提拔"。⑤ 根据区党委的这一要求,通江县在干部

---

① 《川北区党委组织部一九五〇年两次组织工作计划(第一次)》(1950年3月6日),载中共川北区党委办公厅编印:《〈川北工作〉主要材料汇集》(一),1952年自版发行,第108页。

② 张黎群等主编:《胡耀邦传(1915—1976)》(第一卷),人民出版社2005年版,第190页。

③ 郑仲兵主编:《胡耀邦年谱资料长编》(上册),香港时代国际出版有限公司2005年版,第45页。

④ 川东、川西区党委统战部部长分别为副书记阎红彦兼任、常委周士弟兼任,川南则为党委第一书记李大章兼任。中共中央组织部等编:《中国共产党组织史资料 过渡时期和社会主义建设时期(1949—1996)》(第5卷),中共党史出版社2000年版,第672、675、678页。

⑤ 《川北区党委组织部关于大胆提拔干部充实机构的几点意见》(1950年11月22日),载中共川北区党委办公厅编印:《〈川北工作〉主要材料汇集》(一),1952年自版发行,第148页。

配备方面也充分考虑了这一因素。实际上，在最初组建的解放委员会中，就已经体现了这一原则，详见表2-5：

表2-5 通江县解放委员会成员情况（1949年12月至1950年1月）

机构名称	职务	姓名	籍贯	曾任（旧）职
县解放委员会	主任	刘黎平	四川成都	通江县委书记
	副主任	向先炳	通江广纳	一区区长
	副主任	周新云	通江麻石	国民党县党部书记长
	副主任	张谦六	通江龙凤	县参议员、县训大队大队长
	副主任	向衡平	通江三合	财政科长、县民众自卫总队副总队长
	委员	司瑞	通江诺江	原省议员、县党部书记长
	委员	王子民	通江沙溪	原"国大"代表、县参议长
	委员	王玉熙	通江	教师

数据来源：通江县志编纂委员会编：《通江县志》，四川人民出版社1998年版，第552—553页；通江县总工会编：《通江工运史料》（第2集），1987年自版发行，第52页；中共通江县委党史工委编：《通江历史编年纪（公元前316—1952）》，1985年自版发行，第127页。

从表2-5中可以看出，除主任刘黎平为中共党员外，其余均为旧政权人士。但这仅是过渡。例如周新云、王子民等。① 以杜国茂为首的南下干部到来后，立即解散这个解放委员会，代之以县政府。据川北区党委统战部的要求，在配备县直机关干部时党外干部亦应占1/3。② 但在达县地委召集的一次各县负责任人会议上，通

---

① 1951年2月17日，周新云、王子民以及原通江县县长鲜炽贤被公开审判枪决。参见《通江县枪决大恶霸匪首及特务份子王子民等三犯的报告》（1951年2月17日），达州市档案馆藏达县地委办公室档案，档案号19/1/57。

② 川北区党委统战部指出，在县直属机关干部配备范围是"民政、文教、建设、财政、农林等科长，卫生院长、法院院长、税务局长、县各代会常委会主席、县监委会主任委员或监察署长、区人民政府区长以上干部"。参见《川北区党委统战部通知》（1950年5月4日），达州市档案馆藏达县地委统战部档案，档案号23/1/4。

江县县长张立坦承,在建政之初,该县"主要是关门主义","在思想上未了解统战的重要意义""在配干部(时),南下干部各部门都有,采用先紧后松的方针,即是认为吸收不上好的"。① 通过川北区党委和达县地委的纠正,通江县南下干部"一统天下"的局面才有所改观,在县政府直属机关负责人安置上采取以南下干部为主,地下党和民主人士为辅的配备方针。据1950年10月统计,党外人士在通江县政府部门的任职情况如表2-6所示:

表2-6 通江县党外人士任职情况(1950年10月)

姓名	任职单位	任职	籍贯	履历	解放前后表现
司瑞	粮食局	主任	四川通江县	曾任国民党党部书记长,解放后担任解放委员会副主任、支前委副主任、川北各代会代表	解放前为国民党县党部书记长,解放时参加解放委员会,表现可以,群众中有威信,表现开明
杨秋田	工商科	科长	湖北黄陂县	商人出身,曾任前政府科长、区长,解放后任川北区各代会工商代表	解放后参加各代会后表现拥护我们的政策,过去任伪区长,但因他是外籍人,政治势力不大,对群众较好,表现开明
王玉熙	教育科	科长	四川通江县	曾任小学教员、校长、师范校长、伪政府督学,解放后任解放委员会宣传部副主任、初中校长	原任中学校长,过去一贯是做教育工作,群众影响可以,解放后办学很努力,对我们的政策能响应,表现开明

资料来源:《通江县党外干部调查表》(1950年10月),达州市档案馆藏达县地委统战部档案,档案号23/1/2。

---

① 《达县专区各县负责人联席会议记录》(标题为笔者所拟)(1950年7月),达州市档案馆藏达县地委组织部档案,档案号21/1/2。

表 2-6 还无法反映民主人士在政府部门的任职比例。但据 1952 年 12 月统计，通江县政府下属各科（局）负责人情况，在 14 个县政府部门中，民主人士占 5 人，超过了川北区党委统战部对于 1/3 的规定。具体见表 2-7：

表 2-7 通江县政府各科（局）负责人情况统计（1952 年 11 月）

姓名	类别	职务	来源
李恒	民政科	副科长	地下党干部
李庆山	财政科	科长	南下干部
王玉熙	文教科	科长	开明人士
马绍海	建设科	副科长	南下干部
张存寿	武装科	副科长	南下干部
杨秋田	工商科	科长	开明人士
司瑞	粮食局	局长	开明人士
李光珍	税务局	副局长	南下干部
张罗杰	人民银行	副行长	宣汉调来
吴显良	公安局	局长	地下党干部
程自浩	公安局	副局长	南下干部
张秋云	社会股	股长	南下干部
袁洁	邮政局	局长	开明人士
张宁光	电信局	局长	开明人士

资料来源：《通江县干部登记表》（1952 年 12 月 25 日），达州市档案馆藏达县地委组织部档案，档案号 21/1/71；《通江县现有人员登记表》（1950 年 4 月 28 日），通江县档案馆藏县委组织部档案，档案号 2/1/5。

此外，除一些科局长外，各乡镇粮库主任一般也由民主人士担任。可见，通过任用民主人士担任政府部门的职务，新政权可以充分利用他们在当地的政治地位、社会声望以及专业技能，这不仅可以减少阻力，将政策尽快传达到基层，还能迅速稳定局势，使政府高效运转。例如粮食局长司瑞在旧政权时期就是"搞粮食工作的，会打会算"。① 他们中的一些人除了担任政府部门负责人，还当选为各界人民代表会议代表或者成为特邀代表，在政策讨论贯彻中发挥了积极作用。例如永安中心小学校长王尧笙，1950年当选为各代会代表并参加了第一届各代会，后因工作积极负责，在1952年的第二届第二次各代会上当选为常委委员驻会委员兼秘书长，负责"草拟各种会议报告，总结（各）代会工作"，因为喜爱诗词，"在各项运动中，以诗词为武器，赞扬先进英雄人物，批判腐朽落后的东西"。1954年12月，他在重病中写出了1500余字的"庆祝一九五五年春节歌"，主要"歌颂在党领导下，通江所起的变化"。② 时任各代会特邀代表的严静安，还特地写了一份材料，主动交代了1950年前参加国民党、青帮，1950年后夺佃的事实，称"自去年八月，参加人民政府工作来，随时随地深悔前种种皆非，决心立功赎罪，值此土改消灭封建反违法斗争之际，特将违法事实坦白直陈，申请调处，决心在政治上彻底的投降，低头认罪，从新做人"，"在经济上干脆的缴械，认赔认罚，割净封建尾巴。总之，我是个决心改过的，可以教育的人"。同时提出三项保证：不参加反动组织；倒向农民一边；保证服从管制地主条例，若有违反，"愿受最严厉处办"。③ 杨、严等人的表现，实际上是体现了民主人士对于新政权的认可。

由于对上级政策领悟不够，一些南下干部固守"打江山者坐江山"的传统观念，对于录用民主人士进入政府任职并不十分理解，

---

① 笔者对刘坤远的访谈记录，访谈地点：四川省通江县铁佛镇平坝村；访谈时间：2015年11月4日。

② 《树廉政新风的王尧笙》，载通江县政协文史资料研究会：《通江文史资料》（第3辑），1989年自版发行，第54—56页。

③ 《严静安调处申请书》（1951年12月30日），通江县档案馆藏县人民政府档案，档案号33/1/6。原件无标题，该标题为笔者所拟。

甚至出现抗拒心理。据西南局组织部报告，一些南下干部在与民主人士干部打交道时，常常以胜利者自居，一开口就是"我们""你们"，说"你们是战败者，我们是战胜者，如果今天不养你们，你们就会当土匪"，甚至对民主人士出任相关职务表示愤愤不平："革命艰苦时你们不来，革命胜利了你们来领导咱们了，在组织上我可服从，在思想上一辈子也弄不通。"他们中的有些人因自身文化程度低下，新岗位有较高的文化水平要求，进而产生自卑心理，那些工农出身的干部说："咱们革命不是白革的，打仗流血的时候要我们，现在胜利了，自己没文化不能工作只好回家生产，或到工厂做工，混过这辈子就算了。"① 在川北，这些人见有的民主人士干部地位比他高，便说："老子革命十多年廿年，还不如这些人。"② 实际上，县政府一些部门专业技术性较强，南下干部和地下党干部并无相关管理经验，无法在短时间内使其高效运转。

以财政科为例，鉴于财政工作的重要性，川北区党委明确规定财政科科长必须由中共党员担任。通江县财政科科长无疑会由南下干部担任，但其文化层次较低，并无财经工作经验，以致在工作中出现诸多混乱。1951年5月，达县专署财政科对下属各县财经工作进行了检查，发现通南巴三县"账簿混乱，记载不完全：一九五〇年的账簿普遍混乱，搞不清科目，岁入、岁出、中央与地方粮款分不清楚，账簿设置不完全，巴中没有暂收暂付账和正式支出账，经费账未使用传票，通江根本没有账簿的设置"，同时对通江县财政科的工作进行了点名批评："通江混乱的很，完全不按规定，乱改科目，借贷方也搞不清，加以少数会计同志，对工作表现（了）极度不负责任，使会计工作陷于混乱状态"，其他如"工作拖延，不

---

① 《西南局组织部五月份给西南局并中央组织部的报告》（1950年5月），载西南局编：《西南工作》1950年第7期。
② 《（川北区党委组织部）组织工作报告（草案）》（1950年7月6日），达州市档案馆藏达县地委组织部档案，档案号21/1/1。

检查""浮支乱用,不执行制度""掌握不了情况,弄不清数字"。①可见,对于这些业务性较强的部门,南下干部担任领导职务之初往往力不从心。

中共历史以来形成的干部任用经验,首先是强调政治忠诚度,而政治忠诚又与干部的个人成份、家庭出身乃至革命经历密切联系。因此,尽管一些民主人士进入新政权任职,②且一旦时机成熟,他们大部分都会被调离现有岗位。在通江县建政后两年内,经历了减租、退押、土改、"镇反"、"三反"等运动,这些担任相关职务的民主人士都基本上被调离。③ 表2-8 即为两年来通江县主要统战对象在运动中的变更情况:

表2-8 两年来通江县统战对象的变更情况及名单（1952年9月）

类别	姓名	原任职务	在各种运动中发现问题	处理结果
文教	王玉熙	文教科长	土改时因政治问题扣公安局	尚未处理
特邀	司瑞	粮食局长	曾任川北区各代会代表,后开除	现准备安插在小学校
工商	杨秋田	工商科长,川北各代会代表	"三反"运动中发现有严重贪污事实,集训改造	降职留用
文教	黄烈成	中学校校长川北各代会代表	无	原职

---

① 《通江南江巴中财政工作中的严重情况》（1950年5月——笔者判定）,载川北行署财经委编:《财经资料》1951年第35期。

② 在1950年9月,达县地委就发出指示,称随着党外人士在政府中逐渐增多,要求各县"对外加强统战,对内加强保密""县委与政府机关未分开者,应分开办公"。《通知》（1950年9月）,达州市档案馆藏达地委办公室档案,档案号19/1/2。

③ 在通江县直机关的"三反"运动中,3天之内即打出贪污犯8人,其中就有诺江镇、长坪乡、沙溪乡粮库主任或管理人员、粮食局会计、邮电局长、工商科长等。参见《通江县三天之内捕获大贪污犯八名》,载《通川报》1952年2月13日。

续表

类别	姓名	原任职务	在各种运动中发现问题	处理结果
文教	王尧笙	县各代会常委会驻会委员	无	原职

资料来源：《通江县两年来统战对象在各个运动中的变更情况及名单》（1952年9月11日），达州市档案馆藏达县地委统战部档案，档案号23/1/12。

这种情况也证实了这些民主人士干部对担任职务的疑虑。一些党内干部在与民主人士干部交往中也发现，"有些民主人士或党外干部对我们的党好像不十分相信，总免不了他们的怀疑""工作积极，但对共产党认识不够"；党外干部则"存在以下几种残余的顾虑：1. 怕犯错误，不敢放手大胆的工作；2. 历史较复杂的还存在着自卑的心理；3. 以往的过错，很怕群众不（宽）恕他们，政府也不照顾他们；4. 顾虑政府不相信他们的坦白"。[①] 新政权主要以阶级分析为惯性思维，党外干部的阶级立场、家庭出身都与中共的理想干部标准相去甚远，让他们在政府中任职，只是为了稳定时局、弥补干部不足的权宜之计，一旦时机成熟，他们最终将被新培养起来的干部取代。这样一来，他们的历史任务也就宣告终结了。但应该承认的是，民主人士干部对共和国初期的基层政权建设做出了应有的贡献。

可见，在建政之初的职务分配上，通江县形成了以南下干部为主、地下党和民主人士干部为辅的分配格局，很快使政权趋于稳定，实现了新旧交替的平稳过渡。但这些职务分配主要是县委、政府（直属部门）乃至各区的主要负责人，因人数有限，各县直机关与区乡政权的普通干部，则处于极度紧缺状态。为此，接下来，新政权需要完成的任务就是尽快填补这个为数甚众的干部空缺。

[①] 《通江县党内外干部座谈会报告》（1951年7月7日），达州市档案馆藏达县地委统战部档案，档案号23/1/6。

第二节 干部的紧缺现状及其初步解决

正如前文所述,为了给新区配备足够的干部,中共中央自1949年起就开始大规模地派出南下干部接管新解放后地方政权。但南下干部毕竟数量有限,特别是接管如此众多的政权更是力不从心。可见,新成立的中华人民共和国遇到了当年南京国民政府同样的问题。① 据新华社报告,西南区因"干部太少,七千万人只有三万干部",所以"在贵州、西康不少县份没有负责人或只有一个负责人,身兼数职"。② 在县一级,干部③则更是紧缺。那么,作为西南地区一个普通县份,通江县干部的情况究竟如何?

一、"量少质弱"

按照政务院的规定,全国各县按照人口多少划分为特、甲、乙、丙、丁等级,县一级机关干部编制分别为293人、276人、245人、211人和193人。④ 为此,川北区将通江县确定为乙等县,下设9区72乡。县委干部包括秘书处、组织部、宣传部等,共计24人;县政府设秘书室、民政及财政等科、法院、检察署、检察委员会等,共计70人;社会团体,如农会、青委、妇委,共计38人;在区一级,区委设书记、组织、宣传等,包括农会、青委,共计17人;区政府为区长、民政、财政等助理员、文书,共计12人;乡

---

① 据时人推算,南京国民政府县以下的各级政权组织需要1300万名基层干部,而江苏即需要80万人担任区乡保甲长。但实际上远未达到这个数字。参见王奇生:《战前中国的区乡行政:以江苏省为中心》,载《民国档案》2006年第1期。

② 《西南区情况》,载新华通讯社主编:《内部参考》1950年第208号。香港中文大学中国研究服务中心藏。

③ 本节的"干部"主要是指乡级以上单位中的脱产干部,不包括村、组干部。

④ 《各等县编制员额表》(1950年),载张中瀛主编:《四川省人事志》,四川人民出版社1994年版,第74页。

政府设正副乡长、财粮、生产委员、文书、通讯员、农会主席、民兵队长，共计11人（因当时通江县农村建党尚未展开，所以各乡暂时没有党支部。——引者注）。① 通江县县级机关干部编制为276人，但1950年4月初时仅132人，与实际要求相差甚远。

另外，按照9区72乡的干部配备，综合以上数据可知，通江县需要的区乡干部共计391人。因当时通江县尚未划小区乡，大体仍然沿用民国时期的区乡建制，为4区20个乡镇，即使按照这个标准计算，亦需要干部336名。因村干部不是完全意义上的国家干部，所以川北区没有对各村的村干部进行数额规定，若将这部分人计入，通江县所需的干部数量则更为众多。

在这个数字面前，通江县的15名南下干部可谓不敷远甚。根据安排，除杜国茂、张立、党效权3人参加县委外，其余13人分别担任县政府直属科局负责人和下属4个区的正副区长。因通江县地下党员较少，且正处于审查整理阶段，故无法全部任用。如此一来，尽管通江县使用了一些民主人士和通过审查的地下党干部，但干部缺口仍然很大。据1950年3月达县地委计划，通江县4个区，准备先配备120个区级以下干部，但当时只有7个，缺额达113人，只好表示："现有干部在质量与数量上均离工作的需要相距很远。"②

在党组织方面，通江县地下党力量微弱。经过整理，农村中的原来的地下党员仅27人。1950年4月初，通江县委报告，县级机关有两个支部，在县委和县政府各科工作的党员共20人，各区委尚未成立。农村党支部为2个（三区草池乡支部和一区麻石乡支部），后经过转业、组织调动等，全县党员为88人："部队调27

---

① 《川北区县委编制》（1950年3月30日）；《达县分区区乡区划表》（1950年3月30日）；《甲乙等区级编制草案》（1950年3月30日）；《乡级政府群众团体编制草案》（1950年3月30日），达州市档案馆藏达县地委组织部档案，档案号21/1/10。

② 《达县地委组织工作报告》（1950年3月27日），达州市档案馆藏革命历史档案，档案号15/1/5。

(个),老区来14个,地下党员47个。"不仅如此,一些党员在"征收公粮中自己占便宜,剿匪中怕死恐慌,负担上包庇亲戚,朋友的现象亦不少"。① 正是因为新区农村党员的这些情况,中共中央才决定土改完成前,不在农村发展党组织,② 所以直至1952年土改结束,通江县农村党组织的发展仍处于停滞状态。

当时新区接管政权的方式是向各个机构派出工作组,以工作组长为主要负责人,先搭起架子,然后再不断吸收新成员进入该单位。但因南下干部数量有限,除了几个重要机关部门如党委组织、宣传部,县政府公安局、财政科等,一时难以派出如此多的工作组来填补这些空缺。据通江县委统计,当时一些党政职务如统战部长、县委办公室主任、政务秘书、民政科长、教育科长、建设科长、司法科长、税务局长均缺。4个区中,仅有1个区委书记,缺3个区委书记、12个区委委员。具体如表2-9所示:

表2-9 通江县乡级以上干部统计（1950年4月）

项目	需要	已配备	尚缺
县级主要干部	7	5	2
科长及区级主要干部	41	13	28
县区一般干部	80	43	37
乡级干部	240		240
合计	368	61	307

资料来源:《通江县我党的组织状况及干部的问题报告》(1950年4月2日),达州市档案馆藏达县地委组织部档案,档案号21/1/8;通江县档案馆藏县委组织部档案,档案号2/1/6。乡级干部包括20个乡镇、12个仓库、40个场镇的税卡人员和公安干部。

---

① 《(通江县委)关于组织情况报告》(1950年3月),达州市档案馆藏革命历史档案,档案号15/1/5。
② 《中共中央关于发展和巩固党的组织的指示》(1950年5月21日),载中共中央文献研究室编:《建国以来重要文献选编》(第1册),中央文献出版社1992年版,第243页。

从表 2-9 可以看出，当时通江县的干部缺口达到 300 余人之多，特别是乡一级的干部一个都没有。

与国民党将原有基层社会权势合法化、官僚化的做法不同，①20 世纪 50 年代初期，新政权主要是通过各种运动的方式来培养基层干部。进入新区后，新政权陆续开始了征粮、剿匪、减租、退押等运动，并在其间发现与提拔了大批积极分子成为干部。但因所需接管区域较大，机关单位众多，干部缺乏的现象在整个川北区亦很普遍。据 1950 年 7 月川北区党委组织部报告，"初期进入川北的南下干部数量少而弱"，且地下党力量较小，尽管半年来录用了 1.2 万名学生和公教人员，"党委系统、群众团体、公安系统及政权的区长、科长还缺一半"。② 但问题仍然是"干部少、弱，且新成份中思想、政治、历史情况复杂"。③ 实际上，川北区的"干部荒"问题直至 1950 年 11 月才基本解决，④ 但通江县干部问题直到 1951 年底都没有完全解决。据 1951 年 10 月统计，通江县的脱产干部编制为 564 人，但此时仅有 484 人。因而，县委预计"县区两级一般干部，经过减租、退押镇反等运动"，才能得以基本解决。⑤

此时干部不仅数量不足，在质量上亦不容乐观。1950 年 3 月，

---

① 王奇生：《战前中国的区乡行政：以江苏省为中心》，载《民国档案》2006 年第 1 期。

② 《（川北区）组织工作报告（草案）》（1950 年 7 月 6 日），达州市档案馆藏达县地委组织部档案，档案号 21/1/1。

③ 《川北区党委组织部一九五〇年二至七月份向西南局组织部的工作报告》（1950 年 8 月——笔者判定），载中共川北区党委办公厅编印：《〈川北工作〉主要材料汇集》（一），1952 年自版发行，第 119 页。

④ 1950 年 11 月 7 日，川北区党委组织部副部长严尚林在全区第一次组织工作会议上报告，通过各种方式如留用旧人员，吸收新人员等方式，川北区"基本上解决了干部数量上少的问题，渡过了干部荒的阶段"。参见《严尚林副部长在全区第一次组织工作会议上的报告》（1950 年 11 月 7 日），载中共川北区党委办公厅编印：《〈川北工作〉主要材料汇集》（一），1952 年自版发行，第 127 页。

⑤ 《通江县干部情况及我党组织状况》（1951 年 10 月 30 日），达州市档案馆藏达县地委组织部档案，档案号 21/1/8；通江县档案馆藏县委组织部档案，档案号 2/1/8。

据达县地委组织部报告，在接管之初因人手不足，专区下属各县基本上处于各自为政的混乱状态，"县以上党政民的摊子基本上是铺开了，但是做的慢了一些，目前有好多部门还很不健全，尤其工会和妇女（联合会）是个空架子"，各种制度不健全，"不请示不报告的现象各级均很严重"，党政不分，"好多政府的工作亦向党委请示报告。党委会除地委常开外，有些县委开会很少，认真的讨论研究问题和上级指示尚差，区委会开的更少"。① 建政后，一些党组织松懈下来，"有些区根本不开小组会"，而"农村支部组织生活更差"，因此"各县组织情况均很复杂不纯"。②

在通江县，一些人担任干部后，心理上发生了变化。一些原来是地下党的干部"解放后一旦公开担任了工作，一般的积极热情，朝气很大，愿把工作搞好，可是这种积极性表现得若干的脆弱，另有部份同志含有个人主义成份，企图负担上占便宜，经不起胜利的形势锻炼，冲昏了头脑"；而知识份子干部"一般地说对一些新事物接受快一些，愿意追求进步，改造自己，但实际工作中不踏实不愿做下层工作，提起下乡就发愁（特别是恶劣的地方）"，"新起的干部有共同的一种升官发财的思想"。③ 尽管通江县的干部数量较之以前大有增长，但仍然可以用西南局所称的"量少质弱"来形容。④

---

① 关于此点，笔者在通江县档案馆查阅档案时也有体会。笔者始终未能看到20世纪50年代初期通江县委的会议记录。经咨询工作人员得知，该单位并未保存有当年的县委会议记录，联系当时南下干部的个人知识水平与达县地委对"各县委开会很少"的批评，可见当时通江县委并未建立起正式的会议记录制度。

② 《达县地委组织情况》（1950年9月12日），达州市档案馆藏达县地委组织部档案，档案号21/1/4。

③ 《通江干部材料》（1950年9月11日），达州市档案馆藏达县地委组织部档案，档案号21/1/10。

④ 事实上，在20世纪50年代初期整个西南区的地方干部情况都是如此。时至1951年底，西南局在给中共中央的报告中，仍然称"西南干部量少质弱，情况复杂"。参见《西南局关于减租反霸退押工作情形向中央的报告》（1951年12月15日），载中共中央西南局编：《西南工作》1951年第36期。

总体说来，在建政初期，为了弥补干部不足，除了依靠上级调配，通江县干部的主要来源是"从大批的旧职员中录用了一部分较好的参加工作，选择一部分中间的送训练班学习后，作为我们的干部"和"从剿匪征粮生产救灾中涌现的积极分子和过去苏区时期做过地方工作或是退伍红军在群众中有威信，又有群众拥护的人"。①简而言之，即留用旧人员和吸收新干部。

二、留用旧职员

十月革命后，苏俄为了解决干部不足的问题，采取了留用大批旧职员的措施，使后者成为苏维埃政权管理人员的四大来源之一。②中共建政初期，同样面临一个对待旧人员的问题。所谓"旧人员"，系指原在旧政权机关中供职的一般工作人员。与苏俄的做法类似，为了迅速实现新旧过渡，20世纪50年代初期，中共中央对旧人员采取的政策是"包下来"。这种做法主要是基于两种考虑：一是不少旧人员所在岗位专业技术性较强，保留其工作，以便他们更好地为新政权服务；二是避免出现大批人员失业而将其推到新政权的对立面。1949年10月22日，中共中央就转发西北局关于处理旧人员的指示，对于"普通公教人员"中有工作能力者"分别给予工作或送学习"，其余则根据情况分别采取遣散或发给路费回家等方式。③根据这一指示，1950年1月15日，川北工委（后改为川北区党委）明确要求各地："对旧人员除罪大恶极的反革命分子外，

---

① 《通江县我党的组织状况及干部的问题报告》（1950年4月2日），达州市档案馆藏达县地委组织部档案，档案号21/1/8；通江县档案馆藏县委组织部档案，档案号2/1/6。

② 其余三个分别是：职业革命家、下层劳动群众以及旧军官。冯佩成：《苏联干部制度的形成、发展与影响》，华东师范大学2006年博士学位论文，第32、33页。

③ 《中共中央转发西北局关于旧人员处理的指示》（1949年10月22日），载中央档案馆等编：《中共中央文件选集（1949年10月—1966年5月）》（第1册），人民出版社2013年版，第33页。

一般应予以使用;其中有些进步的和可能改造的,应对他们加强改造教育工作,争取将来成为我们的干部。"① 胡耀邦亦指出:"解决干部中问题,要录用旧人员,吸收新干部,要搞好传、帮、带和培训教育工作。"② 根据这一指示,通江县在接收后即"整套接收分别录用了四(十)一个旧职员",但出于"情况复杂怕吃亏,又怕犯错误"的思想顾虑,县委承认:"有一个时期我们吸收知识分子录用旧人员不够放手。"③ 随着接管任务的日渐加重,特别是大量专业技术性岗位需要旧人员予以留用才能维持运转时,通江县才开始大量留用旧人员。

为了使旧职员安心工作,新政权在待遇方面亦对他们有所照顾。新中国成立初期因财政紧张,国家工作人员大都沿用战争时期的供给制,④ 但供给制的不足之处在于仅针对本人,而其家属则不在供给范围内。南下干部只身南下,家属都远在老家,故实行供给制并无问题。但旧职员不然,他们的家属还需要养活,若继续沿用供给制,将使他们的工作积极性大打折扣。事实上,在南下干部接管之初,此类问题就在各地出现了。在湖南,据长沙地委报告,由于实行供给制,留用旧职员出现了家庭负担,使他们"工作不安心,一推一动,不推不动"。⑤ 在南京,地下党干部和南下干部会

---

① 《川北区初期工作纲要》(1950年),载中共川北区党委办公厅编印:《〈川北工作〉主要材料汇集》(一),1952年自版发行,第2页。

② 黎华丰:《胡耀邦同志在川北》,载中国人民政治协商会四川省遂宁市文史资料委员会编:《遂宁文史资料》(第5辑),1995年自版发行,第9页。

③ 《通江干部材料》(1950年9月11日),达州市档案馆藏达县地委组织部档案,档案号21/1/10。

④ 据杨奎松的研究,供给制度起源于井冈山时期,真正制度化是在1942年以后。参见杨奎松:《从供给制到职务等级工资制——新中国建立前后党政人员收入分配制度的演变》,载《历史研究》2007年第4期。

⑤ 《中共长沙地委关于税务工作三个月综合报告——专题报告之四(1949年11月20日)》,载湖南省档案馆编:《湖南和平解放接管建政史料》(二),湖南人民出版社2009年版,第688页。

师后甚至还因此出现矛盾。① 为此，中共中央决定在城镇中的干部实行待遇分流，即绝大部分南下干部沿用供给制，而大多数旧职员则实行薪金制。

在接管川北后，川北区党委为了解决"敌伪机关职员"的生活问题，亦特地要求各地应予尽量妥善解决。② 自接管通江县后，旧职员在待遇方面就与其他干部如南下、地下党和新录用干部不同："新起的南下的地下党军队全是供给制，旧职员中有些会计和专门技术人员是薪金制。"③ 实际上，对这部分人实行薪金制，体现了对他们的照顾。因为"薪金制每个月都要发工资，工资吃饭肯定是用不完的，能有剩余"，④ 进而可以补贴家用，维持一家生计。据1951年10月统计，通江县实行薪金制的42人中全部为留用旧职员，而仍然实行供给制的干部则达398人。⑤ 这在当时新区财经体系尚未完全建立起来的情况下，无疑是对他们的一种照顾。⑥

或许正因为如此，不少旧职员因饭碗问题，在参加新政权工作

---

① 南下干部在接管南京后，是实行供给制，且尚未带来家属，而地下党干部都曾有职业，但南京国民政府垮台后自使后者没有了收入来源，且他们大都在南京有家庭，希望组织上能发给工资养家。为此，前者即认为地下党干部是搞特殊化，"不予理睬"。参见陈修良撰述，唐宝林：《拒绝奴性——中共秘密南京市委书记陈修良传》，香港中和出版有限公司2012年版，第260页。

② 《川北区初期工作纲要》（1950年），载中共川北区党委办公厅编印：《〈川北工作〉主要材料汇集》（一），1952年自版发行，第2页。

③ 《通江干部材料》（1950年9月11日），达州市档案馆藏达县地委组织部档案，档案号21/1/10。

④ 笔者对唐大伟的访谈记录，访谈地点：四川省达州市达川区石桥镇街道；访谈时间：2015年3月7日。

⑤ 《通江县各级人员统计表》（1951年1月20日），达州市档案馆藏达县地委组织部档案，档案号21/1/5。

⑥ 政务院的一份文件也说明了这一点："中央人民政府成立两年多来，由于国家财政困难，以致军队全部及政府、学校、党派、人民团体大部的工作人员始终维持着供给制度，供给标准内的生活部分和机关的杂支部分，亦始终保持着较低水平。"参见《中央人民政府政务院关于全国供给制工作人员统一增加津贴的通知》（1951年底。——笔者判定），达州市档案馆藏达县地委组织部档案，档案号21/1/54。

时难免患得患失。据达县地委称，旧人员、下级职员都"一般的要求工作，怕我们不要失业，其思想主要是找饭吃，所以留用的人员表现还能负责完成任务，但工作不大胆，束手束脚，怕做错政府不要，没饭可吃"。① 通江县这些旧职员的思想动态则是"大部分愿意靠近我们，录用后情绪较高涨，感到信任他们，自己也找到出路，逐渐把怕我们的思想消除了，对我们也说一些实话。也有一些比较狡猾的说一套做一套，布置工作时，嘴里边只讲'是是是'"。② 可见，作为旧政权的工作人员，他们不少人始终保持着一种谨慎小心的态度。据当时在通江县银行任职的唐大伟回忆：

（通江县银行的旧职员）男的女的都有，基本三十几岁，都是一些普通办事员，没有什么股长级别的人物。但那些人就比年轻人要老练些，说话谨慎，不站在主观的立场，思考缜密，非常客观，工作态度非常和蔼，生怕说话把你得罪了，精通业务。③

当然，有个别业务人员，难免因南下干部文化层次较低会产生轻视心理。例如银行、税务人员专业技术较高，认为南下干部"业务不熟悉，认为政府在今天不用他们不行，因此表现得自高自大，对我们派去的农民干部看不起"。作为一个马克思主义政党，中国共产党在革命年代主要以阶级（成份）来区分"敌、我、友"，尽管此时已经战胜国民党夺取全国政权，但有的干部仍然在思维模式

---

① 《达县地委组织工作报告》（1950年3月27日），达州市档案馆藏革命历史档案，档案号15/1/5。

② 《通江县我党的组织状况及干部的问题报告》（1950年4月2日），达州市档案馆藏达县地委组织部档案，档案号21/1/8；通江县档案馆藏县委组织部档案，档案号2/1/6。

③ 笔者对唐大伟的访谈记录，访谈地点：四川省达州市达川区石桥镇街道；访谈时间：2015年3月7日。

乃至分析工具上存在明显的路径依赖。在中共个别干部看来，这些曾为"资产阶级政权"服务的旧职员，尤其是曾担任一定领导职务的工作人员，其政治忠诚度始终值得怀疑："中级以上的职员一般的假装革命，表面上是靠近我们，实质上去投机，看我们的态度对他们如何。"① 尽管西南局批评了南下干部那种"用新干部和旧人员是一个累赘，有还不如没有好"② 的心理，但录用旧人员任职，也始终只是权宜之计。一旦时机成熟，或者可替代人选具备，他们基本都会被新政权所信任的人取代。关于此点，我们可以从当时通江县对于一些机构的人事安排及其变化上窥知一二。

由于当时文书档案制度尚不健全，且人员流动频繁，我们无法考证通江县新政权录用旧公职人员的准确数字。但就目前存留的相关统计来看，新政权在留用旧职员时仍然存在一定的规律可寻。

县政府及其下属科局中，县政府中的秘书室会计、事务长、文书、刻印员等均为旧职员；在一些业务性很强的科局，如电信局、邮政局从局长到线务员、邮差，全部为清一色的旧人员。③ 这是因为当时南下干部知识水平较低，针对这类专业技术性很强且对于日常工作极为重要的部门，往往采取了几近全盘留用的方式。但除此之外的一些部门，新政权则采用的是混合制形式。以税务局为例，该局掌控全县主要财政收入，其重要性不言而喻。据 1950 年 4 月县委组织部统计，税务局的人员构成为：南下干部 2 人、地下党员 1 人、旧人员 5 人、新录用 2 人。具体如表 2-10 所示：

---

① 《达县地委组织工作报告》（1950 年 3 月 27 日），达州市档案馆藏革命历史档案，档案号 15/1/5。

② 《西南局组织部五月份给西南局并中央组织部的报告》（1950 年 5 月），载西南局编：《西南工作》1950 年第 7 期。

③ 《现有人员登记表》（1950 年 4 月 28 日），通江县档案馆藏县委组织部档案，档案号 2/1/5。江西省各县的情况与此类似，即科局长以上清一色的是外来干部，而科局内部的一般干部大都是旧政权留用人员。参见［日］田原史起：《新解放区县级政权的形成——南下干部与地方社会之互动分析》，载中国社会科学研究会编：《全球化下的中国与日本——海内外学者的多元思考》，社会科学文献出版社 2003 年版，第 193 页。

表 2-10　通江县税务局人员统计（1950 年 4 月）

姓名	年龄	籍贯	学历	成份	类别	工作简历
熊树培	18	通江	小学	学生	旧人员	做过工友
黄道祥	34	开江	初中	学生	旧人员	捐税处税务员
向云程	37	通江	初中	学生	旧人员	小学教育，科员、组长
龚福儒	35	通江	小学	学生	旧人员	经收处事务员，税务员
向文安	24	通江	初中	学生	旧人员	税捐处事务员、会计员
陈建国	26	通江	初中	学生	新录用	做过雇员
杨德寿	31	通江	无	雇工	新录用	无

资料来源：《通江县干部简明等级表》（1950 年 4 月 26 日），通江县档案馆藏县委组织部档案，档案号 2/1/5。

从表 2-10 中可以看出，税务局除留用旧人员外，还有 2 名"新录用"人员，其中 1 名居然是文盲（或者文化程度极低），但其成份为"雇工"。很显然，这 2 名新录用人员并无相关税务工作经历，他们之所以同样被安置在税务局，是因为为组织所看重与信任，在经过一段时间的学习与历练后，他们最终将取代原有旧人员的职位。① 关于此点，笔者将从第三区政府的人员变化构成上作进一步分析。

据 1950 年 4 月统计，通江县第三区政府的人员构成情况如表 2-11 所示：

表 2-11　通江县第三区政府人员统计（1950 年 4 月）

姓名	职务	年龄	籍贯	学历	成份	类别	简历
李庆	区长	30	山西五寨	初通文字	农民	调来	农会秘书、区长

---

① 在 1952 年的"三反"运动中，不少旧职员因被认定为"贪污"而被退职"回家生产"。参见《通江贪污分子处理登记表》（1952 年 7 月 22 日），达州市档案馆藏达县地委办公室档案，档案号 19/1/85。

续表

姓名	职务	年龄	籍贯	学历	成份	类别	简历
麻春印	区副	28	河北临城	初小	农民	调来	村长、武委会主任
石毅平	干事	19	四川巴中	初中	学生	录用	
邓邦连	文书	42	四川通江	高小	学生	留用	中尉副官、乡长
戴云祥	干事	38	四川通江	私学	农民	地下党	文书、连长
罗洪熙	干事	37	四川通江	高中	学生	地下党	文书、教员、校长

资料来源：《现有人员登记表》（1950年4月28日），通江县档案馆藏县委组织部档案，档案号2/1/5。

从表2-11中可以看出，第三区政府的人员构成也是"拼盘式"：南下干部2人（且身居要职）、地下党干部2人、录用1人、留用1人。第三区的情况并非特例，在第一区政府同样如此：除区长管守忠、副区长李庆山为南下干部外，地下党1人、青年学生1人、留用旧职员4人。① 但随着时间的推移，这些留用人员将最终被取代。笔者还是以第三区为例来说明，详见表2-12：

表2-12 通江县第三区政府人员情况（1950年7月）

姓名	职务	籍贯	类别
麻春印	区长	山西	南下干部
罗洪熙	民政干事	四川	地下党
石忠友	文教干事	四川	地下党
潘德理	生产干事	四川	新录用
戴云祥	治安干事	四川	地下党
张青云	青年委员	四川	地下党
杨万福	青年委员	四川	地下党

---

① 《现有人员登记表》（1950年4月28日），通江县档案馆藏县委组织部档案，档案号2/1/5。

续表

姓名	职务	籍贯	类别
袁利生	农会	四川	新录用
王洪宾	武装	四川	新录用
袁之锡	不详	四川	新录用

资料来源：《通江县各级干部人数表》（1950年7月7日），通江县档案馆藏县委组织部档案，档案号2/1/5。

据1950年7月统计，第三区政府的人员构成较之4月有了很大的变化，其中最明显的就是新录用人员的大量增加，而原来留用的旧职员邓邦连已经从名单上消失了。出现这个现象的主要原因就在于，随着时局的稳定，大量积极分子在征粮、剿匪、减租、退押等运动中被发现并吸收入新政权中，最终取代原来留用的旧职员。而那些专业技术性更高的岗位，如邮政局、电信局，其人员构成也从最初的"清一色"，变成另外的"清一色"。① 就这样，经历了不长的过渡阶段后，原旧政权中留用人员的历史使命即宣告结束。

三、吸收新干部

鉴于西南区域面积广大，且接管干部数量相对不足，西南局要求各县在向下派出干部时"只派到区为止，有的次要区甚至暂时不派"。② 通江县当时仅有15名南下干部，算上地下党干部总数亦不过四五十余人，这些干部要接管区级以上政权机关，显然有些力不从心。

---

① 1953年4月，中共中央发出《关于清理邮电系统要害部位人员以确保党和国家机密的指示》，要求各地党委"领导和检查邮电部门对于这个决定的执行"，并"指定专人负责联系邮电部门，明了其情况，并及时给以具体的指导"。参见中共中央文献研究室编：《邓小平传（1904—1974）》（下册），中央文献出版社2014年版，第928页。

② 邓小平：《工作重心转移的三个步骤》（1949年10月27日），载中共中央文献研究室等编：《邓小平西南工作文集》，重庆出版社等2006年版，第28页。

对此，邓小平明确指出：各地在面对干部紧缺的现况时，"眼睛不要望着上面派来或别区调来干部，要坚决地从群众中放手提拔"。① 因而，在留用旧职员之时，新政权采取了各种形式来发现并吸收新干部，这是其解决"干部荒"的重要手段。对此，通江县的办法是，将既有的南下与军队干部的骨干配备在各科局与区，通过在实际工作中"锻炼与培养新的力量"，根据这些新干部的特长，"分配在各种实际工作中"，进而考察他们的政治忠诚度与工作能力，在经过了一段时间后，"宣布了他们的职位"。通过三四个月的实际工作，从地下党和积极分子中逐步确定了一批新干部，并提拔其职务，"有的原是科员，民政助理员等职，现提拔为副区长，副科长等职"，被提拔后他们的工作积极性十分高涨："工作上很迈（卖）力气。"据1950年6月统计，在该县188名干部中，属于从"群众中培养出来"的达98人"。② 可见，当时通江县委在提拔新干部的工作中取得了明显成效。这些新干部从类别上看，基本属于原地下党干部和在实际工作中涌现的积极分子。我们从表2-12可以看出，在当时的第三区政府中，新录用的工作人员为4人，占总数的25%。

那么，新政权在新录用这些区科级以上机关干部中，究竟是依靠什么标准呢？革命经历、个人忠诚度，甚至机缘等往往是决定他们是否被录用或者提拔的重要因素。

由于通江县属于当年川陕苏区的政治中心，这个特殊的经历，使新政权在发现提拔干部方面较为侧重苏区时期就担任各类党政干部的积极分子。为此，1950年9月3日，川北区党委组织部发出指示，要求在选拔乡村干部时注意吸收"有工作能力的复员老红军与

---

① 《邓小平与西南党的建设》，载中共重庆市委党史研究室编：《邓小平与大西南1949—1952》，中央文献出版社2000年版，第178页。
② 《通江县区干部的情况》（1950年6月），达州市档案馆藏达县地委组织部档案，档案号21/1/76；通江县档案馆藏县委组织部档案，档案号2/1/6。

过去苏维埃时代参加过工作的积极分子参加乡村政权工作"。① 在乡村干部提拔上是如此,在吸收与提拔区级以上机关干部上更会遵循这个法则。在苏区时期的任职经历,使这些人具备了一种特殊的政治资本,他们在新政权的干部录用乃至提拔上往往具有更大的优势。② 因为对干部而言,"政治资本显然是既有体制赋予他们一种独有的优势,是他们个人资本中一个相当重要的组成部分,同时也是影响干部社会资本积累和使用的不可忽视的因素之一"。③ 特别是当接管任务繁重,区级以上机关干部紧缺的情况下,他们更容易成为组织选中的目标。我们可以从下面这几个实例来予以说明。

赵天然(曾任通江县城关镇镇长),曾参加红四方面军,但在西路军失败并与部队失散后,只好返回通江务农。1952年2月,一个偶然的机会,他认出了南下干部马绍海,马为其原在四方面军中的战友。在他与马联系后,马绍海当即就将他引荐给县委书记杜国茂等人。据他回忆,在听了自己在川陕苏区时期的简历后,杜十分高兴地说:"好,你算老红军啊,参加我们的工作吧。"于是给他安排了工作,主要任务是宣传政策与清理散落在民间的武器等。由于他是通江本地人,熟悉情况,工作亦较为出色,得到了县委的认可,后来还当选为城关镇镇长。④ 城关镇,即现通江县城诺江镇,为县委、政府机关所在地,他能出任镇长一职,若当时未能得到南下干部的信任,是绝对不可能的事情。

---

① 《川北区党委组织部关于吸收复员的老红军战士及苏维埃时期参加过工作的积极分子参加乡村政权的指示》(1950年9月5日),四川省档案馆藏川北行署档案,档案号建北5/79。

② 据笔者的口述访谈经历,发现一些苏区时期即担任过党政群团干部职务或积极分子,他们在1950年又会重新担任乡村干部,且大都会被提拔到区乡一级的领导干部岗位上。

③ 周玉:《干部:职业地位获得的社会资本分析》,社会科学文献出版社2005年版,第78页。

④ 赵天然:《我的红军生涯》,载冯永学等编:《红色回忆》,重庆出版社2002年版,第14页。

第二章　南下干部主导下通江县政权的接管

铁佛乡首任党支部书记刘坤远，① 贫农家庭出身，在川陕苏区时期曾加入童子团，其父母均曾参加苏维埃工作（其父曾担任乡苏维埃粮秣委员），其兄亦参加红军。这个特殊的经历，使他在1950年后很快成为新政权选拔乡村干部的重点考虑对象，他成为积极分子并加入农协会，而后当上了小组长、村长（后改称代表主任）、铁佛乡首任党支部书记，并在土改后不久被提拔为副乡长。他之所以得到提拔成为脱产干部，与时任该区区委书记的南下干部赵泰②对他的赏识有着直接关系。在赵泰的支持下，刘坤远被提拔为铁佛乡副乡长兼支部书记。但他因觉得自身能力不够，文化程度低，难以胜任，故存在严重的畏难情绪：

> 我想我连字都不认识，当乡长干什么？所以就半个月没去乡上就职，他就派人把我叫到区上去。我去了后，整天就在乡上没事，吃了饭就坐在那里耍。有一天他路过见到我，他是山西人，说话快了不好听。他说："你这个刘坤远，我把文给你出了，你还看不起我区委，出文后半个月不上班"，我说："赵书记啊，我字都认不到，没什么能力"。他说："我也没读书，我是在部队学的文化"。他又说："区里出文，你不上街（即乡政府）。到乡上来，你又不下乡"。我说："赵书记，乡上有个李乡长，副乡长，还有中队长，青年干事，我都是最末尾的了。我刚调到那

---

① 刘坤远（1927—），通江县铁佛乡平坝村人，贫农家庭出身。1950年担任村长，1952年后相继担任中共铁佛乡首任支部书记、副乡长，后转入农村信用社任职。

② 赵泰，山西省五寨县人，1923年出生，贫农，曾任五寨县五区区委秘书、崞县三区区长等职，后南调至通江县，先后任县政府秘书、公安局审讯股长、第六区区长、区委书记等职，参见《达县、宣汉、通江、开江四县区科长以上干部登记表》（1950年10月22日），达州市档案馆藏达县地委组织部档案，档案号21/1/6；《（通江县）党员干部登记表（赵泰）》（1950年4月），达州市档案馆藏达县地委组织部档案，档案号21/1/7；《（通江）县区科长以上干部花名册》（1951年5月），达州市档案馆藏达县地委组织部档案，档案号21/1/12。

里,又不懂什么"。他说:"那就让文书出个通知,让干部回来开会,宣布一下"。这样我才与大家见了面。然后他就要求李乡长带我一下,每天走一个村,才认得到人,才开始工作。①

从对任职存在畏难情绪到最后胜任,是这些文化水平与组织能力均极低的本地干部共同面临的一道关口。在本案例中,刘坤远担任副乡长后,对于如何开展工作一无所知,对此南下干部赵泰对他的帮助尤其大,奠定了他此后职业生涯的基础。

除此之外,当时提拔任用新干部往往存在一定的偶然性。例如前文提及的医生何力君,他仅在江油一个医院"谋得一个半工半读"的职业,进而学得一些医术,在通江县卫生院担任主治医生,自我评价为:"与今天比,算不上有什么医术,不过混饭吃罢了。"这或许是他的自谦之语,但他并未接受过系统的医学教育,也并未有过任何卫生管理经验却是事实。但他在治愈了县委书记杜国茂的疥疮,并先后为200余人解除了疥疮的痛苦后得到了杜的认可,在1951年10月他就被委任为通江县医院院长兼县卫生协会主任。②

这些人被吸收为干部特别提拔为领导干部后,从一介平民突然变成"吃皇粮"的"国家干部",跻身地方骨干之列,正如通江县委对他们所作的"工作上很迈(卖)力气"的评价一样,他们自然会在工作上勤奋努力,做好本职工作。例如,何力君就由此发出感慨:"旧社会一个摆药摊的人,新中国成立,一跃而起当了一个县卫生部门的重要领导干部。高兴的心情难以形容,工作起来就不知道什么叫劳累,什么叫疲倦。急人所急,那(哪)里需要那

---

① 笔者对刘坤远的访谈记录,访谈地点:四川省通江县铁佛镇平坝村;访谈时间:2015年11月4日。
② 何力君口述,李瑞明整理:《我在通江行医五十年》,载通江政协文史资料委员会等编:《通江文史资料》(第3辑),1989年自版发行,第88—99页;《通江县各机关干部名册》(1950年10月23日),通江县档案馆藏县委组织部档案,档案号2/1/4。

(哪）里去，忙得没日没夜。"① 他的这种心态，在新录用乃至提拔的干部中颇具代表性。

但在当时干部人事录用制度尚未健全的情况下，录用乃至提拔干部存在很大的随意性，曾在一些地方引发混乱，如"不经一定组织介绍，不严格审查，到处乱介绍乱使用，致形成内部不纯与严重贪污腐化（财、贸系统严重）"。② 被录用为新干部的人是如此，而那些并未被承认为干部的一些人，也公开打着干部的旗号耀武扬威牟取私利。通江县也出现了这一类似现象，一些人趁机浑水摸鱼，假称自己是共产党员，在较为偏僻的地区"向一些富有的户私吃贿赂，说他能保护群众利益"。在第四区，一个叫作李荣的人，到区公所找区长，称自己是1946年部队派回来做地下工作的党员，因他既无介绍信，又无人证明，故区长暂时未能同意接纳其组织关系，只表示要看其工作如何再定，并让他回去"宣传剿匪征粮工作，动员群众送公粮"等，谁知他回乡后四处宣扬"人民政府派的他代表政府向群众要东西，并挑拨人家离婚，霸占人家女人"。③ 此外，一些新录用的干部存在"升官发财的思想"，或者是自我提拔，在工作中称代区长等。④ 这些现象，都是建政之初，干部人事管理尚不健全所致。在通江县也不例外。

但这些人在通江县的整个干部队伍中只是少数，绝大多数新干部工作较为勤勉。据1950年底县委组织统计，全县354名干部中，

---

① 何力君口述，李瑞明整理：《我在通江行医五十年》，通江政协文史资料委员会等编：《通江文史资料》（第3辑），1989年自版发行，第91—92页。

② 《严尚林副部长在全区第一次组织工作会议上的报告》（1950年11月7日），载中共川北区党委办公厅编印：《〈川北工作〉主要材料汇集》（一），1952年自版发行，第129页。

③ 《通江县我党的组织状况及干部的问题报告》（1950年4月2日），达州市档案馆藏达县地委组织部档案，档案号21/1/8；通江县档案馆藏县委组织部档案，档案号2/1/6。

④ 《通江干部材料》（1950年9月11日），达州市档案馆藏达县地委组织部档案，档案号21/1/10。

"新参加的青年知识份子"和"新提拔的农民干部"分别为151人和69人,① 占干部总数的62%。据县委报告,这些人"工作积极,热情负责,保持着艰苦朴素、兢兢业业为人民服务的优良作风"。特别是在征粮工作中,即便当时阴雨天气长达40多天,"我们县区的好多主要负责同志不怕风吹雨打,不怕道路泥淋(泞),深入乡保发动群众",特别是在公粮突击入仓时,"有些同志三四晚没有睡觉,星夜动员群众运粮,仓库的同志连饭都顾不上吃,有个区长带病下乡督促入仓工作",正是在这些干部的努力下,通江县在"短短的十余天,基本上完成了公粮入仓的任务"。为此,还有47名干部被记功,15人被口头表扬。② 通过录用新干部,通江县很快弥补了干部不足的问题,基本完成了1949年和1950年的公粮征收。

四、小结

1952年10月,时任中共中央组织部副部长兼中央人民政府人事部部长的安子文发表《中华人民共和国三年来的干部工作》一文,对中华人民共和国成立3年来干部工作中取得的成就进行了充分肯定,他说:"三年来干部工作的第一个成就,是在干部的数量上有很大的发展",除军事系统外,1949年10月至1952年9月,全国干部总数从72万人增加到了275万人,数量增长了将近四倍。③ 在通江县,据1952年6月统计,全县干部分为党务、政府、政法、财经、文教、群工、法检七大系统,共计干部638人。④ 这

---

① 《通江县干部来源及组织成份统计表》(1950年12月12日),达州市档案馆藏达县地委组织部档案,档案号21/1/5。
② 《通江县委组织部关于干部思想总结报告》(1950年12月13日),达州市档案馆藏达县地委组织部档案,档案号21/1/10。
③ 安子文:《中华人民共和国三年来的干部工作》,载《新华月报》1952年10月号,《人民日报》1952年9月30日。
④ 《通江县整编工作情况报告》(1952年6月12日),达州市档案馆藏达县地委组织部档案,档案号21/1/63。

与当时南下干部抵达伊始时的四五十人前后判若霄壤。

在政权建设方面,经过接管建政,该县基本上实现了川北行署在1950年初期所提出的目标——"区以上政权,今年上半年把摊子完全铺开(主要是区级政府和县级银行、贸易、税收)并把县府各主要部门按照编制至少把架子搭起"。① 而且,通江县除完善原有的科局外,还从原有的4个区,扩展到12个区。

新中国初期通江县的政权建设,实质上是南下干部主导下的干部地方化过程。他们抵达新区后,面临完全陌生的工作环境,他们首先要适应当地迥然不同的自然气候和风俗习惯,主动融入地方社会,实现自身的地方化。但在这个过程中,因为客观环境、自身能力等问题,他们中的一些人往往会产生畏难情绪甚至退出心理,但大多数人最后都迈过了这道关口;自南下干部抵达新区后,在建政之时的干部人员构成上往往采取大拼盘的形式,主要由南下干部、地下党干部、民主人士干部和新录用干部四部分构成,他们在受教育程度、家庭环境、工作经历等方面都有着显著的差异,这些都需要他们在接管过程中去充分互动磨合,最终完成通江县新政权的构建。

需要说明的是,本章主要交代通江县在20世纪50年代初期的区科级以上机关干部的情况,而未涉及乡村干部。主要原因在于该县在接管之初,主要目标是建设区级以上政权以及县政府科局机构,而乡、村一级,特别是对于旧政权原有的保甲制度,主要是暂维现状,而利用保甲长来为新政权的资源汲取服务,如征粮。但征粮工作一结束,通江县立即发起了"减租、退押、清匪、反霸"的四大运动,在这个过程中彻底废除了保甲制度,正式建立乡一级政权,完善村、组机构。这些都需要为数更多的乡村干部来完成。可见,20世纪50年代前期,乡村干部的选拔与培养,亦是新区基层政权建设的关键性内容。

---

① 《关于一九五零年川北政权建设工作初步意见》(1950年3月29日),四川省档案馆藏川北行署档案,档案号建北5/34。

第三章
建政初期的通江县乡村干部培养及其教育

　　为了解决迫在眉睫的干部紧缺问题，通江县采取了留用旧人员、吸收新成员的做法。需要指出的是，这些做法只是为了解决一些县区政权机关职员空缺的问题，特别是一些技术性较强的县直机关，但在广大的乡以及村（以下简称乡村）层面，在征粮结束后，旧有乡政府工作人员及保甲长退出历史舞台，代之而起的是新政权在一系列运动中经过发现、培养、淘汰等环节后涌现的大批积极分子和乡村干部。可见，土改是实现这个目标的关键环节。值得注意的是，伴随在这个过程中的是农村地权的巨大变迁，从地主土地所有制、农民土地所有制到集体所有制。在这两次地权转换中，中共对乡村干部展开了思想教育，实现了后者与国家主流意识形态的思想对接。

第一节　特殊的干部培养器皿：农协会

　　农协会这个特殊的民众团体在中共农运史上始终扮演着重要角色。对于这个组织的组建，中共在1949年前就已经积累起了丰富的经验。而在通江县，民众对农协会亦并不陌生。1932年底，从鄂豫皖根据地西进的红四方面军进入川北，并以通江县为中心建立了川陕苏区。在红军的主导下，川陕苏区各级党政机构以及乡村中的农会也随之建立。红军长征转移后，苏区各级农协随之被取消或解散。1950年初，解放军及南下干部进入通江县，并于乡村再次组建农协会。这个机构由此成为新区培养乡村干部的重要器皿。①

一、农代（协）会的组织

对中共而言，要在广袤的乡村开展农民运动，关键在于发现与训练一大批乡村干部，然后通过他们将中共的各项方针政策贯彻到农村的各个角落。要发现与训练干部，首先就是组建农协会，吸收会员并在其中发现并培养积极分子，最终提拔为乡村干部。早在大革命时期，中共就在广东以及两湖地区组建农协会，发动农民起来开展抗租、抗税斗争，为中共的乡村干部培养积累了重要经验。在苏区以及抗战时期，农会的组织功能出现了一定程度的弱化。但在解放战争时期，为了与国民党开展武装斗争，中共中央决定在北方老区进行土改，农协会再次在乡村社会中扮演了重要角色。

出于对抗战时期成长起来的一些乡村干部阶级立场的怀疑，中共中央决定在农协会之外，再组建一个完全由贫农参加的"贫农团"，取代乡村党政组织的权力，直接领导土改。在这个过程中出现了针对地主富农乃至乡村干部的暴力行为，甚至一度出现秩序失控。此教训后为中共在新区的乡村干部政策所吸取，北方土改中的"贫农团"再未能出现在新区土改之中。可见，1949年前中共积累的乡村干部培养经验，已经被运用到新区之中。

但与老区不同的是，中共在新区必须从头培养乡村干部，而20世纪50年代初期减租、退押运动的开展，为中共发现并培养乡村

---

① 参见何志明：《新中国初期新区乡村干部的涌现与流动机制——以农民协会为中心》，载《上海大学学报》2021年第2期。

干部提供了一个恰如其分的契机。① 1951年1月2日，达县地委报告区党委，明确认为减租、退押运动的"中心一环"就是开好农代会，它是"解除群众顾虑，提高群众觉悟，交代政策策略，结合整理农协，组织群众，培养骨干的最好战斗组织形式"。② 在农代会举行过程中，通过诉苦发现积极分子并将其培养为农协（乡村政权）干部。可见，土改正式开始前的减租、退押运动中农代会及其农协会等组织，即成为乡村干部培养的有效器皿。

与新区不同，北方大多数老解放区在中共的主导下进行了村选实践，建立了较为完善的乡村政权，在这个过程中培育了一大批乡村干部。简而言之，中共在老区已经具有相对稳固的基础，才使北方土改得以顺利进行。尽管其间经历了针对乡村干部的过火斗争阶段，但在中共中央的及时纠正下，兼之其稳固的政权基础，使老区土改在乡村资源汲取方面发挥了重要作用。但随着南下干部进入广大的南方新区，发现其所处环境与老区迥然不同，特别是缺乏乡村干部基础，中共中央决定暂时不在新区开展大规模的土地改革，而是在其之前增加一个被称为"四大运动"的"减租、退押、清匪、反霸"。③ 为此，邓小平指出，"减租退押反霸是农村改革不可超越的步骤，做好这一步就是在群众条件和干部条件等等方面，为土地改革做了最实际的准备"。④ 可见，减租、退押运动的主要目的之

---

① 尽管从性质上看，新区的减租、退押运动与后来正式开展的土地改革运动应该都属于整个土改的范畴，但从干部培养的角度来看，两者还是存在明显的阶段性特征。

② 参见《达县地委关于初期运动基本经验总结》（1951年1月2日），载中共川北区党委政策研究室编印：《农村工作》1951年第11期。

③ 退押，即令地主退还农民缴纳的押金。在南方农村的传统习惯中，农民在租种地主田地之时需要提前向地主支付一定数额的押金。在川北，据川北区党委书记胡耀邦在西南军政委员会第一次全体会议上发言称，"川北不仅有很高的租额（均在百分之六十以上的租额），而且有苛重的押金，一般等于地价三分之一以上的押金"。参见：《胡耀邦委员发言》（1950年7月），载西南军政委员会办公厅编：《西南政报》1950年第1期。因各地习俗及人地比例不同，押金制度在各地的差异较大，难以一概而论。

④ 邓小平：《一九五一年的工作任务》（1951年1月25日），载中共中央文献研究室等编：《邓小平西南工作文集》，重庆出版社2006年版，第332页。

一就是发现积极分子,为即将到来的土改和乡村政权改造准备干部。

从前文对中共的乡村运动历史梳理可知,农民协会是中共发动贫苦农民参与政治,甚至代行政权职能的有效工具。在新区,农民协会同样扮演着极为关键的角色,特别是在原有保甲制度废除后乡村政权尚未正式建立阶段,它更是在县域政治中发挥着代行乡村政权的职能。对此,中共中央明确规定:"在尚未进行土地改革的地区,在一个时期内,农民协会即农民代表大会及其所选出的委员会,应该成为乡村中一切组织的中心。乡村中的重要事务,均应由农民协会即农民代表大会及其所选出的委员会来处理。这也是彻底改革乡村政权的关键。"① 这也正如川北区所计划:"整个减租过程应该就是改造乡村政权的过程。"②

当1949年度的公粮征收告一段落后,1950年7月,西南局召开第三次会议,决定在10月全面展开"四大运动",并将其称为"西南斗争的淮海战役"。③ 根据这一决议,川北区党委更是进一步明确了该运动的目标:"要把我区一千三百万农民群众充分发动起来",而且"在明年四月份以前,全区要求发展农会会员四百万(占农民人口百分之四十),培养积极分子二十万人(占百分之二),组织农民自卫武装廿至卅万人(占百分之二至三),建立县、区脱离生产的地方武装三万五千人"。④ 同时赋予了农代会及其农

---

① 《中共中央关于土地改革指导执行机构的意见》(1950年1月24日),载中央档案馆等编:《中共中央文件选集(1949年10月至1966年5月)》(第2册),人民出版社2013年版,第89页;《中央关于土改领导问题的指示》(1950年1月),载西南局政策研究室编:《西南工作资料》1950年第7期。

② 《川北人民行政公署关于废除旧乡保建立乡村人民政权的指示》(1950年10月24日),四川省档案馆藏川北行署档案,档案号建北5/34。

③ 《邓小平同志向中共中央西南局委员会第三次会议的报告》(1950年7月22日),载中共中央西南局编:《西南工作》1950年第11期。

④ 《减租退押运动完成任务的标准》(1950年12月6日),载川北行署办公厅编印:《川北政报》1950年第9期。

协会在乡村中的特殊权力："在减租土改时期，农村一切权力，集中于农民代表与农协会。农代会就是农村的最高权力机关。"① 可见，减租、退押等运动的政治功能已经超越了其经济意义，成为土改前乡村政权改造的关键一环。

为了使新区各地成立农协会有章可循，政务院公布了《农民协会组织通则》，规定由农民代表组成农民代表大会（会议），乡一级农代会代表由"全乡农民直接推举之"，乡以上代表则为间接选举。农代会通过选举产生（候补）委员组成农民协会委员会，在农代会闭会期间，行使农代会权力。在农协委员会中互推主席一人，副主席一至数人，主持会务。在委员会中可以设若干部门，"分工办事"。② 与7月政务院才公布农民协会的组织规定不同，西南区在1950年初的征粮之时即已开始筹建各地的农协会了。1950年2月，在西南局第一次全体会议上，邓小平在报告中提出，各地应在征粮过程中"尽速地筹备成立农协筹委会，党委指定负责干部担任农会主席，党对农运的指导完全经由农会去做"，通过农会来开办训练班，"培养农民干部"，进而"扎正农村基层的根子"有计划地召开县区乡农民代表会议，使其"实际起到乡村政权的作用"。③

在通江县，南下干部接管政权之初，即于1950年2月召开农民代表座谈会，以"秘密和公开"两种形式组织农会。④ 之所以采取这种方式，主要是因为一些地方交通偏僻，旧政权武装势力仍然较大，"情况复杂，匪情严重"，便采取秘密的方式进行，例如一区的永安、蒙坝、铁溪等乡；一些地方因情况较好，便公开组织，例

---

① 《川北人民行政公署关于废除旧乡保建立乡村人民政权的指示》（1950年10月24日），四川省档案馆藏川北行署档案，档案号建北5/34。
② 《农民协会组织通则》（1950年7月15日），载中共中央文献研究室编：《建国以来重要文献选编》（第1册），中央文献出版社1992年版，第348页。
③ 《邓小平同志向中共中央西南局委员会第一次会议的报告提纲》（1950年2月10日），载中共中央政策研究室编：《党内资料》1950年第34期。
④ 通江县志编纂委员会编：《通江县志》，四川人民出版社1998年版，第30页。

如二区的 7 个乡和三、四区等地。当时农协会"主要协助政府侦察带路，通报匪情及站岗放哨等，并参加了四九年公粮的征收工作"。总而言之，通江县的农协会初期分为三类："政府组织一部份、军队组织一部份，农民代表组织一部份"，截至 8 月 17 日首次县农代会召开，全县 11 个乡成立了农协会，78 个保成立了农协小组，"共有会员八百三十名"。尽管这些"会员少，力量弱"，[①] 但为通江县农协会组织的进一步发展与健全打下了基础。

按照川北区的计划，应在减租、退押运动期间吸收农会会员 400 万人，积极分子 200 万人。但这种规模的吸纳工作需要相当程度的社会动员方能奏效，因为通（江）、南（江）、巴（中）等地为当年的川陕苏区范围，在这期间大量贫雇农积极分子参加了苏维埃各级政权。可以说，革命的火种早在 18 年前就已播下。正是因为这个经历，川北区党委要求在选拔乡村干部中首先考虑"有工作能力的复员老红军与过去苏维埃时代参加过工作的积极分子参加乡村政权工作"。[②] 循理，对这些原来曾在苏区各级苏维埃政权中任职的农民来说，中共领导下的此次乡村建政自然是他们再次参与政权的一次机会，他们踊跃参加各类工作就自然是题中应有之义。正是出于这种考虑，达县地委对发动农民参加农协会表示了乐观："我达县分区绝大部分地区是革命的老苏区，虽然有张国涛（焘）错误政策的影响，但群众经过了苏维埃运动的教育和斗争的锻炼，群众的觉悟容易发动。"[③] 但事实证明并非如此。

因为之前的苏区经历，通江民众对共产党及农民协会并不感到

[①] 《通江县农协会总结报告》（1950 年 12 月 5 日），达州市档案馆藏达县地委办公室档案，档案号 19/1/21；通江县档案馆藏减租工作团档案，档案号 52/1/65。

[②] 《川北区党委组织部关于吸收复员的老红军战士及苏维埃时期参加过工作的积极分子参加乡村政权的指示》（1950 年 9 月 5 日），四川省档案馆藏川北行署档案，档案号建北 5/79。

[③] 《中共达县地委保证实现"为胜利完成减租而斗争"的指示》（1950 年 8 月 5 日），达州市档案馆藏达县地委办公室档案，档案号 19/1/2。

陌生。从 1935 年红四方面军撤离通江到 1949 年底解放军进入通江县城，在这 15 年里，苏区当年留给他们的深刻记忆没有完全消失，共产党及其红军的故事仍在民间流传。① 解放军的到来在通江等地也受到了底层民众的欢迎。② 但故事归故事、欢迎归欢迎，解放战争中尽管国民党已经明显处于下风，但到底鹿死谁手一般民众并无清晰的认知，特别是当年曾在苏区担任乡村苏维埃职务的不少人，大都在红军撤离后遭到了旧政权以及地主武装势力的清算乃至杀害。③ 可见，1950 年初期的通江乡村再动员起始并不顺利。陈永发在考察中共在华中地区的乡村动员时就发现，"害怕地主反攻倒算、对共产党军队的前途捉摸不定、担心直接交锋、父权主义和宿命论的束缚和宗族观念等等因素，都妨碍大多数农民起来造反"。④ 事实上，担心"变天"才是农民裹足不前的关键因素。尽管如今共产党又回来了，再次在乡村动员农民参加农协会并与地主斗争，但是前车之鉴也会令他们踌躇一番。正是因为经历过"变天"，才会对"变天"更加恐惧。据一名受访者回忆：

　　起先入农会就是说不懂得那个道理，有的人说入得，

---

① 为了答谢老区人民对革命事业的支持，1951 年中共中央向南方原革命根据地派出了中央访问团，如在向原川陕苏区派出了以王维舟为首的访问团，又称通南巴先遣工作组。工作组在其中第三次工作报告中写道，这里的人们"常能滔滔不绝地很生动地讲述当年老红军革命故事"。《中央访问团办公室（原通南巴先遣工作组）第三次工作报告》（1951 年），达州市档案馆藏达县地委办公室档案，档案号 19/1/17。

② 据负责进占川西北的第十八兵团报告称，"此次沿途群众的热烈欢迎（尤以原老苏区如通南巴等地）给部队鼓舞很大"。参见《解放军第十八兵团关于南进作战初步总结》（1950 年 1 月 22 日），载成都市档案馆编：《成都解放》，中国档案出版社 2009 年版，第 120 页。

③ 他们中除一些人被杀害外，大多数人被要求办理"自新证"以示悔过，而负责具体经办的乡保长乘机提高办证价格中饱私囊。据一名受访者回忆，因他父亲曾担任乡苏维埃的粮秣委员，他亦参加童子团，被迫办理"自新证"，但价格高达 20 个钢洋，他家只好将唯一的一块田变卖。笔者对刘坤远的访谈记录，访谈地点：四川省通江县铁佛镇平坝村；访谈时间：2015 年 2 月 28 日。

④ Yung‐fa Chen, *Making Revolution*: *The Communist Movement in Eastern and Central China*, 1937‐1945, Berkeley: University of California Press, 1986, p. 220.

有的人说入不得。那时嘛旧社会嘛，你说，像甲长、保长假如那些还没倒霉，在过去，像甲长好比我们这个小队的队长，保长就相当于今天一个大队的队长。像这类人穷人就比较怕，怕共产党走了要挟他们的整。那些已经是农协会干部的人，他们心里还是在考虑，假如万一共产党走了，国民党转来（方言——即"回来"）了咋个办？但是他们不敢说出来，说出来可不得了。①

随着减租、退押运动的开展，达县地委就发现，"广大群众对我党及政府，抱观望怀疑的态度，甚至还有部份群众怀疑蒋匪是否卷土重来"。② 因政权初定，时局尚不明朗，特别是朝鲜战争爆发后，以美国为首的"联合国军"在仁川登陆和中国人民志愿军入朝作战，更是使民间各类谣言满天飞，如第三次世界大战即将到来、蒋介石还会回来等，总之如同地委所报告："目前农民最大顾虑是怕三四年后事发重演。"③ 可见，因通江存在这个特殊的经历，中共在乡村中的社会动员难度反而较新区其他地方大。

不仅如此，因为通江县已经在苏区时期经历了一次"打土豪分田地"，土地集中化程度已经大大降低。红军撤离后不久原通江县政府就迁回了县城，但面对农民已经分得土地的既成事实，为了避免再次激化矛盾，县政府并未完全按照地主的要求将土地从农民手中夺回来，而是以田契已经被焚毁为由对大多数农民的土地占有予以默认。这样，通江县的土地就已经趋向分散。据1943年通江县政府统计，全县自耕农、半自耕农、佃农、雇农分别占总人口的32.7％、14.4％、21.6％、15.2％，地主为16.1％。但因"地广人

---

① 笔者对朱以鼎的访谈记录，访谈地点：四川省通江县双泉乡白马村二社；访谈时间：2012年10月6日。朱以鼎，通江县双泉乡白马村人，1929年出生，土改时为贫农。
② 《地委关于减租、屯粮、清匪、反霸、宣传教育工作的指示》（1950年9月3日），达州市档案馆藏达县地委办公室档案，档案号19/1/2。
③ 《达县地委正注意解决如何发动放手群众问题》（1950年12月——笔者判定），载中共川北区党委政策研究室编印：《川北工作》1950年第26期。

稀"且"劳力缺乏",使"主佃关系较佳,佃农生活不若外县之苦,该县近年租佃田地,期限不定,而无押租,一般纳租方式为'见场分红',即等至作物收后,按照全部数量,主佃双方平分或四六分"。① 1950年新成立的县政府在其报告中亦证明了这一点:

> 三三年在打土豪分田地中,一般地主大批逃跑,个别被杀,在红军撤退时,据现在了解,有四万以上农民参军出发,离开生产,还有后来在国民党的清剿下,一部分地方干部,亦躲藏逃避,离开生产,在这种情况下,全县劳动力大为减少,土地是普遍荒芜,无人耕种,因此三三年以后,一般租额不重,土地多是倒四六分,顶好的上田,是对平分,至于押金,在三三年以前,押金就不普遍,三三年以后,在劳动力缺乏下押金更不普遍,而押额也很轻,据现在了解,一般对半分的较多,很少的土地是四六分,押金(在)二四区根本没有,一三区较好的土地有押金,押额也不很重。②

可见,当时通江农村中并未出现因土地占有严重不均而导致社会关系全面紧张的现象,③ 在老区土改中,工作队发动农民(干部)斗争地主的首要方式就是诉苦。苦主通过诉说因地主剥削遭致

---

① 王希贤:《通江农业概况》,载《四川经济季刊》1945年第4期。
② 《通江县租佃情况》(1950年10月23日),通江县档案馆藏减租工作团档案,档案号52/1/66。
③ 笔者在通江县进行口述调查时得知,当时地主或富农普遍称呼自家的长工或佃户为"客"。据材料显示,邓小平在一次讲话中还明确对"四川的地主对于佃户实在太好了,把佃户叫做佃客,由此来证明地主对于佃户是何等的客气"的说法予以批评。可见,四川其他地区亦存在"客"这个称呼。参见笔者对岳广林的访谈记录,访谈地点:四川省通江县铁佛镇街道;访谈时间:2016年2月17日。岳广林(1926—),中农成份,1950年后继相担任铁佛镇白土垭村第四居民小组长、生产合作社保管员、事务员等职务;《邓小平副主席在西南军政委员会第一次全体委员会议第五次大会上的发言》(1950年7月31日),载中共中央西南局农村工作部编:《西南区土地改革运动资料汇编》上册,1954年自版发行,第42页。

的苦难,进而引起全场共鸣,最终打倒地主在乡村中的权威。但在新区,特别是通江的乡村动员中,这种思路明显不符合当地的实际情况。为了在全区推动减租、退押乃至土改,川北区党委派出4个工作团,分别领导各地的群众运动,通江县属于第四工作团范围,该工作团到达巴中后,决定和原巴中中心县委合并组成通南巴工委,各县在工委的领导下,派出工作队,帮助各地减租、退押。① 尽管通江农村的农代会及其农协会在工作队的帮助下陆续成立,但在农代会上以此为理由发动农民起来斗争地主的效果起初并不如意。在诺江镇第八保,工作队干部挨户进行动员,"按甲开会",结果"工作可谓艰苦",难以打开局面。无奈之下,干部便在会上要求"农民具出无苦的结来",为此,有一甲的农民便"全体具结"。② 在鸣盛乡,因为乡村干部不足,"只在少数积极份子中打圈子",以致农民反应沉闷。有一次,该乡有一保召开农会会员大会,工作队员直接向会员们提问:"大家敢反霸吧?"会员都说:"敢反。"问:"大家有苦吧。"大家都说:"有苦。"但正当让他们诉苦的时候,戏剧性的一幕出现了——众人均说"要回去吃饭了",结果这场诉苦会"不诉而散"。③

可见,在诉苦发动初期,外来的工作队与农民之间并未形成思想对接,双方对"苦"的理解存在显著的差别。④ 因为"农民实际上是以自己的利益立场与价值判定来迎合、理解、接受并进行诉

---

① 《为胜利完成征粮、清匪反霸、减租、退押任务而斗争——李文清同志在区党委工作团及巴中县工作队誓师大会的讲话》(1950年9月),载第四工作团研究组编印:《通南巴工作通讯(誓师大会特辑)》1950年第1号。

② 《通江县委给减租工作队的指示》(1950年12月22日),通江县档案馆藏减租工作团档案,档案号52/1/66。

③ 《通江二十天的全面减租工作报告》(1951年3月10日),达州市达川区档案馆藏达县县委组织部档案,档案号17/1/24;通江县档案馆藏减租工作团档案,档案号52/1/20。

④ 通江县的这一情况在其他地方亦存在,在川西区大邑县,农民诉苦的对象为:"一是土匪,二是野兽,三才是地主。"参见《川西区大邑山区土地改革中的几个问题及经验》,载西南军政委员会土改委员会编印:《土改简报》1952年第21期。

的，他们既非一经宣传便认同了阶级认知社会的立场，也非权力话语模式支配的'提线木偶'，他们或多或少会对自上而下的阶级诉苦模式进行改造和利用，使之符合自己的理解"。① 在遭遇挫败之后，工作队很快找到了当地农民自身的"苦根"。因通江地处偏远，会门、土匪势力较大，"积年股匪，仍多盘踞，地方恶霸，尚甚嚣张，外县人前往者，深怀戒心"。② 因此，在发动诉苦时，农民常常诉的是恶霸、土匪的苦，而并不以地主的盘剥压榨为主要内容；此外，还有苏区结束后还乡地主对于农民特别是原各苏维埃干部的报复。"现在在清匪、反霸、减租、退押的口号下，发动群众回忆诉苦中，多是诉说地主恶霸旧人员在红军撤退后对他们的残害和霸占他们财产事实"。③ 在摸清了问题的症结所在后，同时通过反复召开干部大会和群众大会，"宣传全国已胜利，蒋匪永久回不来了，"④ 同时介绍国际形势，解除农民的"变天"顾虑。因此，在农代会上，一些农民就大胆地诉苦，他们中不少人因此为工作队所看重并被提拔为农会干部。

农代会及其农协会的基本组织步骤是：首先发现积极分子，然后由他们按照农会成员的标准去联系其他人，成立农协小组，推选组长，经继续发展至一定人数后，重编小组，由小组去发展会员，最后召开农代会，成立农协会，选举正副主席与委员。⑤ 在农代会召开后，一个必备的斗争环节就是诉苦。在涪阳乡举行的一次斗争

---

① 吴毅等：《"说话"的可能性——对土改"诉苦"的再反思》，载徐秀丽等主编：《中国近代乡村的危机与重建：革命、改良及其他》，社会科学出版社 2013 年版，第 374 页。

② 王希贤：《通江农业概况》，载《四川经济季刊》1945 年第 4 期。

③ 《通江县租佃情况》（1950 年 10 月 23 日），通江县档案馆藏减租工作团档案，档案号 52/1/66。

④ 《区党委给巴中工委关于目前工作的指示》（1950 年 11 月 5 日），载中共川北区党委政策研究室编印：《川北工作》1950 年第 19 期。

⑤ 达县地委翻印：《如何在一个村庄发动群众》（1950 年 8 月 20 日），达州市档案馆藏达县地委办公室档案，档案号 19/1/2。

第三章 建政初期的通江县乡村干部培养及其教育

大会上，在斗争地主屈大盛时，屈态度倨傲，并称"他的大儿子读革大，二儿子当完小校长，他是开明人士"。这时积极分子屈尚镜说："他曾在苏维埃时代做工会组织部长，红军走后，屈大盛将他与他父亲吊打，并用香烧父子两人的背，背都烧出油来，并且要他们吃饭时跪在面前，以后将全部财产霸去，逐出通江，过了七十年的雇工流浪生活。"他说至这里，声泪俱下，全场为之感动，高呼："屈大盛跪下！"吓得屈大盛和其他几个地主赶紧跪下，不过他辩解称自己是因为"年幼无知"。这一下更加激起与会者的愤怒："三十几岁哪！还说年幼无知？"然后全场高呼"恶霸不坦白，我们不宽大"的口号。① 在这种情形之下，农民的斗争积极性随之提高。正如上级所指示，农协会是"团结群众，培养农民，发现积极分子的最好学校"。② 通过农协会组织的诉苦，为工作队员发现培养积极分子成为农会干部提供了契机。

据统计，通江县农协会成员1950年12月至1951年3月期间从4.2万人增长到了7.8万人，农会骨干（小组长以上）数量则达到了3643人。③ 在各级农协成立后，保甲制度随之废除，随后逐步建立乡、村政权，由农协会干部代理。截至减租、退押运动结束时，通江县的乡村干部数量有了极大的增长，具体见表3-1：

---

① 《通江县月余来的减租工作报告——摘录向工委第四次报告》（1951年1月22日），载第四工作团研究组编印：《通南巴工作通讯》1951年第16期。
② 《为胜利完成征粮、清匪反霸、减租、退押任务而斗争——李文清同志在区党委工作团及巴中县工作队誓师大会的讲话》（1950年9月），载第四工作团研究组编印：《通南巴工作通讯（誓师大会特辑）》1950年第1号。
③ 《通江县公粮总结》（1950年12月5日），达州市档案馆藏达县地委办公室档案，档案号19/1/11；通江县档案馆藏县委办公室档案，档案号1/1/1；《（通南巴）工委向区党委地委的第八次工作报告》（1951年3月20日），达州市档案馆藏达县地委办公室档案，档案号19/1/7。

表 3-1 通江县政权及农协干部统计（1951 年 4 月）

项别		人民政权				农协会			
		区	乡	村	组	区	乡	村	组
领导骨干	人数 男	11	97	312	2302	7	98	325	2463
	人数 女	—	7	28	356	—	6	15	195
	人数 小计	11	104	340	2658	7	104	340	2658
	成份 贫苦知识分子	1	28	47	68	—	24	42	75
	成份 小手工业	1	13	32	60	—	17	37	53
	成份 中农	5	16	75	793	1	14	63	782
	成份 贫农	2	35	139	1525	6	37	151	1536
	成份 雇农	—	8	38	187	—	7	45	174
	成份 自由职业	—	4	9	25	—	5	2	38
	成份 小计	11	104	340	2658	7	104	340	2658

资料来源：《人民政权及农协会干部统计表》（1951 年 4 月 23 日），达州市档案馆藏达县地委办公室档案，档案号 19/1/57。另外，因档案记载的误差，个别数字统计存在一些出入。

从表 3-1 可以看出，通江县区以下农协与政权组织已经建立起来，干部数量也有了显著增长。这些干部的涌现，彻底改变了乡村政治人物群体的构成，乡村权力结构也在这个过程中实现了翻转，原本属于乡村传统政治文化顶端的那部分群体，如保甲长、乡绅等被最底层的贫雇农取代。当然，除曾在苏区时期任职的干部外，绝大多数乡村干部并无实际工作经验，需要在农协工作中得到进一步的训练。此外，他们中另一部分人，则因个人成份、阶级立场等问题，在减租、退押运动中被淘汰出局。

二、农协干部的初步更替

根据政务院颁布的《农民协会组织通则》，农协会成员的条件

第三章　建政初期的通江县乡村干部培养及其教育

为"雇农、贫农、中农、农村手工业者和农村中贫苦的革命知识分子"。①农协的主要领导如正副主席，必须由贫雇农担任，且在农协委员会中占据2/3的比例，中农不得超过1/3。②但这只是章程规定，在具体操作层面，往往很难一开始就执行这类要求。1950年达县地委在一次指示中，就乡村干部提拔范围，明确规定为"工农积极分子和红军老干部与过去参加过革命今天仍积极的人以及贫苦的知识分子"。③可见，该指示并未严格对农协会的领导成份作出具体规定，而是要求以其苏区工作经历和现实表现为主要参照。这主要是由农协会组建之初的客观情况决定的。此外，在一些农协会成立方式上，采取"鸣锣登记、造名册，在群众大会上选举，甚至经过乡保长"等，以致使"农会成为形式主义不起作用，甚至被地富把持操纵"。④因此，农协会从组建之日起，其内部领导层结构就始终处于改组与淘汰的动态调整之中。

为了迅速组织农协会并在其中发现积极分子，通江在建政后往往采取了不同的方式来组织农协。该县的早期农协可以分为四种：第一种是部队在剿匪时秘密组织的，这些农会内部成员"成份一般是好的"，但"人数不多，力量不大（一个乡才几十个人）"；第二种是征粮工作队下乡组织的，"成份一般较好，但没有进行工作，流于形式"；第三种为"地富当权派直接所掌握的"；第四种则为"地富分子通过农民代表来掌握的，以往农民代表多是乡保长和地富当权派"。在1950年上半年，通江等县因侧重于征粮剿匪，对

---

①《农民协会组织通则》（1950年7月15日），载中共中央文献研究室编：《建国以来重要文献选编》（第1册），中央文献出版社1992年版，第346页。

②《张继春委员关于西南区减租问题的报告》（1950年7月27日），载中共中央西南局农村工作部编：《西南区土地改革运动资料汇编》（上册），1954年自版发行，第36页。

③《地委关于半年来干部工作的总结》（1950年7月——笔者判定），达州市档案馆藏达县地委组织部档案，档案号21/1/10。

④《区党委八九两月向西南局的综合报告》（1950年9月25日），载中共川北区党委政策研究室编印：《川北工作》1950年第9期。

农协工作并不十分重视,时至 9 月初,"区乡农会大部未成立,保只有小组",通南巴三县农会会员才 1.5 万人,"且多为地富乡保长,甚至(被)特务所掌握",农会主要由"地富乡保长通过农民组成"。① 可见,通江早期的农协会构成较为驳杂,质量参差不齐。

减租、退押运动的开展,使农协会面临首次整理与干部淘汰。1950 年 10 月 24 日,川北区党委明确指出,减租运动目的就是使"农民协会的领导必须掌握在好的贫雇农积极分子手里",进而"使农协真正成为农民群众的战斗组织"。② 由于农代会不经常开会,而是以农协会代行职权,并在乡村政权正式建立之前扮演着政府的角色,因此农协会较之农代会更为重要。而农协会中的领导成员,如正副主席、委员以及农协小组长,自然就成为农村新的当权者。③ 可见,在整顿农协会时,主要侧重于对领导层的改组。

鉴于一些农协干部出身地主富农成份或者曾任旧乡保长、干事、警察,但工作积极且有成效,得到了工作队的肯定,川北区党委就此提出处理意见,认为尽管这些人很"积极肯干",但"在真正进行减租反恶霸运动之时,其品质和斗争精神,则又(是)极不够的",进而要求"这类乡保农协领导成份,仍然必须调整",主要方式为"扩大农协委员会,坚决而迅速地增加真正劳苦的贫雇农成份进来。凡表现不好或不合会员条件(如道士、警官等),应经

---

① 《通南巴工作报告》(1950 年 10 月 15 日),达州市档案馆藏达县地委办公室档案,档案号 19/1/7。

② 《川北区党委关于坚决而正确的发动农民群众完成清匪反霸减租退押运动的决定》(1950 年 10 月 24 日),载中共川北区党委办公厅编印:《〈川北工作〉主要材料汇集》(一),1952 年自版发行,第 57 页。

③ 1951 年 2 月 19 日,通南巴工委发出紧急指示,明确指出农会主席必须是贫雇农。参见《(通南巴)工委对目前土改准备工作的紧急指示》(1951 年 2 月 19 日),通江县档案馆藏减租工作团档案,档案号 52/1/66。

过群众撤换下来甚至清洗出会"。① 为此,《川北日报》发出社论,要求各地必须高度重视农协的领导成份:

> 首先要从调整领导成份入手。这是决定一个农协纯不纯和工作好不好的关键。这是决定运动的领导权掌握在谁手里的问题。所以,对窃居领导地位的地主富农或流氓份子,一定要撤换清洗,使好的贫雇中农掌握领导,对于某些不适合居于领导地位,但上半年各种征粮中尚有一定功劳的人在群众难发动的基础上经民主手续,由群众中新的积极份子来代替他们。②

但在通江等地,减租、退押开始后,因农代会及其农协会的职能尚不能为广大贫雇农所认识,兼之对参与政治长期以来形成的冷漠心理,发展农会成员在一些地方起初并不如意,不少农民认为"农协会是搞公粮,觉得自己活路(方言——农活)忙,搞农会耽误时间",还担心参加农协工作"得罪人"。③ 例如在南江县,农协经常开会,"平均每个会员,四天要开一次会",而该县地广人稀,农民居住分散,"一开会就是一天",他们进而认为"入农会没好处""误了活路"。④ 因此,在一些较为偏远且尚未组织农会的地区,减租、退押运动开始并组建农协之初,表现积极的除原苏区时期干部外,还有那些空闲时间较多或家中经济条件相对较好的人,

---

① 《区党委关于调整农协领导成份的补充意见》(1950年10月),载中共川北区党委政策研究室编印:《川北工作》1950年第11期。
② 《关于整理农协的几个问题》(1950年10月28日),载川北行署办公厅编印:《川北政报》1950年第7期。
③ 《通江县农协会总结》(1950年11月9日),通江县档案馆藏减租工作团档案,档案号52/1/65。
④ 《通南巴工委向区党委第五次工作报告》(1950年12月28日),达州市档案馆藏达县地委办公室档案,档案号19/1/7。

在农村中符合这个条件的,要么是农村中的边缘人物,如游手好闲的地痞流氓,要么是中农,甚至是地主富农或者旧乡保人员。面对这种情况,一些工作队员为了尽快建立农会,往往采取实用主义的态度。当然,还有一些工作队员对于组织农会的重要性认识不到位,因为其主要是"偏重于调解和事的机构",出于单纯完成任务的思想,① 片面追求数字规模,出现了"拉夫"如通过全体保民大会登记的方式等。② 可见,这些农协会及其领导成份自然不符合中共中央的规定。

根据川北区党委的要求,1950年10月13日,通南巴工委召开扩大会议,要求各县立即对农会进行整顿,"达到领导骨干成份的纯洁",若是认定为地主、富农、流氓等组织或暗中把持的"伪农会"则直接宣布取消;对于"领导成份不纯"的一般问题,如农会正副主席非贫雇农担任,则"劝他们回家生产",采用改选的办法,"达到撤换之目的"。③ 经过一番整顿,通江等地"绝大部分经过整顿清洗坏分子,成份上也纯洁了",而且"领导成份上也在各种计划中经过整顿而纯洁了,使不少农村气象迥然不同于过去"。④ 通江县在减租、退押运动中农协会干部及会员的清洗情况如表3-2所示:

---

① 《通江县农协会总结》(1950年11月9日),通江县档案馆藏减租工作团档案,档案号52/1/65。

② 《通南巴工委扩大会议综合报告》(1950年10月13日),载中共川北区党委政策研究室编印:《川北工作》1950年第15期。

③ 《工委向区党委地委的第十次工作报告》(1951年4月25日),达州市档案馆藏达县地委办公室档案,档案号19/1/7。

④ 《通南巴工委向区党委地委的第六次工作报告》(1951年1月15日),达州市档案馆藏达县地委办公室档案,档案号19/1/7。

表 3-2　通江县农协成员变动统计（1951 年 1 月）

项别		被清洗人数		
		领导骨干	会员	合计
人数	男	91	464	555
	女	5	79	84
	小计	96	543	639
成份	地主	3	13	16
	富农	9	42	51
	狗腿	47	251	298
	流氓	19	143	162
	烟鬼	8	27	35
	土匪	7	19	26
	其他	3	48	51
	小计	96	543	639

资料来源：《通南巴工委向区党委地委的第六次工作报告》（1951 年 1 月 15 日），达州市档案馆藏达县地委办公室档案，档案号 19/1/7。

从表 3-2 可知，通江县各级农协会被清洗人数达到 639 人之多，其中会员 543 人，领导骨干 91 人。在这些被清洗的人中，其类别除了"地主、富农、狗腿以及土匪"，还包括"烟鬼、流氓"等人。自大革命运动以来，例如后者之类的农村边缘人物往往在农民运动发起之际扮演着重要角色。而在 1950 年的农村中同样如此。但与之前情况不同的是，对新政权而言，不可能始终将这些人作为主要依靠力量，一旦运动告一段落，他们也就即将退出乡村政治舞台。通江县减租、退押运动时期的农协会清洗情况统计，也正好说明了这一点。在这个过程中，也有相当数量的地主富农从农协会中淘汰出局。

可见，尽管此时尚未正式开始土改，但阶级成份的观念已经深入乡村社会之中。"阶级意识从观念形态上超越了血缘关系，它不再依据人们在血缘关系中的地位划分每个人的身份，而是依据人们在社会经济政治关系中的地位划分每个人的身份。"① 这种以阶级决定政治地位乃至个人发展的思维方式,彻底撕裂传统乡村内部以地缘、血缘等要素构建起来的社会关系网络,差序格局最终被阶级格局取代,"亲不亲,阶级分"这句耳熟能详的话在乡村中同样流行。值得注意的是,在此次清洗中,无论是农协会员还是领导,中农没有在此次运动中受到波及,② 他们的政治地位也得到了承认。1951 年 4 月通江县农协的统计整理情况见表 3-3:

表 3-3 通江县农会整理后情况（1951 年 4 月）

项别		整理后人数			
		领导骨干	会员	积极份子	合计
人数	男	2893	84847	5216	92956
	女	216	28589	1059	29864
	小计	3109	113436	6275	122820
成份	贫苦知识分子	141	7569	416	8126
	小手工商业	107	9652	687	10446
	中农	860	29745	1064	31669
	贫农	1730	57353	3152	62235
	雇农	226	8782	882	9890
	复员军人	—	37	21	58
	自由职业者	45	298	53	396
	小计	3109	113436	6275	122820

资料来源:《(通江县)整理后农会情况表》(1951 年 4 月 23 日),达州市档案馆藏达县地委办公室档案,档案号 19/1/57。

---

① 王沪宁:《当代中国村落家族文化——对中国社会现代化的一项探索》,上海人民出版社 1991 年版,第 52 页。
② 在整顿农协会的一个时期,通江等地整顿农会时曾出现将其中的富裕中农都清洗出去"关门"现象,但后来为通南巴工委所纠正。参见《通南巴工委扩大会议综合报告》(1950 年 10 月 13 日),载中共川北区党委政策研究室编印:《川北工作》1950 年第 15 期。

中农在农协会领导骨干中达 860 人，占总数将近 28%，符合中共中央所要求的少于 1/3 的标准。可见，他们在农协乃至乡村政权中仍然占相当比例。换言之，他们中的一些人将是下一轮乡村干部更替的主要对象。革命对象，总是在一场运动结束之后，又能被发现。在淘汰一批人的同时，农协会往往能吸纳更多的人进来。例如诺江镇第七保，在"清洗坏分子七人以后"，10 天内会员就从 150 人增加到 720 人。① 因为淘汰往往更能体现加入的必要。在减租、退押运动结束时，农协会员达到 11 余万人，而农协小组长以上的领导骨干达到 3000 余人。在表 3-3 中，笔者也注意到女性开始在乡村政治舞台中发挥作用，不仅大量参加农协会，其中的一部分人还成为乡村干部，占将近 7%。这个数字也说明了，妇女开始参与乡村政治并成长为乡村干部，充分彰显了农代会及其农协会这个干部培养器皿的"造血"功能。

三、发现与培养妇女干部

减租、退押时期妇女农协会员和干部的出现，亦是以农代会及其农协会为成长平台。但实际上，早在川陕苏区时期，通江的女性已经开始参与政治。"苏维埃时期所有的社会变化中，妇女地位的改变可以说最为引人注目。"② 红四方面军入川后，积极开展宣传动员，启发妇女权利意识觉醒。在红军制定的《妇女斗争纲领》中，明确提出"劳动妇女是参加政权机关的权利与男子同样有选举权和被选举权"，以及有权参加工会、农会等社会团体。③ 在苏区的宣传下，不少妇女积极参加苏区各级政权，并担任了一些领导职

---

① 《通江县第一期重点减租工作总结》（1951 年 2 月），达州市档案馆藏达县地委办公室档案，档案号 19/1/11；通江县档案馆藏减租工作团档案，档案号 52/1/16。
② 黄道炫：《张力与限界：中央苏区的革命（1933—1934）》，社会科学文献出版社 2011 年版，第 145 页。
③ 红九军政治部翻印：《妇女斗争纲领》（时间不详），四川省通江县王坪川陕革命根据地红军烈士纪念馆藏。

务，走上了政治舞台。在她们的政治参与行为中，最为鲜明的表现就是直接参军，其规模发展最盛之时甚至达到2000人，为一个成建制师（后为团）——妇女独立团。

减租、退押运动开始后，西南局就发出指示，要求各地充分注意发动广大农村妇女参与斗争，认为"西南自解放以来，妇女运动在各级党委的领导和支持下，获得了相当大的开展。在各个时期中，都配合了中心任务。如接管、征粮、剿匪、生产等工作，妇女都积极参加了"，但西南区"女干部数量少，能掌握政策的并不多"，进而要求各地在建立农协会时注意提拔女干部。①

随着农代会的不断召开，女性自身的优势在其间得到了充分发挥。在遴选控诉人时，女性一般会成为组织者的优先考虑对象。裴宜理在研究中就发现，共产党与国民党在民众动员方面的最大差异在于前者善于运用情感的力量，例如在诉苦会中，之所以会优先选择女性，是因为"女性的性别使她们习惯于一种富于感情的表达方式，她们带着极端的情绪来痛斥过去的不公平"。② 情绪具有强烈的感染性。在诉苦大会上，妇女们以其生活中的遭际，将眼泪与诉说结合起来，更容易激起全场共鸣，进而产生群体效应。在通江四区举行的一次斗争大会上，"到会妇女经常占到群众的半数以上，她们说理说法不讲情面的斗倒了恶霸"。③ 此外，各地减租、退押斗恶霸、抗美援朝、拥军优属、特别是送郎送子参军等各种运动，都显示了妇女们的活力。

当然，女性要参与乡村政治往往要克服比男性更大的障碍，例

---

① 《中共中央西南局关于农村妇女工作的指示》（1950年11月6日），载中共中央西南局农村工作部编：《西南区土地改革运动资料汇编》（上册），1954年自版发行，第221—222页。

② ［美］裴宜理：《重访中国革命：以情感的模式》，载《中国学术》2001年第4期。

③ 《通南巴妇女运动情况介绍》（1951年1月20日），载第四工作团研究组编印：《通南巴工作通讯》1951年第15期。

如家庭角色、社会舆论乃至传统观念等。例如在通江涪阳乡，一些妇女对加入农会颇有顾虑，除担心"三三年一样被转移离开（当年红军撤离川陕苏区时，很多妇女干部乃至女兵一同被转移。——引者注）"外，还因为其丈夫与婆婆都不同意"媳妇和女儿参加农协会和一切社会活动"。至1950年11月，该乡农会发展的女会员才2000多人。但经过几次诉苦后，特别是农代会与妇代会后，在一些妇女积极分子的启发下，实现了逻辑归罪："恶霸地主是怎样把她们弄得吃不饱穿不暖",① 使她们在诉苦时将生活中的一切不如意都倾倒给了斗争对象。这种做法不仅有舒缓自身情绪的快感，还有带动全场气氛的作用。

为此，通江县委要求各地在发动农民之时"要贯彻男女一齐发动的方针"，干部必须克服轻视妇女的思想，"在诉苦大会上，要吸收广大的妇女参加，尤其是成年妇女，在诉苦中一把鼻子（涕）一把泪，更能引起广大群众的同情及对地主阶级的仇恨"。在永安七保，工作队干部发现了妇女积极分子何秀贞，在该乡农代会上斗争恶霸地主李某时，她痛哭流涕。因为"李克甫过去吊打她男人勒索她财物"，她在控诉的时候，"确确有据，条条有理，全场为之感动"，使该次大会持续了8个小时之久，参加者"争先恐后的进行斗争，没有一人离会"。② 鸣盛乡培养的妇女干部邓玉群，一面宣传政府政策，一面发动妇女，在将本乡妇女组织好后，又带上两个妇女去随近毛浴乡发动妇女参加农会，还说："我们这一个区的妇女全发动起来，我才回家生产。"因此"通南巴的广大劳动妇女，正在这些觉悟的积极份子领导下，大批大批的进入农协会的组织"。③

---

① 《据九个重点减租乡的一般妇女情况报告》（1951年2月），通江县档案馆藏县委办公室档案，档案号1/1/1。
② 《通江县第一期重点减租工作总结》（1951年2月），达州市档案馆藏达县地委办公室档案，档案号19/1/11；通江县档案馆减租工作团档案，档案号52/1/16。
③ 《通南巴妇女运动情况介绍》（1951年1月20日），载第四工作团研究组编印：《通南巴工作通讯》1951年第15期。

可见，苏区时期妇女参与政治的那种热情又一次被激发出来，她们也开始被吸收成为乡村干部。

妇女干部走上乡村政治舞台并拥有相应的政治权力，从社会性别来理解政治权力的存在与作用往往更具学术意义。对此，斯科特指出："性别是一个反复出现的参照，通过它，政治权力得以被构想、合法化和被批判，它不仅仅是建立起男女性别对立的意义……性别的双边关系与其社会化过程都是权力内容本身的组成部分。"① 因此，女性在权力结构中的地位往往反映了权力社会化的演进。农代会及其农协会的组织与运作，恰好为这种权力社会化提供了一个充分演绎的舞台。在中共的权力分配体系中，除人数比例较少的地主富农、地痞流氓外，占绝大多数的贫雇农、佃农、中农拥有不同类型的分享权利，可见这种权力社会化程度已经较之以前大大加强。特别是在当时乡村政权尚未正式建立之前，农会的代政府性质，对广大妇女同样产生强大的吸引力。

在西南减租、退押运动中，邓小平也发现，"在减租、退押运动诉苦说理时，妇女往往站在最前面。四川妇女农民会员占三分之一以上。四川妇女勇敢、会说话，现在已经出现了一些妇女乡长和区长"。② 在通江县永安乡七保的何秀珍，因 1933 年时参加过苏维埃工作，红军离开后被地主李广复报复，"把她丈夫打得要死"。在此次减租、退押运动中，出于前车之鉴，她顾虑"变天"的思想较为严重，"不愿出来参加任何工作"，经工作队人员的"引苦诉苦动员教育，解除她一切顾虑"并宣讲世界形势，最终她的思想被打通，并主动在农代会上引导群众斗争李广复，发动了 30 多名妇女诉苦，"会场全由她掌握，斗得恶霸个个向人民低头"。沙溪乡、洪

---

① Joan W. Scott, "Gender: A Useful Category of History Analysis", *The American Historical Review*, vol. 91, 1986, No. 5, p. 1073.

② 《一九五〇年主要工作情况》（1951 年 2 月 20 日），载中共中央文献研究室等编：《邓小平西南工作文集》，重庆出版社 2006 年版，第 342 页。

口乡动员了妇女积极分子莫白俊、王从珍、刘文英等人,在减租运动中,她们三人领导该乡妇女群众起来向地主作斗争,据县委报告称:

> 全乡十一个保的恶霸地主都被他们斗得个个低头,每次斗争大会上,到会妇女总占半数以上,她们在会场中跑来跑去发动妇女诉苦,喊口号,她们背着马刀火枪有秩序的与男子一样,将自己武装起来,自动组织起来的这支(妇)女队伍,惊动了我们的工作同志。

在她们的带动下,全乡不到一个月即发展了1229个农协女会员,选出了121名小组长,其中15人还当选了农协委员。① 据通南巴工委1951年3月统计,下属三县的农协成员结构如表3-4所示:

表3-4 通南巴三县农协成员统计(1951年3月)

(单位:人)

项别	男	女	合计	农会骨干(小组长以上)
通江	67120	11200	78320	3643
南江	30397	4971	35368	1565
巴中	105945	34875	140820	7623
合计	203452	51046	254508	12834

资料来源:《工委向区党委地委的第八次工作报告》(1951年3月20日),达州市档案馆藏达县地委办公室档案,档案号19/1/7。

从表3-4中可看出,三县的女性会员达到了总数的25%。据通南巴工委报告,通过举行斗争大会,在这个过程中"锻炼了农会,

---

① 《据九个重点减租乡的一般妇女情况报告》(1951年2月),通江县档案馆藏县委办公室档案,档案号1/1/1。

提高了农会在乡村的威信"。在妇女方面,她们"参加农会后和男人一样的进行工作",而且"不少妇女被选为农会小组长及村主任,乡主席等"。① 在通江县方面,据1951年4月统计,女性农会员更是达到了28589人,其中成为农协会的"领导骨干"则为216人、积极分子为1059人。② 她们都是此后通江县乡村干部的重要部分。可见,妇女们通过参加农协会,在其中崭露头角,进一步扩大了乡村社会中的政治参与。但尽管如此,妇女参与乡村政治的总体比例仍然较低,③ 充分反映了乡村政治舞台由男性主导的特征。

第二节 乡村干部的技能训练和人事更替

经过减租、退押、清匪、反霸等"四大运动",新区广大乡村废除了保甲制度,代之以农民协会以及乡村政权,更重要的是,在运动期间发现并培养了大批乡村干部。1951年1月,西南局报告中共中央,称通过减租、退押运动,区级以下干部的缺乏问题,"一般都可以解决"。④ 据统计,西南区农协会员已超过1000万人,受训与参加过农代会的农民积极分子近300万人,川北区则在15万人左右,"且每天都在增长中"。⑤ 可见,川北区已超额实现了在

---

① 《工委向区党委地委的第八次工作报告》(1951年3月20日),达州市档案馆藏达县地委办公室档案,档案号19/1/7。

② 《(通江县)整理后农会情况表》(1951年4月23日),达州市档案馆藏达县地委办公室档案,档案号19/1/57。

③ 与此时期城市中居委会的妇女干部成为主力相比,乡村干部中的女性仍然相对不足。据研究,上海在1954年对里弄进行整顿后,居委会中妇女干部占54.6%,比1953年增加了17.3%。参见张济顺:《远去的都市:1950年代的上海》,社会科学文献出版社2015年版。

④ 《西南局组织部关于一九五〇年西南组织工作的综合报告》(1951年1月4日),载西南局编:《西南工作》1951年第39期。

⑤ 《张继春委员关于在清匪、反恶霸、减租、退押的基础上完成一九五一年的土地改革计划的报告》(1951年1月29日),载中共中央西南局农村工作部编:《西南区土地改革运动资料汇编》(下册),1954年自版发行,第5页。

1951年2月前发动农民积极分子12万人的目标。① 通江县亦于1951年3月基本结束"四大运动"。旧有保甲制度在这个过程中被废除并初步进行了划乡建政,将原有20个乡(镇)划分为52个乡(镇),"民主选举正副乡长100名,村主任340名,培养积极分子6275人"。② 平均每个乡镇村干部7人,积极分子120人。这为此后的土改提供了坚实的干部基础。1950年10月,西南局召开第四次会议,决定将西南土改分为三个阶段:第一步为试点;第二步为平原地区;第三步为山地。③ 通江县以山地为主,故在整个西南区的土改中处于后期。根据川北区的部署,通江县的土改在1951年11月开始、1952年4月结束,历时半年之久。④ 中共领导下的土改对于乡村社会产生了极大的震荡,在这场运动中,在旧有乡村权力掌握者被打倒的同时,一大批新的乡村干部则被陆续发现与培养。

一、从"学开会"到"会开会"

"国民党税多,共产党会多。"这句民谣流传已久。它很形象直观地描述了两党之间的巨大差异。作为一个以意识形态认同为主要特征的马克思列宁主义政党,中共尤其注重对于党员的意识形态熏陶,并在这个过程中将全党当下的奋斗目标、工作任务等传达到每名党员。开会,就是凝聚党员集体意识、培养干部的有效方式。不仅如此,中共还将这个技巧扩展到各级干部群体的培养领域。通过定期参加会议,与会者表达政见、讨论思想,他们在开会时的表

---

① 《(川北)区党委给各级党委及全体农村工作同志的一封信》(1950年12月24日),载中共川北区党委政策研究室编印:《农村工作》1950年第6期。
② 中共四川省通江县委组织部等编:《中国共产党四川省通江县组织史资料(1933—1987)》,四川人民出版社1993年版,第50页。
③ 杨胜群等主编:《邓小平年谱(1904—1974)》(中),中央文献出版社2009年版,第946页。
④ 《川北土地改革运动概述》(1951年6月5日),达州市档案馆藏达县地委办公室档案,档案号19/1/22。

现，亦被组织者纳入培养、提拔的重要参考范围。事实上，早在20世纪20年代，中共就从苏俄习得了以开会的方式来培养干部的技术。据时人回忆，在莫斯科中山大学，校方就要求所有的中共党、团员每周都要参加共产党的小组会，该小组会由一名指导员主持，要求每个人都要对讨论的问题发言，而不能保持沉默，"如果有人不发言，就要被指导员点名发言"，这样做的一个重要目的就是培养其独立表达意见的能力。经过长时间的训练，"即使一个人什么都不会写，甚至一字不识，却一般都能侃侃而谈，这是一个革命的鼓动者必须具备的重要本领"。① 这就是开会的重要性。

在帝政时代，民众无权参与政治，亦养成了不善开会的习惯。自近代以来，西方民主政治制度及其思想开始为国人知识阶层所知，公众通过参加各类大大小小的会议，表达自己的意见，倾听或当众发表政见，更是其民主制度中的重要内容，但此点并未引起国人的重视。孙中山较早就注意到了这一问题。他在《建国大纲》中明确指出，国人不会开会，严重制约着中国的民主进程。为此，他在大纲中详细介绍了开会的步骤、发言的次序等。②

但在孙中山这里，开会更多的是在西方议会体制下的运行常态。这种会议与此后中共在乡村中召开的各类会议有着显著的差别。开会是中共组织生活中的关键内容，会议种类繁多，且因目的及参加者范围不同而名称各异：就目的而言，有斗争会、诉苦会、工作会、选举会、代表会；因参加者范围不同，有工作队会议、全村干部大会、全体村民大会；在划成份后则有贫雇农会议、贫下中农会议、贫中农会议、地富份子会议等。自1950年伊始到"文化大革命"结束前，"开会"是中国乡村社会生活中的重要内容，在

---

① [美]盛岳：《莫斯科中山大学和中国革命》，奚博铨等译，现代史料编刊社1980年版，第93页。
② 孙中山：《建国方略之三　民权初步（社会建设）序》，载中国社科院近代史所等编：《孙中山全集》（第6卷），中华书局1985年版，第415-418页。

一波波的政治运动冲击下,乡村呈现泛政治化特征,农民亦很快适应了这种会议频繁的生活模式。特别是在土改斗争地主阶段,开会更是成了一种常态。1950年初,国民党将领戴传薪曾在成都附近乡间隐匿,据他回忆,当时农村"每日均有集会,多至二三次,甚至夜间亦不断集会训导,指示工作上的一切技术方法。巡游乡村间,到处都听到鸣锣开会"。① 在通江,一名受访者称:

> 那时开大会两三天开一次,哪个想过生产哦,整恶霸地主,贫下中农是最喜欢的了,天天去开他也愿意啊,那十有九个,开会你看,假设是贫下中农,与斗争对象没有干系的,听得专心得很;开会对他莫利(不利。——引者注)的,他有点问题的,那时候他就能看得清楚,只要屁股上有一点屎的人,就是愁眉苦脸的,他就不喜欢开会。贫农就喜欢开会,想:"嘿!今天不知开啥会,是不是要斗哪个整哪个,那(就)不约而同的去了。"②

自传统社会以来,贫苦农民在乡村政治舞台上基本都是处于失语状态。从陈胜吴广的大泽乡起义,到洪秀全发动金田起义,尽管都对当时的政权造成了强烈冲击,但他们的目的从来都是解决生计乃至社会阶层流动问题,而并非争取底层农民在乡村中的政治话语权。农民也习惯于这种被排除在乡村政治舞台的制度设计。尽管清末新政后不少地方建立咨议局、参议会等民主议事机构,但时至清王朝覆灭,通江县都未建立起参议会,直到1945年通江县才成立

---

① 戴传薪:《西南红祸记》,1952年自版发行,第5页。戴传薪(1912—不详),四川仁寿人,国民党元老戴季陶之兄,20世纪50年代初期曾滞留大陆,后秘密转道香港赴台。此处的"红祸",是作者对新政权的诬称,特此说明。

② 笔者对朱以鼎的访谈记录,访谈地点:四川省通江县双泉乡白马村二社;访谈时间:2012年10月6日。

了正式的参议会。① 在川陕苏区时期,通江等地建立起议行合一的苏维埃代表会议制度,但当时军情紧张,局势动荡,兼因民众智识较低,这种议事制度亦仅停留于纸面。与老区经历过抗战时期的村选不同,新区乡村干部对于民主议事的理解近乎空白。1950年后,中共在新区通过减租、土改等社会运动,将原有的乡村权力结构彻底颠覆,代之而起的是处于社会最底层的贫苦农民,后者通过在运动中的积极表现迅速成长为新的乡村政治人物(干部)。他们在大大小小的会议上,习得各种领导技能与方法。如此一来,开会,就成为国家培养乡村干部的物理空间。在这个特定的空间中,这些积极分子通过个人表现,获得了工作队的青睐,进而得以确定干部身份乃至个人职务的提升。

但乡村干部大都为贫苦农民出身,自身文化素质、工作能力等往往是其成长的制约因素。为了提高各地对培养乡村干部的重视,1951年11月,《通川报》就此发表社论,指出"在这一系列的伟大的群众运动中,确已涌现培养和锻炼出来了大批的很好的乡村干部,这些干部都是我们祖国和人民的最大的最珍贵的财富,也是我们今后巩固与建设新川北的雄伟力量",但因1950年以来"任务繁重,平时学习的机会少,上级领导对大家的帮助也不够多",以致有些乡村干部存在不少缺点,"如政治觉悟不高,工作能力尚弱以及松劲换班思想等",② 要求各地加强对乡村干部帮助。其中,主要的手段就是让乡村干部学会开会,让民众积极参会,实现从"学开会"到"会开会"转变。

"会开会"的另外一个层面,就是在开会的过程中提高乡村干部的独立工作能力。1951年11月12日,通江制订土改计划,并指

---

① 四川省通江县志编纂委员会编:《通江县志》,四川人民出版社1998年版,第559页。

② 《认真学习"乡村干部十大守则",更好地为人民办好事!》,载《通川报》1951年11月10日。

出该地的客观环境是"山大路远，人口居住分散，开会不便"，但仍然要求在村里召开各种会议，如"贫雇农大会、农民大会、农协会员大会、自卫队员大会、积极分子会议、烈军属座谈会"等。①为了让乡村干部学会开会，在通江县的土改中，实际做到了"不管召开什么会议，先由（农协）主席、副主席、村长讲话，切实执行农会职权，一切问题都先交给农会处理，工作同志作参谋"。②对于那些从未参加过乡村政治生活的贫雇农来说，要在会议上特别是人数众多的全村大会上顺利主持会议、发表讲话等，必定是一个需要学习的过程。例如，他们在首次主持大会特别是斗争大会时往往比较紧张，"张口结舌说不出来"，但在那种严肃的环境下，"没人敢笑"，在这种情况下，一个提前安排好的干部就接过话头讲下去，让前面那人舒缓一下紧张情绪以便继续讲。③经过几次实践锻炼下来，这些乡村干部基本掌握了开会技能，也学会了在众人面前发表讲话的能力。

当然，让乡村干部习得这类技能并非一蹴而就。例如，据西南局通报，一些地方土改工作队员缺乏耐心，急于求成，采取了一种令人啼笑皆非的做法："在他布置一位农民积极分子讲话时，竟采取了他本人藏在桌子底下，他说一句，叫农民说一句的办法，结果引起哄堂大笑。"④这样无疑会使原本严肃的大会几乎变成了戏剧性的演出。作为体现权力运作剧场化的开会，一般存在"后台区域

---

① 《通江县三期土改作战计划草案——龙鸣书记在三期土改扩干会的布置》（1951年11月12日），达州市档案馆藏达县地委办公室档案，档案号19/1/58。
② 《更深入踏实发动群众（贫雇）为彻底完成三期土改而努力（初稿）——龙团长在通江扩干会议上的总结报告》（1951年11月18日），达州市档案馆藏达县地委办公室档案，档案号19/1/58。
③ 笔者对朱以鼎的访谈记录，访谈地点：四川省通江县双泉乡白马村二社；访谈时间：2012年10月6日。
④ 《反对包办代替及命令主义作风》，载中共中央西南局编印：《西南工作》1951年第58期。

控制"与"前台表演"两个部分。① 这两个部分既然有前有后，就必定是截然分开的状态，而不能将其合二为一，否则会议本身因权力的支撑而彰显的神秘与威严色彩将不复存在。乡村干部从工作队那里习得开会的技巧，就属于"后台区域控制"的重要部分。但在一些地方，工作队往往采取看似直截了当的做法，即自己出面主持会议，但这难以提高乡村干部的工作能力。例如在东山乡，该乡的土改分队长在二村村民大会上，撇开乡村干部，自己"一鼓作气的讲了目前四大中心任务（土改、冬季生产、镇反、抗美援朝），新婚姻法，建党报告等一大堆"，结果"群众听不懂，没有解决一点问题"；在三合乡三村的村民大会上，工作队员"你推我说，我推你说，结果没有讲上二十分钟的话，就散了会"。② 可见，这类会议显然没有实现领导者的初衷。

那些较为成功的会议，在开到一定程度后，全场气氛被调动起来，往往会涌现一些主动发言的贫苦农民，他们亦很快会被工作队所注意并被纳入积极分子的考察名单之中。通江东山乡二村八组，在开小组会时，工作队发动农民揭发地主分散在自己家中的财物，雇农张忠太当即"说出了地主藏在他家的东西"，在得到工作队员的表扬后，他又"启发了八户贫农"，结果"将该地主藏在他们家中的东西全部报出来，共有三十六件"。③ 张在小组会上的积极表现，被工作队纳入了积极分子的考察范围，为他此后成为乡村干部奠定了基础。

中共十分重视通过会议乃至集会的形式来开展社会动员，朱莉通过对比苏俄和中国在新政权建立初期的举措后发现，与苏联通过

---

① 樊红敏：《县域政治：权力实践与日常秩序——河南省南河市的体验观察与阐释》，中国社会科学出版社 2008 年版，第 188 页。

② 《反对如此工作作风》（1951 年 11 月），载通江土改工作团总团部编印：《通江土改简报》1951 年第 6 号。

③ 《毛浴乡第一步工作干的怎样？——总团部第一巡视组首次工作报告》（1951 年 12 月 9 日），载通江土改工作团总团部编印：《通江土改简报》1951 年第 19 号。

特工人员在夜间秘密逮捕嫌疑人的方式不同,中国则是通过群众运动以大规模集会的手段,达到动员民众支持新政权的目的。① 但她仅看到了中共发动这些大规模集会来达到向敌对分子施加震慑的一面,对通过集会来发现积极分子,进而充实基层干部队伍的一面则关注不多。通过通江县的减租、退押、土改等运动可以看出,中共在发动各类集会、会议时,亦显示了其在积极分子乃至乡村干部的选拔功能上的考量。② 这些崭露头角的人物,就是中共所称的"小领袖"。他们的出现,将彻底取代原有乡村的权威人物,如保甲长、士绅等,成为新的乡村政治人物。

二、培育乡村"小领袖"

减租、退押以及土改的主要目的之一就是重组基层,因为中共领导的乡村运动,不仅要"改朝换代",更要"改天换地"。③ 要实现这个目标,必须培育一批新的乡村政治人物接管乡村政权,以顺利完成权力的交接。因此,新政权借助运动来发现积极分子,使他们成为"村庄组织中的关键人物以及其他地区的工作队干部"。④ 在达县专区,对乡村干部的重要性,地委有着明确的认识:

> 大家都晓得,乡村干部是人民政府和群众之间的一道桥梁,广大农民群众的意见要通过你们反映上来,人民政府根据这些意见订出合乎广大人民群众利益的政策法令需

---

① Julia C. Strauss, Paternalist Terror: The Campaign to Suppress Counterrevolutionaries and Regime Consolidation in the People's Republic of China, 1950—1953, *Comparative Studies in Society and History*, Vol. 44, 2002, No. 1, p. 82.

② 但是由于会议频频,其自身的动员功能也渐趋弱化,甚至一些乡村干部亦产生退出心理,这个特征在土改过后的农村表现尤其明显。

③ 高王凌:《中国农民反行为研究(1950—1980)》,香港中文大学出版社2013年版,第9页。

④ Chao Kuo-Chun, *Agrarian Policy of the Chinese Communist Party* 1921—1959, Asia Publishing House, 1960, p. 6.

要你们传达下去并带头执行，这责任重大得很。①

因此，培养乡村干部是工作队下乡后的重要任务之一。在新区，尽管减租、退押运动已经造就了一批乡村积极分子乃至干部，但因当时任务紧、时间短，且没有涉及土地分配问题，为了迅速完成减租、退押的目标，不少乡村政权出现了"中农当家"甚至为地主富农所主导的现象，这无疑需要中共在土地改革中继续发现新的积极分子乃至乡村干部。不仅如此，这些新的乡村政治人物自身法理性权威的树立也需要一个过程。他们自身权威的来源，除了有工作队（国家）的支持，村民的认可也是非常重要的一个方面。

马克斯·韦伯认为，权威可以分为超凡魅力、合法和传统三种类型。合法权威主要是职务权威，但"只是在其职务权威的范围内才具有形式上的合法性"；而传统权威则是由传统所认可的权威地位，但又在其范围内受到传统的约束。② 新区这些乡村干部首先需要有工作队的支持以获得合法性权威，同时又需要传统性权威来稳固其在村庄中的地位。因此，与科层体系中县区级以上的干部不同，乡村干部因其所处地位之故，往往身兼合法与传统两种权威，否则就难以得到村民的持久认可。在实际操作层面，合法性权威较易获取，但这种传统权威需要乡村干部在实际工作中去建立。

问题在于，这些乡村干部在1950年前大多属于农村权力结构中的底层，他们要不因为家庭贫困食不果腹而难以有机会跻身骨干之列甚至为乡邻所轻视，要不就是自身行为违反乡规民约而为后者所不齿，如酗酒、抽鸦片、游手好闲等（因减退运动时期的清洗，他们不可能在其中占多数）。这些人之所以能脱颖而出成为积极分

---

① 《反对松劲思想，带头完成各项工作任务——论"乡村干部十大守则"二条》，载《通川报》1951年11月25日。
② ［德］马克斯·韦伯：《经济与社会》（第1卷），阎克文译，上海人民出版社2010年版，第322页。

子甚至乡村干部,主要是因为自身的贫雇农身份和来自国家的强力支持。针对他们的地位变化,村民可以接受,但不可能立即予以认同。所以,这种传统权威的先天性缺失,是他们在运动之初难以得到认同的主要原因。正如一名受访者(贫农成份)在提及当地一个穷人成为农协干部时,言语之间仍然不失睥睨:"(当时他)穷得那个样子,(怎么会)把他看得起!"① 在传统观念中,财富仍然是获得乡村权威的重要标尺,而正是如此,穷人往往更看不起穷人。

通江、南江、巴中三县的减租、退押运动是在1951年4月结束的,但据3月底通南巴工委报告,在一些地区仍然流行一种说法:"穿红衣服的(川北工作团)厉害,能解决问题,穿蓝短衣服的(县工作团)也能解决问题,穿长衣服的(新吸收农民积极分子)没关系。"当地民众甚至还对这些人的权威不予认可:"你还不是才从家出来,和我不一样?"② 后者的权威之所以未能很快树立,与一些工作队包办代替有着直接的关系。这也导致一些乡村干部工作情绪低落:"讨论各(个)啥子嘛,还不是工作队说了的上算。"有些积极分子听到工作队要走,"害怕得觉也睡不着",农民也拉住他们说"你们不留人在这里可不行哈""地主也专门打听工作队什么时候走",甚至乡间传言"明年就不用你们农民办事,只要学生办事了"。这种情况的出现,使川北区的既定目标——"工作团和干部走了,他们还是一样的'管火(即管用。——引者注)'"不能出现。③ 为此《新华日报》(西南局机关报)发出社论,要求在土改中"培养群众自己的领袖,只有群众有了自己的领袖,才能算群众自己真正当了家,即使土地改革运动以后干部离开

---

① 笔者对朱以鼎的访谈记录,访谈地点:四川省通江县双泉乡白马村二社;访谈时间:2012年10月6日。

② 《通南巴工委会议讨论几个问题的决议》(1951年3月31日),达州市档案馆藏达县地委办公室档案,档案号19/1/7。

③ 《大胆放手发动农民,自己起来解放自己》(1950年12月8日),载川北行署办公厅编印:《川北政报》1950年第9期。

也能很好地独立地领导群众进行工作"。① 按照规定，所谓群众领袖，主要是指"三把刀子（政权、农协、武装）的主要领导"，骨干份子则为"小组长以上的一般乡村干部"。② 可见，"群众领袖"和"骨干份子"已经成为新的乡村政治人物群体。

但在减租、退押运动中，这些新式政治人物的权威尚未获得民众的认可。个人地位是个体在社会交往中被他人（社会）所承认的特性，即"当一个人获得了他的个人地位之后，他会倾向于在与他人的互动中不断地维护这种地位"，而维护这种地位的方式之一就是不断来自他人的正面评价，"时时、事事得到他人的正面评价是中国人一种稳定而重要的心理需求"；反之，若得不到他人的正面评价甚至获得负面评价，那就意味着其地位的下降。③ 因此，这些新的乡村权威若要在乡村中拥有自己相应的政治地位，土改运动的到来，适逢其会地为他们提供了一次绝佳时机。

对代表国家的工作队而言，他们的任务之一就是"注意物色和培养群众领袖与骨干分子"，具体说来就是"每居民小组要能有一个较好的小领袖三个骨干；每村要有三个到五个领导人物，十个到十五个骨干，每乡要有三到五个全乡性领导人物，成为全乡的领导核心力量"，同时将经过考察的积极分子"大胆地及时提到一定的工作岗位上来"。④ 根据通江县土改总团部的要求，工作队下乡后立即召开乡村干部接头会，"注意听取乡村干部介绍情况，细心分析，给他们肯定成绩，指出今后努力方向"。⑤ 与减租、退押运动

---

① 《农民协会必须树立贫雇农的领导优势》，载《川北日报》1951 年 8 月 25 日。
② 《如何在群众运动中培养农村群众领袖和骨干分子?》，载川北区第六工作团办公室编印：《工作通讯》1951 年第 15 期。
③ 翟学伟：《个人地位：一个概念及其分析框架——中国日常社会的真实建构》，载《中国社会科学》1999 年第 4 期。
④ 《把领导艺术提高一步》（1951 年 5 月 20 日），载川北行署办公厅编印：《川北政报》1951 年第 11 期。
⑤ 《总团部关于对第一步发动群众交代政策的意见》（1951 年 11 月 24 日），载通江土改工作团总团部编印：《通江土改简报》1951 年创刊号。

类似,召开大型集会也是发现与培养乡村干部的重要方式。

以毛浴乡为例,该乡于 11 月底召开贫雇农代表大会,参会代表 185 人,其中贫雇农 175 人,雇农 10 人,列席中农代表为 28 人,将经过考察的"小领袖"选举为大会主席团主席。为了培养他们,工作队"与他们一起亲密生活,研究问题,帮助他们,使他们掌握会场秩序,和领导小组讨论,会后负责回村做传达报告"。① 这些"小领袖"通过独立主持会议、与工作队讨论工作参与决策,无疑有利于提高其工作能力,而这种传达政策的特殊优势,更使他们获得了一种神秘感,增进在乡村中的威望。对于那些能力较弱或群众评价较低的乡村干部,工作队主要采取谈话后调整的方式处理。例如东山乡农协主席尽管出身贫雇农,但"工作没有成绩而且还搞腐化",工作队在对其进行教育后,将其职位与乡长互换,因当时土改以农协为中心机构,经过此番调整,"这一下他两个的工作都积极起来了",② 其工作成绩也很快得到了村民的认可。

可见,个人能力是制约乡村干部成长的重要障碍。对此,西南局要求,在培养乡村干部时不仅只是安排其职务,而且要在实践中提高他们的工作能力,倘若"未经培养即上台了",他们"觉悟不高,无能力,只能当阿斗"。③ 为此,通江县土改总团部在土改中培养乡村干部发出指示,要求必须注意培养乡村农会主席、乡村长、乡村自卫队队长和小组长以上的一般干部,坚决避免"工作团走,工作也走"的局面出现。解决这个问题的关键,则是培养一批"小领袖",并且还要求注意后备干部的问题:"坚决反对'选举成功,万事大吉'的思想并不断发现和培养新的领袖和骨干,保持经

---

① 《领导抓紧、善于启发,毛浴乡雇贫农代表会有收获》(1951 年 11 月 30 日),载通江土改工作团总团部编印:《通江土改简报》1951 年第 13 号。

② 《东山乡整顿组织的情况》(1951 年 12 月 10 日),通江县档案馆藏减租工作团档案,档案号 52/1/68。

③ 《关于发动雇贫农及整顿农协问题——摘自许梦侠同志给川南区党委信》(1951年 7 月),载西南局编:《西南工作》1951 年第 62 期。

常有定期可作继任人选的人材。"① 关于此点可堪注意,因为工作团在培养群众领袖的同时,充分注意乡村干部的梯队建设,进而为此后的干部轮替作了人事准备。

在三合乡,工作队除积极给新干部"撑腰壮胆"外,同时"作好参谋",让新干部"出头露面独立工作,建立工作威信"。② 在龙凤乡,工作队干部发现了妇女积极分子鲜大明、向子清等,她们认真搜集地主的材料,查出地主隐藏在农民家里的"手榴弹十二个,子弹二五〇发,步枪一支",并且在斗争地主时非常积极。当时划分阶级成份时地主赵天云不承认自己的地主成份,鲜、黄二人就说:"你自己还不承认你是地主,不但欺骗了我们黄泥巴脚杆,而且还欺骗了我们的毛主席,现在依政治来看,你从来不劳动,只靠剥削为生,不是地主是啥子?"因为工作队有意培养她们独立工作的能力,她们自然也得到了村民特别是贫雇农的认可与拥护,先后分别被选为该村的村主任、村农会委员。③

据1951年12月底统计,全县先期土改的七个区中,在"培养小领袖"方面,乡、村、组三级共培养了小领袖3365人,其中乡一级的108人、村一级816人、组一级的2441人,这些人占积极分子总人数(8333人)的40.38%。④ 在三、四、八、九四个区中,培养的"小领袖"达2494人。⑤ 经过土改,这些"小领袖"的权威得到了村民的认可。在通江县双泉乡白马村,农民们对贫雇农出

---

① 《总团部关于在土改运动中培养乡村干部的指示》(1951年12月18日),载通江土改工作团总团部编印:《通江土改简报》1951年第29号。
② 《加强突击落后村》,载一分团办公室编:《土改通报》1951年第12号。
③ 《重视发动农民妇女群众工作,获得显著成绩》(1951年12月27日),载通江土改工作团总团部编印:《通江土改简报》1951年第48号。
④ 《各区召开以中队为单位的小组长以上扩干会议的综合报告》(1951年12月31日),通江县档案馆藏减租工作团档案,档案号52/1/38。
⑤ 《认真深入发动群众,贯彻没(征)收政策,把反违法斗争进行彻底——龙团长在一月十三日第三次分团长会议上的总结报告》(1952年1月14日),通江县档案馆藏县人民政府档案,档案号33/1/23。

身、原本为他们所"看不起"的农协干部称呼也发生了变化:"他们当上农协会主席的,就直接喊主席,一般的委员就喊老师。"①老师这个称呼,在传统时代位列"天、地、君、亲"后的第五位,其地位不言而喻,农民们将原本轻视的这些贫雇农转而称呼为"老师",足见这些"小领袖"已经获得了来自农民认可的传统型权威。这种权威的取得,为他们此后工作的开展提供了很大的优势。立新需要破旧,在大量"小领袖"被培养出来的同时,在土改期间针对乡村政权中"三把刀子"(政权、农会、武装)领导层的人事更替也在同时进行并使原有的乡村权力结构被重组。

三、乡村权力结构重组

按照中共中央和西南局的要求,乡村政权中贫雇农必须占2/3,中农只能占1/3,且"三把刀子"——政权、农协和武装的正副职必须是贫雇农。但在减租、退押运动中,因运动持续时间短,贫雇农乡村干部尚未被完全培养起来,且因中农自身的经济、政治优势,使减租、退押运动后出现不少乡村干部尤其是领导人员以中农居多的现象。在西南区,第一期土改时即发现"贫雇农的骨干领导作用普遍的还没有树立起来,还没有形成为农民中的核心,农民协会极不纯"。② 在三期土改开始后,川北区党委仍然认为,"好多地方的农村,还是中农占着主要的领导地位,在减租退押运动中,获得果实最多的也是中农,而相反,贫雇农的发动不够充分",③ 在通南巴地区,尽管减租、退押运动培养了大批积极分子和乡村干

---

① 笔者对朱以鼎的访谈记录,访谈地点:四川省通江县双泉乡白马村二社;访谈时间:2012年10月6日。
② 张际春:《西南区第一期土地改革工作总结》(1951年8月11日),载中共中央西南局农村工作部编:《西南区土地改革运动资料汇编》(下册),1954年自版发行,第409页。
③ 《在三期土改中要注意发动受苦最深的老帮工、老佃户》(1951年11月——笔者判定),载川北行署土改委员会办公室编印:《三期土改通报》1951年第10号。

部，但"整个说来，三县干部不但是少而弱，而且复杂，存在的还有（不少）问题"，工委甚至断言，若不能对乡村干部进行教育与锻炼，"那可依靠他们去完成土改历史任务是非常困难的"。① 鉴于西南区的这类情况，西南局要求各地在土改时特别注意"整顿组织"，而整顿组织的核心问题就是"纯洁领导成份的问题"。② 言即，清洗被"地主富农""坏份子"等掌握的乡村干部，撤换中农担任的正副领导职务，同时保证在基层政权中贫雇农的优势，将中农控制在1/3占比以内，进而重组乡村权力结构。

毛浴乡是通江县土改总团部的重点乡，该乡距离通江县城30里。1951年11月22日，工作队下到各村，召集乡、村、组三级干部大会传达土改政策，然后深入各村各户了解情况，因该乡不少村干部是在减租、退押运动时提拔起来的，有些人与旧政权有着千丝万缕的联系，故在工作队到各村"深入草房"了解情况后，一些村干部"也跟着钻进草房，威胁群众，不准乱说"，就这样"情况被封锁了"。例如，在该乡六村，工作队员杨绍钧到贫农赵全自家（烈属）了解情况，赵妻欲言又止。杨离开后，该村副村长即进去威胁他们，勒令不得说实话。为此，杨多次前往赵家，"同他一家人一块烤火，摆龙门阵"，经过他多方启发，"摆到了过去地主对农民的种种残酷行为"后，赵全自才"悄悄地把副村长威胁他们不得说实话的话说了出来"。③

实际上，因为经过了减租、退押运动时期的乡村干部更替，各地乡村干部中所谓"地主富农坏分子"操纵甚至他们就是干部的情况已经不可能是主流，而土改中这场整顿组织的行动，其对象已经不是他们，而是那些居于领导地位的中农，或者因掌权而腐化堕落

---

① 《工委向区党委地委的第九次工作报告》（1951年3月31日），达州市档案馆藏达县地委办公室档案，档案号19/1/7。
② 《农民协会必须树立贫雇农的领导优势》，载《川北日报》1951年8月25日。
③ 《突破封锁深入到户，个别串联，毛浴乡打开了工作局面》，载通江土改工作团总团部编：《通江土改简报》1951年第5号。

的贫雇农乡村干部。例如，在通江县草池乡四村，该村"农会正副主席殷光华、张国太、副村长王亚明、治安员刘先西、青年委员刘光华、妇女委员刘秀英、女武装队长曾孟兰都是中农、文化委员闫永华是富裕中农"。① 对他们的处理，主要是通过召集会议讨论，然后由农协会员提出，说明情况并撤换。

在烟溪乡，土改期间整顿组织的具体做法就是：第一步是由工作队召开积极分子及小组长以上干部会议，讨论干部情况，提出初步审查意见；第二步是召开会员大会，讲解农协章程和"三把刀子"的重要性，宣布担任干部的条件即"政治清白，工作积极，成份纯洁"；第三步是召开小组讨论会讨论干部情况。在小组会议上，农协会员文仕义说："武装队长唐仲良成份倒是贫农，工作积极，但有些自高自大，对人民态度骄傲，应多教育纠正。"又一会员说："原任村长李光春，自任职至今，对工作不负责任，并且是中农成份，应该调职。"因此在大会选举时，选举了"三把刀子"的新领导人选，通过了主席王元坤、村长蒋兴太、武装队长唐仲良（贫农），当时新任村长蒋兴太向大会提出保证说："群众要找我出来为大家作勤务员，我很高兴的，我坚决把土改工作搞好，打垮地主阶级，为翻身事业而努力，决不贪污腐化，来答谢大家对我的愿望。"经过此次整理后，贫雇农民反响热烈，女武装队员李华秀说："这下把我们穷人的刀把子选好了，我们不怕冰天雪地，打双草鞋，包起两匹棕子，不怕冷不怕饿，要与地主阶级作无情的斗争，坚决把它打垮掉。"农协会员秦国易说："这些人是我们睁起眼睛选出来的，绝对是为我们穷人办事的。"② 通过整顿组织，不仅实现了贫雇农当权的目标，而且强化了他们对于新政权的认同

---

① 《总团部关于胜利庆贺新年结合三项工作的指示》（1951年12月29日），载通江土改工作团总团部编印：《通江土改简报》1951年第49号。
② 《烟溪三村开好了会员大会 健全了农协组织》（1952年1月22日），载通江土改工作团总团部编印：《通江土改简报》1952年第95号。

心理和工作积极性。

整顿组织开始后,在一些地方很快出现了矫枉过正的现象,因通江县主要领导干部来自山西晋绥分局,当年晋绥区土改整党时对整个乡村党组织采取了不信任态度并组织贫农团向原村干部进行斗争,造成了乡村秩序的混乱。事实证明,以原晋绥干部为主的通江县委在这次整顿组织中吸取了当年的教训,纠正了一些工作队完全踢开乡村政权的做法。针对这种现象,时任通南巴工委书记的龙鸣指示各地:

> 我们没有理由把原有组织基础完全加以否定,甚至一脚踢开。应该是在依靠原有组织基础上有计划的进行整顿,对原有组织中混进来的地主、富农、狗腿、流氓、烟鬼应有策略的进行分别处理,对原有组织中成份好,在工作上思想作风上多少有些毛病或犯过错误的干部要加以说服教育,改正缺点,肯定以往的成绩,要将他们吸引到运动中来。这是我们的基本方法,不能错误地一概认为是组织不纯,原因是通江山大人稀,我们不会辩证地处理这个问题,运用这批力量,必会形成顾此失彼,手忙脚乱。①

与当年晋绥区土改时的组织整顿迥然不同,上级党组织还是对经过减租、退押运动后的乡村干部基本持信任态度的,只是需要进行局部淘汰和领导层的调整。为此,通江县委要求工作队"不能过分相信或不完全相信原有干部与积极分子,因两者都是不妥善的",反对采取"大换班"的做法。而根据不同的对象采取不同的方法:对被认定为"组织不纯的坏分子",如地主富农及二流子等,则"坚决清洗出去";对中农占优势的乡村政权,除"农会主席、村

---

① 《龙团长给各级领导和研究员同志的一封重要信》(1951年12月7日),载通江土改工作团总团部编印:《通江土改简报》1951年第10号。

长、武装队长一定要贫雇农"外，原则上采取中农不动，主要是增加贫雇农干部，通过后者的数量优势来达到相应的比例。①

除中农以外，这场组织整顿需要触及的还有一些掌权后出现不法行为的贫雇农干部。工作队召开会议，运用民众的力量促使这些人主动检讨自己的错误。在云昙乡一村的整顿组织检讨会上，在工作队的动员下，村农协主席、村长首先检讨，主席向开元坦白了"过去自己不想自己的老婆，光搞别人的老婆，认识了自己过去不劳动"的思想，小组长向元仁亦向他提了很多意见，经过大会意见，决定撤换该主席的职务并给予出路，"使他不敢不愿作坏事，而积极立功"。② 事实上，工作队为了减少这些人撤职后对于土改的阻力，往往会采取一种更为柔性的办法，即为其复职留有余地，使他们仍对政治前途存在希望，不致一味顽固抵制土改乃至为新干部的工作设置障碍。在三溪乡，该乡小组长以上干部共 174 人，其中中农占 2/3，而且"地主富农兵痞流氓参加了农协"，副乡长为富农。工作队下乡后大力发展积极分子，确立了"小领袖"，共清洗了干部与农会会员 74 人，然后召集大会，检查工作提出意见，说明被清洗原因，使被清洗的人知道其错误，使其"立功赎罪，是有前途的，使他们心中无顾虑"。③ 在东山乡，农协会员杜兴云尽管因腐化被清洗，他表示"还是要老老实实的斗争地主"。为了给这些人留有余地，工作队还主动对他们犯错误的原因进行了总结，即"将他们的错误全部推到旧社会上，使他们情绪安定"，例如四村被撤换的组长赵南云说："大家与我提的意见，我很高兴，使我

---

① 《第二中队三期土改第一步工作计划》（1951 年 11 月 21 日），通江县档案馆藏减租工作团档案，档案号 52/1/18。
② 《铁佛区整顿组织情况》（1951 年 12 月 9 日），通江县档案馆藏减租工作团档案，档案号 52/1/68。
③ 《三溪乡报告组织情况》（1951 年 12 月），通江县档案馆藏减租工作团档案，档案号 52/1/68。

改造成一个好人。"① 这种做法可谓一举数得：撤换旧干部，教育其他干部，提拔新干部，还使三者同时仇恨"旧社会"，认同"新社会"。

表 3-5 是通江县此次组织整理的数据统计：

表 3-5 整顿组织前后通江县农协会员统计（1952 年 2 月）

农会	总数	贫雇农	比例	中农	比例	地富	比例	其他	比例
整顿前	84498	63957	75.6%	17564	20.8%	738	0.9%	2239	2.7%
整顿后	93021	71380	76.8%	20590	22.1%	—		1051	1.1%

资料来源：《通江县整顿组织初步总结报告》（1952 年 2 月 15 日），通江县档案馆藏减租工作团档案，档案号 52/1/39。

首先我们来看农协会员统计情况。正如表 3-5 所示，较之减租、退押结束时，会员总数有明显的上升。同时，在成份比例上也出现了差异：贫雇农、中农比例与数量都有所上升；"地富"成份的会员已经从农协会中消失。可见，在此次组织整理中，农协会员的清洗对象主要是"地富"成份的群体，而中农并非此次运动触及的对象。

政权、农协、武装被称为乡村政权的"三把刀子"。根据表 3-6 对乡、村、组干部②的比例统计，"地富"成份的干部被彻底清洗出局；贫雇农在乡长、村长、组长的比例均有较大幅度上升，且乡长的上升幅度最大，近 30%；值得注意的是，与原计划的"农会主席、村长、武装队长一定要贫雇农"不同，③无论是乡长还是村

---

① 《东山乡整顿组织的情况》（1951 年 12 月 10 日），通江县档案馆藏减租工作团档案，档案号 52/1/68。

② 根据制度设计，除乡一级是正式的国家政权外，村、组都不属于严格意义上的国家范畴，但因村、组长对于农民的生产生活较之前者影响更大，因为村组的相关统计也被纳入一并分析。

③ 《第二中队三期土改第一步工作计划》（1951 年 11 月 21 日），通江县档案馆藏减租工作团档案，档案号 52/1/18。

长,中农的比例较之整顿前不仅没有退出领导层,反而均有一定的上升。农协、武装队的负责人也同样如此。具体见表3-7、表3-8:

表3-6 整顿组织前通江县乡、村、组干部统计(1952年2月)

政权		总数	贫雇农	比例	中农	比例	地富	比例	其他	比例
整顿前	乡长	53	20	37.7%	18	34%	2	3.8%	13	24.5%
	村长	470	210	44.7%	112	23.7%	32	7%	116	24.6%
	组长	3644	2027	55.6%	1027	28.2%	81	2.2%	509	14%
整顿后	乡长	65	39	60%	23	35.2%	—	—	3	4.77%
	村长	529	355	67.1%	148	28%	—	—	26	4.9%
	组长	3997	2675	66.9%	1278	31.97%	—	—	441	1.11%

资料来源:《通江县整顿组织初步总结报告》(1952年2月15日),通江县档案馆藏减租工作团档案,档案号52/1/39。

表3-7 整顿组织前通江县乡以下农协领导变化统计(1952年2月)

农协		总数	贫雇	比例	中农	比例	地富	比例	其他	比例
整顿前	乡主席	63	23	36.5%	15	23.8%	10	15.9%	15	23.8%
	村主席	534	276	51.6%	106	20%	24	4.4%	128	24%
	组长	3132	2256	72.5%	653	20.6%	22	0.7%	201	6.4%
整顿后	乡主席	56	36	64.2%	17	30.3%	—	—	3	5.5%
	村主席	631	457	72.4%	153	24.4%	—	—	21	3.2%
	组长	3458	2680	74.6%	755	21.8%	—	—	23	3.6%

资料来源:《通江县整顿组织初步总结报告》(1952年2月15日),通江县档案馆减租工作团档案,档案号52/1/39。

表3-8 整顿组织前后通江县乡以下武装队长变化统计（1952年2月）

武装队		总数	贫雇	比例	中农	比例	地富	比例	其他	比例
整顿前	中队长	58	30	51.7%	14	24.6%	1	1.3%	13	22.4%
	分队长	772	437	56.6%	212	27.5%	12	1.5%	111	14.4%
	小队长	875	522	59.6%	217	24.8%	25	2.9%	111	12.7%
整顿后	中队长	58	43	74.3%	13	22.4%	—		2	3.45%
	分队长	866	542	62.5%	311	35.9%	—		13	1.59%
	小队长	1054	739	70.1%	307	29.1%	—		8	0.8%

资料来源：《通江县整顿组织初步总结报告》（1952年2月15日），通江县档案馆藏减租工作团档案，档案号52/1/39。

经过分析"三把刀子"整顿前后的数据统计，可以发现一个有意思的现象，尽管中共中央乃至西南局明确要求中农在领导层的比例不得超过1/3，但在实际操作层面，往往难以严格执行。来自通江县的数据表明，中农在乡长、组长、乡农协主席和武装队分队长中的比例均超过了30%。可见，中农以其自身的优势，依旧在乡村政治舞台上发挥其影响。

1952年4月，通江县的土改基本宣告结束，它的完成标志着乡村土地制度实现了重大转变，即从地主土地所有制转向了农民土地所有制，国家通过向农民颁发土地证的形式将农民的地权合法化。但此后中国整个乡村的土地所有权又将发生巨大变化，而土改后开展的互助合作运动，就是这种地权嬗变之始。作为农民的乡村干部（主要是不脱产的村、组干部），他们有独自埋头耕作致富的希望，但又有率先投入互助合作的职责。面对这场席卷全国农村的互助合作浪潮，他们又该何去何从？

第三节 土改后乡村干部的思想教育

土地改革的完成，标志着农村中的地权再次分散，并由地主土地所有制变为农民土地所有制。但"土地革命和改革仅仅旨在解决农民的生存问题,只是改变农村社会制度,特别是土地制度,但并没有创建一套防止农村社会再度出现两极分化的机制,也没有创建一些使农村社会向工业化和城市化为标志的现代社会转变的机制"。① 换言之,土地占有的平均化与农村阶层结构的中农化乃至农民个体的原子化趋势,使得农村再次回到了小农经济的状态,两极分化的趋势并未得到消除。以马克思主义经典理论视之,这种状态反而成为了一种倒退。与此同时,以毛泽东为代表的中共领导人对待新民主主义革命的阶段性问题的态度也悄然发生变化,从1952年提出过渡时期总路线,到1954年将其写入《宪法》,已经"明确了中华人民共和国的成立标志着从新民主主义到社会主义过渡时期的开始,而不是原先认为的那样,在完成新民主主义革命之后要经过相当长时间的新民主主义的改革与建设,然后再采取步骤逐步过渡到社会主义"。② 既然1949年即是向社会主义社会过渡的开始,那么其在农村就体现在从互助合作逐步向集体经济的过渡。当然,需要说明的是,这种农村互助合作运动并非中共在1949年后的首创,而是抗战时期华北一些根据地做法的延续。③

但对习惯单独劳作的农民(包括不脱产的乡村干部)而言,实行互助合作乃至交出原本属于自己的土地,无疑是难以理解的,他们难免对此产生疑虑乃至抗拒心理。因此,打通乡村干部的思想关节,使他们发挥带头模范作用就显得至为关键。中共中央为此在新区农村发起了一场乡村干部教育运动,以推动互助合作运动的开展。

---

① 王春光:《中国农村社会变迁》,云南人民出版社1996年版,第11页。
② 薛暮桥:《薛暮桥回忆录》,天津人民出版社1996年版,第216页。
③ 参见左志远:《简论华北敌后根据地的互助合作运动》,载南开大学历史系中国近现代史教研室编:《中外学者论抗日根据地——南开大学第二届中国抗日根据地史国际学术讨论会论文集》,档案出版社1993年版,第377—386页。

一、土地私有制与集体化目标

新区土改完成,农民不仅分得了属于自己的土地,而且还收到了由政府颁发的土地证,土地自然就成为农民的私有财产。对此,广大农民是衷心拥护的。在通江县铁佛区,为了颁发土地证,特地举行了庄重的群众大会,该区下属各乡均于 23 日或 24 日召开全乡群众大会,"为了把发证的政治意义更提高一步",各乡还结合"镇反"运动进行。例如在麻石乡,23 日召开全乡大会,首先镇压了 4 名"罪大恶极的反革命份子",然后以村组为单位"唱号逐户颁发"了 2213 张土地证,同时焚毁了 2087 张旧田(地)契。尽管当天天气骤变,"午后巨风大雨",到会的千余名群众仍然"兴高采烈,欢喜若狂",大会在"颁发土地证,翻身有把凭""焚毁旧契约,挖断封建根""彻底镇压反革命,坚决加紧管制地主""抗美援朝鲜,打败美国狼,保卫祖国保卫好日子""永远跟着毛主席、共产党走,走到'社会主义社会'去"等高亢热烈的口号中结束。① 但这种将地权固化的形式,却与中共在农村倡导的集体主义经济目标渐行渐远。

土改导致地权分散,但中共却希望在农村中发展互助合作,走集体经济路线。这显然是一个各自成立却又互相矛盾的现象。事实上,土地改革"没有消除以土地私有为基础的传统的家际竞争,只不过为这场竞争划出了一条新的起跑线,从而使竞争在新的基础上开始"。② 既然是竞争,那么就有输有赢。由于农民之间存在耕作技术、疏懒勤惰等个体差异,土改后乡村中必定将产生新一轮的贫富分化:一些善于经营且颇为勤劳的农民(包括乡村干部),则抓住这个机会扩大生产,雇工放债,甚至投资手工业等,使自己的经

---

① 《通江铁佛区填发土地证工作总结》(1952 年 4 月 28 日),达州市档案馆藏达县地委办公室档案,档案号 19/1/58。

② 张乐天:《告别理想:人民公社制度研究》,东方出版中心 1998 年版,第 58 页。

济地位逐步提升；另外一些人则因经营能力较弱，兼之天灾人祸影响，不仅难以使自己家庭在经济上有所好转，而且被迫出售自己刚分得的土地。

诸如此类的现象，在先期完成土改的北方农村就已经出现。例如在山西省武乡，1948年、1949年间，6个村有139户变卖土地，其中有50户则是"疾病、死亡、灾难等原因，造成生活上的困难，被迫出卖土地"，有的将土地全部卖出，"出外流浪"，而且出现"土地已开始集中"的趋向。① 农村中出现的阶层再次分化现象，特别是一些党员雇工、放债等"剥削行为"。② 诸如此类的这些在农村土改后出现的"资本主义复活"的现象，引起了一些共产党人高度警惕，并产生了危机感。③

事实上，新区土改开始后，一些民主人士即对这种将分散地权的做法予以质疑，董时进还致函毛泽东，说明自己的顾虑，主要担心平分土地导致再次分化，以及土地不够耕种而减产。④ 针对董的担忧，中共中央的解决方案就是组织农民在农村开展互助合作乃至集体化。这不仅是为了实现社会主义的远景目标，亦是为了解决农村中出现的"资本主义发展趋向"的需要。因为他们相信，"无论机械化实现与否，大规模集体生产的方式都将会增加农业产量"。⑤

---

① 《山西省武乡农村考察报告——一九五〇年八月二十五日中共山西省委向中共中央华北局的报告》，史敬棠等编：《中国农业合作化运动史料》（下册），生活·读书·新知三联书店1959年版，第238页。

② 据河北曲周县3个村统计，在1950年雇工的19人中，党员即占9人；肥西县西彭固等4个村支书都雇佣了长工，西彭固村支书"雇着长工，自己去当砖窑经理，开会不到"；北口支部书记自己雇长工外，还去"糊纸车纸马"赚钱。史敬棠等编：《中国农业合作化运动史料》（下册），生活·读书·新知三联书店1959年版，第257页。

③ A. Doak Barnett, *Communist China: The Early Years* 1949—55, New York: Frederick A. Praeger, Publishers, 1964, p.174—175.

④ 《董时进致信毛泽东谈土改》，载《炎黄春秋》2011年第4期。

⑤ A. Doak Barnett, *Communist China: The Early Years* 1949—55, New York: Frederick A. Praeger, Publishers, 1964, p.175.

1951年4月,通江县的减租、退押运动正走向尾声,离完成土改更是尚需一年的时间。但远在北方的山西省委,于当月向华北局递交了一份名为《把老区互助组织提高一步》的报告,要求提高互助组,①并将其转向"更高级一些的形式",结果遭到了后者的严厉批评,山西省委被迫做了检讨。②但当毛泽东接到山西省委的报告后,表态支持山西省委,使此次争论发生戏剧性的扭转。③此次争论直接加快了中共中央在全国范围内推动互助合作运动的步伐。

1951年10月4日,东北局向中共中央递交关于在东北进行互助合作运动的报告,毛泽东将其转发给全国地委一级以上的干部,他在肯定这个报告的同时,要求"一切已经完成了土地改革任务的地区的党委都应研究这个问题,领导农民逐步地组成和发展各种以私有财产为基础的农业生产互助合作组织"。④12月15日,毛泽东审阅修改中共中央《关于农业生产合作的决议(草案)》时,在转发各地时要求"一切已经完成了土地改革的地区都要解释和实行的,请你们当成一件大事去做",他还特别强调,一些地方片面提倡"发家致富"是错误的。⑤在毛泽东的坚持下,原本对从初级合作社立即过渡到高级社持不同意见的刘少奇等中共其他领导人放弃

---

① 在互助合作运动中,农民被组织起来,并按照生产资料的自由支配程度分为互助组、初级社、高级社。互助组类似农村中传统习惯中的"换工",但互助组有暂时或常年两种,但在互助组中农民对自己生产资料,如耕牛、农具、土地等持有自主支配权,而到了高级社阶段,则是农民将自己的生产资料折合成资金入股,并由社里统一支配,农民名义上可以自由退股,但现实中往往会因干部的阻挠等难以退出。

② 叶扬兵:《中国农业合作化运动研究》,知识产权出版社2006年版,第191页。

③ 林蕴晖:《1950年代初关于是否允许农民劳动发财的争论》,载韩钢主编:《中国当代史研究第1辑》,九州出版社2009年版,第237-262页。

④ 中共中央文献研究室编:《毛泽东年谱(一九四九——九七六)》(第1卷),中央文献出版社2013年版,第406页。

⑤ 中共中央文献研究室编:《毛泽东年谱(一九四九——九七六)》(第1卷),中央文献出版社2013年版,第439、440页。此外,该草案在1953年2月被中共中央正式作为决议。参见《中央关于将"中央关于农业生产互助合作的决议草案"作为正式决议的通知》(1953年2月),载西南局编:《西南工作》1953年第151期。

了既有观点。1952年初,中共中央明确要求在老解放区在1953年前将80%的农村劳动力组织起来,而新解放区在1955年以内完成这一目标。① 由此,这场互助合作运动很快就在全国农村中发动起来,从1953年过渡时期总路线的提出,到1955年农业互助合作运动被推向高潮,最终完成了整个农村经济的集体化。②

在西南区,1951年6月,邓小平在西南局第六次会议上就对土改后个体农民经营土地存在的问题表示了忧虑:"农业经济由集中到分散,百分之六七十的新分得田地的贫雇农的生产资料极端缺乏,如不注意扶持,不但增产困难,且有减产危险。"③ 土地改革将农村相对集中的土地进行了重新分配,使土地呈现平均化分布的态势,但这种单纯解决土地占有的方式,并不能完全解决农村的发展问题,因为若农民将所有劳动力投放到分得的土地上,常常会导致因投入越多而收入递减的"边际效应"。显然,西南局也意识到了这个问题,即土改后最突出的问题就是"劳动力过剩与生产资料不足,和由于农业人口的集中而致每人所分田土面积较小的问题"。④ 西南局提出自己的解决方案,即在土改结束的地区,应注

---

① 《中央人民政府政务院关于一九五二年农业生产的决定》,载《人民日报》1952年2月27日。

② 李华玉(音译)认为,斯大林对于中国过渡时期政策的建议侧重实用与渐进性(pragmatic and moderate),正是由于他的去世,为毛泽东决定迅速进入社会主义社会扫除了一个阻碍因素。1953年3月斯大林去世,同年6月,毛泽东提出了过渡时期总路线并将其写入1954年《宪法》,在他的推动下,1955年的合作化运动达到高潮。他从时间以及毛泽东此后的一些言论推断,斯大林的去世是毛泽东决定加快向社会主义过渡的重要因素,以便在时间上超过斯大林时期的苏联。参见 Hua-yu Li, *Mao and the Economic Stalinization of China*, 1948—1953, Roman & Littlefield Publishers, Inc, 2006, p. 44, p. 61, p. 80。

③ 邓小平:《在中共中央西南局委员会第六次会议上的报告要点(1951年6月11日)》,载中共中央文献研究室等编:《邓小平西南工作文集》,重庆出版社2006年版,第384—385页。

④ 《深入检查总结土地改革,在胜利结束土地改革的基础上展开民主建政和教育农民的工作,做好一九五一年生产运动的一切准备》(1951年9月),载西南局编:《西南工作》1951年第66期。

意建立合作社,其好处在于:"为了连接城乡,进一步地改善农民的经济地位;为了增强社会主义经济成分的领导地位,减少私营工商业对于农民的中间剥削;同时也为了吸收农民的果实,使之用于有利的方向,引导农民走向集体主义,合作社就是解决这些问题的最重要的环节",为此得到了中共中央的批准并将其转发全国。① 同时,西南局还将农村中出现的一些小商品经济现象,定性为"站在资本主义和社会主义十字路口的经济"。② 这种"敌我"判断一旦形成,无疑将大大加快西南局在农村开展互助合作运动的步伐。

实际上,西南区在第一期土改结束后,就陆续组织农民参加互助组,但一些地方干部工作方式僵化,甚至对农民采取军事化管理:"有的村规定吹牛角或敲钟为号,集体起床干活路(即做农活——笔者注)、吃饭、休息。"在组织互助组方面,"不问自愿与否,以挨门登记进行编组,既不计工也不记账"。③ 这些现象的出现,都使农民的积极性大打折扣,导致很多互助组名存实亡。为了在西南区进一步推动互助合作运动,1952年11月,西南局制订了农业互助合作运动的五年计划,导致在1953年将农村中40%的劳动力组织起来,其中20%应为常年互助组。为此,中共中央认为西南区当前应该"大量发展临时的、季节的互助组",即便在东北、华北地区,常年互助组也不过占劳动力的30%左右,因而认为西南

---

① 《中共中央关于肯定邓小平在中央局委员会上的报告要点给西南局的复电》(1951年7月14日),载中央档案馆等编:《中共中央文件选集(一九四九年十月——九六六年五月)》(第6册),人民出版社2013年版,第320页。

② 《严重的问题在于教育农民》(1951年9月——笔者判定),载西南局编:《西南工作》1951年第64期。

③ 《中共中央西南局关于五月份农村生产情况的报告》(1951年6月9日),载中共中央西南局农村工作部编:《西南区土地改革运动资料汇编》(下册),1954年自版发行,第402页。

区制订的20%计划"似略为多了一点"。① 尽管中共中央认为这个20%的数字偏高，但西南区一些地方仍然坚持这个数字。1953年1月新成立四川省。② 在政府委员会第一次全体会议上，省主席李井泉就在报告中要求在1953年全省50%的劳动力组织起来，而常年互助的人数应在其中占20%。③ 可见，西南区的互助合作运动积极性比当时的中共中央还高涨。④

事实上，土改后农村这种商品经济形式的出现，对于沟通城乡物资交流、活跃市场，以及释放土地上的剩余劳动力等，均是有利的。但在毛泽东等中共中央领导人看来，这种现象却导致了"剥削"在农村中的复归，将使农村经济走向资本主义，而非社会主义。因此，必须要阻止这种发展势头并加快推进农业合作化，使农村尽快迈入社会主义。要实现这一目标，中共首先需要对乡村干部进行思想训练，使他们在农村中发挥带头作用。但乡村干部大都是未脱产的农民，他们也有追逐利益的个体需求，因此土改一结束，他们中的很多人便开始积极生产，开展多种经营。不少人也走上了"雇工""剥削"之路。例如在川北达县，据第二区不完全统计，在126名乡村干部中存在不同程度的剥削思想的有"百分之五十"，其中"个别的还有严重的剥削行为"，如大风乡财粮干事杨大佩1951年将一副碗借出，收到"一石老谷子"，然后以"大二分利息

---

① 《中共中央批转西南区农业生产互助合作的五年计划草案》（1952年11月19日），载中央档案馆等编：《中共中央文件选集（一九四九年十月——一九六六年五月）》（第10册），人民出版社2013年版，第271、275页。

② 1952年底，原川北、川东、川西、川南四个行署撤销合并为新的四川省，省委第一书记兼政府主席为原中共晋绥分局书记、川西区党委第一书记李井泉。

③ 李井泉：《关于四个月来的工作情况及今后工作任务的报告》（1953年1月5日），载西南军政委员会办公厅编：《西南政报》1953年第28期。

④ 1952年12月，宋任穷在西南区农村工作会议上报告了西南互助合作运动的情况后，认为"我们西南工作的进度是比老区快的，而且很快"，可见土改结束后西南区在互助合作运动的积极性。宋任穷：《关于目前西南区农村工作的几点意见》（1952年12月4日），载西南局编：《西南工作》1952年第135期。

放了出去", 同时在大风某铁厂入股, "今年分红五十万", 还在"某瓦厂也搭了一股", 月分红6万元。1952年3月, 他在开江县从事锡铁贸易, "赚了一百多万", 最后竟"不愿工作"准备去西安做生意。① 因此, 若不转换乡村干部思想, 是无法使他们率先投入到互助合作运动中并发挥示范作用的。

通江县于1952年4月才结束土改, 此时中共中央已经在全国发起了互助合作运动, 因此该县农村中的"资本主义因素"还未来得及出现, 即被卷入了互助合作运动的浪潮之中。此时分到土地的通江乡村干部, 他们的心态则主要体现为"换班", 即产生了退出心理。

二、"换班": 土改后的通江乡村干部心态

土地改革大大激发了农民的生产积极性。据1952年5月川北区对苍溪等7个县的统计, 土改过程中农民热情高涨, "新修培修的塘堰一万三千余座, 植树六百余万株", 且在防旱抗旱斗争的基础上, 积极"开展春耕生产和爱国增产节约运动"。② 农民在得到土地后, 迅速开始埋头生产, 打理自己分得的土地。但作为他们中的一个特殊群体, 此时的乡村干部却面临一个颇为踌躇的问题: "如果他们正直无私, 热心公事, 则尤其难以大幅改善自己家庭的生活, 反而很可能过着比一般农民要差的生活。因为一般农民可以全心全力改善自己的生活, 他们则很少有余力照顾自己的家庭。"③ 因各村、组干部大都不脱产, 亦不属于国家政府工作人员范畴, 所以没有固定的收入, 或者仅有一点微薄的生活补贴, 而生活来源仍

---

① 《达县地委组织部向省委组织部关于整党建党的汇报》(1952年11月21日), 达州市达川区档案馆藏达县县委组织部档案, 档案号17/1/29。

② 川北行署土改委员会:《川北区第三期土地改革运动基本总结》(1952年5月20日), 达州市档案馆藏达县地委办公室档案, 档案号19/1/22。

③ 陈永发:《中国共产革命七十年(修订本)》(下册), 联经出版公司1998年版, 第586页。

然主要仰赖其劳作。土改结束后，大家都分到了田地，这些乡村干部却仍然要为各种运动奔忙，既耽误劳动，又要担责，自然激发了他们的消极情绪。简而言之，他们一方面作为小生产者需要追求自身的利益，另一方面作为乡村干部，对于上级各种工作任务和安排，均使他们想从繁重的政治任务中脱身。①

农民的政治心理具有二元的倾向，保守是其常态，但在某些情况下亦能转向激进。这种心理转换主要有两个动力：利益与外力的推动。"土地改革运动中农民的激进心理是以利益的获得为重要前提的，一旦目的达到，这一心理就会随之弱化。"② 在川北蓬溪县天台村召开村民大会宣传征粮时，打了半天钟，"只来一个人"，农民还揶揄道："哪怕你钟儿敲得响叮当，我们的生产忙又忙！"③ 农民是如此，作为农民一部分的乡村干部更是如此。因他们担任干部需要承担更多的工作任务和付出更多的辛勤劳动，所以较之农民他们对于运动的退出心理往往更为强烈。

事实上，川北第一期土改刚结束，一些分到土地的干部就产生了消极懈怠念头，具体表现为"干部不想当了"。④ 这类基层干部中的思想问题，当时曾被西南区总结上升为一种思想类型，即"鄢斯云思想"。鄢斯云，川北区南充县人，贫苦农民出身，因在征粮、土改中表现积极而先后被提拔为乡农会主席、乡长，土改后他觉得自己文化层次低且当干部耽误生产就自行离职回家种地。⑤ 鄢由此

---

① Thomas P. Bernstein, *Problems of Village Leadership after Land Reform*, The China Quarterly, No. 36, 1968, p. 1.
② 李立志：《变迁与建设：1949—1956年的中国社会》，江西人民出版社2002年版，第237页。
③ 《川北区乡村干部训练班初步总结》（1951年11月），载中共川北区党委办公厅编印：《〈川北工作〉主要材料汇集》（二），1952年自版发行，第199页。
④ 《川北区土改时期开展的"鄢斯云思想"讨论》，载政协四川省南充市委员会文史资料委员会编：《南充史志》1986年第2期，第21页。
⑤ 鄢斯云口述，王积厚等整理，《"鄢斯云思想讨论"对我的教育》，载《南充市文史资料——胡耀邦与川北区工作回忆》1994年第2辑。

也成为西南干部中家喻户晓的人物。① 鄷斯云的想法代表了很多川北乡村干部的思想动态。据统计,川北区存在换班思想的干部竟"占整个乡村干部百分之五十左右"。② 这种情况在个别地区更为突出。在达县,区乡干部换班思想很严重。东北乡18个村干部中要求换班竟达15个,南外乡18个村干部中未提出换班要求的仅有4个,磐石乡七村农协主席在当选后,"他的妻子坚决阻止他就职,否则就要去吊颈";西外乡六组王善钱被选为抗美援朝小组长后,竟"坐在家里哭"。据该县调查,换班思想一般表现得最严重的是"居民小组长、村长、村农协主席,特别是小组长尤其厉害"。③ 因为川北区村长、村农协主席每月有100斤大米的工作津贴,故担任小组长的乡村干部产生的退出心理更为严重。

这种现象在通江县同样存在。在土改后期阶段,一些乡村干部分到了土地,因土改而产生的激励机制逐渐失去效用,他们开始产生松懈情绪:有的人"认为长期工作太厌烦,想回自家生产,享安乐";有的就认为"分配工作结束了,可以松懈一下,休息休息"。例如永安乡六村农会主任王尧仁说:"我搞了这么久的工作,家里有九个娃儿,庄稼没有人做,分配结束,找二一个(方言,即别人。——引者注)来干几天。"④ 东山乡一村村长赵有义说:"田土果实已分配完,家里没人做庄稼,村长一人(方言,即每人。——引

---

① 关于川北区对于"鄷斯云思想"的讨论,参见何志明:《农村互助合作的发动与乡村干部教育——以川北达县为考察中心(1951—1952)》,载《当代中国史研究》2014年第5期。
② 《川北区党委十一月份向西南局的综合报告》(1952年12月11日),四川省档案馆藏川北区党委档案,档案号建北1/02。
③ 《政治思想教育工作作得不够,达县不少乡村干部产生换班思想》,载《川北日报》1951年11月20日。
④ 《龙团长在总团办公室会议上对目前加强乡村干部政治思想教育的重要指示》(1952年3月10日),载通江土改工作团总团部编印:《通江土改简报》1953年第162号。

者注）当两天，我们坚决不干！"① 总的说来，乡村干部"换班"思想的源于以下几个方面。

第一，过度强调乡村干部的奉献与牺牲，忽视了他们的个体利益。在土改中，村干部在分配土改果实时常常被要求带头少分，他们感到自己的利益受到了损害。在通江县仁和乡，六村农协主席王甫国说："果实又分不到，我真是在陪太子读书，我不干！"武装队员也因分配果实不满意，"要把枪交下回家生产"。一些人甚至发牢骚："干部好当，处处带头很老火，在村上作工作，回家去吃饭，吃了自己饭，做了公家事，两头受了气，落不了个好名誉。"洪口三村青年委员王芹体（烈属），他自己为了带头，不但没有得到照顾，而且与其他人分田相差太远。该村"每人平均分田四二背（"背"为当地一种土地面积的量词），产量三二七斤，但他家里每人只分到三背，产量二一二斤"，结果"只看当时满意高兴，而过后就后悔"。② 新场乡一个村长说："当干部就要带头，要带头就要吃亏，还不如就当个群众，又不忙又不累，还可分得好东西。"③

第二，工作任务繁重，兼之乡村政权不健全，严重影响了乡村干部的家庭生产与生活。正如前文所言，"开会"是国家识别与提拔干部的重要方式，也是乡村干部参与决策的有效途径。但土改后的乡村政权设置不合理，使乡村干部每月需要耗费大量的时间参加各种会议，严重影响他们的正常工作与生产，"开会"成了他们的一种负担。在村一级，机构设置叠床架屋，包括政权、农会、自卫

---

① 《健全三把刀子，避免"人走工作走"现象发生，要抓紧最后时机，加强乡村干部政治思想教育巩固土改胜利》（1952 年 3 月 18 日），载通江土改工作团总团部编印：《通江土改简报》1952 年第 174 号。

② 《龙团长在总团办公室会议上对目前加强乡村干部政治思想教育的重要指示》（1952 年 3 月 10 日），载通江土改工作团总团部编印：《通江土改简报》1953 年第 162 号。

③ 《通江土改工作团第四分团第六步复查工作总结》（1952 年 3 月 25 日），通江县档案馆藏减租工作团档案，档案号 52/1/61。

队、抗美援朝、文教、优抚、妇女、治安、青年团,"各地称呼也不一致,有的委员都设正副职"。① 机构多带来的就是会议多。正如时任川北区党委第二书记赵林所言:"农村中的一套组织还没正规化,使乡村干部很为难。刚提起来,还没有一套办法,一个干部十天开了三十八次会,什么时候事情都集中在几个人身上,没推动整个组织机构去做。因此,这几个人担子就太重了,就想换班休息一下。"② 通江县药洪乡五村武装队长徐中礼回家吃饭时,因工作多耽误自家生产而被媳妇大骂,两人在激烈争吵后,他就"回到村上缴枪不干"。③ 可见,他们因为参加过多会议,直接耽误家中生产生活,引发了家庭矛盾。

第三,缺乏健全且稳定的乡村干部任用机制,使他们始终处于职务危机中。在运动式治理下,乡村干部群体始终处于动态变化之中,他们中的一些人因各种原因被淘汰出局,这些人的遭遇引起了在任干部的职务焦虑。乡村中甚至谣传"干部三月一换"。④ 为此,某地主讽刺一名乡村干部:"不管你多积极,将来土改整顿,你还要被斗争,舔屁股也舔不上。"⑤ 一些村干部认为自己"年老,文化程度低,不会写东西","将来在建政的时候也要选掉回家生产","上台巴掌鼓上去,下台脚尖踢下来",如此一来,"这样当

---

① 《中共川北区党委关于农村基层组织与工作情况的报告》(1951年9月4日),载中共中央西南局农村工作部编:《西南区土地改革资料汇编》(下册),1954年自版发行,第812页。
② 赵林:《加强对农民的政治思想教育工作》(1951年8月8日),载中共川北区党委办公厅编印:《〈川北工作〉主要材料汇集》(二),1952年自版发行,第150页。
③ 《龙团长在总团办公室会议上对目前加强乡村干部政治思想教育的重要指示》(1952年3月10日),载通江土改工作团总团部编印:《通江土改简报》1953年第162号。
④ 丁耿林:《南充县土改后的农村情况与教育干部的几个问题》(1951年8月5日),载中共川北区党委政策研究室编印:《川北工作》1951年第56期。
⑤ 《川北达县专区土改初期发动群众和整顿农协的几点经验》,载西南军政委员会土改委员会编:《土改简报》1952年第13期。

了个乡村干部也无好下场"。①

在通江县药洪乡,该地乡村干部"换班"思想表现得尤其明显。四村村长高化玉说,当干部是"吃自己的饭,办别人的事,顶起对窝(当地一种用来舂米的石器。——引者注)耍狮子,费力不讨好"。妇女委员吴茂珍称:"乡上没有我的米,情愿回家生产"。副村长苟元中思想有顾虑,怕犯错误,下台不好看,他说:"我不干这个名堂,情愿回去做庄稼。"有些年纪大工作能力弱的怕搞不好,如七村农协主席向洪贵说:"我四五十岁了,又不识字,把这个工作搞不下来,担心搞错,我还是回去(做)活路(方言,即干活。——引者注)好些。"② 龙凤九村农会主席岳文斗说:"我从减租起就积极干工作,等到土改后就回家生产了,让别人来干。"③

资料显示,通江县乡村干部的这些心态在整个新区农村具有普遍性。例如在湖南,一些乡村干部土改后分得了土地房屋等,"娶了媳妇,生了儿子",便"不愿再做工作",要求回家"埋头生产""发家致富"。④ 农协是主持土地改革的重要机构,但土改完成后,农协自身的使命也宣告结束。据西北局调查,在西北一些地方农协逐步流于形式,农协干部的积极性随之下降,"在土改后几个月内,没有或很少开过会,会员也觉得没人过问农会了,大概农会吃不开了,也不积极为农会工作了"。⑤ 土改结束后农会逐渐失去了自身

---

① 《龙团长在总团办公室会议上对目前加强乡村干部政治思想教育的重要指示》(1952年3月10日),载通江土改工作团总团部编印:《通江土改简报》1953年第162号。

② 《药洪乡村干部展开"鄹斯云思想"讨论的收效》(1952年1月18日),载通江土改工作团总团部编印:《通江土改简报》1952年第80号。

③ 《贯彻总团部在土改中认真培养乡村干部的指示》,载通江县土改工作团第二分团部编:《土改通报》1952年第8号。

④ 王首道:《批判李四喜思想,加强干部思想教育》,载《人民日报》1951年9月25日。

⑤ 刘庚:《加强去冬今春土改区的农会工作》,载中共中央西北局编:《党内通讯》1952年第102期。

存在的价值，固然有干部从事农会工作积极性降低的因素，但更重要的应该是乡村干部们分得了土地，不愿再在政治事务上花费过多的时间，而希望将更多的时间投放在自己分得的一亩三分地里。因为"我们翻了身，还不如地主的生产搞得好"局面的出现，更令他们不能接受。

在理想与现实面前，这些乡村干部在工作中的进退失据可以用当时在川北南充县流传的一句话来形容："当干部好比作媳妇，起的迟了得罪公婆，起的早了得罪丈夫，做了工作误了生产，搞了生产误了工作，两头受气。"① 这种尴尬的处境自然严重影响到了他们的工作积极性，以致一个村农协主席愤言："我愿当人家的儿子，也不当干部。"② 简单来说，导致乡村干部产生退出心态的原因主要可以分为以下三类："领导上批评""群众提意见"和"家里人埋怨"。③ 此时的乡村干部大都是出于一种朴素的服务精神，若非要说有一种优势，那么可能也就是担任干部后产生的一种心理优势和荣誉感。④

土改后各地乡村干部出现的"换班"思想引起了川北各地的高度重视。时任南充县委书记的丁耿林甚至断言："'换班'思想是当前农村干部主要的思想问题，如不及时有效地扭转与克服，不仅不能巩固与发展我们在农村中既得的胜利，且会造成更严重的恶果。"⑤ 在通江县土改结束后，全国性的互助合作运动很快席卷而

---

① 丁耿林：《南充县土改后的农村情况与教育干部的几个问题》（1951年8月5日），载中共川北区党委政策研究室编印：《川北工作》1951年第56期。
② 《南充县土改后三期乡村干部训练班的综合报告》，载中共川北区党委办公室编印：《重要通报》1951年第14号。
③ 《关于开展鄢斯云思想讨论的总结》，载《新华日报》（重庆）1952年1月4日。
④ 村、组干部不是国家公务人员，仍然是不脱产干部。川北区的村干部每月有一定的补贴，而组一级的干部则没有，后者的生活压力更大。
⑤ 丁耿林：《南充县土改后的农村情况与教育干部的几个问题》（1951年8月5日），载中共川北区党委政策研究室编印：《川北工作》1951年第56期。

至，原本刚发到农民手中的土地随即被逐步抽离，"社会主义""共产主义"之类的名词，对通江县广大农民而言是陌生的，因此对于互助合作运动往往难以理解。可见，要在这场运动中促使农民逐步参加常年互助组、初级社乃至高级社，并非想象得那么简单。事实上，互助合作运动在短短几年内就完成了，与新政权对于乡村干部的教育有很大的关系。但问题是，土改后的乡村干部却在这个当口产生了"换班""松劲"念头，为此，新政权需要首先对这部分人群展开思想规训，以便他们领导互助合作深入开展。

三、思想规训中的社会主义远景教育

土改后新区乡村干部中出现的这种"换班"思想，在西南一些地方已经出现。在第一期土改结束后，一些乡村干部就已产生了退出心理。这类现象引起了西南局的重视。1951 年 9 月，西南局在给中共中央的一份报告中称，土改后"有些农民干部和积极分子，在分田之后产生了满足好换班的思想"，并计划针对已土改区的乡村干部进行思想教育。① 为了更好地达到教育目的，西南局及川北区党委决定首先解决乡村干部工作任务繁重和职务任免随意的问题。

乡村政权是伴随着土改的结束而建立起来的，因当时划乡建政尚未全面展开，以致很多机构设置不合理，出现干部兼职过多的现象。为此，西南局要求减少或合并一些"不必要的，过时的，或性质相类似的"组织。同时，"认真培养乡村干部，大胆放手使用，在各种工作中给以具体帮助，在群众中提高威信，培养独立工作和领导的能力，进行恰当及时的批评表扬"，通过这种正面激励的方式，提高他们的工作积极性。此外，西南局还严格规范乡村干部任免制度，"乡村干部的改选和撤换必须经（过）严格批准手续，不

---

① 《邓小平同志关于西南区七、八月份工作情况向毛主席的综合报告》（1951 年 9 月 10 日），载中共中央西南局农村工作部编：《西南区土地改革运动资料汇编》（下册），1954 年自版发行，第 423 页。

能随便撤销选举,更不能随意斗争。对应撤销的份子也应分清性质,在群众同意的基础上进行"。① 川北区除精简乡村政权机构、建立集中领导和分工制度外,为提高乡村干部的工作积极性,还特别为村代表主任(相当于村长)和农会主席发放大米 100 斤作为津贴。在乡村干部任免方面,要求"乡村干部的改选或撤换必须经过严格的批准手续。各系统主要干部应经过超一级的批准,次要干部经上一级批准,不能随便通过群众大会改选或撤换"。② 川北区希望通过这些设计,为消除乡村干部的"换班"思想提供制度保障。

  这些措施都是针对乡村干部产生"换班"思想的制度性因素而设,而对乡村干部本身的思想教育却并未涉及。他们土改后出现的松懈情绪,不仅有以上原因,还在于他们对下一个工作目标的模糊认识,将工作目标转向埋头生产,而不愿再继续从事乡村工作。因此,针对土改后乡村干部本身的思想教育就显得尤为重要。西南局认为,土改后农村中之所以会出现农民"重视生产忽视政治"和乡村干部"怕影响生产而要求不干"的现象,除工作中存在的形式主义、开会无准备和"政权建设尚未系统"等原因外,还和"过去对农民缺乏系统的教育"存在紧密联系,要求土改后要加强对农民的教育,提出土改后的三大任务:"生产、建政、文化教育。"为此,西南局坦言,这三个任务"比土地改革中的问题更复杂"。③ 总地说来,西南区针对乡村干部的"换班思想",主要采取对他们进行社会主义远景教育的措施,使乡村干部在即将开展的互助合作运动中发挥带头示范作用。同时,将这种换班思想命名为"鄢斯云

---

① 张家骐:《加强农民政治教育整顿和健全乡村基层组织》,载西南军政委员会土改委员会编:《土改简报》1951 年第 4 期。
② 《中共川北区党委关于农村基层组织与工作情况的报告》(1951 年 9 月 4 日),载中共中央西南局农村工作部编:《西南区土地改革资料汇编》(下册),1954 年自版发行,第 813—814 页。
③ 《严重的问题在于教育农民》(1951 年 9 月——笔者判定),载西南局编:《西南工作》第 1951 年 64 期。

思想"并在《新华日报》上开辟"开展对'鄡斯云思想'的讨论"的专栏，刊登各地对于纠正乡村干部这种思想倾向的经验报道。①

1951年10月14日，东北局报告中共中央，提出开展互助合作运动的具体方法，建议"训练积极分子，推广经验，提高觉悟"，并得到中共中央的认可并将其转发全国。②东北局在这里提出的"训练积极分子""提高觉悟"，其对象即为广大的乡村干部。农村在土改后转入互助合作乃至集体化运动，实则蕴含了从农民土地所有制转向集体所有制的重大嬗变。这个突如其来的变化对农民而言无疑是难以理解的，要推动合作化运动的顺利进行，乡村干部自然起着至关重要的作用。对此，西南局发出号召，对广大乡村干部提出新任务："我们今后农村工作主要的任务是在于如何进一步发挥农民从土地改革运动技术上发展的生产积极性创造性，如何进一步把西南广大的农民组织到农业生产互助合作运动中来。"③针对乡村干部存在的"换班"及"剥削"思想，西南区各地在迅速展开讨论的同时，西南局还发出指示，要求各地要"大量开办农村积极分子训练班"，以"进一步提高他们的政治觉悟"。④因而，开办"训练班"就成为党对乡村干部群体进行思想教育的主要方式。

据川北区报告，各县在举办训练班调查后发现，这些干部之所以不想干了，"大多数是因为看不见前途，被环境影响及实际困难所压服失去信心"，因此，训练班采取的方式是"想想过去，比比现在，看看将来"，主要经过以下几个阶段：第一个阶段是"开始

---

① 参见1951年底至1952年初的《新华日报》（重庆）。

② 毛泽东：《关于转发东北农村生产合作互助运动报告的批语》（1951年10月17日），载中共中央文献研究室编：《建国以来毛泽东文稿》（第2册），中共中央文献出版社1996年版，第478页。

③ 张际春：《把农民在土地改革基础上发展起来的生产积极性广泛的组织到互助合作运动中来》（1952年9月28日），《西南区土地改革运动资料汇编》（下册），1954年自版发行，第988页。

④ 邓小平：《结合实际情况做好各项主要工作》（1951年11月17日），载《邓小平西南工作文集》，重庆出版社2006年版，第458页。

经过总结工作,肯定成绩,领导上检讨,表扬模范,提高信心。同时用具体事例指出:现在地主、特务还在继续破坏,美帝国主义还在攻打朝鲜侵占台湾,胜利还需巩固";第二个阶段则是"共产主义与共产党的教育。用苏联具体事实说明将来到社会主义社会愉快的生活,用中共奋斗史、土改斗争经验、增产救灾的经验,参观工厂等办法,来指出实行社会主义所必须的努力与信念"。①同时,采取以下几种形式:"一是由各县县委书记亲自讲解共产主义的远景和共产党的艰苦斗争历史;二是区党委宣传部派出一批干部随赴京观礼之烈军属代表,返回各县作观礼传达报告时,结合讲解共产主义和共产党;三是组织农民代表到重庆南充等地参观工厂,回去后作传达报告,结合讲解共产主义和共产党;四是用苏联电影和图报展览,来介绍苏联社会主义的伟大建设,来说明社会主义共产主义的幸福远景。"经过教育,乡村干部们对社会主义的未来有了更为形象的认识,他们纷纷表示:"将来还有这样好的社会,你们如果早讲了,那就不会想换班了""共产党干了这么多年,受了那样大的苦,都没有想要换班,我们才干几天,这苦还算什么"。②

在通江县,土改尚未完全结束,一些地方的乡村干部就已经出现了"换班"思想。据工作队调查,这些干部的具体顾虑是:"怕工作同志走了自己搞不来工作""怕坏分子(内部)钻空子没好下场""未分到果实情绪(低)落,不愿干工作""怕耽误生产"。其实,他们的这些顾虑归结到两点就是:能力与利益。他们因自己出身贫农,缺乏工作能力,对独立开展工作缺乏信心,即能力;所谓利益,就是参加工作耽误生产,处处带头,利益受损。

为了鼓励乡村干部继续坚守岗位,去除"换班"思想,1952

---

① 《川北区乡村干部训练班初步总结》(1951年11月),载中共川北区党委办公厅编印:《〈川北工作〉主要材料汇集》(二),1952年自版发行,第200—201页。
② 《川北区大批轮训乡村干部进行前途教育的四点办法》(1951年12月7日),载西南军政委员会土改委员会编:《土改简报》1952年第13期。

年5月7日,《通川报》登载了一首名为《当干部》的歌谣:①

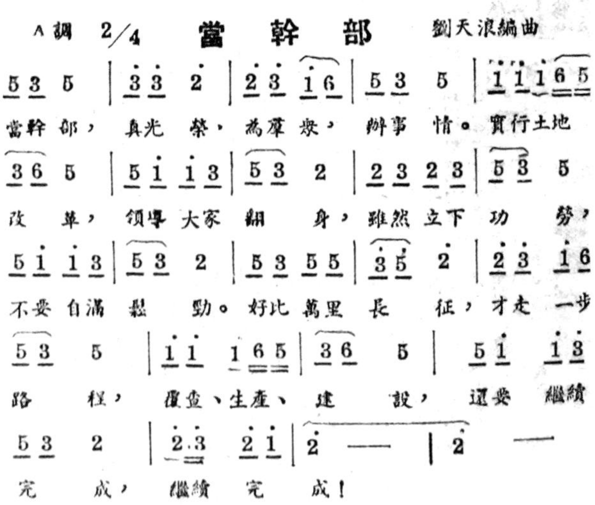

图3-1 《当干部》曲谱

从这首歌的歌词可以看出,土改只是万里长征的"一步路程",接下来需要实现的目标还有很多。"社会主义"此时成为了宣传动员的远景图画。为了向乡村干部展示这个远景,通江县派出农民代表参加赴京代表团,参观大城市和北方重工业基地,了解国家当前的建设情况。这些代表返回老家后,四处宣讲报告国内形势,以及"全国人民奋发蓬勃的新生气象",使乡村干部们"对幸福的祖国前途有了明确的认识,同时又证实了过去工作同志所说的并非假话"。涪阳二村村长金先顺说:"他(指赴京农民代表。——引者注。)是个农民,所说的一定不是假话。"一些乡村干部听了代表们报告中共中央以及国务院领导亲切接见并宴请他们的事实后,感慨地说道:"毛主席那样大年纪,艰苦奋斗那么多年,还在继续为人民办事,操心劳力,当了人民领袖还给我们农民代表斟酒,我们才

---

① 《当干部》,载《通川报》1952年5月7日。

干了一两年就想到换班松劲或对群众态度不好,真不应该。"①

1953年11月25日至12月8日,四川省委召开了一次全省互助合作会议,参会者为试办农业合作社的社长、准备办社的互助组长、驻社干部以及地、县、乡党政负责人共724人,主要议题是讨论总路线并"重点研究了发展农业生产合作社的问题"。② 时任通江县铁佛乡党支部书记的刘坤远参加了此次大会。据他回忆,此次会议开了整整十余天,在大会结束时,一个叫"李政委"(即时任四川省委第一书记兼省政府主席的李井泉)的人总结讲话。据他所述,这个华发已不少的"李政委",在总结时仅讲了几句话,但这几句话极富动员力:

> 各位代表,会议就要结束了,你们回去要干什么呢?就是大力进行互助合作,我们最终要实现这个目标:耕田不要牛,照亮不要油,楼上楼下电灯电话。散会!

这个目标对长期躬耕于田亩的农民而言,是以前从未想过的新鲜事物,兼之中共在农村建立的巨大威望,自然更是确信无疑。刘坤远听了这个总结后,"心里很激动",因为"共产党要解放全人类,按照他(即李井泉)说的那样办下去,分的那点田算个啥啊"。当时全场掌声如雷——"大家巴掌更是拍了个把小时"。③ 目标是动力形成的重要依据。通过描绘土改后农村的美好蓝图,乡村干部对互助合作运动的宗旨、目的有了十分形象的认识,为他们在农村领导互助合作打下了基础。

---

① 《通江土改工作团第四分团第六步复查工作总结》(1952年3月25日),通江县档案馆藏减租工作团档案,档案号52/1/61。
② 《中共四川省委员会召开全省互助合作会议》,载《通川报》1953年12月28日。
③ 笔者对刘坤远的访谈记录,访谈地点:四川省通江县铁佛镇平坝村;访谈时间:2015年11月2日。

在解除乡村干部的思想顾虑，同时介绍社会主义远景目标后，原本存在退出心理的他们大都消除了这种"换班"思想。在通江县药洪乡，经过思想教育后，妇女委员吴茂珍说："以前工作搞得不起劲，就莫啥子干头，现在检讨起来是错误的，今后我一定要替人民办事情办到底。"村长高化玉说："以前总认为是四个人吃饭，我一个人赚钱，我现在认识到这是一种糊涂思想，今后一定好好给人民办好事情。"① 二区举办了乡村干部训练班，主要学习内容以"乡村干部十大守则""党员八条标准"为主，结合介绍苏联农民幸福生活与其他实际事例，进行了社会主义、共产主义、共产党、工农联盟、爱国主义和阶级教育，展开了对"鄭斯云思想"的讨论。这种远景教育与实例讨论的方式，使这些乡村干部重新树立了工作信心。特别是在讲到国际形势、朝鲜战争爆发与国内的"镇反"运动时，东山乡武装中队长赵云说："我原先只说土改完了，啥事也莫得了"，听了报告后，"才知道还有美帝国主义已打到我国门口，地主阶级也不甘心死亡"。为此赵修订了自己的爱国公约，"保证把全乡自卫队领导与组织好，严格管制地主，彻底肃清反革命""坚决革命到底，保证不'换班''松劲'，坚决执行请示汇报与学习等制度"等。② 这种强调阶级斗争在农村中继续存在的观点，一方面使农村内部的社会关系持续紧张，另一方面却有效地对乡村干部进行了"反向动员"。

所谓反向动员，即是通过突出强调集体性灾难爆发的可能性来使动员对象为之提高警惕，并提前采取预见性的行动，这种方式有

---

① 《药洪乡村干部展开"鄭斯云思想"讨论的收效》（1952 年 1 月 18 日），载通江土改工作团总团部编印：《通江土改简报》1952 年第 80 号。
② 《通江（七个区）土改第六步结合生产处理遗留问题巩固胜利的工作总结》（1952 年 3 月 27 日），达州市档案馆藏达县地委办公室档案，档案号 19/1/58。

时比正面动员反而更为有效。① 经过减租、退押、"镇反"、土改等大规模的群众运动，地主乃至其他斗争对象遭到了沉重打击，作为乡村干部，对于在这个过程中与斗争对象结下的怨恨，他们早已心知肚明。若不继续领导大家"革命"，这些斗争对象一旦卷土重来，他们的经历必定将在自己身上重演，这是他们万万所不能接受的。因此，通过此次思想教育使他们认识到，"对于已得到的胜利还要用斗争来巩固，因此刀把子不能丢"，"未学习前我们区三十几个干部都不想干了，学习过后都没话说了，非干到底不可，我们不干地主就要钻空子"；②"你换班敌人就加油"③。可见，这种反向动员的方式取得了明显的效果。此外，对乡村干部中的重要力量，如"互助合作运动中的骨干分子、互助组长、生产模范"等群体展开思想教育，通过召开代表会议的方式分批轮训，通过总结工作，结合具体情况"反复说明组织起来互助合作的优越性，增加生产与爱护祖国，经济建设和国防建设不可分离的关系"。④ 构建"经济建设"到"国防建设"之间的密切联系，使乡村干部从阶级情绪升华到了民族情绪的高度，更有效地动员他们参与到互助合作运动中来。

根据中共中央与西南局的部署，为推动全区互助合作运动的开展，1952年夏，鉴于川北区土改已经结束，区党委随之发起了"万户千组百个乡创模运动"，截至1953年，通江县组建了互助组

---

① ［美］米拉·马克思·费里（Myra Marx Ferree）：《理性概念的政治脉络：理性选择理论和资源动员》，载［美］艾尔东·莫里斯等：《社会运动理论的前沿领域》，北京大学出版社2002年版，第45页。

② 《中共川北区党委关于南充县土改后农村干部思想情况的通报》（1951年7月），载中共中央西南局农村工作部编：《西南区土地改革运动资料汇编》（下册），1954年自版发行，第366—367页。

③ 《川北区乡村干部训练班初步总结》（1951年11月），载中共川北区党委办公厅编印：《〈川北工作〉主要材料汇集》（二），1952年自版发行，第200—201页。

④ 张际春：《把农民在土地改革基础上发展起来的生产积极性广泛的组织到互助合作运动中来》（1952年9月28日），载中共中央西南局农村工作部编：《西南区土地改革运动资料汇编》（下册），1954年自版发行，第990页。

6488 个，入组农户为 51216 户，土地为 473672 亩，占土地总数的 64%，到 1956 年末，全县已基本实现了高级农业合作化。① 通江县互助合作运动成绩的取得，与该县广大乡村干部的积极投入和示范引领分不开。而土改后他们"换班"思想的消除，以及对他们进行的社会主义远景教育，其重要性则不应该为研究者所忽视。

四、小结

回顾 1921 年至 1956 年中国大陆农村的土地所有制形式，大致经历了三个阶段：地主土地所有制——农民土地所有制——集体所有制。一言以蔽之，1921 年至 1956 年，中国大陆农村地权实现了从私有制到公有制的转换。这个变动并非以 1951 年底中共中央发起的全国性互助合作运动为开端，而是源自苏区与抗日根据地时期的实践。② 斯考切波认为，合作化运动是"共产党第一次在乡村基层积极地介入生产活动这一农民生存的核心地带"，中共由此开始介入农村生活的各个方面，并带动整个农村社会经济改革。③ 这也印证了 1949 年并不具有特别"分水岭"意义的说法。

1949 年南下干部大批来到新区，他们之前在老区的工作经验与技能将继续在新区践行，而北方时期的教训也被吸取，贫农团这一组织再未能出现于新区土改中即是一个明显的例子。这些南下干部到来，首先通过各种运动来发现积极分子，进而将其充实到乡村政权之中，实现"乡村干部本土化"的目标。在减租、退押、"镇

---

① 《四川省通江县志》编纂委员会编：《通江县志》，四川人民出版社 1998 年版，第 284 页。
② 早在江西苏区时期就出现了劳动互助社和耕田队，抗战时期根据地出现的变工队，华北等地出现的互助组。例如在陕北的安塞县，在当地党组织的扶持下，出现了农业生产合作社。参见毛泽东：《关于农业合作化问题》（1955 年 7 月 31 日），载《毛泽东选集》（第 5 卷），人民出版社 1977 年版，第 170 页。
③ ［美］斯考切波：《国家与社会革命：对法国、俄国和中国的比较分析》，何俊志等译，上海世纪出版集团 2007 年版，第 312 页。

反"、土改、"三反"、互助合作等一系列运动中,不断发现积极分子并对原有的乡村干部进行淘汰与补位。在征粮时,为了尽快完成征粮任务,南下干部采用了较为务实的态度,吸收了一些地主、富农乃至乡村边缘人等参加农协会。但在减租、退押运动中,随着组织清洗,他们这些人又成为首先被淘汰的目标;经过减租、退押运动,在新成立的农协会中,中农在各级领导层中占据了重要地位,他们又在土改中成为农协整顿的目标,以保证贫雇农占 2/3 的比例。但在实际操作层面,中农在通江县一些乡村政权中所占比例依然超过 1/3,这与通江县当时的实际情况密切相关。

胡素珊认为,"土改的政治意义已超越了它在经济上对穷人的正面吸引力。同样重要的是它的否定意义。土改不仅摧毁了地主和富农阶层的经济特权,还破坏了支持地富并为他们所拥护的政权组织。共产党因此得以用一个对其忠心不二的政权组织取而代之,并在贫农的积极拥护下保持这一组织的地位"。① 但实际上,一些乡村干部在土改结束后就产生了"换班"思想,即不想当干部了。这种现象的出现,是与新区即将开展的互助合作运动不相称的,因为他们将是带领农民参加互助合作的关键群体。为此,新政权对这些乡村干部开展了一场思想规训,并将其与社会主义远景教育结合起来,使他们转变了"换班"思想。"在土改以后土地私有的情况下,国家能够顺利地改变土地所有制,以合作化的形式代替小农的土地私有制,同时又不影响国家的政治稳定和政治合法性的程度,应该说是一个奇迹。"② 正是各级政权展开了针对乡村干部的思想教育,才使他们成为实现这个"奇迹"的关键群体。

相比之下,苏联在 1929 年开始农业集体化后,采取对富农的

---

① [美]胡素珊:《中国的内战:1945—1949 年的政治斗争》,王海良等译,中国青年出版社 1997 年版,第 289 页。

② 彭勃:《乡村治理——国家介入与体制选择》,中国社会出版社 2002 年版,第 95 页。

消灭政策，尽管在5个月内强迫一半的农民加入集体农庄，但农民的反抗导致成千上万只牲畜被屠宰，农作物产量锐减，进而导致1932年至1933年的大饥荒。① 这种情况的出现，与联共（布）忽视对于乡村干部的思想规训、一味运用行政命令的方式粗暴执行政策有着直接关系。

事实上，经过不断的探索与"试错"，中共早在新中国成立之前就已形成了一个较为稳定的乡村干部培养机制，尽管这期间根据国内外形势变化，中共对其进行过相应的调整，但在培养乡村干部方面，则体现了"无序中的有序"：遵循阶级斗争思维，通过划阶级这种政治隔离术，不断对农民群体内部的"敌、我、友"进行动态调整，通过运动式治理对现有干部进行甄别与更替，同时将后者发展为积极分子乃至干部作为被淘汰者的补位，有效保证了乡村干部队伍的源源不断。

---

① ［英］伦纳德·夏皮罗：《一个英国学者笔下的苏共党史》，徐葵等译，东方出版社1991年版，第412—413页。

第四章
土改中的特殊干部队伍——工作队

从前文可知，土地改革运动中，有一支特殊的干部队伍活跃在乡村并扮演重要角色，这就是土改工作队。他们由上级派遣，其地位超乎当地党政机构之上，对土改负直接领导之责。在土改过程中，工作队（在通江县乡村，这些人被村民称呼为"工作同志"）拥有极大的权力，可以随时对乡村干部的权力予以冻结乃至褫夺，但他们同时需要在这个过程中去发现、培养乃至提拔新的积极分子，进而撤换乡村干部。20 世纪 50 年代初期新区农村并无老区的干部基础，因此需要工作队在土改过程去发现与培养，同时在这个过程中工作队这个干部群体自身也经受一次严格的训练与甄别。既有研究大多强调土改中他们作为国家权力在乡村"非常规运作"的代表，将国家意志完全贯彻到乡村社会的功能。① 但在土改中尤其是在新区土改中，工作队还肩负着培养提拔乡村干部的职能。土改作为中共重组乡村权力结构的一次大动作，急需培养大批可靠的乡

---

① 参见李里峰：《工作队：一种国家权力的非常规运作机制——以华北土改运动为中心的历史考察》，载《江苏社会科学》2010 年第 3 期；刘金海：《工作队：当代中国农村工作的特殊组织及形式》，载《中共党史研究》2012 年第 12 期。

村干部充实基层，从这个意义上讲，工作队的这一职能恐怕更为重要。

第一节 土改工作队的组建与派出

组建与派出"工作队"，是中国共产党从苏联习得并沿袭至今的一种特殊治理手段。① 工作队是中共科层结构中的非常规组织，它是上级为了推动某项工作而向下派出的一支特殊干部队伍，具有鲜明的权威性和临时性特征。② 工作队的派出究竟起于何时已经不可考，但可以肯定的是，工作队这种组织形式在抗战时期中共领导下的抗日根据地就已经存在。1942年12月，刘少奇就根据地的减租减息运动在晋绥干部会议上作了题为《关于群众运动及其他问题》的报告，他在会上就介绍了华中根据地减租斗争的经验，即"派工作团下去开展减租减息运动"。③ 工作队在此后的新老区土改、"三反"、普选等政治运动中反复出现，因其能将上级意志迅速贯彻到下级的优势而颇受党和国家青睐，至今在某些情况下仍然会被使用。无论是减租减息运动，还是老区土改乃至新区土改等群众性运动中的工作队，它们的建立都有一个共同的政治背景，那就是以较为稳固的政权基础为条件。也就是说，中共对该地取得了执政地位。1950年后中共已经建立起了全国性的政权，使工作队以一

---

① 裴宜理（Elizabeth J. Perry）：《工作队：苏联经验的中国化》，载阮清华、姜进主编：《城恋乡愁：二十世纪中国的城乡关系史》，社会科学文献出版社2021年版，第105—124页。

② 工作队的名称在不同时期、不同地域有所不同，还有如工作团、工作组等称呼，但其本质并无不同，故笔者以工作队统称之。

③ 中共中央文献研究室编：《刘少奇年谱（1898—1969）》（上卷），中央文献出版社1996年版，第409页。

种"国家在场"①的面貌出现在乡村政治舞台上。下面，笔者将以通江县的土改工作队为例，探讨工作队的机构设置与人员构成。

一、机构设置及其职权

抗战时期为了推行减租减息，中共派出工作队以保证该政策的实施。总体而言，中共发动土改的步骤主要是"调查研究，确定斗争纲领"，然后"派出工作团及干部分头下乡"，宣传纲领政策，发现积极分子，组织农会等。②可见，土改开始后，工作队在其中扮演着至关重要的角色。例如在晋绥边区，1946年底至1947年初，中共晋绥分局即从各机关单位及部队抽调干部，组成土改工作团，到农村进行土改。③1947年8月16日，刘少奇在全国土地会议上的讲话中亦要求派出各级工作队，具体负责该地的土改。④1949年，晋绥分局派出大量干部接管川西北。因此，这些南下干部自然也将晋绥土改的经验教训运用到新区土改中。在通江县，上级党组织均向该地派出了自己的工作团（队）。下面，需要首先介绍通江县的土改工作团在川北区权力结构中的位置。

---

① "国家在场"（State presence）主要探讨的是国家、社会、个人之间的相互关系，是对西方社会历史实践的一种概括和总结。国内学术界引入这一理论后，把它作为诠释中国社会文化现象的理论框架，对诸如国家、市民社会、公共领域等概念，都作出了本土化的界定，研究内容包括对国家与市民社会、国家与乡村社会、国家与民间信仰、国家与宗族互动关系等方面。参见黄景春、张开华：《"国家在场"与都市庙会的转型——以浦东圣堂"三月半庙会"为例》，载宴可佳等编：《宗教问题探索 2011—2012 文集》，上海社会科学院出版社 2013 年版，第 25 页。笔者认为，工作队作为国家意志的代表，出现在乡村政治舞台，并监督、领导乡村社会成员执行上级政令，体现了鲜明的"国家在场"特征。

② 《群众运动与群众组织的一般过程与步骤》，载华东局宣传部编：《中国土地问题历史文件》，山东新华书店（出版年不详），第 100—101 页。

③ 中共山西省委党史研究室等编：《晋绥革命根据地大事记》，山西人民出版社 1989 年版，第 341 页。

④ 刘崇文等主编：《刘少奇年谱 1898—1969》（下卷），中央文献出版社 1996 年版，第 89 页。

第四章 土改中的特殊干部队伍——工作队

新中国成立前夕,通江、南江、巴中、达县、宣汉等8县均属四川省第十五行政督察专员公署,专署驻地为达县县城(帝政时期又名绥定府,今达州市区)。1949年,晋绥分局在褒城组建川西北地县级干部班子时,依照民国时期的区划,将原第十五行政督察专员公署改为达县专署,下辖各县不变,同时设置中共达县地委,领导下属各县党委。但通江、南江、巴中三县地处川陕交界区域,且距离次级政治经济中心——达县较远,因交通不便,达县地委难以及时下达指示。① 故川北区党委于1950年2月决定在达县地委和通江等三县县委之间设置一级派出机构——巴中中心县委(后改名为通南巴工委),代表地委负责就近对三县进行领导。② 实际上,国民党方面当年亦曾有人建议在巴中设立统一领导三县党务机构。1940年6月20日,国民党四川省党部巡视员王技华在督导巴中等县党务后建议"将巴中、通江、南江三县,划为一特种党务机构,以利工作之进展",他认为:

> 川省第十五行政区设在达县,偏于川东,远于川北,

---

① 据时人回忆,由于达县到通江的公路当时尚未开通,达县地委给通江县委下达的文件全靠人背,兼以武装护送,因山地崎岖路途遥远,这些文件从发出到最终抵达通江县城,至少需要3天时间。参见笔者对刘坤远的访谈记录,访谈地点:四川省通江县铁佛镇平坝村;访谈时间:2015年11月4日。

② 国共内战期间,川北工委曾在巴中设立通南巴工委,后改称通南巴中心县委,1948年7月起改名为巴中中心县委,负责领导下属通江、南江、巴中等县。1950年2月,川北区党委决定设立新的巴中中心县委,代表达县地委直接领导通江、南江、巴中三县工作,中心县委与巴中县委合署办公,"一套机构,两枚印章"。1951年1月3县土改开始后,巴中中心县委改名为通南巴工委,由川北区党委派至该地的工作团团长龙鸣(兼任川北区党委组织部副部长)为工委书记。1951年8月,通南巴工委复更名为巴中中心县委,以王富源为书记,巴中县公安局长、南江县县长、书记和通江县委书记为委员。1953年3月30日,撤销巴中中心县委,三县由达县地委直接领导。参见中共中央组织部等编:《中国共产党组织史资料第四卷(下)全国解放战争时期(1945.8—1949.9)》,中共党史出版社2000年版,第1555页;四川省巴中县志编纂委员会编:《巴中县志》,巴蜀书社1994年版,第589页。1993年,原达县地区的通江、南江、巴中、平昌四县直接从该区脱离出来,成立巴中地区,即今天的巴中市。

以致通南巴三县，失其政治脉络之共同作用，而各不相谋，自为风气，所以之党务特种机构果能采纳设置，则其中中心工作地在巴中，以通江居其左，南江居其右，往还策应较为灵便，且巴中方面异党活动甚力，尤必须有一权力较高之党的机构，就近监视，并防止异党势力之蔓延。

因此，出于排斥其他党派特别是共产党在该地的势力，他建议"就边区建立一党务特种机构，由中央或省党部派一才能干练之人主持其事，授以相当权力，调集通南巴三县原有党务工作人员中之智能较为健全者，实行集体使用办法"，① 进而推动三县党务工作的开展。可能是经费、人力等原因，国民党四川省党部后来并未采纳他的建议。当然，川北区党委之所以在该地设立通南巴工委，还有一个原因，那就是领导该地的减租运动。

为了迅速完成减租、退押任务，川北区党委向全区派出了五个工作团负责各地的减租、退押运动。② 通江县属于第四工作团管辖范围。为了协调工作团与各地党委之间的关系，川北区党委特地作出规定："凡一个领导同志带工作团负责进行两个县以上的工作时"，可组织工委，吸收该地县委书记、县长等人参加，书记由工作团长担任。工委职权为"在地委领导下，直接负责领导该工委所辖县份的清匪、反霸、减租、退押以及征粮工作"，受区党委和地委双重领导，在减租结束后工作团撤离时结束。③

根据川北区党委的安排，第四工作团下设之一个分团与原巴中中心县委合并，设立通南巴工委，通、南、巴三县县委组织不变，

---

① 《社会部王技华等督导四川巴中等县党务工作报告及有关文书》（1940年），中国第二历史档案馆藏社会部档案，档案号（2）/2783。
② 中共南充市委党史研究室编：《中国共产党川北区历史（1949—1952）》，中共党史出版社2007年版，第49页。
③ 《（川北）区党委关于区党委及地委所属工作团与各级党委领导关系的决定》（1950年9月9日），载中共川北区党委政策研究室编印：《川北工作》1950年第5期。

第四章　土改中的特殊干部队伍——工作队

受川北区党委和达县地委的双重领导。① 工委的人员构成为：川北军区副司令员李文清②担任书记，段双印（巴中中心县委书记）、龙鸣③（川北区党委组织部副部长）分别为第一、第二副书记，通、南、巴三县县委书记为委员。这是工委一级的组织架构。

在各县内部，则在县委委员中进行分工，负责下属各区的减租工作。具体为组织各区的减租征粮委员会，委员为 7—11 人，以县委委员为主任委员，该区区委书记或区长为副主任，并"吸收工作队、军队、干部、农民代表、农会干部及开明士绅参加"。在乡一级则设立分会，由一区委委员或工作分队队长担任主任委员，乡长为副主任委员，委员人数为 5—9 人。④ 这是区、乡一级减租领导机构的情况。在称呼上，各级工作队比照级别称谓各有不同：一个分团负责两个以上的区，区一级称为中队，乡、村、组分别为分队、小队、小组。

通江县早在征粮时就已组建并派出了工作队。1950 年初，为了尽快完成川北区党委下达给通江县 1949 年的公粮征收任务，县委决定成立县区征粮治安委员会，抽调由党政干部、地下党员、农

---

① 《为胜利完成征粮、清匪反霸、减租、退押任务而斗争——李文清同志在区党委工作团及巴中县工作队誓师大会的讲话》（1950 年 9 月），载第四工作团研究组编印：《通南巴工作通讯（誓师大会特辑）》1950 年第 1 号。

② 李文清（1910—1999），湖北松滋县人，1930 年参加红军，1932 年加入中国共产党，曾任红二方面军团长、雁门军区第二军分区司令员、西北野战军第三纵队副参谋长、参谋长。1949 年后任川北区副司令员、成都军区副司令员等职。参见王波等编：《晋绥风云人物 军事人物卷》，中央文献出版社 2007 年版，第 157 页。

③ 龙鸣（1913—1986），四川宣汉县君塘乡人，1933 年参加红四方面军，同年加入中国共产党，历任交通员、科长、川陕省委巡视员、雁北地委委员、地委第一副书记、川北区党委组织部副部长、西南公路工程局副局长、中共西安市委常委、市政协副主席等职。参见宣汉县老区促进会编：《红色土地上的丰碑》，西南财经大学出版社 2006 年版，第 303 页。

④ 《通南巴区今冬明春工作基本计划》（1950 年 9 月 12 日），达州市档案馆藏达县地委办公室档案，档案号 19/1/4。

村积极分子、军队人员以及地方开明士绅共 359 人组成的征粮工作队,[①] 各区同时向下属各乡派出工作队,以便征收公粮。在公粮任务基本完成后,随即以原有征粮工作队为基础,吸收在此过程中涌现出来的积极分子和川北区、达县地委派来的工作团干部,组成通江县减租工作团。以通江县现有的 4 个区为基础分别成立了 3 个中队,各中队负责人及工作区域分别如下:第一中队队长为杜国茂,副队长为党效权、管守忠,负责一区和二区;第二中队队长为张立,副队长为董绍烈,负责三区;第三中队长程道远,副队长为吴显良,负责四区。[②] 根据通江县当时的乡保区划,各中队又逐级派出了分队、小队、小组。此即为通江县减租、退押时期工作队的情况。但在工作队的派出上,不论是征粮、减租、退押还是土改工作队,其队员在工作分配时均采用"避籍"的办法,即"此乡派往彼乡,甲地派往乙地",[③] 防止他们在开展工作时受到地缘因素的羁绊。

对于工作队的存在时间,中共中央曾有明确规定:"工作团只是暂时地特殊采用,地方党经过工作整顿后,工作团就可以撤回。"[④] 作为国家权力的非常规形式,工作队具有明显的临时性特征,当既定任务完成后,其历史使命自然宣告结束,工作队即被撤回,将权力归还于该地党政机构。尽管川北区党委在设立工委之初,明确规定"此项机构在征粮、减租工作结束,工作团撤离时随

[①] 中共四川省通江县委组织部等编:《中国共产党四川省通江县组织史资料(1933—1987)》,四川人民出版社 1993 年版,第 49 页。

[②] 《(通江县)今冬明春减租、退押、清匪、反霸的工作计划》(1950 年 12 月 12 日),达州市档案馆藏达县地委办公室档案,档案号 19/1/20;通江县档案馆藏县委办公室档案,档案号 1/1/1。

[③] 戴传薪:《西南红祸记》,1952 年自版发行,第 4 页。

[④] 刘崇文等主编:《刘少奇年谱 1898—1969》(下卷),中央文献出版社 1996 年版,第 89 页。

第四章　土改中的特殊干部队伍——工作队

之结束",① 但在通南巴地区，减租、退押运动结束后土改随即开始，领导减租运动的第四工作团及通南巴工委并未被撤销，而是被保留以继续领导通江、南江县的土改工作，不过团长与工委书记改由龙鸣担任。② 此外，因为土改工作团之下比照区以下政权机构分别设立分团、中队、分队、小队，并派往区、乡、村、组。为了明确分团以下工作队与当地领导机关的关系，西南局根据二期土改经验，规定"土改工作团下乡后，在土改工作上应当完全受各级领导机关的领导，并与土改工作干部混合配备，组成工作组分散在各乡村工作；但亦应保持其原来土改工作团的一定的组织上的联系"。这一制度设计得到了中共中央的批准并转发各地。③ 在通江，因为通南巴工委为领导三县的最高机构，而此时巴中大部分地区土改已经结束，主要是通、南江两县的土改工作，通江的土改进而被工委直接领导。所以在总团部一级为通南巴工委而非通江县委领导，而分团以下，受同级党务机关与上级工作团双重领导。

整个川北区的土改按照时间先后分为三期进行，在通南巴三县中，巴中除两个区分别参加第一期和第三期外，其余均划入第二期土改，而通江、南江和巴中一个区属于第三期土改范围。④ 1951年11月，川北第三期土改正式开始，以川北区党委土改工作团干部为基础，抽调巴中、通江两县在职干部、农民积极分子、教师等共1242人，在经过1个月的学习后，组成通江土改工作团，工作团设总团、分团、中队、分队、工作组，总团长由龙鸣担任，副团长由

---

① 《区党委关于区党委及地委所属工作团与各级党委领导关系的决定》（1950年9月9日），载中共川北区党委政策研究室编印：《川北工作》1950年第5期。
② 《区党委组织部对于调配土改干部的意见》（1951年9月14日），载中共川北区党委政策研究室编印：《川北工作》1951年第58期。
③ 毛泽东：《转发西南局关于组织土改工作团下乡参加土改的经验的批语》（1951年10月17日），载《建国以来毛泽东文稿》（第2册），中央文献出版社1988年版，第478—479页。
④ 关于川北区土改的整体情况，参见何志明：《1950年代前期川北土地改革运动述论》，载《四川文理学院学报》2012年第6期。

川北区党委组织部副部长王叙五、通江县委书记杜国茂担任。

工作团的组织结构为：总团部下设办公室、研究组各1个，分团和巡视组各4个。4个分团负责人与工作范围分别是：第一分团团长杜国茂，下辖一、五、七3个中队，负责一、二、三区；第二分团团长张立，下辖二、四2个中队，负责八、九区；第三分团长程道远，下辖六中队，负责四区；第四分团团长艾文，下辖三中队，负责六区。比照减租、退押运动后建立的区、乡、村级机构，分团以下平行设中队、分队、工作小（组）队，他们之间实行超一级管辖制度，即"总团直接与分团联系，直辖到中队"，以此类推。同时，为了保证上下级之间的业务联系，各级工作队必须定期逐级通过电话或书面请示汇报工作，例如小组、分队、中队、分团并分别间隔3天、5天、7天、10天向各自的上级书面汇报一次。若越一级请示或报告，必须同时通知其上级组织。同时，为了便于上级随时掌握工作进度，规定小组至分团必须每天电话汇报一次，时间为晚上6点至9点。此外，总团部还编辑《三期土改通讯》（下发到村一级），各分团也要求编辑小报并积极向《川北日报》《农民报》《通川报》投稿。各级组织还要坚持每天两小时的学习制度。①

在土改工作队的派出上，如以第八区为例，该区下属各乡土改工作队员派出情况如表4-1所示：

表4-1 通江县第8区土改工作队员派出情况（1951年11月21日）

	洪口乡	沙溪乡	新民乡	斯波乡	松溪乡	文盛乡
村数	11	7	5	5	6	6
人数	32	25	20	22	20	21

资料来源：《第二中队三期土改第一步工作计划》（1951年11月21日），通江县档案馆藏减租工作团档案，档案号52/1/18。

---

① 《通江县三期土改作战计划（复稿）——龙鸣书记在三期土改扩干会的布置》（1951年11月19日），通江县档案馆藏减租工作团档案，档案号52/1/16。

从表 4-1 可以推知，工作队员平均每村为 3—4 人，这与笔者在从事口述访谈的情况基本符合。① 土改工作队代表国家，直接对该地土改负责，培养积极分子、组建农会、改造乡村政权、审查乡村干部并淘汰不合格者，充分体现了土改中的"国家在场"原则。但川北区党委反复要求：工作队必须在清洗不合格乡村干部的同时，注意培养新的积极分子乃至乡村干部。② 因此，培养可靠乡村干部，成为土改工作队的重要职能。

二、人员遴选与前期训练

在夺取政权阶段，中共以阶级划分来判定敌、我、友并将其作为干部选拔的重要标准。这种思维惯性在 20 世纪 50 年代仍然得以沿袭。据戴传薪观察，新政权在遴选工作队成员时，往往侧重于"地方贫农子女"，且"年龄在十六岁以上廿五岁以下者，注意成份而不计智慧"。③ 因工作队具有明显的暂时性特征，而且并不具有完全意义上的"干部"身份，所以在工作队干部遴选上，并非一味"注意成份而不计智慧"，而是注意吸收一些有一定文化水平的青年人或学生参加。尽管各级政权都强调反对"和平土改"，即简单地"分田地"，但事实上，土改过程中仍然需要较高的登记造册以及测量计算要求，这类工作是部分文化程度低的农民积极分子所不能担承的，因此在土改工作队中必然会吸收这些青年知识分子乃至在校学生参加。

从理论上讲，作为代表上级的工作队，其选拔新队员的标准较为严格，需要对个人成分、家庭出身、文化水平、思想觉悟等条件予以综合考察。但在实际工作中，特别是在乡村一级工作队选派

---

① 据受访者回忆，在通江县铁佛乡金斗岩村，该村的土改工作队员为 3 人。参见笔者 2015 年 9 月 5 日对庞兴镇的访谈记录。庞在土改时曾参加果实分配登记工作，其回忆当较准确。
② 《认真培养农民干部与积极分子》，载《川北日报》1951 年 8 月 7 日。
③ 戴传薪：《西南红祸记》，1952 年自版发行，第 2—3 页。

时，往往时间紧、任务重，不可能对所有的工作队员按照标准逐一进行比对，而是采取了较为务实的做法：先利用其一技之长，其他审查工作，则留待后续进行。因此，在实际操作层面，土改工作队成员的来源构成较为多元，包括学生、农民积极分子、机关干部等。

据英国驻华外交官员对中南区的观察，土改工作队员中"将近一半的人非常年轻，且为高小或中学毕业生，一半是其他地区土改中的积极分子而暂时被吸收进了工作队。这些农民干部大都是文盲，却是非常活跃的聪明人，他们在与其他农民建立沟通方面非常有办法"。① 川北区工作队的情况与中南区较为类似，除原党政机关的领导人外，"大多数都是革大（即西南人民革命大学。——引者注）学员组成"，同时也吸收不少农民积极分子。② 综合以上材料可以发现，在工作队员遴选方面，主要侧重于三类人群：一是机关干部；二是表现积极的青年知识分子或学生；三是此前各类运动中涌现出的农民积极分子，他们文化程度一般较低。

因征粮持续时间不长且大多数工作队员并未经历较为严格的工作锻炼和意识形态熏陶，他们中的不少人不仅能力较低，而且在个人立场等方面存在一定的问题。例如，据通南巴工委报告，时至1951年初，通江与巴中的干部"不学习的现象"仍很严重，他们"不读指示报纸文件，又盲目处理问题的情事（事情）很多"，而且因为工作队员中"青年知识分子多"的缘故，"由于成份的关系，他们作一般的宣传尚可，但运动深入到诉苦阶级教育，他们就

---

① L. H. Lamb, *the Report from British Embassy*（Peking），27th September，1951，FO371/92325，National Archives，UK.

② 《西南人民革命大学川北分校简史》，载蒋子恒主编：《西南革大史稿》，重庆大学出版社1990年版，第171页。西南革大，即西南人民革命大学，为1950年4月西南局和西南军政委员会设立的一所干部培训学校，下设校部和4个分部，还在成都、云南、贵州、川北等地设立6个分校，1953年宣布结束。

不能胜任"。① 他们在工作中暴露的这些问题,引起了上级组织的注意并采取了各种措施来予以解决,其中一个重要举措就是举办训练班,对工作队员进行集中培训,进而提高他们的工作能力与思想觉悟。

1950年7月5日至19日,川北区召开了首届党代会,会议总结了川北区建立以来的各县工作,如征粮、剿匪等情况,并决定开展减租、退押运动。会议还指出减租、退押将是川北区在1950年8月至1951年春的中心工作,同时结束1950年的公粮征收,而"完成上述任务的关键就是整顿好干部队伍"。② 鉴于工作队的重要地位,工作队员自然就成为干部整顿的主要对象。实际上,早在1950年3月,达县地委就举办了四期地委训练班,每期1个月,受训对象是"各县工作队员,县区在职干部,贫苦农民及贫苦知识分子",在训练干部的同时对他们进行政治审查。表4-2是达县地委举办的前三期训练班人数情况。

表4-2 达县地委三期训练班人数及来源统计(1950年9月)

	人数	来源		
		各县在职干部	各县工作队	农村调来的
第一期	117	54	—	63
第二期	261	59	101	101
第三期	301	185	76	40

资料来源:《达县地委训练班概况》(1950年9月5日),达州市档案馆藏达县地委组织部档案,档案号21/1/4。

从表4-2可以看出,各县工作队在受训者中占有相当的比例,而且"各县在职干部"和"农村调来的干部"亦有不少人在受训

---

① 《通南巴工委向区党委地委的第六次工作报告》(1951年1月15日),达州市档案馆藏达县地委办公室档案,档案号19/1/7。
② 中共南充市委党史办编:《中国共产党川北区历史(1949—1952)》,中共党史出版社2007年版,第134页。

后，参加各县工作队，领导该地的土改工作。若将这部分人考虑进去，工作队员的比例将更高。例如，根据川北区首届党代会的要求，达县地委决定 1950 年冬抽调大量在职干部参加减租、退押运动，同时在 1951 年 2 月至 3 月举办了一次 300—500 人的训练班，训练对象是减租中提拔出来的积极分子，"训练内容以生产土改为中心"。[1] 1950 年 9 月前，通江县为了解决减租干部缺乏的问题，从各县区干部中抽调 90 人参加减租运动训练班，"学习期满准备全部参加减租"，同时从县农训班 213 名学员中抽调 150 人先参加征粮工作团，"征粮结束后考察较好的转入减租工作"。[2]

当然，在这个过程中不断有人被淘汰。1950 年 9 月 17 日，通江县委报告，称已组织 350 人的征粮减租工作团，其中县区干部 150 人、农村干部 150 人、各界代表及青年学生 50 人。[3] 但在 11 月的减租训练班后，经过"回忆诉苦，提高觉悟，学习减租、退押、清匪、反霸各种政策"，原来 350 人的减租工作团，"经这次整理有不适合减租而调其他工作一部，经评功检过而清洗一部，再有本人不能离开家庭，又乡保农协需要而派回原乡保一部"，共计 100 人被调离工作队，尚余 250 人。为此，减租训练班再次从农、青、妇、各代会中抽调干部和积极分子，以及从在这次尚未参加减租的乡镇中每乡各抽 3—5 人参加重点减租，组成 370—400 人的工作团。[4]

可见，训练班已经成为通江县乃至其他各县在减租运动前夕训

---

[1]《地委关于半年来干部工作的总结》（1950 年 7 月——笔者判定），达州市档案馆藏达县地委组织部档案，档案号 21/1/10。
[2]《通江干部材料》（1950 年 9 月 11 日），达州市档案馆藏达县地委组织部档案，档案号 21/1/10。
[3]《通江县扩干会议总结报告》（1950 年 9 月 17 日），达州市档案馆藏达县地委办公室档案，档案号 19/1/20。
[4]《今冬明春减租、退押、清匪、反霸的工作计划》（1950 年 12 月），通江县档案馆藏减租工作团档案，档案号 52/1/20。

练乃至鉴别工作队员的一种有效形式。但因"训练课程质量参差不齐",工作队的技能则"基本是在土改过程中形成的"。① 因为训练班只能为工作队员能力的提高提供一种契机,他们的实际能力则需要在接连不断的社会运动中得以锻炼。他们从这个过程中习得的工作能力,将为此后的农村工作打下坚实的基础。从这个意义而言,工作队实际上又成为培养农村基层干部的又一个有效平台。

第二节 作为干部培养平台的工作队

新区土改较之老区特别是华北地区,最大的不同之处在于,后者经过了抗战期间的干部选拔与成长过程,具备了较为坚实的干部基础。尽管南方有些地区,如本书的通江县经过了苏区时期,留下了一些当年担任苏区干部的农民,但这些人在数量上微乎其微。因此,新区的干部匮乏问题十分突出。为此,中共中央沿用老区的工作方式,通过派出工作队到乡村,让他们在实际工作中去发现积极分子并将其吸纳到乡村干部队伍中来。但实际上,南方地域面积广袤,新政权不可能提前准备好各村所需的工作队员数,② 因此需要不断发现积极份子来充实到土改工作队,他们中的不少人在这个过程中也迅速成长为干部。因时间紧促,不少人无论是工作能力还是政治立场,都无法迅速满足新政权的需要,后者将在实际工作中对他们进行思想规训乃至淘汰。可以说,工作队这种组织的出现,也

---

① John Wong, *Chinese Land Reform in Retrospect*, Land Tenure Center, University of Wisconsin-Madison, April 1974, p. 14. 牛津大学中国研究中心图书馆藏。

② 据相关人员回忆,以通江县铁佛乡金斗岩村的土改工作队为3人。全乡有9个自然村,以每村基本为2—3名工作队员推算,一个乡即将近30名工作队员。通江县自减租、退押到土改前夕从20个乡增加到51个乡,故需要1500余名工作队员。尽管通江土改分期进行,但各期所需工作队员应该不下于500人。参见笔者对庞兴镇的访谈记录,访谈地点:四川省通江县铁佛镇街道;访谈时间:2015年9月5日。庞在土改时曾参加果实分配登记工作;《通江县三期土改作战计划草案——龙鸣书记在三期土改扩干会的布置》(1951年11月12日),达州市档案馆藏达县地委办公室档案,档案号19/1/58。

为中共培养基层干部提供了一个重要平台。简而言之，工作队员在发现和培养乡村干部的同时，自身也在这个过程中得到了训练，其中一些人被淘汰出局，而另一些人则留下来成为新的基层干部。因此，有必要对这些工作队员的思想动态、组织整顿乃至土改后的工作去向等问题予以考察，进而对土改工作队这种特殊的干部队伍展开一全面而深入的认识。

一、成员的思想动态

在训练前，新旧土改工作队员之间存在较大的思想差别。首先是参加过土改的队员。这些人主要分为两类。一是参加过北方老区土改的（军队）南下干部。例如一些军队干部被抽调参加土改，他们在接受培训之初，往往存在"临时帮忙""是复员的第一步，趁机转业"等懈怠思想。① 而其他在北方经历过土改的地方干部往往对土改存在轻视心理。在川西区，不少晋绥干部对即将开始的减租运动十分乐观："四川群众好发动，火一点就着，征粮是向群众要东西，减租退押是给群众东西，还能比征粮困难？""不管他几大任务，反正是斗地主，这个不怕，在华北搞了几年，我有办法""干就是了。"② 华东区在土改前针对工作队进行了"整风"，在"整风"之初，由于一些北方干部对新区民众产生了轻视心理，认为"在某些特殊情况下，必须强迫命令才能完成任务"以及"新区群众落后，只好强迫命令"。③

二是参加过邻近区域土改的工作队员。由于已有土改经历，他

---

① 李成浩：《浙省党校二期土改训练班，调训大批部队干部》，载《人民日报》1950年9月8日。

② 《中共温江地委关于各县冬季工作干部会议的总结报告》（1950年10月12日），载《中共成都市委温江地委文件选编（1950—1952）》（上册），1987年自版发行，第186页。

③ 《华东各地整风运动普遍展开，各省市轮训干部准备进行土地改革》，载《人民日报》1950年8月21日。

们中的一些人对此次训练持轻视心理。在川北通江县，该县在川北区属于三期土改，不少工作队员已参加过邻近县的土改，所以对培训表示厌烦："××（原文如此。——引者注）区，那样坏的工作局面，结果都打出来了，这次还有啥问题？"① "巴中（即通江县的邻县。——引者注）土改那样麻烦都搞得了，通江土改还没有把握吗？"② 对于干部鉴定和思想检查工作则更是不理解："鉴定在巴中也已搞过了，还有啥总结头？"③ 概言之，他们认为自己已有土改经验，故无须接受培训，而新参加工作队的成员才是学习的主要对象。

其次是首次参加土改的成员。一是知识分子群体，主要是指机关干部和青年学生。在土改工作队中，知识分子特别是地主富农出身的知识分子占相当大的比例。在湖南，在该省1950年参加土改的2.3万名工作队中，地主富农家庭出身的知识分子占70%—80%。由于家庭出身关系，他们在立场和思想与阶级斗争观念格格不入，例如"在政治上没有确立阶级感情"，在方法上"没有掌握深入发动贫雇农依靠贫雇农的方针"，以致"和平改革取消斗争的观念相当普遍"。④ 川北通江县土改工作队中不少青年知识分子成员出身地主富农家庭，在培训过程中，地主家庭出身的队员在培训

---

① 《端正学习态度，认真学好本领，为胜利完成通江土改作好准备》，载通江土改工作团总团办公室编：《学习通讯》1951年创刊号。

② 《通江土改工作团扩干会议两个单元的学习报告》（1951年11月5日），通江县档案馆藏减租工作团档案，档案号52/1/16。

③ 《端正学习态度，认真学好本领，为胜利完成通江土改作好准备》，载通江土改工作团总团办公室编：《学习通讯》1951年创刊号。

④ 李俊龙：《战斗中的湖南农民》，载《人民日报》1951年2月10日。这篇文章经《人民日报》刊登后引起了毛泽东的注意，1951年3月2日，毛泽东还特地要求将其与萧乾的《在土地改革中学习》一文结集公开出版。参见毛泽东：《给胡乔木的信》（1951年3月2日），载《建国以来毛泽东文稿1951.1—1951.12》（第2册），中央文献出版社1988年版，第154页。

中表现消极，特别是"顾虑家庭如何过关"，①想着"我参加土改不知以后我家庭过不过得了关?"②在这种情况下，这些成员从事常规减租与土改政策宣传尚可，但"深入到诉苦阶级教育（之时），他们就不能胜任"。③此外，因为自身文化较高，他们还存在轻视贫雇农的想法，例如认为贫雇农"没有文化，办不了事"。④有的人甚至以"怕汗臭"为由，不愿意接近贫雇农，"只相信自己，把自己当成包打天下的英雄好汉"。⑤

二是贫雇农积极分子。由于文化层次较低和长期身处政治边缘地带，他们中的一些人存在自卑、畏难和简单复仇心理。与湖南省不同，西南区的土改工作队成员中"农民干部占数较多"。⑥通江县土改工作团中工作队员共计1242人，其中"从农村来的两县（通江、巴中）农民积极分子"有678人，⑦占总数的50%以上。这些积极分子缺乏工作经验，对于培训态度较为端正，"一般的热情很高"，但存在"没有经验怕搞不好"的顾虑。⑧此外，因为自

---

① 《学习中不应该存在思想顾虑》，载通江土改工作团总团办公室编：《学习通讯》1951年第6号。

② 《通江土改工作团扩干会议两个单元的学习报告》（1951年11月5日），通江县档案馆藏减租工作团档案，档案号52/1/16。

③ 《通南巴工委向区党委地委的第六次工作报告》（1951年1月15日），达州市档案馆藏达县地委办公室档案，档案号19/1/7。

④ 《中共中央西南局关于十一月份农村情况的简报》（1951年12月6日），载中共中央西南局农村工作部编：《西南区土地改革运动资料汇编》（下册），1954年自版发行，第449页。

⑤ 《张县长在扩干会上关于对发动群众的小结》，载通江土改工作团总团办公室编：《学习通讯》1951年第3号。

⑥ 《中共中央西南局关于十一月份农村情况的简报》（1951年12月6日），载中共中央西南局农村工作部编：《西南区土地改革运动资料汇编》（下册），1954年自版发行，第449页。

⑦ 《通江县三期土改扩干会学习总结》（1951年11月25日），达州市档案馆藏达县地委办公室，档案号19/1/58。

⑧ 《中共中央西南局关于十一月份农村情况的简报》（1951年12月6日），载中共中央西南局农村工作部编：《西南区土地改革运动资料汇编》（下册），1954年自版发行，第449页。

身文化水平低，一些人存在自卑心理，"认为自己学习不好，在工作中摸不到情况"，① 进而"在讨论中不敢大胆发言，怕说错了，别人批评怕人问"。② 他们这种对于自身能力的怀疑，自然会对即将到来的土改产生畏难情绪，例如出现三怕："怕山高沟深""怕封建势力强大""怕寒冷"。本县籍的工作队员则特别不愿意前往外乡参加土改，存在"不愿分到别区，请求回本区，本乡，甚至本村工作去"的想法。③ 他们之所以不愿去外乡，一是出于牵挂家庭，例如"家庭没有劳动力，害怕耽误庄稼"；二则是存在"复仇"心理，即"想回本乡土改好报仇"。④

土改前工作队成员表现出的上述思想动态，成为对他们集中展开思想教化和技能养成的重要缘由。因此，土改前的训练具有改造土改工作队员的旧有思想和提升其土改工作技能的双重目的。

二、技能习得与巩固

在南方新区土改前，各地以县为单位均进行了一次针对土改工作队的集中整训，意在总结经验教训，为土改的顺利进行打下基础。那么，这场整训究竟是如何进行的？囿于材料不足，既有研究大都语焉不详。⑤ 接下来，本书以川北通江县为例，对土改前工作

---

① 《学习中不应该存在思想顾虑》，载通江土改工作团总团办公室编：《学习通讯》1951年第6号。
② 《通江土改工作团扩干会议两个单元的学习报告》（1951年11月5日），通江县档案馆藏减租工作团档案，档案号52/1/16。
③ 《运用学习中的系统经验，继续深入踏实，为展开第三个单元的学习而努力》（1951年11月5日），通江县档案馆藏县人民政府档案，档案号33/1/23。
④ 《学习中不应该存在思想顾虑》，载通江土改工作团总团办公室编：《学习通讯》1951年第6号。
⑤ 例如田原史起尽管注意到了河南省陈留专区的土改工作队训练问题，但仅对训练的过程进行了简单阶段性划分，缺少对于工作队员思想交锋与转变的微观分析。参见［日］田原史起「中国土地改革工作隊の基礎の考察：1950年期土地改革における農村基層工作の機能」，《一橋研究》（1995年12月），第99頁。

队的思想整训作一微观分析。通江县位于川陕交界范围，以山地为主。根据川北区党委的部署，因为位置相对偏僻，故而通江县的土改工作比较靠后，在川北区被列入第三期土改范围。减租、退押运动结束后，通江县的土改定于1951年12月正式启动。在经过一段时间的筹备工作后，该县自1951年10月底至12月开始对土改工作队进行集中整训。因为此次整训的对象不仅包括已参加别县土改的老工作队员，还有新参加土改的农民积极分子，故而将其称为"土改扩大干部会议"。

1951年10月28日，通江土改工作团的整训工作正式开始。根据安排，本次整训内容主要分为五个单元："分组讨论总结经验，学习文件""发动群众，依靠贫雇，团结中农，结合整顿三把刀子""反违法斗争""如何公平合理分配""学习二期经验，三期计划，作生产、银行工作以及镇反的报告等"。具体方法则是"早晨上午典型发言，下午晚上完全讨论，大会讨论套小会讨论"。[①] 从这个计划内容可以看出，尽管主要是土改政策、步骤方法的学习，但在这个过程中结合小组讨论和会议发言，使这些基层干部进一步加深对土改工作的认识。

正如前文提及，通过会议让与会者充分发表意见，尽管会出现不同观点的交锋，但最终容易在会议主持人的引导之下达成共识，这就是"开会"的一大优势。在此次土改工作队培训期间，开会自然是培训的重要形式。通过举行大大小小的会议，结合培训内容展开讨论，从与会者的发言中考查其思想状况并及时进行纠正。具体而言就是"大会套小会，小会结合大会，分队或小组的小会讨论，解决问题，典型发言，以问题为主，一个一个带来，成功的经验，失败的教训，好坏都要"，以各分队、小组为单位，在上级派来的辅导员主持下，首先是分队长、小组长做典型发言，然后带动全组

---

① 《通江县三期土改扩干会学习计划》（1951年10月28日），通江县档案馆藏减租工作团档案，档案号52/1/18。

的成员发言。① 这种有主导且互相启发的方式，构建了一个类似剧场的环境，不仅培养了发言者的口头表达能力，② 还通过不同观点的激荡，引导与会者产生共鸣或者形成共识。

在上述五个单元中，第二个单元（即发动群众，整顿组织）的学习与讨论尤其重要，它直接关乎土改政治目标的实现。因为土改的深远意义并不在于简单地均田地、分财产，而是重组农村权力结构，在此过程中提拔符合新政权要求的贫雇农积极分子成为乡村干部，进而稳固中共在农村的基础。为了使工作队员加深发动贫雇农的认识，通江土改总团部明确指出，工作队员必须"懂得依靠贫雇农，团结中农的总路线，并包括了整顿、培养与巩固三个刀把子的道理"，原因在于"它是土改的第一个主要中心环节"。③ 因此，第二单元是此次训练的主要内容。

然而，要实现从"分歧"到"共识"的转换并非易事，需要反复启发与讨论。例如第三中队第四分队第一组在讨论过程中的变化颇具代表性。在讨论之初，该组成员的总体表现是："各说各的，说了就算，不从实际的问题出发，也抓不着重心，听的人思想意志不集中，别人说的啥子可以不听，不管，不争论，不分析，问题得不到结论。"在讨论到为什么要发动、依靠贫雇农时，有的表示"为了介绍材料"，也有人认为如此"才有话说，好划成份"。对

---

① 《龙团长对今后学习的重要指示》，载通江土改工作团总团办公室编：《学习通讯》1951年第2号。

② 早在20世纪20年代，中共就开始运用"开会"来训练干部的口头表达能力。例如在莫斯科中山大学，所有的党、团员每周都要参加党的小组会，由一名指导员主持，要求每个人都要对讨论的问题发言，而不能保持沉默，"如果有人不发言，就要被指导员点名发言"，此举目的就是培养其独立表达意见的能力。经过训练，"即使一个人什么都不会写，甚至一字不识，可是却一般都能侃侃而谈，这是一个革命的鼓动者必须具备的重要本领"。参见［美］盛岳：《莫斯科中山大学和中国革命》，悉博铨等译，现代史料编刊社1980年版，第93页。

③ 《龙团长对今后学习的重要指示》，载通江土改工作团总团办公室编：《学习通讯》1951年第2号。

此，辅导员立即提出疑问："是不是完全是为了介绍材料，划好成份？"这时候与会者陷入沉默并开始思考。一个队员打破沉默，说："不完全是为了介绍材料，划成份，还有查田评产，反违法，没征收、分配都要发动贫雇农，依靠贫雇农。"接着，辅导员继续启发："划成份、没征收、分配等工作的目的在哪里？"经过这种不断启发式的提问，大家的参与积极性被激发出来，一个原本不大喜欢发言的工作队员说："为了要消灭地主阶级。"辅导员又问："那为啥一定要依靠贫雇农，依靠中农或其他阶层还不行？"……在他的启发下，"大家的情绪渐渐提高了，思想也开始集中起来"，① 逐步形成土改中坚决依靠贫雇农的共识。与此同时，一些工作队员开始纠正自己对于发动贫雇农的思想误区。例如第五中队第四分队第一组的刘自江承认，他之前有"看不起贫雇农，不愿住在贫雇农家里"的思想，经过此次学习，他树立了"贫雇农观点"并主动保证"今后在工作上不再犯这种错误"。还有人承认在其他县区参加土改时"不进行访贤访苦，躲到别人家里去睡觉"，甚至认为"工作同志是客，贫雇农应该来找我"。在刘自江的带动下，该组其他一些成员也相继统一认识。② 可见，这种通过会议进行讨论的形式，进一步增强了工作队员对土改技巧与规律的认识。

由于土改工作队员群体构成较为复杂，在培训中的表现各有差异。例如在学习过程中一些工作队员情绪低落，"学不起劲"。在讨论会上则表现出两种倾向：一种是"参加过土改的同志，自己多不发言，已（一）发起言来就是一大篇空洞道理"，或者"一谈就是全部工作过程，起码谈一个多钟头，究竟在工作中有什么经验教训，别人不知道，他自己也没有进一步去认识"；另外一种则是

---

① 《三中队四分队第一组学习情况好转了!》，载通江土改工作团总团办公室编：《学习通讯》1951年第4号。
② 《值得学习的好榜样 刘自江大胆暴露自己错误》，载通江土改工作团总团办公室编：《学习通讯》1951年第8号。

"根本不管讨论如何，自己去看书看报纸，或者找人摆龙门阵，开玩笑"。① 还有一些人对培训持抵触情绪，"把学习当成负担，把发言当成'过关'，不敢暴露自己的缺点，发了言就算完成了任务"，敷衍了事；或者在讨论中纠缠于细枝末节。在第三中队第二分队，围绕全心全意为人民服务究竟是"群众观"还是"人生观"这一问题，"大家争论了好久"。第一中队第一分队第三组则围绕土改到底是"肯定"还是"主要"依靠贫雇农这一问题而反复争论，双方"闹了很久，啥问题也不解决"。② 总之，训练前期因成员的思想纷杂而成效不彰，需要组织者通过一种特殊的动员手段来调动集体氛围，即"诉苦"。

在训练过程中，"诉苦"这种在北方土改时被娴熟运用的动员技巧再次出现。既有土改研究中往往侧重考察工作队员下乡后运用"诉苦"发动农民，而较少注意土改前工作队内部的诉苦行为。工作队员在训练班上习得的"诉苦"技巧，成为他们进入村庄后发动农民的重要经验。例如在通江县的此次土改训练班中，工作队内部就进行了"诉苦"的预演。

在第三中队第三分队第二组中，队员何子益为贫苦农民出身，在该组讨论"贫雇农的苦是从何处来"问题时，他向大家回忆自己的悲惨经历，称父亲去世得早，从小缺吃少穿，"吃的是黄荆叶和苦麻菜"，家里生活实在过不下去，只好6岁去地主家做童工，每天喝米汤，晚上睡在"烂簸箕"里，后仍然被地主赶回家。说到这里，他"哭不成声"，说："我渐渐长大了，就给人做长工，那时才9岁，一年到头没得到一文钱，只能糊住自己的嘴，哥哥帮了几年的长工，回家还是一个光杆杆。"然后，他接着诉苦："在12岁

---

① 《响应龙团长号召，提出保证后，一中队的学习已有显著进步》，载通江土改工作团总团办公室编：《学习通讯》1951年第7号。
② 《通江土改工作团扩干会议两个单元的学习报告》（1951年11月5日），通江县档案馆藏减租工作团档案，档案号52/1/16。

时，曾先后佃过两个地主的田地，但不久，都把我退了。没办法，后来我在我叔父那里借了点钱，做了个小生意，母亲纺线，一家人的生活，才勉强维持下来，我们莫田莫地（方言，即没有田地）的人，在那时多下贱呵！"说到这里，他气愤地喊道："这就是地主老财的可恶呀！"为此，他坚决表示："解放了，我们穷人翻了身，土改时，我们一定彻底打倒地主阶级才甘心！"① 他声泪俱下的控诉，迅速在与会者中间产生情感共鸣。由于他们中一些人来自贫苦农民家庭，生活的艰辛与困苦，都很容易使与会者产生"共情"，在这种氛围下，较快形成坚决依靠贫雇农、消灭地主阶级的"共识"。不仅如此，工作队员们通过这种方式习得了开展诉苦的技巧，为他们接下来在土改中发动贫雇农诉苦打下了基础。

此外，针对一些工作队员存在"恋家""复仇"和"过关"且不愿去他乡参加土改的心理，1951年11月5日，通江县土改工作团总团长龙鸣在通江扩干会议上作关于第二单元的学习总结报告，龙要求他们从"大的方面去想"，例如想斗争某某地主，"可写信回去，供（贡）献材料"，但要将对"个别地主的仇恨提高到对整个地主阶级"上来，而不是"藉口想回去工作，而实际想回家"。同时，鉴于一些地主家庭出身的工作队员存在"过关"心理，龙要求他们"非过这个关不可"，动员家里"在土改中应当赔偿群众的损失，就应当提前赔清"。针对农民的诉苦斗争，表明"只要规矩老实过好关才是正路，也才会有原谅，革命有前途，自己也有前途"。② 在新政权的政治话语中，土地改革是一场席卷全国的阶级斗争，地富成份的工作队员过土改前和过程中的"思想关"和"行动关"，不仅体现了对新政权的认同，而且是对于原阶级的抛弃

---

① 《地主阶级整得我们农民好惨，何子益同志一字一泪伤心诉苦》，载通江土改工作团总团办公室编：《学习通讯》1951年第8号。
② 《运用学习中的系统经验，继续深入踏实，为展开第三个单元的学习而努力》（1951年11月5日），通江县档案馆藏县人民政府档案，档案号33/1/23。

与决裂,这些都需要他们在这一过程中实现由"身"到"心"的彻底蜕变。

在经过学习讨论后,无论是新队员还是老队员,大都对以往的错误认识进行检讨,努力实现思想层面的自我教化,而且习得领导土改的技能,例如依靠贫雇农和开展诉苦等。1951年11月4日,通江土改总团部二中队党支部发出保证书,明确表示要"老老实实地虚心学习",① 这不仅是一次简单的政治表态,更是对于即将开展的土改工作的一次行动昭示。作为基层干部,土改前的训练使他们的思想认识和工作能力都得到了显著提高。紧随其后的土地改革,又让他们经历了从"理论"到"实践"的飞跃。从新政权的角度来说,数以万计的土改工作队无疑是一支高素质的基层干部队伍。那么,土改结束后他们又去了哪里?

三、土改后的工作去向

1951年11月18日,通江县召开扩大干部会,时任土改总团长的龙鸣布置土改工作任务。② 随着各分队、工作组陆续到达各乡、村,通江县的土改工作由此拉开。该县土地改革自1951年11月21日起至52年3月27日结束。③ 根据通江自身的地理环境,在当时的9个区中,因第五、七区位于最北边,"山更高,人口更少",故总团部决定通江土改分两期进行,第一期在7个区中进行,而第五、七区则属于二期土改。在第一期的7个区中,土改时间为1951年11月21日至3月4日,历时104天。工作队下乡后,熟练运用在学习期间掌握的技术与方法,通过串联发动与诉苦并召开各类大

---

① 《响应龙团长"保证学习好"的号召 各单位纷纷提出保证及挑战书》,载通江土改工作团总团办公室编:《学习通讯》1951年第4号。
② 《通江县三期土改作战计划(复稿)——龙鸣书记在三期土改扩干会的布置》(1951年11月19日),通江县档案馆藏县人民政府档案,档案号33/1/23。
③ 《通江土改研究工作总结》(1952年3月27日),达州市档案馆藏达县地委办公室档案,档案号19/1/58。

会,如贫雇农代表(大)会、农代会、农民大会、老长工会、老佃户会等。这些乡一级大会的参加者达22万多人,平均每次到会3000人;村斗争大会915次,参加群众共30多万人,每次平均300多人。在这个过程中发现与培养了积极分子并提拔了大量新的乡村干部。据统计,7个区的乡、村两级农会主席正副共701人,其中贫雇农有511人,占总数的73%,中农有189人,其他1人,占总数的27%;乡、村长正副共583人,其中的贫雇农占70%;居民小组长为3589人,贫雇农占64.7%。① 在土改完成并向农民颁发土地证后,工作队的历史使命即随之宣告结束并撤离。那么,通江县这支多达千余人的工作队最后究竟去了哪里?

在夺取政权阶段,中共主要是以农村为工作重点,进而实现其"农村包围城市,武装夺取政权"的目标。可以说,农村、农业、农民分别为中共提供了发展空间、粮食来源和人力资本,即"三农"为中共的胜利奠定了基础。在解放的大城市越来越多,胜局逐渐明朗之际,中共开始考虑转移工作重点的问题。1949年3月,中共中央在西柏坡召开了著名的七届二中全会,毛泽东在报告中指出,由于形势的重大变化,全党的工作重心应该从农村转移到城市。他同时指出,因为南方各地的特殊性,要求"城乡兼顾""决不可以丢掉乡村,仅顾城市"。② 事实上,在南方新区,广大农村尚未经历类似北方的社会革命冲击且肩负着税收供给的重任,③ 不

---

① 《通江(七个区)土改运动基本总结》(1952年3月14日),通江县档案馆藏农民协会档案,档案号183/1/3。
② 毛泽东:《在中国共产党第七届中央委员会第二次全体会议上的报告》(1949年3月5日),载中共中央文献研究室等编:《建党以来重要文献选编(一九二一——一九四九)》(第26册),中央文献出版社2011年版。
③ 据西南财经委副主任陈希云报告,在西南"一直到现在为止,农业税的收入(即公粮)还是我们财政上最主要的来源"。即便是在全国,根据1950年中央政府编制的概算中,农业税在其中占第二位,为39.2%。参见陈希云:《目前西南财政的问题》(1950年9月——笔者判定),载西南军政委员会财政部办公室编:《西南财政》1950年第3、4期。

可能一开始就将工作重心转移到城市,而是要经历一个短暂的过渡阶段。

革命是为了更好地建设,这是其合理性的基本前提。土地改革这场社会革命浪潮,席卷了中国绝大多数农村,彻底瓦解了传统时代的社会伦理与生存法则。地主阶级被消灭,富农经济被限制,整个乡村社会阶层呈现中农化特征,将绝大多数乡村社会成员拉回到了同一条起跑线上。大破之后急需大立。此时摆在中共面前的不再是"武装到牙齿"的"阶级敌人",而是如何改变这种经历长年战乱和社会革命而留下来的衰败局面。一言以蔽之,经济建设迫在眉睫。关于此点,川北区党委有着明确认识。1951 年 7 月,区党委组织部制订了半年大规模训练干部的计划,明确指出目的就是"为适应川北土改后大规模展开各种建设工作(尤其是经济建设)"的需要,进而培养大量适应新任务的干部。①

通江土改在整个西南区土改中处于第三阶段,此时中共中央在全国范围内发起的"三反"运动也在交替进行,很多财经部门的干部在运动中落马,这使原本干部就不多的财经部门更是难以正常运转。1952 年 6 月,西南局召开第九次会议,西南区财政部长刘岱峯在会上称,由于"三反""五反"在经济领域造成了巨大的冲击,该区在 1952 年 2—3 月间市场出现了严重的"暂时停滞现象"。以重庆为例,该市 1952 年 6 月上旬的交易额只有去年 12 月上旬的 60%。为了适应西南区土改后出现的新情况,西南局要求各省、市、区党委必须"立即真正地把工作重心转向工业,转向城市",为此决定从全区抽调 20 个地委书记,130 个县委书记"转作经济工作",主要分配至"基本建设和现有厂矿中工作"。② 根据西南局

---

① 《川北区党委对今后半年大规模训练干部的计划》(1951 年 7 月),载中共川北区党委办公厅编印:《〈川北工作〉主要材料汇集》(一),1952 年自版发行,第 170 页。
② 《西南局关于召开西南局委员会第九次会议情况的报告》(1952 年 6 月),载中共川南区党委办公室编:《川南通讯》1952 年第 72 期。

的要求,1952年6月,胡耀邦在川北区党委扩干会上讲话,认为"全国即将准备进入经济建设时期",西南局交给川北区党委该年的任务之一,就是"大力恢复与加强财经生产工作"。① 可见,财经工作已经是川北各地工作的主要内容。但从事财经工作,需要一定的文化水平和专业知识,具有较强的技术性,这对当时工农干部,尤其是贫农出身的干部来说,财经工作往往难以立即胜任。此时,土改结束,大量土改工作队人员即将撤离农村,他们大都有一定的文化水平,同时又从事与财经相关的土改工作,这类人自然就成为上级考虑的主要对象。

为此,1950年12年25日,邓小平在西南区第二次财经会议上就已经提出了土改工作队干部安置的设想:"土地改革完成后,农村工作可以交给本地干部,外来干部逐渐转到财经工作上去。"② 但他并未进一步说明具体走向。直到次年6月11日,他在西南局一次会议上才对土改工作队干部的主要去向进行具体部署:"土改干部的绝大部份,在土改完成之后,调作合作社、银行、贸易、工业等经济工作。"③ 中共中央此时也就土改后干部的安排问题作出了与西南局类似的安排,即"参加土改工作的干部在土改后,除留一部在农村中继续工作外,应有计划地抽调一批出来,并有计划地

---

① 《为完成迎接国家经济建设的准备工作而努力!——第一书记胡耀邦同志在五二年六月扩干会上的总结大纲》(1952年6月),载中共川北区党委办公厅编印:《〈川北工作〉主要材料汇集》(一),1952年自版发行,第82页。
② 邓小平:《在西南区第二次财经会议上的讲话》(1950年12月25日),载中共中央文献研究室等编:《邓小平西南工作文集》,重庆出版社2006年版,第306页。
③ 《邓小平同志在中共中央西南局委员会上的报告要点》(1951年6月11日),载中共中央西南局农村工作部编:《西区土地改革运动资料汇编》(下册),1954年自版发行,第20页;《中共中央关于肯定邓小平在中央局委员会上的报告要点给西南局的复电》(1951年7月14日),载中央档案馆等编:《中共中央文件选集(1949年10月至1966年5月)》(第6册),人民出版社2013年版,第321页。

分配他们到城市中工作"。① 西南局之所以计划将土改工作队干部的安置对象确定为城市财经部门，主要原因仍然在于相关领域干部缺乏。根据初步统计，西南区必须要在 1951 年底前"训练出八万初级干部才能适应明年工作的需要"。其中"银行、财政共三万，合作社一万，贸易一万，宣传系统一万，组织系统一万，其他一万"。可见，财经部门所需的干部达到 5 万人之众。但问题是这些岗位均具有一定的文化和技术要求，因此西南局决定这些干部"主要从农村中较好的知识分子和略通文字的农民积极分子中找"。② 可见，财经部门自然就是土改后这些工作队员的重要目标岗位。

就工作队本身而言，这些队员首先在土改前的整训中习得了一定的文化知识与工作技能，在土改的实践经历中，他们自身无论是工作能力还是文化水平，都得到了很大提高。从这个角度来说，工作队本身的干部培养功能也得到了充分的彰显。随着土改结束划乡建政完成，工作队的历史使命也就结束了。

为了解决各地干部不足的问题，同时对土改后的工作队干部做好安排，1952 年 4 月 20 日，达县专署决定成立以地委组织部部长杜秉清为主任的整编委员会，下属各县的整编机构也陆续成立。针对土改干部的安排问题，整编委员会明确指出："参加各县土改的土改干部，原则上分属各县就地安插。"③ 这就是达县专区土改工作队的大致去向，即主要留在各县。专区整编工作自 1952 年 6 月 25 日结束，具体见表 4-3：

---

① 《中共中央关于土地改革后农村和城市的工作任务及干部配备问题给华东局的指示》(1951 年 8 月 11 日)，载中共中央文献研究室编：《建国以来重要文献选编》(第 2 册)，中央文献出版社 1992 年版，第 398 页。

② 邓小平：《关于西南局工作情况的报告》(1951 年 6 月 27 日)，载中共中央文献研究室等编：《邓小平西南工作文集》，重庆出版社 2006 年版，第 410 页。

③ 《达县专区整编办公室工作报告》(1952 年 5 月 14 日)，达州市档案馆藏达县地委组织部档案，档案号 21/1/63。

表 4-3　达县专区干部整编前后情况统计（1952 年 6 月）

	党务	政法	财经	文教	群工	其他
整编前	366	1288	3075	414	728	465
整编后	629	1572	3779	384	706	210

资料来源：《地委组织部关于整编工作总结报告》（1952 年 6 月 25 日），达州市档案馆藏达县地委组织部档案，档案号 21/1/63。

从表 4-3 可以看出，达县专区财经部门的干部人数无论是总数还是增幅都是最大的。究其原因，不仅是因执行中共中央与西南局关于土改干部转至财经部门任职的指示，还与当时财经部门干部缺乏的现状密切相关。据地委报告称，以各系统干部质量来看，财经系统"最弱"，而且在"三反"运动中不少干部因贪污行为而被清洗，"仅县经理一级干部就垮了 38 个"。因此，大量财经部门干部空缺亟待填充。从表 4-3 可以看出，财经部门干部增加了 700 余人，尽管笔者不知道工作队干部在其中的比例情况，但从中共中央及西南局的指示以及财经部门专业性来看，土改工作队干部的条件无疑是最适合的。

达县专区各县土改工作团中大多数人是本县提拔的积极分子，但也有外来的川北区党委工作团和地委工作团干部。通江县因属于通南巴工委直接领导，所以主要是川北区党委工作团为主。在达县专区，区党委工作团干部主要分布在通江县和南江县，由达县地委组织部按照"地区的需要好坏搭配"的原则来安置，其中通江县分配的最多，达到 86 人。但在实际分配中，"大部份是征求了本人意见"，根据需要"适当的分配回原县工作"。对于一些留在通江县的干部，则"根据工作能力，思想表现，政治历史清白等方面，适当的提拔分配"，而那些"工作能力薄弱，年纪大、思想落后以及带有慢性病者，反复动员回家生产，品质恶劣，作风极坏，在运动中犯有严重错误而不堪教育改造者，坚决清洗或遣散回家"。具体方式是，本人填写农民积极分子和土改干部登记表，提出土改后的工作意愿,"交群众鉴定,分团领导上签定意见"并提出提拔对象名单,经组织部和人事科共同研究决定,"调整薪金待遇,正式宣布工作"。例如,土改工作团干部陈某在土改中"强迫命令,脱离群众",被提为副区长后,因群众反映说,"他当了区长,把人民政府威信也降低了",而被撤销任命。① 总的说来,通江的川北区党委工作团干部分配情况见表4-4。

表4-4 川北区党委工作团干部分配情况(通江)(1952年6月)

类别	总数	级别			质量			分配工作情况				
		县级	区级	一般干部	党员	团员	群众	党务	政法	财经	文教	群工
通江	86		9	77	2	41	43	22	24	26	8	6

资料来源:《三期土改干部及农民积极分子处理情况综合报告》(1952年6月25日),达州市档案馆藏达县地委组织部档案,档案号21/1/63。

从表4-4可以看出,在级别上看,工作团干部以一般干部为主,分配到财经部门的人数位居第二。值得注意的是,这仅是川北区党委土改工作团干部的分配情况。在地委工作团一级,干部构成与区党委工作团类似,除返回原单位的在职干部,其余267名工作队员由地委组织部分配在开江、万源等6县,主要分布在财经(148人)、政法(71人)、群工(29人)等部门;② 第三类主要是达县专区下属8个县的农民积极分子。这些工作队成员大都为本县籍,根据地委"就地安插"的意见,各县对他们分别进行了安置。据统计,8个县一共安排了1702人,主要安排在财经(652人)、

---

① 《中共达县地委关于一九五二年培养提拔干部工作基本总结及今后计划(草案)》(1952年11月14日),通江县档案馆藏通江县委组织部档案,档案号2/1/23。
② 《(达县)地委工作团干部分配情况统计表》(1952年6月),达州市档案馆藏达县地委组织部档案,档案号21/1/63。

乡村（455人）、政法（336人）等领域。① 财政部门同样高居第一。

1952年6月12日，据通江县委组织部报告，该县干部整编已经结束，具体数据如表4-5所示。

表4-5 通江县干部整编前后统计（1952年6月）

（单位：人）

	党务	政府	群团	其他	总数
整编前	35	355	110	83	583
整编后	75	520	68	—	638

资料来源：《通江县整编工作情况报告》（1952年6月12日），达州市档案馆藏达县地委组织部档案，档案号21/1/63。（注：原数据有误，整编后的干部总数应为663人）

从表4-5可以看出，政府系统的干部大大增加，增加数量占原干部数的46%，而与之相比的是群团干部的锐减。根据要求，土改工作队必须加入当地农协会，土改结束后他们的离开自然会造成群团干部的减少。在政府系统中，财经部门的干部数量从整编前的29人增加到302人。② 这个数字说明了财经部门同样成为通江土改工作队的主要去向。

但在整编过程中，工作队干部思想颇为复杂，主要体现在区党委工作团干部大部分人"不安心不想留通江工作"；文化程度较高的则存在"自高自大与争地位思想"；一些农民积极分子则"有的想换班，也有不想做财经工作的，也有闹婚姻问题的"。一个队员被分配为第三区会计，他因不愿意做财经工作，而"经常与同志们闹不团结"。例如，有一名工作队员邓光义，在土改结束后分配为区文教卫生干事，感到地位低，"经常闹情绪，工作不安心，对生

---

① 《农民积极分子处理情况统计表》（1952年6月），达州市档案馆藏达县地委组织部档案，档案号21/1/63。

② 《通江县整编工作情况报告》（1952年6月12日），达州市档案馆藏达县地委组织部档案，档案号21/1/63。

产工作不重视"。① 可见，除财经部门外，一些工作队员也被安排至其他方面的岗位。据阮明道（曾任四川师范学院历史系教授）回忆，1950年初他从蚕桑制丝职业学校毕业后，于1950年8月被推荐到川北区党委宣传部工作，9月被抽调至川北区党委第四工作团，参加征粮、减租、退押、清匪反霸、土改，后参加通江县的土改，供职于土改总团部办公室，土改结束后被留在通江县委办公室工作。② 此外，还有一部分工作队干部被提拔使用。据1952年7月通江县委报告该年上半年的干部提拔情况，在提拔的14名区一级干部中，其中土改工作团就占9人；提拔一般干部共258人，其中工作团占77人。③

综合以上材料可以得出结论：土改结束后，通江县工作队员的去向呈现"一主多元"的特征，即以通江县为工作范围，财经部门为主，兼及其他，如文教、党务、政法等，其中一些人甚至被提拔为领导干部。这些土改工作队员在经历土改和整编后，无论是否属于通江县籍，大都留在该县工作。可以说，这些工作队员在这个过程中也实现了自身的"地方化"。可见，工作队不仅代表上级贯彻政令，本身还是培养干部的重要平台。除了培养工作队干部，还肩负发现和提拔乡村干部的重任。

第三节 "母鸡带小鸡"：工作队与乡村干部选拔

因新区政局初定，大量基层干部尤其是乡村干部缺乏，对此川北区党委明确要求各地应"采取母鸡抱儿子、师傅带徒弟"的办法

---

① 《通江县整编工作情况报告》（1952年6月12日），达州市档案馆藏达县地委组织部档案，档案号21/1/63。
② 阮明道：《自序》，载《中国历史与地理论考》，巴蜀书社2002年版，第1页。
③ 《通江县五二年元月至六月底培养和提拔干部总结报告》（1952年7月），达州市档案馆藏达县地委组织部档案，档案号21/1/65；《通江县干部配备及三建后干部的思想情况》（1952年9月16日），达州市档案馆藏达县地委组织部档案，档案号21/1/75。

来培养新干部。① 工作队下乡后,除了动员贫雇农参加各种乡村运动,还肩负着选拔、培养乡村干部的重任。在传统时代,农民罕有参与政治的机会。除了极少数人通过科举考试入仕,大多数人几乎与政治相隔绝。在南京国民政府时期,国家权力进一步下移,但参与政治仍然是乡村中富有智识阶层乃至豪强势力的专属。② 直到土地革命时期,中共通过乡村运动的方式,打倒既有权势阶层,动员底层民众参与政治并进入乡村政治舞台,实现了对乡村权力金字塔的彻底翻转。但乡村干部起初无论是文化水平还是工作能力都不可能如意,必须依赖工作队的引导和培养。这种干部培养模式,笔者在此将其描述为"母鸡带小鸡"。③

一、包办代替及其纠正

乡村干部不足是 20 世纪 50 年代初期新区农村政权面临的共同问题。在西南区,时任西南军政委员会主席的刘伯承即在西南军政委员会第一次全体会议上指出,"大量培养和提拔工农干部,是今后干部工作的重要任务"。④ 20 世纪 50 年代初期的诸多社会运动,如征粮、减租、退押、土改、"三反"等,均为新政权培养与提拔干部奠定了基础。西南局明确要求:"在土地改革中涌现出来的积

---

① 《川北区一九五〇年培养训练干部情况总结报告》(1950 年 12 月),中共川北区党委办公厅编印:《〈川北工作〉主要材料汇集》(一),1952 年自版发行,第 155 页。

② 据时人回忆,当地担任保甲长的主要标准是:(1) 当地人;(2) 有文化;(3) 有势力。可见,那些贫苦且文化水平低下的农民是很难胜任保甲长职务的。参见笔者对刘坤远的访谈记录,访谈地点:四川省通江县铁佛镇平坝村;访谈时间:2015 年 12 月 18 日。

③ 为了大力提拔干部,胡耀邦曾在《川北日报》上发表《从资格的囚笼冲出来,大胆选拔德才兼备的新干部》一文,号召各级领导要大胆使用年轻干部,要当"老母鸡",去耐心孵化"鸡娃子"。李源渊:《川北人民的思念——胡耀邦同志在川北工作思想风貌侧记》,载政协四川省南充市委员会文史资料委员会等编:《南充市文史资料——胡耀邦与川北区工作回忆》,第 2 辑,1994 年自版发行,第 181 页。

④ 《刘伯承主席关于西南区的工作任务的报告——一九五〇年七月二十七日西南军政委员会第一次全体会议上的报告》,载中共中央西南局农村工作部编:《西南区土地改革运动资料汇编》(上册),1954 年自版发行,第 27 页。

极分子经过土改已培养为干部的,应成为基层政权干部的主要来源。"① 但究竟如何培养新的乡村干部呢?工作队就是完成这一任务的主要力量。工作队下乡领导减租、土改,在运动过程中去发现、培养、提拔农民积极分子成为乡村干部,并注意在这个过程中去培养其独立工作的能力,达到"枪换肩"的目的。因此,工作队不仅需要保证减租、土改的顺利完成,还必须注意培养乡村干部,重组基层权力结构。关于此点,通江县土改工作团在土改前的学习中也多次强调,但在实际工作中,仍然出现了一些工作队忽视培养乡村干部,甚至包办代替的现象。西南局将这种工作作风称为"裸体跳舞"。②

这种"裸体跳舞"现象,在西南区表现得十分普遍。一些工作队干部下乡后急于求成,一旦工作遭遇挫折,极易出现包办代替。一些工作队下乡后踢开原有政权组织而包办乡村工作。在昆明县一个村庄,"从农会主席到各委员,全由工作干部包办担任"。在贵州,工作队干部下乡改选村农会主席,因担心其内定的干部落选,他便"亲手抓起一把玉米放在内定人选的碗里,以保证其当选"。在土改正式开始后,西南区"从整理农会、选举、查田地、评产量到划阶级、分果实、主持斗争等等重大事项不通过群众民主讨论决定,而由工作队直接包办决定的现象到处都有,群众反映是'分啥就是啥''划啥就是啥'"。③ 可见,工作队这种撇开乡村干部而冲锋在前的工作方式,难以实现对后者的训练与培养目的。

在川北区,据1950年底区党委报告,早在减租、退押运动中,就出现了"群众没有发动起来,干部包办或只叫积极分子裸体跳

---

① 《深入检查总结土地改革,在胜利结束土地改革的基础上展开民主建政和教育农民的工作,做好一九五一年生产运动的一切准备》(1951年9月),载西南局编:《西南工作》1951年第66期。

② 1950年5月,西南局就工作队下乡征粮时出现的包办代替现象报告中共中央:"不知道发动群众控制利用旧保甲,而是所谓亲自出马,形成裸体跳舞。我们的干部'赏花脸',旧保甲背后作'好人'。"参见《西南局组织部五月份给西南局并中央组织部的报告》(1950年5月),载西南局编:《西南工作》1950年第7期。

③ 《反对包办代替及命令主义作风》,载西南局编:《西南工作》1951年第58期。

舞"的现象。① 为此,川北区党委要求各地,必须充分发动贫雇农,进而"把群众的手大胆放开":

> 任何包办代替都是错误的。我们要大胆放手让群众自己来干,决不应把加强领导当做包办代替的理由,即使在群众开始行动起来时,发生一些偏差,做的不那么"如意",但这应该当作是群众运动发展进步的过程,是群众觉悟程度与斗争经验提高的过程,决不是我们干部需要或应当亲自出马干涉群众行动的理由。因为当干部只要一加干涉,不管正当与否便会伤害群众的积极性和自信心,束缚了群众的手足,发展了依赖和恩赐观点,这样即使取得胜利也是干部的胜利,不是群众自己的胜利。②

细读川北区党委这段话可知,工作队不愿意充分发动贫雇农的一个顾虑,就是这些人一旦发动起来,往往难以控制,即出现"偏差",但这种"偏差"的责任最终却由运动者来承担。当年晋绥区土改中出现了过火现象后,领导基层土改的一些干部为此受到了处分。③ 可见,作为地方(基层)干部,往往很难在"发动群众"与

---

① 《川北区党委关于减退工作情况向西南局的报告》(1950年12月4日),载川东区党委办公厅编:《川东资料》1950年第33期。
② 《如何放手发动群众才能加速完成社会改革工作》(1950年12月——笔者判定),中共川北区党委政策研究室编印:《川北工作》1950年第26期。
③ 晋绥区崞县土改即是一个生动的例子。时任崞县县委副书记的丁耿林,根据中央工委和晋绥分局的要求,按照"群众要怎样办就怎样办"的标准,在八区大力整党,结果造成打死多人严重后果。在后来的责任追究中,丁受到撤销县委副书记和县委委员的处分。参见吴斌:《崞县八区土改中所犯的"左"的错误纪略》,载原平市政协文史资料研究无委员会:《原平文史资料》(第7辑),1997年自版发行,第20—21页;杨满仓编著:《中共原平党史纪略 1926—1949》,山西人民出版社2010年版,第179页。丁耿林(1921—2003),山东金乡人,晋绥整党时担任崞县县委书记、副书记,后奉调南下,相继担任川北区临时工委(1950年1月更名为川北区党委)秘书长、政策研究室副主任、南充县委书记、达县地委副书记兼宣传部长和地委书记,四川省高教局副局长、四川大学党委书记等职务。

"保持秩序"中取得一个恰当的平衡。① 川北区的南下干部大都来自原晋绥区,面对又一次发动群众的任务来临,既往经验往往容易使他们选择"包办代替",而不是大力发动群众。从这个意义上讲,"包办代替"反而是他们最为稳妥的做法以及理性选择。

以上是南下干部存在的顾虑。但在川北区,南下干部数量是有限的,新政权还吸收了大量的新区积极分子充实工作队,在运动初期阶段,后者往往难以理解发动群众的缘由,在工作中极易忽视乡村干部的发现与培养工作。正如当时《川北日报》所批评的,一些工作队未能"深切认识"培养乡村干部的重要性,而在工作过程中包办代替,具体表现为"开会自己讲,处理事情自己出头"。② 这种做法,亦是导致他们包办代替的重要原因之一。作为国家权力的非常规组织,工作队具有明显的临时性特征,若不能培养新的乡村干部,或者其不能完全胜任乡村日常工作,最终出现"土改结束后干部一走,工作就会完全垮台"的现象。③

通江土改正式开始后,工作队陆续下派到各村。尽管在土改前工作团就发动、依靠贫雇农的工作方针向全体队员予以反复讲述,并以此展开内部讨论,也取得了共识,但在实际工作中,要完全做到这一点并不容易,他们中的一些人不能理解发动依靠贫雇农的真实含义,且缺乏耐心。这对那些刚参加工作的队员来说,尤其如此。该县毛浴乡二村的例子颇具代表性。

毛浴乡在土改中被该县定为重点工作乡。据调查,在该乡二村,负责领导该村土改的工作组长杨某,曾在别县参加过土改,但

---

① 这实际上涉及群众运动中的"制法、执法和违法"问题,正是这种复杂的三角关系,导致了中共领导下的群众运动,一旦发起极易"过火",但也只有"过火",才能使运动走向收束。参见何志明、郑超:《制法·执法·违法:1950年代初期川西减租退押运动中的社会动员》,载《史林》2015年第5期。

② 《认真培养农民干部与积极分子》,载《川北日报》1951年8月7日。

③ 《如何在群众运动中培养农村群众领袖和骨干分子?》,载西南军政委员会土改委员会编:《土改简报》1952年第14期。

在发动群众方面存在很多问题,工作方式简单粗暴,"动辄爱骂人"。在一次贫雇农会议上,他说:"你们武装队站哨要注意,村干部的章管不到火(方言,即管用),要我们工作同志的章才走得到路。"该村一个农民代表罗青珍参加乡农代会后,因天黑了就在其亲戚家(地主)住了一晚。罗得知此事后,就在全村大会上大骂。他下村后,"没有下小组去开过会,与原来的村干部脱节,遇事轮眉鼓眼(方言,即发脾气)",村干部都很怕他。一个干部说:"我们都怕他群众更不敢接近他。"烈属黄作兵说:"工作同志是来给我们农民撑腰的,像杨同志这样撑腰,会把我们撑下岩去。"他在培养村干部方面,更是毫无成绩。一些村干部甚至成为他的办事员兼炊事员,如村干部谢某"包办"了他的"煮饭洗碗"工作,每到做饭时,他就叫:"老谢煮饭了。"饭后则是:"老谢把碗捡过去。"杨某的这种工作方式,使该村的土改工作迟迟没有进展,甚至"群众都见不得他(方言,即讨厌)"。因为他"喜欢骂人,群众不敢接近他",故在培养积极分子方面,"根本没有事先培植,也是自己临时决定的一批,在他所决定的十一个村干部中,在改选时便有六个没有选出来"。①

杨某这个案例体现出工作队在培养乡村干部时出现的偏差,作为工作队,下乡迅速完成土改任务是主要工作内容,而要在这个过程中去培养乡村干部,无疑会增加工作量。因此,出于尽快完成任务的考量,他们中的一些人难免存有急于求成而忽视培养乡村干部的想法。

为了纠正类似现象,通江土改总团部发出指示,要求各乡村"必须要有他们自己的干部(乡村农会主席,乡、村长,乡村自卫队及小组长以上的一般乡村干部)",同时要培养他们独立工作的

---

① 《毛浴乡第一步工作干的怎样?——总团部第一巡视组首次工作报告》(1951年12月9日),载通江土改工作团总团部编印:《通江土改简报》1951年第19号。

能力,"避免工作团走,工作也走"。① 在通江土改总团部的反复检查与强调下,一些工作队干部跳出了自己的认识误区,将发动贫雇农作为土改的主要工作内容,在这个过程中发现了大批乡村积极分子,通过实际锻炼,将他们其中一些人提拔为乡村干部。具体说来,就是以深入农户发动诉苦为基本手段并发现积极分子,达到了乡村干部培养目标。

二、"访苦"与"引苦"

在土改前夕,从中共中央、西南局到川北区党委,都反复强调发动贫雇农的重要性。川北区第一书记胡耀邦明确指出,"群众、特别是贫雇农,真正发动起来了,地主阶级真正打倒了,是土改好坏的基本标准""依靠和发动贫雇农是土改斗争的关键"。② 那么,究竟怎样发动贫雇农呢？答案就是"诉苦"。研究表明,"诉苦"是中共在土改中反复运用的一种权力技术,在这个过程中帮助农民形成了"国家观念"。③ 但在新区土改中,工作队通过发动农民诉苦,不仅帮助后者形成国家观念和开展社会动员,而且是一种发现积极分子、选拔新干部的重要手段。④ 按照阶级分析法,贫雇农因处于农村社会最底层,革命性最强,且人数最为众多,可以算作是"农村中的无产阶级",自然颇得中共的青睐,成为新政权选拔乡村

---

① 《总团部关于在土改运动中培养乡村干部的指示》(1951年12月18日),载通江土改工作团总团部编印:《通江土改简报》1951年第29号。

② 张黎群等主编:《胡耀邦传(1915—1976)》(第1卷),人民出版社2005年版,第203页。

③ 参见李里峰:《土改中的诉苦:一种民众动员技术的微观分析》,载《南京大学学报(哲学社会科学版)》2007年第5期;郭于华、孙立平:《诉苦:一种农民国家观念形成的中介机制》,载杨念群等主编:《新史学:多学科对话的图景》(下册),中国人民大学出版社2003年版,第505—526页。

④ 《新华日报》(重庆)亦发表评论,明确指出:"诉苦教育的另一不可忽视的作用,是发现积极分子。"参见冀余:《略谈诉苦教育》,载《新华日报》(重庆)1950年12月21日。

干部的首要对象。原因即在于:"苦水愈多的人,受的压迫最大,斗争起来也最坚决。"① 这与国民政府时期的保甲长(尤其是保长)选拔侧重旧官吏、地方上层存在强烈的反差。中共在乡村中发动农民起来诉苦,其斗争对象就是这部分乡村政治人物及其依附者,通过大会的诉苦斗争,使旧政权的这些乡村干部彻底丧失了存在的合法依据,他们的位置则被贫苦农民取代,成为新的国家代理人。

依据老区土改的经验,要发动农民起来诉苦,首先需要工作队展开深入细致的工作,进行"访贤""访苦"以及"引苦",② 为发现积极分子和培养乡村干部做准备。具体做法就是,"由工作同志深入各户访贫访苦,发现谁受的苦最多,谁最受剥削,谁敢向地主斗争",并"将这些人作为培养积极分子的对象"。③ 可见,土改就是一次选拔积极分子培养乡村干部的重要契机。在通江县,针对即将到来的土改,土改总团团长龙鸣召开干部会议,他在会上明确指出发动贫雇农参与诉苦的重要性,同时他介绍了之前巴中县土改的经验,再次强调诉苦的重要性:

> 根据巴中三期土改的经验,发动贫雇农必须先从访贤访苦,分批串联着手,然后在串联的基础上,召开贫雇农小组会与村的贫雇农大会,同时,选举代表,与运用召开区或乡的贫雇农代表大会结合起来,大刀阔斧地交代政

---

① 冀余:《略谈诉苦教育》,载《新华日报》(重庆)1950 年 12 月 21 日。
② 在中共的土改话语中,"访贤"中的"贤",并非以道德与文化层面为依据,而是以经济条件为主要评选指标。按照这个逻辑推论,越穷则"越贤",自然也就越苦。"访贤"一词并非创自新区土改,而在北方老区土改就已经出现。在豫皖苏根据地,该区一地委就发出指示,要求在土改中必须以"三顾茅庐之精神进行访贤",发现苦主,顺利开展诉苦斗争。参见《豫皖苏一地委关于迅速开展土改工作的指示》(1948 年 1 月 19 日),载中共睢县县委党史资料征集编纂委员会编:《中共睢县党史资料选编》(第 3 册),1992 年自版发行,第 69 页。
③ 阎玉:《在群众运动中发现和培养积极分子》,载《新华日报》(重庆)1950 年 12 月 30 日。

策,在各种大小会上进行启发、教育、诉苦、算账,找穷根,以及"谁养活谁","土地回老家"的思想教育。这是发动贫雇农的一套主要方法。

简单来说,就是通过诉苦发现积极分子,然后通过他们去"串联发动",在串连发动的过程中,更重要的是"从中发现积极分子,准备培养领导骨干"。① 可见,发动诉苦的基本流程:工作队下村召集小组长以上干部会议,听取村长、农协主席和小组长的工作报告,召开村民大会、农协会员和武装队员大会,交代土改政策,然后下至各组召开小型贫雇农座谈会,通过漫谈、对比、算账的形式,发现积极分子,确定名单,然后通过"访贤""访苦",召开积极分子会议,"以积极分子和苦主进行串联,培养典型苦主",召开村的贫雇农大会,让苦主在大会上诉苦后,选出贫雇农代表。这是诉苦过程中的几个基本环节,而在此期间工作队的任务是"必须把我们所了解的积极分子选出来作代表",② 原因就是这些人已经进入工作队的视野,即将提拔为乡村干部。

为了全面发动贫雇农,川北区党委在第一期土改时就发出指示,要求各地必须定期或不定期举行贫雇农大会,同时"认真组织诉苦",主要是以"诉无地之苦、算剥削账"的方式,推动诉苦的顺利展开。③ 可见,川北区党委发动诉苦的逻辑仍然是以土地分布严重不均、地主残酷剥削农民为基础。但在通江县,情况却与之有着较大的差异。正如前文所言,由于自然环境和苏区平分土地的经

---

① 《更深入踏实发动群众(贫雇)为彻底完成三期土改而努力(初稿)——龙团长在通江扩干会议上的总结报告》(1951年11月18日),达州市档案馆藏达县地委办公室档案,档案号19/1/58。
② 《第二中队三期土改第一步工作计划》(1951年11月21日),通江县档案馆藏减租工作团档案,档案号52/1/18。
③ 《区党委关于进一步发动贫雇农的指示》(1951年1月),载中共川北区党委政策研究室编印:《川北工作》1951年第29期。

历,通江的土地集中程度并不高。也就是说,当地农村中并不存在那种剑拔弩张、你死我活的阶级矛盾与冲突。关于此点,西北局领导人习仲勋也发现,在进入新区后,干部们对当地的情况并不了解,具体说来,就是"在蒋伪统治区,有一种情况为我们长期所忽视者,即一般农民生活,并不如我们原来所想象的那样穷困,所想像的那样无法生活下去"。①通江县的情况也与他的说法大致类似。

在经历了减租、退押运动后,该县地主的经济基础已经遭到沉重打击。故而土改时工作队在发动农民起来诉苦,后者起初的积极性并不高。例如后者认为"地主在减退时都是完全搞光了,现在没有油水了"。此外,因减租、退押运动时选拔干部不严格,导致一些不符合要求的人成为乡村干部,如会道门成员、地主、旧保甲长等,这种情况的存在(也就是中共所称的干部不纯)使贫雇农起来诉苦存在很大的顾虑,兼因"减退中,工作同志作风不好,给贫雇农留下坏的影响,分配果实不公平,因而贫雇农不说话,局面打不开"。②可见,土改工作队下乡启发农民诉苦之初,常常并不如意。

在川北区内部有一块比较特殊的区域——原川陕苏区,覆盖达县、剑阁两专区,其中大部分位于达县专区。据川北区调查,原川陕苏区老根据地占全川北区的1/3,人口占1/4,"全区红属或烈属至少在八万户以上"。③通江为苏区的政治中心,烈军属的数量更是众多。他们因子女参加红军,曾遭到旧政权的政治、经济迫害,在心理上往往对旧政权存在怨愤。工作队很快发现,烈军属是他们进行"访苦"的主要对象:"因通江是一个老根据地,烈军属是发动群众的骨干,依靠这些力量来作发动的桥梁,开好烈军属代表

---

① 《习仲勋同志关于新区工作问题给毛主席的报告》(1948年7月15日),载中共中央政策研究室编:《政策汇编》(上编),1949年自版发行,第122页。

② 《一个会议成功的好典型》,载通江土改一分团办公室编:《土改通报》1951年第1号。

③ 《(川北区)老根据地一般概况及烈军属概况》(1951年——笔者判定),四川省档案馆藏川北行署档案,档案号建北5/79。

第四章　土改中的特殊干部队伍——工作队

会,是迅速打开局面发动群众的一环。"但起初,动员这些人并不顺利,因为他们普遍存在"怕变天""坐地等花开""仇恨人不仇恨阶级""受收买而忘旧恨"等想法。为此,工作队采取的办法就是组织、启发与诱导诉苦:"一天小型诉苦,两天大会诉苦。"同时利用他们烈属的身份加以鼓励:"发扬革命光荣传统,争取更大光荣。"为了打破他们的顾虑,在大会上工作队"反复讲明了国际形势,从阶级出发,讨论了实际的对比教育,说明了共产党是中国和世界人民专政牢不可破的堡垒,打破了怕变天的顾虑"。这些都使烈军属改变原有的规避心理,大胆起来诉苦。在铁佛乡,一个烈军属说:"减租退押我害怕不敢说,我今天听了难搞,才晓得国民党只有个筛子边边(即局促台湾一隅。——引者注),我想还怕啥子,我胆子就大了。"① 他们很快解除了"变天"的顾虑,积极参与到诉苦中来。

在广纳四村,工作队召开烈军属会议,在大会上工作队鼓励他们,对其烈军属身份的"光荣"特征予以肯定,要求他们"在土改中积极起带头骨干作用"。为了发动他们诉苦,工作队采取了"引苦":"你们的子女受地主的压迫才去参军,现在有的有信,有的无信,有的烈军属想自己的儿女,就像饿思食、渴思饮一样,但是我们就如像你们的儿子,要为你们谋利益,你们看到我们就像看到你的子女一样。"这番说辞立即引起了烈军属的共鸣,她们中的一些人如邵李氏、邵许氏,因思念自己的孩子而哭了起来。然后工作队员接着说:"你们的子女参军去了,三三年后地主是把烈军属振(整)惨了的。"这时,烈属陈义氏就连哭带说地倾吐了"她一辈子的苦水":

天哪!提起恶霸地主我要吃他的肉!在三三年我兄弟

---

① 《铁佛乡电话汇报烈军属代表会议情况》(1951年12月2日),通江县档案馆藏减租工作团档案,档案号52/1/68。

参军,红军走后地主陈尚达的老婆,说我们是"乌棒老二"(即地痞流氓),她将我家喂的一条黄牛,赶去卖了,我们不敢开腔,他又放高利贷,估到(即强行)卖了我的田地,用二扬子谷子过长价(即秕壳充当好谷折价),没办法佃耕他的田地,我兄弟扯了一把豌豆,登即打死了,你们说惨不惨啰,那最惨的还是在三三年后,她诬告我偷她的荞麦,到我家里搜寻,把家物一扫而空。

她说到这里,全场气氛被感染了,大家齐声喊道:"打倒反动恶霸地主!"① 这种启发式的"引苦",能使苦主引起共鸣,达到诉苦的目的。在草池乡,土改分队长张天相在了解到该乡六村何培祥为烈属后,即前往他家聊家常,他们的对话如下:

问:伯父伯母你为啥穿得这样烂?
答:我穷得很。
问:你儿子到那里去了呢?如果参了军,我给你当儿子好吗?
答:我儿子三三年后被地主徐学恩杀死了的(哭)。
问:你只要肯给我贡献材料,我决定(方言——一定)给你报仇。

在张的启发下,何"一条一款的把情况说了",② 张就此掌握了全村干部以及组织的情况。事实上,经过"访苦"与"引苦",对土改时期的乡村权力结构重组有着同样重要的意义。实际上,诉

---

① 《一个会议成功的好典型》,载一分团办公室编:《土改通报》1951年第1号。
② 《深入茅庐访贤访苦扩大串联的经验教训(第八次报告)》,收入《通江县总团部向区党委、地委、刘主任电话报告汇集(二)》(1951年12月17日),通江县档案馆藏减租工作团档案,档案号52/1/16。

第四章 土改中的特殊干部队伍——工作队

苦大会实际上扮演着类似"剧场"的角色,存在一个台前幕后的动态演绎过程,否则就无法调动集体情绪。对苦水的"访"和"引"还包括在诉苦大会前的准备工作。正如一个旁观者所称:"那些(诉苦的)都是提前安排好了的,一起(共)三四个,一个接一个,主要怕冷台(即冷场)。"而为了最大限度发挥"情感的力量",他们诉苦的内容也是"有真有假",① 存在较强的实用主义倾向。

通江县在征粮、减租、退押运动中发现与提拔了一大批积极分子与乡村干部,因这些工作时间短、任务重,使工作队无法全面地考察这些新干部,往往采取了一种近乎实用主义的做法,使他们中原本不完全符乡村干部标准的一些人充任。例如,中农往往在乡村领导机构中占据优势地位,即西南局所称的"领导成份不纯"。②因此,川北区党委明确要求,土改中必须通过诉苦发动贫雇农,使他们加入到农会,将其吸收到乡村政权之中,以树立贫雇农的"骨干作用"。③ 根据西南局和川北区党委的要求,通江土改总团部发出指示,称"整顿组织是目前工作中的中心一环,是迫不容缓的事",要求在土改中首先对"混进组织、篡夺政权的地主、富农、伪保长、伪军官、地痞流氓、反革命份子"等人予以"坚决清洗"。同时对中农占优势的领导机构,通过大力吸收贫雇农或调整职务的方式来确立贫雇农的政治中心地位。④ 土改中的"诉苦"运动,为实现这个目标提供了条件。

---

① 笔者对岳广林的访谈记录,访谈地点:四川省通江县铁佛镇街道;访谈时间:2016年2月17日。
② 《关于发动雇贫农及整顿农协问题——摘自许梦侠同志给川南区党委信》(1951年7月),载西南局编:《西南工作》1951年第62期。
③ 《区党委关于进一步发动贫雇农的指示》(1951年1月),载中共川北区党委政策研究室编印:《川北工作》1951年第29期。
④ 《把三个"刀把子"整顿好!》(1951年11月),载通江土改工作团总团部编印:《通江土改简报》1951年第7号。

为政之要　惟在得人：川北通江县的政权建设研究（1950—1956）

在工作队层面，一名好干部的判定标准"不在于是否通晓土改法令条文，而是在多大程度上与农民打成一片"。① 因此，他们深入农户家中，与之同吃、同住、同劳动，引导其诉苦，在这个过程中不仅发动了农民，而且对该村的干部情况有了进一步的了解，为整顿该村组织埋下了伏笔。在复兴乡五村，经过"访贤""访苦"，工作队掌握了该村干部的不少情况，如村长"是个大烟鬼，赌钱汉，又不劳动，现在还在压迫农民"；在云县乡四村，该村村长"有四十六背（一种量词）田，解放前一贯出租，解放后夺佃四十背"。② 在铁佛乡，工作队下乡伊始，难以打开局面，在第一村召开村民大会，230户只到了150户。在该村第六小组，农民大会上大家"一般不开腔，打起冷台"。组长何德六说："工作同志在问，你们说嘛。"或有诉苦，却只诉保长何文保（已去世）之苦，但对当下则是："没有啥了。"经过"访贤""访苦"，得知"该村农协主席与地主之女通奸""小组长与地主老婆通奸"以及"二人包庇恶霸（该恶霸是清共委员，有血债）"的情况。③ 可见，通过"访贤""访苦"，工作队员不仅成功发动农民起来打倒乡村旧有政治权威，而且掌握了旧有乡村干部情况和拟培养的新干部名单，为重组乡村权力结构创造了前提。

土改中的"访贤""访苦""引苦"，是工作队发现了新积极分子的有效方式。在瓦室乡六村的经验就是"从运动中发现干部，培养干部，与逐步整顿组织相结合"，工作队将给地主做了8年长工的徐孝贵动员起来，徐在诉苦大会上"诉得非常沉痛"，引起了工作队干部的重视，并经过培养，被选为小组长，后任村长。他在担

---

① John Wong, *Chinese Land Reform in Retrospect*, Land Tenure Center, University of Wisconsin-Madison, April 1974, p. 22. 牛津大学中国研究中心图书馆藏。

② 《铁佛区农代会的情况》（1951年12月6日），通江县档案馆藏减租工作团档案，档案号52/1/68。

③ 《通江铁佛乡怎样发动群众打开了局面》（1951年12月12日），达州市档案馆藏达县地委办公室档案，档案号19/1/60。

任村长后，积极工作，破获了一起"地主企图暴动"的事件，而被提拔为该乡副乡长。① 徐的经历，生动地展现了一个长工，经过诉苦的积极表现，而成为一个"国家干部"的案例。

通过诉苦，在彻底打倒乡村旧权威势力的同时，亦是树立新权威、发现并提拔乡村干部的重要过程。对这些从历次运动中涌现的积极分子乃至乡村干部而言，他们从乡村权力结构金字塔的最底层，来了一次大"翻身"，成为乡村权力的执掌者。这种政治境遇的逆转，自然使他们对这个"新社会"产生深厚的个人情感。从新政权的角度来说，只有那些对旧社会、旧权威有着刻骨仇恨的人，才是其乡村政权的坚定支持者。所以，通过"访苦""引苦"乃至"诉苦"这一系列程序考验后的"苦主"，成为新政权最为信任的乡村政治人物群体。这些"苦主"，因自身文化水平、工作能力往往较低，难以立即胜任乡村工作。但土改的出现，为他们提供了一次非常宝贵的锻炼经历。工作队则又在其中扮演了针对乡村干部的"传、帮、带"角色。

三、传、帮、带

20世纪50年代初期广大乡级以下机构，干部数量极为匮乏，新政权只好暂时利用旧的保甲制度以维持秩序。但这只是权宜之计，取代他们的新乡村政治人物将在一次次运动中不断涌现。他们的被发现与培养，都与（征粮、减租以及土改）工作队有着直接关系。工作队不仅发现了新的乡村干部人选，而且不断在实际工作中去培养他们。为此，西南局要求各地"大胆放手的提拔了大批在运动中涌现的工农积极份子，脱离生产、充实下级机构"，并"用带

---

① 《通江农协土改团第三分团第二步工作报告》（1952年1月6日），达州市档案馆藏达县地委办公室档案，档案号19/1/60。

徒弟的办法去有计划的培养"。① 当然，西南局在这里并非专指乡村干部培养。但在土改中，工作队正是按照这一工作方式进行的，体现了"传、帮、带"的原则。

"传、帮、带"是中共组织建设中的一种干部培养模式，即"新老干部的合作与交替过程中老干部培养、教育新干部的一种方法"。② 简而言之，就是老干部培养、提携、扶持新干部，以顺利实现新老过渡的组织目标。作为国家权力的代表，工作队在乡村政治舞台中有着极高的威信。但在一些地方，乡村干部沦为工作队的办事员，缺乏独立工作的能力，出现"工作队走，工作停"的局面。在晋冀鲁豫边区武安县一个村子里，工作队发动农民起来向地主乃至一些村干部作斗争时，一个农民说："只要你们不走，我们就什么也不怕。但只要你们一离开，我们就又没有主心骨了。"③ 在山东恒台县，土改工作队下村期间，农民们普遍存在顾虑："你来了是好，就是登（蹲）不长""一朝天子一朝臣，俺知道你们这些工作人那（哪）天走""你走了，俺抗不了。"④ 之所以出现这种情况，与乡村干部的威信未能在这个过程中被建立起来有着直接关系。

据调查，西南区土改开始后，农民存在五怕，其中之一就是"怕工作队走"（其余是"怕坏干部""怕地主恶霸""怕土匪

---

① 《西南局组织部关于一九五〇年西南组织工作的综合报告》（1951年1月4日），载西南局编：《西南工作》1951年第39期。

② 中共十一届三中全会后，为了实现党内干部的新老交替，1979年11月2日，邓小平在中央党政军机关副部长以上干部会上提出，"老干部对年轻干部要传帮带，要给他们树立一个好的作风"。这是邓在改革开放后对于"传、帮、带"较早的叙述。参见景杉主编：《中国共产党大辞典》，中国国际广播出版社1991年版，第303—304页。

③ [加] 柯鲁克等：《十里店——中国一个村庄的群众运动》，安强等译，北京出版社1982年版，第32页。

④ 《恒台县索镇区六个村初步调查材料》（1948年7月），山东省档案馆藏土改档案，档案号G024/01/0121/003，转引自李里峰：《工作队：一种国家权力的非常规运作机制——以华北土改运动为中心的历史考察》，载《江苏社会科学》2010年第3期。

"怕流氓腿子")。① 一些工作队干部在土改中包办代替,即是造成这种现象的原因之一。据西南局称,西南区土改中干部"命令主义包办代替形式主义的作风",不仅"各地都存在",而且"有的反映还很严重"。② 例如,在川北区,一些工作队"包办代替,开会自己讲,处理事情自己出头。不给农民干部和积极分子分配工作,开会时农民干部无事可做,摆摆'农门阵',睡睡觉就回去了"。③ 工作队员这种包办代替的工作方式,对乡村干部的情绪产生了消极影响。他们抱怨道:"讨论个啥子嘛,还不是工作队说了的上算。"有些积极分子听到工作队要走,"害怕得觉也睡不着",农民也拉住他们说"你们不留人在这里可不行呵"。④ 川东渡舟区梓潼乡某保的工作队干部,在农协会干部讲话时,始终担心后者讲不好,"总是自己出面讲一通",导致新干部和积极分子"感到自己不行而泄气",新干部更是"找不上工作干",出现"工作同志在,还有工作,工作同志一走,工作也就停顿了"的局面。⑤

一些地方尽管乡村干部被提拔起来,但因工作队大权独揽,使他们"有职没有权,当家不作主,有的甚至成立(为)了工作同志的通讯员或炊事员"。⑥ 这些都使乡村干部独立工作的能力难以迅速建立,甚至还影响到他们的工作积极性。在通江县杨柏乡三村,整顿组织选举村干部时,工作队为了保证自己确定的候选人当

---

① 《关于发动雇贫农及整顿农协问题——摘自许梦侠同志给川南区党委信》(1951年7月),载西南局编:《西南工作》1951年第62期。
② 《反对包办代替及命令主义作风》,载中共中央西南局编印:《西南工作》1951年第58期。
③ 《认真培养农民干部与积极分子》,载《川北日报》1951年8月7日。
④ 《大胆放手发动农民,自己起来解放自己》(1950年12月8日),载川北行署办公厅编印:《川北政报》1950年第9期。
⑤ 阎玉:《在群众运动中发现和培养积极分子》,载《新华日报》(重庆)1950年12月30日。
⑥ 张家骐:《加强农民政治教育整顿和健全乡村基层组织》,载西南军政委员会土改委员会编:《土改简报》1951年第4期。

选,乃强行通过自己拟定的名单,以致一些农民不满:"说是贫雇农专政,我看是工作同志专政。"① 在斯波乡,一些工作队"不相信贫雇农和没有认真的培养积极分子",认为选不出合格的村长,结果"由同志代理"。② 诸如此类的现象,在土改初期的通江农村表现得十分普遍。

正如前引文所言,中共领导的土改不仅要"改朝换代",更要"改天换地"。所谓"改天换地",就是对乡村旧有政权组织、权威模式彻底摧毁,代之以经过运动后涌现的新式政治人物。从工作队派出的那一刻起,培养乡村干部就成为他们土改任务中的重要内容。早在减租、退押运动期间,川北区党委就要求各减租工作队特别注意提高乡村干部的工作积极性,培养他们独立工作的能力,使"工作团和干部走了,他们还是一样的'管火'"。③ 为此,通南巴工委要求各县工作队特别注意"培养教育提拔农民干部",并"将政策交给农民""时刻注意包办代替与放任自流倾向",④ 同时,"一切工作的进行,一切问题的解决,应由农民协会决定与主持。工作干部只起参谋作用",⑤ 达到培养提高乡村干部能力的目的。土改正式开始后,川北区党委再次要求各地,在发动群众的同时,必须"要真正培养出大批能独立领导作战的农村群众领袖和骨干分子(主要是雇贫农)",因为"培养领导骨干是运动中一个非常重要的工作,必须认真做好",如果没有这些乡村干部出面领导,"就会使运动进行在若干地方显得贫弱无力,而且土改结束后,干部一

---

① 《杨柏乡三村整顿组织的教训》,载一分团办公室编:《土改通报》1951年第8号。

② 《第二中队第一、二步工作总结》(1952年1月初),通江县档案馆藏减租工作团档案,档案号52/1/37。

③ 《大胆放手发动农民,自己起来解放自己》(1950年12月8日),载川北行署办公厅编印:《川北政报》,1950年12月5日(原刊如此)。

④ 《通南巴工委向区党委地委的第六次工作报告》(1951年1月15日),达州市档案馆藏达县地委办公室档案,档案号19/1/7。

⑤ 《认真培养农民干部与积极分子》,载《川北日报》1951年8月7日。

走，工作就会完全垮台，敌人乘机反攻，胜利得不到巩固"。① 这里的"干部"，即是土改工作队。可见，工作队除在土改工作中完成土地分配任务外，还必须注意培养乡村干部。那么，工作队究竟如何培养他们呢？

为了解决川北区的干部紧缺问题，1950年底，区党委要求大力提拔新干部，要求老干部"甘心当'老母鸡'，耐心去孵一批'鸡娃子'"。② 这虽然是对全区新干部培养方式提出的要求，但在土改时期的乡村干部成长仍然适用，即工作队应该当好"老母鸡"，去精心带好乡村干部这批"小鸡"，以为后者顺利接替工作奠定基础。那么，在实际工作中，工作队究竟如何处理好贯彻自己的意图和培养乡村干部独立工作能力的关系呢？川北区土改第六工作团对此有丰富的经验：

> 在农会和一切场合中，工作干部当然要有自己的意图和目的，但是，必须逐步启发诱导，很好的把自己的意图变成群众的意图。同时，要把群众中的正确意见变成广大群众的意见，并不断吸收广大群众的意见来丰富自己，最后得出正确的结论。不要把自己全套主意都一下子搬出来，这样会使乡、村干部找不到意见发表，甚至有意见也不愿意发表。③

可见，在土改过程中，要求工作队必须采取渐进启发式的思路，进而将自己的意图转换成本地乡村干部以及民众的意图，同时

---

① 《如何在群众运动中培养农村群众领袖和骨干分子?》，载川北区第六工作团办公室编印：《工作通讯》1951年第15期。

② 《从"资格"的囚笼里冲出来，大胆选拔德才兼备的新干部》（1950年11月16日），载川北行署办公厅编印：《川北政报》1950年第8期。

③ 《如何在群众运动中培养农村群众领袖和骨干分子?》，载西南军政委员会土改委员会编：《土改简报》1952年第14期。

采纳正确的意见。开会,在20世纪50年代乡村的日常生活中扮演了重要的角色,通过举行会议这种特殊的仪式,乡村干部既可以树立新权威,也能将旧权威彻底扫荡殆尽。在工作队的帮助下,乡村干部自身的威望及其工作技能(如言语表达等)都能在开会的过程中获取。因此,在举行会议时,工作队往往力图从会议的中心淡出,使乡村干部充分"发表意见",成为村民注意的焦点。

在通江县,土改总团长龙鸣要求工作队培养干部"应该采取带徒弟的办法",即"多给他们工作做,让他们在工作中去学习锻炼",而"工作同志不能手揽大权,包办一切"。在工作中主动与乡村干部"共同研究,布置"。① 概言之,"师傅带徒弟"是土改中培养乡村干部的主要手段,其主要是从"工作""开会""学习""领导群众斗争""发现、分析、解决问题"五个方面提高他们实际工作的能力,进而"避免工作团走,工作也走"。例如,在召开土改分团以及中队干部等会议时,适当吸收乡村干部参加。具体而言就是:

> 凡事都要事先使他们弄清政策,通过与他们商量研究,征求尊重他们的意见,要明白步骤,决定具体作法,明确分工,他们每个人每次的任务要明确(最好每人每次一二件),任务的分量也是逐步加重,分工后,就放手大胆让他们去办,事后同他们一起检讨总结,肯定其成绩,在提高其自信心原则下给他们指出今后努力改正和注意避免的方向。

从这段叙述可以看出,工作队培养乡村干部的方式就是"传、

---

① 《更深入踏实发动群众(贫雇)为彻底完成三期土改而努力(初稿)——龙团长在通江扩干会议上的总结报告》(1951年11月18日),达州市档案馆藏达县地委办公室档案,档案号19/1/58。

帮、带"。吸收他们参加会议，锻炼其学习分析问题和决策的能力，同时分配任务，放手让他们去做。例如召开各种群众会议、划阶级、查田评产、反违法、没（征）收、分配等，都是工作队在与乡村干部商议后，"用农会名义召集"，在工作队的安排下，由后者出面主持。在会议上，也尽量淡化工作队的色彩，突出乡村干部的位置：

> 一般应让他们先讲话，我们作补充，对他们的讲话应尽量表扬其对的，正确的；对其不对的，不正确的，在公共场合，也不能就当众加以批评指责，应在事后同他们讲明和设法补救。①

在公开场合上讲话，是一个乡村干部必须掌握的一项工作技能，更是他们树立权威的重要环节。因此，工作队尽力从各种会议中淡出，并力图避免出现有损乡村干部威信的言论与行动，进而提高他们的工作自信心与执行力。总团部还对召开会议的程序作出了明确规定："不管召开什么会议，先由主席、副主席、村长讲话，切实执行农会职权，一切问题都先交给农会处理，工作同志作参谋。"② 在总团部的推动下，工作队下乡后迅速召开会议，在土改中发现新的乡村干部，并培养其独立工作的能力。

例如，毛浴乡在土改反违法斗争阶段，召开了农代会、妇代会、追悼大会等大型集会，在开会前均组织了主席团，在"分队部领导同志当参谋"下，由"主席、乡长出面指挥"，使大会造成了

---

① 《总团部关于在土改运动中培养乡村干部的指示》（1951年12月18日），载通江土改工作团总团部编印：《通江土改简报》1951年第29号。
② 《更深入踏实发动群众（贫雇）为彻底完成三期土改而努力（初稿）——龙团长在通江扩干会议上的总结报告》（1951年11月18日），达州市档案馆藏达县地委办公室档案，档案号19/1/58。

很大的声势并组成谈判组，成功迫使地主缴纳赔罚款。① 在民胜乡，在该乡农代会上，为了树立农会的领导，工作队帮助"新干部出头露面，审查代表，掌握会场"，使他们"大手大足的工作"。② 通过独立开展工作，这些乡村干部的能力有了很大提高，在工作队撤离之际，乡村政权已经处于正常运转状态。③

四、小结

1935年5月，斯大林在克里姆林宫举行的红军学院毕业典礼上提出了一个著名的论断——"干部决定一切"。④ 这句话形象地说明了干部在国家政治生活中的重要作用。对此，毛泽东"政治路线确定之后，干部就是决定因素"的说法更是流布甚广。具体说来，就是在从事一件工作时，他认为有三个关键："打主意，派干部，做检查。"⑤ 在减租、土改时，为了推动乡村迅速完成土地改革，工作队的派出，就是整个土改工作中的重要一环。从这个意义上讲，毛泽东提出的"三个关键"恰好与土改的全过程相契合。在他那里，"派干部"更多的是停留在"打主意"的执行层面。但在20世纪50年代初期的新区土改中，工作队的派出则有着更多的考量。关于工作队的角色定位，国内外学界目前有两种观点：一是中共土

---

① 《斗争谈判，一炮打响，带动全乡，取得胜利》（1951年12月27日），载通江土改工作团总团部印：《通江土改简报》1951年第14号。

② 《民胜乡召开第三次农民代表大会的收获》，载一分团办公室编：《土改通报》1951年第11号。

③ 为了培养乡村干部独当一面的能力，一些地方甚至采取了暂时撤回工作队，让乡村干部全面接班的方式。例如在川西眉山县，曾一度将工作队暂时抽调回城，"让积极份子单独工作，抽回之干部加以检查"。参见《西南局组织部关于川西区第二期土地改革中培养积极份子情况的通报》（1951年11月），载西南局组织部办公室编：《一九五一组织工作文件汇集》，1952年自版发行，第106页。

④ 张锋主编：《当代中国百科大辞典》，档案出版社1991年版，第45页。

⑤ 转引自《邓小平副主席在西南军政委员会第一次全体委员会议第五次大会上的发言》（1950年7月31日），载中共中央西南局农村工作部编：《西南区土地改革运动资料汇编》（上册），1954年自版发行，第55页。

改政策在乡村中的实验者,意在强调土改工作队与乡村干部的合作关系;① 二是国家权力在乡村中的贯彻者,着重突出两者之间的竞争关系。②

尽管两种观点泾渭分明,但仍然存在共同之处,即均从"组织"的维度,分析工作队与乡村权力结构变迁之间的关系。然而与村庄常设的党政机构不同,"临时性"和"非常规性"是工作队的显著特征。那么,如何保证土改结束、工作队撤离后乡村政治格局的延续而非断裂?因此,工作队除了上述两个角色,还扮演了乡村干部培养者的角色,从而保证这种"非常规性"权力在乡村中向"常规化""常态化"的权力形态过渡。这提示我们,从"人事"的角度探讨工作队在土改过程中培养新式乡村干部方面的政治功能,无疑是一个值得研究的问题。

由于新区地域面积广袤,所需干部数量庞大,这些干部不可能全部由上级派来,而需地方自行发现与培养来解决。20 世纪 50 年代初期接连不断的社会运动,如征粮、减租、退押、清匪反霸、"镇反"、土改等,均是新政权发现积极分子的最好时机。但发现积极分子后,不可能将他们立即安排到工作岗位上去,而是需要一定时期的锻炼(或甄别)。以川北区为例,主要采取了以下两种形式:一是举办训练班,集中讲授课程,同时在这个过程中对他们的个人情况进行调查,淘汰不合适者,留下的学员即为新干部;二就是在短期教育后,再将其派入工作团(队),在实践中进行考察。事实上,由于建政初期,时间紧任务重,不可能有如此充裕的时间来举

---

① 参见 Matthew Noellert, *Power over Property*: *The political Economy of Communist Land Reform in China*, Michigan: University of Michigan Press, 2020, p. 96; Charles P. Cell, *Revolution at Work*: *Mobilization Campaigns in China*, New York: Academic Press, 1977, p. 12-21。

② 参见李里峰:《工作队:一种国家权力的非常规运作机制:以华北土改运动为中心的历史考察》,载《江苏社会科学》2010 年第 3 期;陈耀煌:《动员的类型:北京市郊区农村群众运动的分析》,载《台湾师大历史学报》2013 年第 50 期。

办训练班,故而组织工作团就成为首选。川北区党委甚至认为,工作团是"培养教育最好的方法":

> 这给我们解决了很大一批干部的来源,既做了工作又培养了干部,也得到了实际的考验。易于鉴别干部好的坏的在工作中都能明显的表现出来,也考验了每个人的思想和阶级立场,好者更加锻炼坚强,坏者易于以群众斗争教育或淘汰之。

经过1950年的实际经验,区党委甚至得出结论:"近一年来的经验:训练班是培养干部的园地,但只靠训练班解决干部缺乏的全部困难,是不可能的,必须要组织工作团,大量吸收参加各种斗争工作,这是培养提高干部的最好的办法。"① 可见,在新区,工作团成为一个极佳的干部培养平台,不少积极分子通过参加工作团,最终成为了一名合格的新干部。尽管工作团(队)成员在参加土改前均采取了"避籍"的方式,外来色彩较为浓厚,但他们不少人土改后留在了该县,实现了自身的"地方化"。以通江县为例,不少外来的工作队干部(例如川北区党委土改工作团)留在了该县,而在该县直接参加土改工作队的工作人员(他们基本都是通江本地人),更是成为通江县干部来源的一部分。笔者以通江县为个案可以发现,新区土改工作队自身的干部培养功能颇为明显,同时也体现了"基层干部地方化"的发展趋向。

此外,土改工作队除严格执行上级的土改政策外,还要肩负一个重要职责——培养乡村干部。关于工作队在乡村干部培养中的作用,邓小平在"八大"的政治报告中有这么一段论述:

---

① 《川北区一九五〇年培养训练干部情况总结报告》(1950年12月),载中共川北区党委办公厅编印:《〈川北工作〉主要材料汇集》(一),1952年自版发行,第155—156页。

第四章 土改中的特殊干部队伍——工作队

几千年受地主阶级压迫的几万万农民，为什么能够成了自己命运的主人，这样坚决的建设自己的新生活呢？难道不是由于我们党在土地改革期间所派工作团，真正深入到了贫苦农民中间，找出他们的积极分子，唤起他们的觉悟，动员农民自己起来，推翻地主统治，分配地主的土地，使他们真正懂得了自己的力量，形成了自己的领导核心，而不是简单地由政府命令把地主的土地转移给他们的结果吗？①

邓小平的意思很明确，即工作队下乡后发动农民不仅在经济上"翻身"，还在政治上"翻身"——"形成了自己的领导核心"。大量新式乡村干部被"生产"出来并最终成为了乡村政治权力的执掌者，成功塑造了在乡村中的法理型权威。不仅如此，他们中的一些人因为表现突出，还被提拔到区乡一级政权任职，成为真正意义上的"国家干部"。②

在乡村干部选拔标准方面，尽管新政权始终强调阶级路线，但对于前者的选拔往往采取了较为务实和灵活的态度。作为新旧政权的过渡阶段，兼之新解放区面临的形势各异，不同地域的乡村干部选拔自然会存在各自的特点，例如有的地方首先强调对象的阶级成分，而有的地方开始却并不特别看重。但随着时间的推移，这些地域的乡村干部选拔很快呈现"趋同"的特征：那就是以阶级路线和政治忠诚为首要考量因素，业务能力则被置于提拔之后的培养阶段

---

① 邓小平：《关于修改党的章程的报告》（1956年9月16日），载中共中央办公厅编：《中国共产党第八次全国代表大会文献》，人民出版社1957年版，第79—80页。
② 例如在川东区璧山县，土改结束后从乡村干部中提拔了208名脱产干部，其中三区龙国臣，曾当了18年雇工，新政权建立后参加该地农民武装，因在剿匪斗争中表现积极且"土改中立场坚定，对地主斗争坚决，能团结群众"，故被提拔为区农会副主任。参见《江津地委组织部关于璧山县大胆培养提拔干部的经验通报》（1951年9月），载《川东资料》1951年第51期。

完成。这种选拔原则与具体实践之间呈现了一个从"相斥"到"相融"的张力变化态势。正是这种原则性与灵活性的统一，最终使新政权在南方乡村社会迅速奠定组织基础。

　　细究20世纪50年代前期土改工作队在新区乡村社会的角色定位和工作绩效，可以发现新式乡村政治干部的生成有其深刻的内在逻辑。按照阶级分析思维，贫雇农因其经济地位，在乡村权力格局中长期处于边缘化地位，属于农村中的"无产阶级"，自然成为新政权选拔与培养乡村干部的主要对象，这是20世纪50年代初期新区乡村干部生成的理论逻辑；运动式社会治理是此时期乡村社会内部运行的常态模式，工作队代表国家进入乡村成为最高权力掌握者，他们肩负着培养新式乡村干部的重任，在具体土改实践中他们不仅注重培养乡村干部的数量，还强调提高干部的质量，即川北区党委所谓"母鸡抱儿子、师傅带徒弟"，① 实现国家权力从工作队向乡村干部的平稳过渡。这又是新区乡村干部生成的实践逻辑；1950年前中国共产党与国民党在培养乡村干部方面的"成"与"败"，尤其是中共在北方老区土改过程在培养乡村干部层面留下的经验与教训，更是该群体生成的历史逻辑。正是理论逻辑、实践逻辑和历史逻辑的相互交织，共同构成了此时期南方新区乡村干部生成的内在逻辑。

---

① 《川北区一九五〇年培养训练干部情况总结报告》（1950年12月），载《〈川北工作〉主要材料汇集》（一），1952年自版发行，第155页。

第五章
基层权力重构：农村建党与乡村干部成长

根据中国共产党的组织体系设计，最高层级为中央委员会，最低层级为支部。支部为党的细胞组织，其地位异常重要，有"战斗堡垒"之称，负责考查与吸收新成员，其组织完善与否，关系重大。在南方新区，新政权建立并逐步稳固，特别是土改的完成，为中共在这些地区吸收新党员与发展党组织提供了基础。因此，中共中央于1952年起，在新区农村发起了一场整党建党运动。① 但与老区建党不同的是，此次建党是在农村互助合作等运动的背景下进行的。简而言之，它既是党组织在农村中的延伸，又是针对入党积极分子乃至全体农民的一次共产主义教育。而在农村发展党员，更是一次本地干部培养行为，一个农民被发展入党，使他较之非党员有

---

① 本书中的"建党"，系特指20世纪50年代中共将其组织触角延伸到其尚未到达的区域或组织的过程，简而言之，即吸收新党员，并建立党支部、党小组。从这个角度来说，将"建党"译为"party-expansion"较之"party-building"更为准确。笔者目力所及，学界关于这一问题的成果较少，仅有 Fang Shu, *Campaign of Party-Expansion of The Chinese Communist Party in 1952*, Communist China Problem Research Series, Nov. 1953, The Union Research Institute, 牛津大学中国研究中心图书馆藏；满永：《二十世纪五十年代的农村建党——以安徽省为中心的考察》，载《中共党史研究》2015年第11期；何志明：《地权变动中的新区农村党建工作研究（1952—1954）》，载《中南大学学报》（社会科学版）2014年第3期。

了更大的政治优势，进入干部选拔的后备队伍。通过在乡、村一级建立党支部和党小组，使中共实现了在乡村社会中的"扎根"，党支部和小组更是在乡村权力结构中占据核心地位。可见，农村建党，不仅是乡村干部本土化的重要组成部分，还是乡村既有权力结构的一次重组。接下来，笔者将以通江县为例，探讨农村建党对乡村干部成长的意义。①

第一节　土改后通江农村建党的全面展开

因新区群众基础较弱以及原有组织较复杂，中共中央和西南局决定在土改完成前，新区农村暂不发展组织。1950年3月，达县地委组织部发出指示："目前农村情况异常复杂，群众又未发动，一般在农村暂不发展党员。"② 因此，通江县在土改完成前，农村基本上没有发展新党员。全县仅有一个乡党支部（维新乡）和党小组（麻石乡）。③ 据统计，截至1952年7月，在全县34万总人口中，通江县党员总数为91人，农村党员仅为22人。④ 从这个比例可以看出，该县党员特别是农村党员数量极为微弱。

鉴于一些新区土改先行结束，中共中央决定在这些地区抓紧时间建党。1952年6月，也就是在西南区土改基本结束的当月，邓小平主持召开西南局第九次会议，明确规定下半年"建党是西南党的工作的主要任务，在明年以前完成发展××万（原文如此。——引

---

① 本章的"乡村干部"，包括乡、村、组三级干部。
② 《（达县地委组织部）对目前组织工作的几个意见》（1950年3月29日），达州市档案馆藏达县地委组织部档案，档案号21/1/8。
③ 《通江工委关于建党整党准备工作的指示》（1952年元月1日），通江县档案馆藏县委组织部档案，档案号2/1/12。
④ 《通江县委会一九五二年七月至五三年六月底一年内的建党计划（草案）》（1952年7月8日），通江县档案馆藏减租工作团档案，档案号52/1/66。

者注)党员的任务"。① 根据这一会议精神,7月1日,达县地委要求通江县委在该月起正式在全县开展建党,特别是在农村吸收党员与建立党组织。② 在接到川北区党委和达县地委的指示后,7月8日,通江县委制订1952年7月至1953年6月一年内的建党计划,标志着该县建党正式拉开序幕。③

一、干群对共产主义的既有认知

新中国成立后,中共拥有了一个较为稳定的内部环境来提高入党门槛与(新)党员的质量。除了开展整党,中共中央还于1951年3月召开了第一次全国组织工作会议,通过《共产党员标准的八项条件》,明确了作为一名党员必须具备的条件,大概内容为:(1)中国共产党是中国工人阶级的党;(2)目标是在中国实现共产主义制度;(3)一辈子都要坚持革命斗争;(4)必须执行党的政策与决议;(5)党员的私人利益必须服从党的利益;(6)革命斗争必须坚决,不能叛变共产党与共产主义;(7)一切党员必须为人民服务;(8)坚持努力学习马列主义毛泽东思想。④ 从八项条件的内容可以看出,中共中央对于党员的条件提出了很高的要求,主要体现在认识程度、思想觉悟与学习态度等方面。由于这个条件要求近乎严苛,以致在会议期间引发了很大的争论。例如,在刘少奇作了相关报告后,有的干部称:"没有这样多的一批党员(指不合八项条件的党员。——引者注),要取得现在这样的胜利是不可能

---

① 《西南局关于召开西南局委员会第九次会议情况的报告》(1952年6月),载中共川南区党委办公室编:《川南通讯》1952年第72期。
② 《达县地委一九五二年七月到一九五三年七月建立农村支部的计划》(1952年7月1日),达州市档案馆藏达县地委组织部档案,档案号21/1/34。
③ 《通江县委会一九五二年七月至五三年六月底一年内的建党计划(草案)》(1952年7月8日),通江县档案馆藏减租工作团档案,档案号52/1/66。
④ 刘少奇:《共产党员标准的八项条件》(1951年3月),载刘少奇:《刘少奇选集》(下),人民出版社1985年版,第62—64页。

的。"有的则直接表示:"我入党时就不合乎条件,现在当了干部;过去一些党员不够条件,接收进来经过教育后,许多人成了好干部,现在是否一定要把标准提得这样高?""这样我们干不了,谁有经验,谁去干吧。"有的干部担心:"把党员标准提得这样高,在中国是否实行得了?"① 在地方上,也出现了对八项条件不理解的现象。

据西南局组织部报告,在传达全国第一次组织工作会议精神后,一些干部存在明显的抵触情绪,其中"抵触最大的是认为八条标准过高",个别干部说:"太高了,简直和党纲党章有原则的区别,我看做不到,连老党员都不够条件,发展新党员更谈不上。"有的老党员说:"过去在农村、部队发展了不少党员,都没有这么些条件,但这些人后来都不错,许多人还成了干部,也把革命闹成功了,今天为什么要这样高的条件?这样我们干不了,谁有经验谁去干吧。"一些新党员和地下党员对此十分敏感:"我们参加革命不久,对党无功劳,现在条件又不够,不成问题整党是对付我们的。"另外一些党员因自身条件不够,感到前途悲观:"没希望了,土改后回家""党何时不要就何时回家。"甚至有个别党员说"干了十多年,全家人被日本鬼子杀光了,自己满身伤,连老婆也没有闹上,现在就不要了,共产党真没感情",还对党组织算账:"干了十年,一年十万元,十年就该一百万,共产党讲辩证法,一百万变成了卅万,再变就没有了。"特别是在对待这八条具体内容上,认为"前三条好办,后五条难办",特别是第 5 条(即个人利益必须服从群众与党的利益),"认为不好办到"。② 在川北区,一些党员也

---

① 陈野苹等主编:《安子文传略》,山西人民出版社 1985 年版,第 74 页;陈野苹:《谈谈关于共产党八条标准的认识问题》,载《新华日报》(重庆)1951 年 8 月 23 日。

② 《西南局组织部关于第一次全国组织工作会议传达及反映向西南局并中央组织部的报告》(1951 年 7 月 9 日),载西南局组织部办公室编:《一九五一组织工作文件汇集》,1952 年自版发行,第 67、68 页。

认为"党员的八条标准太高了,应该降低些,不然就发展不到党员"。① 这种争论的存在,充分体现了理想与现实之间存在距离。在这八项条件中,关于第一条的争议最大。

中国工业发展滞后,工人总数较之农民远为逊色,② 而中共通过走"农村包围城市"之路才最终取得胜利。在这个过程中,广大农民通过参军、支前等方式发挥了关键作用,且党员构成上,农民出身的党员也占绝对多数。如此一来,要使党内对于八项条件中的第一条——中共是"工人阶级的党"的认识立即趋于一致并不容易,甚至还遭到了一些党员干部的质疑。他们大都是农民出身,文化程度总体较低,在经历了十余年的武装斗争并夺得政权后,要使他们突然承认自己的成功是工人阶级领导的,自然在感情上使他们难以接受。

据邓小平报告,西南党内即存在"较为普遍的看不起工人的思想",③ 一些党员甚至不相信共产党是无产阶级政党,认为"我们党是农民党"。④ 西南局组织部调查后也认为,关于此点"较难解决",很多干部"搞不通,或在口头上承认,而在具体问题上又抵触",他们"多系农民出身的老党员,任交通员、通讯员的党员",坚持认为中共是"农民的党,革命是农民领导的",农民在革命中

---

① 《(川北区党委)关于建党问题(草案)》(1951年11月8日),达州市档案馆藏达县地委组织部档案,档案号21/1/8。

② 按照邓小平的说法,由于中共的工作重心长期在农村,以致"党员百分之九十六是无产阶级以外的成分"。邓小平:《关于西南党的组织发展和巩固(1950年9月26日)》,载中共中央文献研究室等编:《邓小平西南工作文集》,重庆出版社2006年版,第248页。

③ 对此,毛泽东将该报告转发各地,要求各地注意这一"着重地研究和解决依靠工人阶级的思想问题"。参见《邓小平同志关于十一、十二月份主要工作向毛主席中央的综合报告》(1951年1月8日),载中共中央西南局编印:《西南工作》1951年第38期;毛泽东:《转发邓小平关于西南局十一、十二月综合报告的批语》(1951年1月24日),载《建国以来毛泽东文稿》(第2册),中共中央文献出版社1988年版,第65页。

④ 邓小平:《关于西南党的组织发展和巩固(1950年9月26日)》,载中共中央文献研究室等编:《邓小平西南工作文集》,重庆出版社2006年版,第247页。

出力最大,党员中农民也占大多数,还提出自己的疑惑:"工人阶级力量小,且替反动派造枪炮打我们,怎么能说党是工人阶级的党,怎么能说他领导革命呢?"一个经过长征的老党员始终坚持这个意见,还"公开向群众这样讲,别人还驳不倒他们"。①

在川北区,尽管该区达县、剑阁等专区不少县份曾建立过川陕苏区,通江县更是苏区的政治中心,这里的干部群众对共产党并不陌生,但时隔十余年之久,苏区党组织存在时间较短,且后来地下党力量微弱,使他们对共产党及其奋斗目标——共产主义并不十分了解。因该地工业基础薄弱,党员中工人较少,以农民和知识分子为主,后者对工人阶级的领导地位同样表示怀疑,例如认为共产党是"农民的党,或者是知识分子的党",甚至有人认为"过去四个革命战争都是工人制造的,因为枪炮是他们制造的,供给敌人来杀害八路军、人民解放军"。②达县地委组织部曾于1952年12月对包括通江县在内的区干部进行了集中训练,在讲到"工人阶级的领导"时,通江县的一个农民干部李家祥提出疑问:"中国革命是农民领导的,因为我们是农业国,农民多,抗日战争、抗美援朝、土地改革都是农民在干,乡村干部也是农民。"他这个想法在学员中具有相当的代表性。据地委称,在训练班中"学员思想上怀疑最大,斗争最激烈,约有40%不承认工人阶级领导"。③这种现象之所以存在,与中共自身成员构成(以农民为主)及党员认知能力(文化素质总体低下)等因素有着直接的关系。

共产党的奋斗目标是最终实现共产主义,一些党员和民众对此

---

① 《西南局组织部关于第一次全国组织工作会议传达及反映向西南局并中央组织部的报告》(1951年7月9日),载西南局组织部办公室编:《一九五一组织工作文件汇集》,1952年自版发行,第69页。
② 《(川北区党委)关于建党问题(草案)》(1951年11月8日),达州市档案馆藏达县地委组织部档案,档案号21/1/8。
③ 《地委训练班关于开学两周来的学习总结报告》(1952年12月2日),达州市档案馆藏达县地委组织部档案,档案号21/1/56。

第五章 基层权力重构：农村建党与乡村干部成长

的认识更是模糊。据西南局组织部报告称，一些党员在听了关于共产主义的知识后，说："我干一辈子革命问题，可是我不知道为什么？过去只知道打倒蒋介石、分田地，现在才知道共产主义，这是新鲜问题，的确要好好学习。"有些老党员说："毛主席说今天革命才是万里长征后第一步，到共产主义不知要到什么时候""为共产主义奋斗到底，真是岂有此理，我已经活了四十七岁，怎么能到共产主义呢。"① 这些直白的话语，成为一些党员干部对于共产主义粗疏认知的真实写照。

在达县专区，地委针对县区干部举办了一次训练班，内容就是向学员讲授共产主义的相关知识。在授课过程中，一些干部对能否在通、南、巴等地实现共产主义表示怀疑，认为"山地不能实现（共产主义），这些地方工作是没出路"；针对共产主义社会分配制度中的"各取所需"，干部李大道说："'各尽所能各取所需'行不通，因为人是自私的，人不为己，天诛地灭。"另外一个党员则说"共产主义好是好，你们有儿女，我老婆都没得，给别人挣干劲"。② 另外一些人则认为共产主义是"消灭家庭不分你我""大家住在一起""共产主义社会男女老幼住在一起不分界线""老年到养老院，小孩到托儿所，青年到工厂"。③ 另外就是学员们认为共产主义社会太遥远，与自己无关。一些干部认为"共产主义太远了难于等待"。④ 这在通江县亦然，"个别年纪大的人怕活不到社会主义去，过不成社会主义生活"，三合村七村农民王兴国说："社会主

---

① 《西南局组织部十一月份工作报告》（1951年12月14日），载西南局组织部办公室编：《一九五一组织工作文件汇集》，1952年自版发行，第78、79页。
② 《地委训练班关于开学两周来的学习总结报告》（1952年12月2日），达州市档案馆藏达县地委组织部档案，档案号21/1/56。
③ 《关于地委训练班一九五二年下半年训练干部工作总结报告》（1952年12月28日），达州市档案馆藏达县地委组织部档案，档案号21/1/56。
④ 《西南局组织部关于第一次全国组织工作会议传达及反映向西南局并中央组织部的报告》（1951年7月9日），载西南局组织部办公室编：《一九五一组织工作文件汇集》，1952年自版发行，第68页。

义到好，啥时候才实现，我享得了不。"① 可见，这些外来的抽象概念，在乡村社会中从输入到接受往往存在一个相对长时期的过程。

　　土地改革仅是中共乡村发展规划的第一步，其最终目的就是通过互助合作运动实现生产资料的集体化，进而为实现共产主义创造条件。但一些民众乃至干部对此并不理解。他们中的不少人在土改结束后产生了"松劲"与"换班"的想法，成为"土改后农民积极分子思想中最大的问题"，有的认为"地主打倒了，田也分了，没啥子干的啦""把生产搞好，有吃有穿就行了"。② 在通江县，土改后也出现"不少干部松气、农民松劲的现象。认为革命成功了，再不用前进"，还认为"土改结束，万事大吉"。③ 不仅如此，他们中的不少人还走上了"雇佣致富"的道路。平心而论，农民分到土地后，埋头生产致富就是题中应有之义，他们自然会对这种生产资料集体化趋向的互助合作运动不理解甚至持有抵触情绪。

　　前文已经提及，土改后农村出现了阶层再次分化与土地集中的趋势，不少人乘机买入土地并雇佣劳动力扩大再生产（这种雇佣劳动的方式，被中共认定为"剥削"），他们中间不乏党员干部。在达县专区，包括通江县在内的三期训练班共345个学员中，有"剥削思想者"即达158人，29人有"剥削行为"，共187人，占54%，有些还比较严重，一个村干部卖了耕牛去买大烟，又投资"不法商业活动"；党员蔡某"放了几十万元债，每月收利六、七万"；还有人借给地主一百石谷子，六斗利，还说："你过去剥削我，我今天应剥削你，两者相抵。"据了解，他们中有的人甚至

---

　　① 《通江县第二期建党工作十八天的情况报告》（1952年10月29日），通江县档案馆藏县委组织部档案，档案号2/1/12。
　　② 《关于农村发展新党员的几个问题》（1952年6月），载西南局编：《西南工作》1952年第110期。
　　③ 《土改结束，万事大吉?》（1952年3月1日），载通江土改工作团总团部编印：《通江土改简报》1952年第145号。

第五章 基层权力重构：农村建党与乡村干部成长

"日夜盘算积钱买贫雇农的田地"。① 地委这个报告中的相关描述，是土改后乡村干部和党员急于致富心态的真实写照。他们的这种心态，在全国都具有普遍性。

例如，在中南区，据湖北省委报告，土改后不少党员干部出现了雇工甚至放高利贷行为。例如河阳县一个乡支部书记放贷；公安县一个乡支部书记（兼乡长）竟然"收一百多万土地证费不上缴，而放新谷债，在榨房做生意"，且投身商业的积极性很高："叫他工作，他睡觉，叫他做生意呱呱叫。"② 因为对这些知识程度较低的农民（包括党员干部）来说，土改后赶紧发财致富，几乎就是顺理成章的事，而此时要求他们服从互助合作的要求、走集体化的道路，自然令他们难以理解。

以上是通江县在内的新区农村党员对于共产党与共产主义的认识情况，这与共产党员八项条件的要求相距甚远。据1951年11月川北区党委组织部统计，全区党员为6088人，其中"够一个共产党员标准者"仅占30%左右，"不完全够标准者"为35%，"完全不够标准"为30%。③ 可见，在20世纪50年代初期大规模建党前夕，新区尤其是农村民众乃至党员对共产党、共产主义的认知十分模糊，这种情况无疑在一定程度上阻碍了中共组织触角在乡村社会的延伸。在通江县，尽管经历了"三建"与整党，一些党员也对中共的组织原则、规章制度等有了一定的认识，但对大多数党员与民众而言，他们对于共产主义乃至共产党的了解是陌生的。1952年8月，通江县建党运动开始后，为了帮助一些干部民众纠正这些错误认识，县委采取了将干部及入党积极分子集中训练的方式，通过举

---

① 《关于地委训练班一九五二年下半年训练干部工作总结报告》（1952年12月28日），达州市档案馆藏达县地委组织部档案，档案号21/1/56。

② 《中央关于批判党内资本主义思想的指示》（1953年11月4日），载重庆市委办公厅：《重庆工作》1953年第114期。

③ 《（川北区党委组织部）第二部分　关于整党问题（草案）》（1951年11月8日），达州市档案馆藏达县地委组织部档案，档案号21/1/8。

办训练班来构建他们对于共产主义的"共意",强化其对于共产党与共产主义的认识,进而推动农村建党的展开。

二、构建"共意":建党训练班

研究表明,在1952年5月中共中央决定大规模建党之后,各地发展党组织和新党员的最初成效并不如意,在1952年5月至12月间,全国新发展的党员仅40万人。① 之所以效果并不明显,除各地党组织对于发展新党员仍然持谨慎态度外,还因乡村成员群体自身的特殊性所致。与20世纪50年代初期城市中掀起的入党热潮不同,② 在乡村,农民(包括一些乡村干部)起初对于入党的要求并不迫切,因为他们还无法直接感受到作为一名共产党员在乡村社会中所能获得的政治优势,相反,由于党员(入党积极分子)处处被要求带头导致自身利益持续受损,或经常开会而引发家庭矛盾,例如挨骂、挨打、离婚、分家,导致一些党员"因误不起生产,要求退党",不少积极分子对入党也颇为犹豫,称"当不起党员"。③ 在通江县,亦存在一些农民"怕耽误生产"而不准儿子或丈夫入党的情况。④ 一名乡村干部杨初平积极争取入党,其爱人听说后因"担心他被调到朝鲜去打美帝",故威胁说:"你要入党,

---

① Fang Shu, *Campaign of Party—Expansion of The Chinese Communist Party in* 1952, Communist China Problem Research Series, Nov. 1953, The Union Research Institute, p. 32. 牛津大学中国研究中心图书馆藏。

② 据罗瑞卿的女儿罗点点回忆,在她的印象里,"50年代人人想入党""但凡和共产党沾了边的,人人着了魔似的要入党",当时她家的保姆、司机、勤杂人员乃至厨师之间都展开了一场争取早日入党的竞赛。参见罗点点:《红色家族档案——罗瑞卿女儿的点点记忆》,南海出版公司1999年版,第34页。

③ 《四川省委组织部关于一九五二年下半年建党工作的检查报告》(1953年2月),载中共中央组织部编:《组织工作》1953年第46期。

④ 《通江县第二期建党工作十八天的情况报告》(1952年10月29日),通江县档案馆藏县委组织部档案,档案号2/1/12。

我就跳河。"① 总之，在农村，一些人对于加入共产党的看法就是："共产党好，就是咱干不了。"②

通过征粮减租、土改等一系列的政治运动，农村中已涌现了一大批积极分子，他们中的有些人已经被提拔为乡村干部，这部分乡村干部或者积极分子"均是党的基础骨干，是党在农村一切政策的具体执行者"，③ 他们自然就是此次建党的主要对象。为了强化他们对于共产主义的认识，针对西南不少地区属于山地、农村人口居住较为分散的特征，西南局决定采取举办训练班的方式来建党。按照西南局的计划，建党主要采取"集中训练与就地发展相结合"的方式。④ 这种举办训练班的建党形式，也得到了中共中央的肯定并在全国推广。⑤ 所谓集中训练，即把土改等其他运动中涌现出来的农村积极分子集中到县里的训练班中。⑥ 具体程序如下：首先向学员系统讲授共产党及共产主义的基本知识，然后组织讨论展开批评

---

① 《达县地委组织部十月份整党建党的综合报告》（1952年11月1日），达州市档案馆藏达县地委组织部档案，档案号21/1/34。
② 《安子文同志关于九月份整党建党情况向中央的报告》（1952年10月），载中共中央组织部编：《组织工作》1952年第24期。
③ 《地委组织部关于今冬大规模轮训乡村干部计划（草案）》（1952年9月26日），达州市档案馆藏达县地委组织部档案，档案号21/1/55。
④ 《在建党工作中要注意的几个问题——摘录西南局目前关于建党工作的指示》（1952年11月），载四川省委组织部编：《建党学习文件》1953年第1号，达州市档案馆藏达县地委组织部档案，档案号21/1/8。
⑤ 中共中央要求各地在建党过程中"大量地开办农村积极分子训练班，并从训练班中有计划地吸收党员，建立各乡的临时支部"。参见《中共中央批转西南局一九五二年工作要点》（1951年11月24日），载中央档案馆等编：《中共中央文件选集（1949年10月至1966年5月）》（第7册），人民出版社2013年版，第267页。
⑥ 这种通过开办训练班来发展党员的方式并非此时独创，而是抗战时期做法的沿袭。在华中或华东抗日根据地，中共即通过开办训练班来发展党员。陈永发和李里峰分别就此进行了探讨，详见 Yung-fa Chen: *Making Revolution: The Communist Movement in Eastern and Central China*, 1937—1945, University of California Press, 1986, p. 296—364；李里峰：《革命政党与乡村社会：抗战时期中国共产党的组织形态研究》，江苏人民出版社2011年版，第68—69页。

与自我批评,由受训者自己向党组织提交入党申请,然后由介绍人介绍情况,在听取村民意见与审查谈话及区委讨论后,由区委书记签发书面决议报请县委批准,最后举行入党宣誓正式成为新党员。所谓就地发展,是指由县委或区委派遣组织员深入农村,考察积极分子并走访乡民,在强化党性教育的基础上对其择优吸收入党。鉴于农村党员分布极为分散,通江县主要以集中训练的方式发展党员开展农村建党,即通过举办乡村干部训练班,有计划地发展党员。①

可见,训练班是构建入党对象集体"共意"的主要载体。"共意"是一个社会学概念,通常是指"个人或群体之间在调整其行为方式的基本原则、信念、价值、态度等方面所达成的协定,是一种解决个人或群体之间冲突的调适方法",有三个因素对"共意"功能起关键作用,分别是:共同认可一种规范、服从制订规则的机构和具有广泛的认同感和团结感。② 简单地说,"共意"是行为体对某种权威所产生的认同感。它的建构过程就是个人与集体认同感相联通的过程。③ 笔者在此借用"共意"的概念,探讨新政权形塑入党积极分子和乡村干部认知和意识的动态过程。建党前夕举办的各类入党训练班,就是构建这种"共意"的有效媒介。舒尔曼亦认为"每个共产党都非常重视意识形态。以中共为例,革命传统在党内始终被有效保持,意识形态教化发挥着重要功能。党员紧密遵从这种教化以保证其思想有效性"。④ 舒氏所称的"意识形态教化"实际就是这种集体"共意"的构建过程。

---

① 学界已有相关研究对农村中的建党情况予以考察,该文虽提及了训练班这一特殊的建党形式,但并未进一步展开探讨,可见仍然有较大的研究余地。参见何志明:《地权变动中的新区农村党建工作研究(1952—1954)——以川北达县为个案》,载《中南大学学报》(社会科学版) 2014 年第 3 期。

② 宋士昌等主编:《干部学习词典》,黄河出版社 1989 年版,第 630 页。

③ 张孝芳:《革命与动员:建构"共意"的视角》,社会科学文献出版社 2011 年版,第 21 页。

④ Franz Schurmann, *Ideology and Organization in Communist China*, University of California Press, 1968, p. 107.

第五章　基层权力重构：农村建党与乡村干部成长

　　根据西南局的部署，1952年7月31日，川北区党委组织部在就建党问题批复达县地委组织部中要求"对已选定发展的新党员对象施以教育"，通过这种训练班的方式，对学员进行"教育培养与审查工作"。① 为了提高入党积极分子和乡村干部的思想认识，四川省委组织部②于10月召开第一次全省组织工作会议，重点研究"干部培养、整党和新区建党问题"。③ 为了完成建党任务，此次会议决定在1952年底前以训练班为主要形式来解决入党对象的认识问题。训练班预计举办三期，每期200—500人，时间为1个月，计划训练13万人。通过举办训练班对入党对象进行"共产主义与共产党的教育，以提高其觉悟程度，明确社会发展方向"。④

　　1952年9月26日，达县地委组织部制订了大规模训练乡村干部的计划，决定针对全区8个县的16760名区、乡、村干部通过举办训练班的方式进行集中训练，要求各县负责"轮训乡村干部积极分子"，在这个过程中"大力建党结合建团"。具体有两种途径：一种是在训练班结束后提交申请书，然后考察走访民众，无问题后吸收入党；另一种是"在训练班中将条件符合者直接吸收入党"。大多数县主要采取第二种方式。根据地委组织部的计划，在1952

---

　　① 《区党委组织部关于建党方面的几个问题给达县地委组织部的复示》（1952年7月31日），载中共川北区党委办公室编印：《重要通报》1952年第226号。

　　② 1952年7月，四川原来的川北、川东、川西、川南四个区被撤销，恢复四川省建制，四个区党委随之被撤销，并入新四川省委，并以李井泉为省委书记兼省府主席。相关组织移交手续直到9月才正式完成。9月2日，四川省委和省政府正式成立，川北等四个行署由此退出历史舞台。参见中共南充市委党史研究室编：《中国共产党川北区历史（1949—1952）》，中共党史出版社2007年版，第256页。

　　③ 许梦侠：《从齐鲁大地到巴山蜀水——许梦侠八十回眸》，四川人民出版社2002年版，第149页。许梦侠（1919—2004），山东冠县人，曾任冠县县委书记、鲁西区地委书记、二野二纵队政治部主任，1949年后相继担任川南区党委组织部长、四川省委组织部长、省委副书记兼省委秘书长、成都市委书记、四川省委书记、中共四川省顾问委员会主任等职务。

　　④ 《四川省委组织部关于第一次组织工作会议情况的报告》（1952年10月13日），载中共四川省委政策研究室编印：《四川工作》1952年第3期。

年10月至1953年1月中旬，通江县需要训练区、乡、村干部达1600人，计划三期完成，每期受训人数为533人。① 可见，该县的建党训练班基本覆盖了所有的区、乡、村三级干部。

为此，通江县委组织部制订计划，决定成立以县委书记程道远为主任的训练班，1952年10月12日至1953年1月20日，全县区乡村干部共1466人，分三期训练完毕（其余492人已经受训），计划发展党员300人。在训练班中采取讲授结合讨论的方式，具体内容分为三个单元：第一单元是安定学员的情绪，"批判松劲换班思想"，进行共产主义前途教育；第二单元是"什么是共产党，什么是社会主义与共产主义，共产党员标准八项条件"；第三单元是宣传"互助合作的政策教育，学习合作社的性质方针，如何组织领导合作社"等。② 从学习内容可以看出，这种学习加讨论的方式，较为系统地向学员传授了共产党与共产主义的知识，为他们构建这种意识形态上的"共意"奠定基础。通江县的做法颇具普遍性。例如在中南区，亦采取了类似的方式来训练入党对象。③

1952年10月14日至11月7日，通江县举办了第一次乡村干部训练班，学员达451人，在接受共产主义与共产党的教育后，他们"对中国的远大前途有了一定的认识，基本克服了土改后换班松

---

① 《地委组织部关于今冬大规模轮训乡村干部计划（草案）》（1952年9月26日），达州市档案馆藏达县地委组织部档案，档案号21/1/55。

② 《通江县委组织部轮训乡村干部计划》（1952年10月2日），达州市档案馆藏达县地委组织部档案，档案号21/1/57。

③ 在中南区，训练班的具体步骤是，前三天讲解当前形势，用7天时间报告当前主要任务，再用7天为共产党员介绍八条标准和入党流程等。在课程设置上由以下几个方面组成：（1）中国共产党简史和党员八项标准；（2）农村生产政策、互助合作运动和农业生产的发展方向；（3）当前的中心任务如土地复查、查田定产等；（4）党规党法。关于党的课程在其中占了2/3的内容。主要流程是：讲授、讨论、总结。Fang Shu, *Campaign of Party—Expansion of The Chinese Communist Party in* 1952, Communist China Problem Research Series, Nov. 1953, The Union Research Institute, p. 20. 牛津大学中国研究中心图书馆藏。

第五章　基层权力重构：农村建党与乡村干部成长

劲的狭隘思想"，明白了"土改胜利完成了农民翻身的第一步，必须组织起来互助合作，大力发展互助合作，大力发展农业生产走向集体化工业化机械化的共产主义社会"的道理。村干部陈道德说："我原来以为农民得了土地就翻了身，现在才知道要跟着共产党（和）毛主席走，努力发展生产走向共产主义才是彻底翻身，我们回去要努力工作，不能换班松劲，领导农民组织互助合作社。"陈得明说："过去叫我当生产委员，我坚决不干，现在我听了报告，才晓得中国的远景了，我回去决心搞好工作，把群众领导起来，搞好生产互助合作社，向（着）共产主义社会而奋斗。"在听了共产党员八项条件的报告后，他们中的不少人"检查了自己的思想作风"。例如赵兴阶说："我认识了共产党的伟大前途，也是我的奋斗目标，但若批不准，我更要努力学习努力工作，继续争取。"一个村干部听了报告后，表示"要忠诚老实才能作个共产党员"，进而主动交代自己曾"搞过一次腐化"等。在该次训练班中，根据这些学员的个人表现与其他情况，首先发展了党员 31 人。[1] 可见，当时县委对于发展新党员的态度仍然较为慎重。[2]

那么，这些知识水平低下的乡村干部是如何转变自己的看法，顺利构建这种集体主义"共意"的呢？他们之所以如此，与训练班中所采取的教育手法密切相关。早在 1952 年初，通江县委就提出了建党训练班中应采取"活泼具体，通俗，用对比摆故事的方式"。例如将共产党与国民党作对比以及"将苏联的故事，和在共产党领导下川北二年来建设的成绩"结合起来，必要时"邀请赴京烈军属

---

[1] 《中共通江县委乡村干部训练班第一期学习总结报告》（1952 年 11 月 22 日），达州市档案馆藏达县地委组织部档案，档案号 21/1/57。

[2] 因为通江等县建党时间仓促、任务重，为了避免降低入党条件，四川省委组织部还特地致函县地委组织部，要求"在条件差的边远地区（如通江、南江、巴中等），目前可以少发展或暂停发展，积极做好准备工作后，再发展。以保证新党员的质量"。《四川省委组织部给达县地委组织部的回复并转各地委》（1952 年 12 月 18 日），达州市档案馆藏达县地委组织部档案，档案号 21/1/129。

代表及川北劳动模范"前来作报告等，使乡村干部们直观地感受到新政权自1950年以来取得的成就；同时，对他们进行共产党员八项条件教育，"使其认识共产主义是人类的最高理想，共产党的光荣、伟大、正确，作（为）一个共产党员的光荣"，同时"只有在党的领导下才能达到农业集体化，才能解除农民的贫困，才能达到真正的幸福"。① 可见，宣传现实榜样与远景蓝图是树立学员共产主义认识的主要方式。

据一个当年参加过第二期建党训练班的党员回忆，当时训练班人数不定，一般为数十人，"主要是学习党的组织原则，保守党的机密，要讨论发言，自己如何认识共产党的伟大，大家开始对共产党不了解，都不晓得，学习几天就知道了很多正确的道理"。② 乡村干部产生如是看法，却也并非虚妄。因为共产党通过减租、退押、清匪、反霸乃至土改所建立起的巨大威望，已经"证明了有能力让农民富裕起来"。③

实际上，由于个体能力差异兼之天灾人祸影响，农村存在不可根除的结构性贫穷，在这种贫穷支配下，农民始终存在一种朴素的平均主义思想，这也是传统时代农民起义军一旦发出"均贫富"的口号，那些处于因饥饿而处于生存边缘的农民竞相影从的深层动因。在这里，中共允诺将通过集体化走向共产主义，进而消灭农村的贫穷，在当时的农民看来，并非天方夜谭。当时媒体对苏联农业集体化所取得成就的铺天盖地的宣传，更是强化了他们这种印象。这种远景描绘与榜样宣传，极大地增进了乡村干部对于集体化的兴趣与信心。在这个过程中，共产主义这种舶来品，与农民朴素的平

---

① 《通江工委关于建党整党准备工作的指示》（1952年1月1日），通江县档案馆藏县委组织部档案，档案号2/1/12。
② 笔者对刘坤远的访谈记录，访谈地点：四川省通江县铁佛镇平坝村；访谈时间：2015年2月28日。
③ 黄树民：《林村的故事：1949年后的中国农村变革》，素兰等译，生活·读书·新知三联书店2002年版，第48页。

均主义思想实现了对接，最终使他们顺利构建了这种集体主义"共意"。同时，他们对于共产主义与共产党认知水平的提高，也使他们成为新党员的优先发展对象。

通过举办建党训练班，固然可以集中发现符合条件者，进而将其吸收入党，但其局限性也是明显的，尽管在受训人员中成功地构建了集体主义的"共意"，作为组织方面，对于他们是否会因此而放弃个人利益并在此时的互助合作运动中发挥带头作用，则并不十分了然。言即，他们这种"共意"还需要在实践中进行检验。这也是通江县在通过训练班集中发展党员时持谨慎态度的原因。① 可见，将他们放到实际工作中去检验，最终判定他们是否具备入党条件，才是农村建党的主要方式。此时中共中央在土改后的农村掀起一场互助合作运动，适逢其会地成为检验这些入党积极分子"共意"的"试金石"。这就是中共中央乃至西南局要求的"结合中心工作建党"。②

三、互助合作背景下的农村建党

中共中央之所以在 1952 年年中决定全面建党，除了新区土改陆续结束并发现了大量积极分子，建立了较好的组织基础，还有一个重要历史背景，那就是 1951 年 12 月发起了互助合作运动，中共中央希冀通过在农村建党的同时，推动互助合作的发展。这在土改刚结束的新区农村更是如此。为了避免各地因忙于其他工作而忽视

---

① 尽管通江县委计划在三次训练班中发展党员 300 人，但实际上最后的新党员数字远远低于预期。第一、二次发展的党员数分别为 31、44 人，尽管第三次训练班发展的党员数不详，但可以大概推知三期训练班发展的党员数最多不过百余人，与原计划数相差甚远。参见《中共通江县委乡村干部训练班第一期学习总结报告》（1952 年 11 月 22 日），《中共通江县委乡村干部训练班第二期学习总结报告》（1952 年 12 月 17 日），达州市档案馆藏达县地委组织部档案，档案号 21/1/57。

② 西南局要求各地在开展农村建党工作时，必须结合当前中心工作即互助合作运动，并批评了那种"孤立的建党"的做法。参见《西南局组织部关于发展新党员情况的报告》（1951 年 7 月），达州市达川区档案馆藏达县县委组织部档案，档案号 17/1/29。

了农村建党,中共中央要求建党必须与中心工作结合起来。例如,1952年8月,《人民日报》对川北区党委将爱国增产节约运动与建党结合起来的做法表示肯定,同时批评了一些地方不重视建党的现象,指出国家即将展开大规模经济建设,在农村必须建立党组织,"才能逐步地使农民个体经济改变为集体化的大生产",因此要求"建党工作必须在中心工作的过程中去进行"。① 在互助合作运动发起后,西南局要求各地"必须结合中心工作来进行建党工作,孤立的建党是错误的",原因是"中心工作是经常有的,任务也总是越来越紧张的,如果认为任务忙不能建党的话,那么党就永远建设不起来"。② 可见,此时新区农村党组织的建立有着深刻的时代背景。

在土改后的乡村中,互助合作运动即为当时的中心工作。③ 土改结束后,作为领导农民减租、退押乃至土改的民众团体,农民协会已经完成了它自身的使命,特别是在农村即将合作化乃至集体化的情况下,面对这种所有制出现的巨大更迭,以贫雇农为核心组成的农民协会,不仅难以在短期内跟上这种变化的步伐,而且会对这种变更产生阻碍作用。④ 这就是通江县委所称的:"目前农村的农会组织无法满足他们的要求,因急需建立党的组织,解决党在农村

---

① 《党的生活简评 建党工作要和中心工作相结合》,载《人民日报》1952年8月16日。

② 《西南局组织部关于发展新党员情况的报告》(1951年7月),达州市达川区档案馆藏达县县委组织部档案,档案号17/1/29。

③ 1952年9月,达县地委明确指出,"我区今冬明春的主要中心工作是农村生产互助合作运动"。参见《地委组织部关于今冬大规模轮训乡村干部计划(草案)》(1952年9月26日),达州市档案馆藏达地委组织部档案,档案号21/1/55。

④ 通江县各级农协会于1952年7月宣布解散。参见中共通江县委党史研究室编:《中国共产党通江县历史大事记通编(1928—2008)》,中央文献出版社2009年版,第24页。

第五章 基层权力重构：农村建党与乡村干部成长

中核心领导问题。"① 为了部署各县的建党工作，1952年8月，达县地委组织部召开各县建党工作会议，组织部长杜秉清在会上明确指出，土改后"共产党对农民的领导权才取得一半"，其原因就是，土改这种形式反而将农民的私有产权固定下来，即"没有取消私产。还是农民私有的社会"。土改后农民出现"分了田想发财，想往富农方向发展"的思想倾向，他认为当前"严重的问题是教育农民"，而农会已经"不能胜任这个工作"。因此，农村当前的任务就是建党，通过培养积极分子入党，建立党组织。关于党组织在农村中的地位，杜明确指出"以后农村是党要高于一切"。② 可见，土改后，中共党组织将在互助合作等运动中扮演核心角色，对此西南局更是直截了当地指出："农村建党的目的就是为了生产，更好领导群众从互助合作逐步走上集体化。"③ 因此，在农村发展党组织，取代农协会重组乡村权力结构的意图十分明显。

党员作为农民中的一分子，追逐自己的利益本亦无可厚非，但这却与党要改造小农经济、走集体化道路的目标明显相背离。对此，中共中央与四川省委都有明确规定，农村党员必须放弃雇工、放债之类的"剥削行为"，否则就要被开除出党。④ 但对于此类党员的处理，主要是在北方老区，新区因农村党员较少，土改后随即展开了互助合作运动，土改与互助合作运动之间的过渡时间很短，

---

① 《通江县委会一九五二年七月至无三年六月底一年内的建党计划（草案）》（1952年7月8日），通江县档案馆藏减租工作团档案，档案号52/1/66。

② 《杜部长在建党工作会议上的讲话》（1952年8月——笔者判定），达州市档案馆藏达县地委组织部档案，档案号21/1/56。

③ 《云南省委组织部关于第一批土改县县书联席会议情况的报告》，载西南局组织部印发：《通报》（35）（1952年10月29日），达州市达川区档案馆藏达县委组织部档案，档案号18/1/9。

④ 《中共中央华北局两项规定：关于在农村整党中处理党员雇工、放债、经营商业和出租土地等问题的规定》，载《人民日报》1953年2月26日；《中共四川省委组织部关于处理农村党员有剥削思想行为的规定》（1954年2月2日），载中共四川省委组织部编：《组织员手册》，1954年自版发行，第46、48页。

故农村所谓的"资本主义复辟"与党员"富农化"现象并不突出。因此，在通江县，建党与互助合作运动的结合，主要体现在建党之时对于入党者互助合作的积极参与要求和党员（党组织）对于互助合作运动的带动与领导上。

在农村建党之初，一些地方出现了"为了建党而建党"，即单纯追求数字的现象，而忽视了将其与正在进行的互助合作运动结合起来。四川省委在全省组织工作会议上明确指出，必须通过建党，加强对农民进行共产党和共产主义的教育，进而"以提高其觉悟程度，明确社会发展方向"，并反复提醒各地："特别要注意使建党工作密切结合农村的互助合作运动。"① 可见，此时建党运动的展开，不仅是对入党积极分子和新老党员的一次共产党与共产主义教育，更是一次针对全体农民的共产主义教育，的确称得上是一次"共产主义下乡"。中共以农村建党这种特殊的形式，将自己的工作宗旨、组织原则乃至奋斗目标传播到了乡村，使其形象在乡村更为清晰可见。

中国共产党作为马克思主义政党，尽管"其组织与意识形态的特质要求地方党员干部以毫不迟疑的热忱（为党的事业而）奉献"，② 但在实际操作层面，一些党员往往会因自身利益受损，而难以做到完全"毫不迟疑"。在通江县，尽管乡村干部与入党积极分子通过参加训练班的形式建立了集体主义"共意"，但这并不意味着他们中的所有人都能立刻投身互助合作浪潮之中，对于这种与传统时代迥然相异的生产方式，他们中的一些人可能会持疑惧、消极乃至抵制态度。据四川省委组织部统计，1952 年 7 月至 12 月期间，全省共发展新党员 63731 人，其中"不够标准的一般在百分之

---

① 《四川省委组织部关于第一次组织工作会议情况的报告》，收入西南局组织部编印：《通报》（38），1952 年 11 月 17 日，达州市达川区档案馆藏达县县委组织部档案，档案号 18/1/9。

② R. chard L. Walker, *China under Communism: the First Five Years*, Yale University Press, P. 50.

三或四；多者到百分之十五，主要是觉悟不够"。① 这里的党员"觉悟不够"，就是中组部副部长安子文所说的"口头上拥护共产主义，实际走的却是资本主义的道路"，他们"在农村中不愿组织起来，想走富农的道路"。② 那么，他们是如何转变自己的态度，进而积极投身到这场互助合作运动中来的呢？

所以，要推动互助合作运动的全面展开，首先需要解决土改后乡村干部的思想顾虑问题，他们态度的转变，对于农村互助合作运动的实现至关重要。对乡村干部而言，经过减租、退押、土改乃至"三反"等政治运动，他们对于中共在国家政治生活中的核心地位已经有了明确的认识。土改后针对乡村干部的训练班，让他们对共产党及其奋斗目标——共产主义社会有了进一步的了解，加之苏联的榜样效应，使乡村干部无论是出于对共产党帮助他们"翻身"而产生的强烈信任，即相信"跟着共产党走是永远光明的胜利的"，③还是从个人职务升迁的角度考量，成为一名共产党员，自然就是大多数乡村干部的理想与追求。简而言之，他们加入中共的动机无外乎两个：一是成为一名党员的荣誉和使命感；二是个人政治前途的发展。除极少数人因坚持"单干"而放弃入党外，大多数乡村干部仍然会选择争取入党，成为执政党的一员。乡村干部与积极分子要入党，必须认同并接受共产党的集体化目标，即"懂得党的事业"，同时要在实际行动中积极带头，即"开展互助合作运动，在生产中起模范作用"。④ 这种行动逻辑，贯穿着农村建党的全过程。

---

① 《四川省委组织部关于一九五二年下半年建党工作的检查报告》（1953年2月），载中共中央组织部办编：《组织工作》1953年第46期。

② 安子文：《在三反五反胜利的基础上加强整党建党工作——纪念中国共产党成立三十一周年》，载《人民日报》1952年7月1日。

③ 《地委组织部关于今冬大规模轮训乡村干部计划（草案）》（1952年9月26日），达州市档案馆藏达县地委组织部档案，档案号21/1/55。

④ 《中共中央关于接收新党员手续的规定》（1951年10月4日），四川省委组织部编：《建党学习文件》（第1号），1953年6月3日，达州市档案馆藏达县地委组织部档案，档案号21/1/8。

然而，当时通江县乡村干部主要存在的问题是"换班"思想，且不愿继续农村工作，打算从事商业等。例如，村代表主任周道华挪用16万元贷款去做生意，"买白蜡赚了十几万元"，直到后来上级催问才将贷款发下去；另外一些村干部则开药铺、开瓦厂、做百货生意等。① 但他们要争取入党，就必须放弃这类被视为"资本主义复辟"的行为。此时他们往往处在一个微妙的境地：作为一个新党员，党组织在时刻考察他在互助合作运动中的表现；作为党组织在乡村的"形象代言人"，乡村民众也在关注他是否能放弃自身利益而率先去迎合这场地权变动潮流。可以说，农村党员即在这两者所产生的"合力"之下积极投身到这场互助合作运动中去，并发挥了重要的"示范效应"。

苏尔曼通过研究中共1921年至1961年共40年的党员总人数变化发现，当中共需要加强基层工作（特别在农村）时，往往会迎来一个入党高峰。② 事实上，他仅说对了问题一半。因为中共中央在有意造成一个入党高峰的同时，反过来也实现了基层工作的目的。例如，本次农村建党既完成了中共基层组织在农村中的建立与完善，又加速了农村互助合作运动的完成。为了推动正在开展的互助合作运动，通江县委明确要求在发展新党员时，必须将重点放在"互助组长、组员、青年团员、合作社员、乡村干部身上"。③ 据

---

① 《（地委）关于讨论农村资本主义倾向的情况综合材料》（1953年11月10日），达州市档案馆藏达县地委组织部档案，档案号21/1/131。

② Franz Schurmann, *Ideology and Organization in Communist China*, University of California Press, 1968, p. 129—131.

③ 《通江县委关于检查建党和培养与发展积极分子的计划》（1953年1月16日），通江县档案馆藏县委组织部档案，档案号2/1/12。关于此点，笔者通过访谈该县铁佛乡首任党支部书记刘坤远也得到了印证，他表示该支部在处成立后，发展新党员的首选对象是互助组长、村主任乃至小组长等。笔者对刘坤远的访谈记录，访谈地点：四川省通江县铁佛镇平坝村；访谈时间：2015年11月2日。

第五章 基层权力重构：农村建党与乡村干部成长

1952年7月的统计，通江县的农村党员人数仅22人。① 1955年底，所有乡均建立了党支部。② 据1950年至1956年的通江县党员总数统计，党员总数从1950年的145人增加到了1956年的3635人，所有乡都建立了党支部。③

在互助合作运动方面，早在1951年，通江县维新乡就建立起了第一个农业生产互助组——李步坤互助组。1952年下半年，全县已经有农业互助组6482个。截至1953年底，全县互助组发展到了6400余个，入组农户为50000余户，占总农户的68%，经营土地17万亩，占总耕地的66%。④ 到了1955年底，农业生产合作社由春季的120个，发展到了758个，"超额完成了建社任务"。⑤ 从1951年的第一个互助组到1952年底的6482个互助组，这个惊人的增长速度背后，伴随的是党组织在通江农村的扩张。正如县委所指出，互助合作运动成绩的取得，是与基层党组织对农村生产"加强了统一领导"分不开的。⑥ 接下来，笔者将以通江县铁佛乡为例，考察农村建党与互助合作运动的关系。

---

① 《通江县委会一九五二年七月至无三年六月底一年内的建党计划（草案）》（1952年7月8日），通江县档案馆藏减租工作团档案，档案号52/1/66。

② 中共四川省通江县委组织部等编：《中国共产党四川省通江县组织史资料（1933.1—1987.10）》，四川人民出版社1993年版，第51页。

③ 由于当时统计工作存在很多问题，故在党员数量上出现了自相矛盾的现象。例如，据1952年7月统计，通江县党员总数仅为91人，而《通江县志》统计，1952年的党员人数竟多达604人。《通江县委会一九五二年七月至无三年六月底一年内的建党计划（草案）》（1952年7月8日），通江县档案馆藏减租工作团档案，档案号52/1/66；《（通江县）党员统计表（1949—1956）》，载中共四川省通江县委组织部等编：《中国共产党四川省通江县组织史资料（1933.1—1987.10）》，四川人民出版社1993年版，附页。

④ 中共通江县委党史研究室编：《中国共产党通江县历史（1928—2007）》，中共党史出版社2009年版，第91、93页。

⑤ 中共四川省通江县委组织部等编：《中国共产党四川省通江县组织史资料（1933.1—1987.10）》，四川人民出版社1993年版，第51页。

⑥ 《通江县一年来农村工作基本情况的报告》（1953年10月9日），达州市档案馆藏达县地委办公室档案，档案号19/1/114。

该乡位于该县南部,面积共 46.5 平方公里,耕地为 17282 亩。早在 1952 年初,铁佛乡就在县委工作组的帮助下建立了第一个互助组——刘福强互助组。① 这个互助组是在 1952 年土改后,为了春耕抗旱而组织起来的,全组共 21 户,劳动力 60 人。在 1952 年的生产创模运动中,该组首先向全县农民发起挑战,并在当年获得全面增产,平均每亩收获稻谷 540 斤,"打破当地历年水稻平均增产的水平",被授予"县级特等模范互助组"荣誉称号。② 同时,在该互助组的带领下,铁佛乡迅速组建了大量的临时互助组织。截至 1952 年底,该乡加入互助组的农户达到总数的 91%。在 1953 年 12 月,在中共中央宣布加快发展农业生产合作社的决议后,1954 年 2 月,铁佛乡出现了第一个初级社,1955 年底发展了 32 个初级社。入社农民达到全乡的 98%,"实现了全乡合作化",直至 1957 年,该乡 36 个初级社全部转为高级社,至此,"全乡完成农业社会主义改造"。③ 铁佛乡之所以迅速完成农业合作化乃至集体化,与该乡党组织的建立有着密切关系。

实际上,直至 1952 年,铁佛乡并无党员,是年 9 月,在县委的帮助下建立了由 7 人组成的党支部,以刘坤远、刘成远、庞乃

---

① 实际上这个互助组应名为"刘坤远互助组",该互助组是由铁佛乡党支部书记兼八村村长刘坤远组织起来的,刘后上调铁佛乡政府担任副乡长后,将该互助组交给刘福强负责,故名为"刘福强互助组"。刘福强,铁佛乡坪坝村贫苦农民,曾继给当地某地主,土改后表现积极,且有一定的能力,故在刘坤远的帮助下成为互助组长。笔者对刘坤远的访谈记录,访谈地点:四川省通江县铁佛镇坪坝村;访谈时间:2015 年 11 月 2 日。
② 《通江县铁佛乡刘福强互助组试办农业生产合作社的材料》(1952 年 12 月 28 日),达州市档案馆藏达县地委办公室档案,档案号 19/1/116。
③ 通江县铁佛乡志编纂小组:《铁佛乡志》,1986 年自版发行,第 11、32 页。但根据笔者通过对该互助组的发起人刘坤远的访谈,刘称他亦看过这本乡志,并指出 1952 年加入互助组的农户达 91% 的说法是有很大水分的,他说:"那时候(加入互助组的农户)还少得很,写材料的人,笔下生花,我们是在 53 年在成都把会开了,全县接着开代表大会后才全面展开互助合作运动。"参见笔者对刘坤远的访谈记录,访谈地点:四川省通江县铁佛镇坪坝村;访谈时间:2015 年 11 月 2 日。

琼、郭永孝、隆克申等4人组成支部委员会，由刘坤远担任支部书记。① 党支部成立后，通过训练积极分子，教育新党员以及帮助互助组解决问题，有效地推动了互助合作运动的开展。以刘福强互助组为例，该组共有党员2人、青年团员3人、村干部2人、劳模3人、积极分子7人，其中一名党员（刘坤远）为乡党支部书记兼村主任，刘"主动帮助刘福强互助组长，经常教育组员，具体解决组内存在的问题"，使组员内部较为团结，使互助组由临时升级为常年，"农业收入比一般互助组高"，同时在该组党员的发动下，积极帮助其他互助组，带动了其他组的生产，进而推动该乡整个互助合作运动的发展。② 铁佛乡的情况并非个例，但具有相当的代表性。

可见，党员与党支部在互助合作中扮演着重要的角色。据四川省委组织部报告，"新党员入党后，生气勃勃，在工作中能起模范作用，为群众所拥护，群众反映：'互助组搞得好，是因为有党员'，'党员是模范，处处带头干'"。③ 在达县专区，截至1955年9月，全区农村党员人数达到29018人，97%的乡都建立了党支部，这些党支部的建立，对于推动该地的互助合作运动起了关键作用，正如达县地委所指出，这些党员"一般都参加了各种不同类型的互助合作组织，绝大部分起了一定的领导骨干作用"。④ 从这句话可以看出，党员在互助合作运动中发挥着重要模范带头作用。正是在他们这种引领作用下，互助合作运动很快迎来了一个全国性的高潮。

---

① 通江县铁佛乡志编纂小组：《铁佛乡志》，1986年自版发行，第83页。
② 《通江县铁佛乡刘福强互助组试办农业生产合作社的材料》（1952年12月28日），达州市档案馆藏达县地委办公室档案，档案号19/1/116。
③ 《四川省委组织部关于建党工作情况及意见的报告》（1952年10月28日），载中共四川省委政策研究室编印：《四川工作》1952年第4期。
④ 《中共达县地委组织部关于农村党的基层组织工作的意见》（1955年9月19日），达州市档案馆藏达县地委组织部档案，档案号21/1/132。

第二节 "扎根子"：乡村权力结构中的农村党组织

广大新区农村的党组织从空白到建立，体现了中共作为执政党对于地方社会的"扎根子"。① 从第一节内容可知，通江县在1952年下半年开始的农村建党，从原本只有20余名党员迅速增加到了1956年的3000余人，考虑到当时中共中央对于发展党员的谨慎态度，足以推知通江县农村党组织的整体质量。值得注意的是，尽管当时存在"入党就能当干部，吃得开"的认识误区，② 但若将视野拉长以观之，这些成为党员的人，往往在乡村干部任命、提名（拔）时较之非党员拥有明显的优势。③ 所谓入党就能当干部之说，至少并非毫无道理。循此思路可知，农村建党的过程，实际上就是一次干部地方化的具体实践，更是乡村政治人物的一次生成路径：成为积极分子→发展入党→提拔任职。④ 伴随着这个过程的则是农协的逐渐淡出和中共党组织地位在乡村权力结构中的确立。这主要体现在入党积极分子的遴选和训练、党支部建设以及区委组织的完善等方面。

一、入党积极分子的遴选与训练

在中共的干部录用制度中，"积极分子"是一个非常重要，但

---

① 对此，四川省委明确指出："新区建党，是从没有党到有党，是'扎根子'的问题。"《四川省委组织部关于一九五二年下半年建党工作的检查报告》（1953年2月），载中共中央组织部办编：《组织工作》1953年第46期。
② 《川北区党委组织部一、二、三月份农村整党建党工作报告》（1952年5月3日），载西南局编：《西南工作》1952年第106期。
③ 以铁佛乡首任党支部书记刘坤远为例，他在担任村长后入党，很快被提拔为副乡长兼支部书记。参见笔者对刘坤远的访谈记录，访谈地点：四川省通江县铁道镇平坝村；访谈时间：2015年2月28日。
④ 这里的"入党积极分子"中很多人实际上已经担任乡村干部，而这些已经担任乡村干部的入党积极分子往往较之其他人具有更大的入党优势。

角色模糊的特殊群体。因此，关于积极分子的定义，存在不同的说法。西方学者汤森认为："积极分子是不占有专职政治职位，但对公共事务具有特殊兴趣、积极性或责任的普通公民。"① 但在20世纪50年代的中国大陆，这个对于积极分子的定义显然过于宽泛。笔者以为，所谓积极分子，是在各种政治运动中涌现出来的特殊群体，他们具有明显的阶级成份特征，且被官方承认，是运动所依靠的主要力量。因此，在中共领导下的社会运动中，积极分子都在其中扮演着主要角色，他们以其非干（部）非群（众）的模糊身份定位，游走在干群之间，既能对现有干部予以监督，又能随时从群众中脱颖而出，成为补充干部空缺的一泉"活水"。有研究者在考察了20世纪50年代中前期中国农村中的积极分子后亦认为，积极分子是政党—国家联系群众的纽带与桥梁，他是群众运动的推动者、革命伦理的践行者。他们的地位伴随着群众运动的进程而发生变化，例如成为基层干部的来源、基层干部的帮手与监督等。② 那么，在此次建党中，究竟什么样的人才能成为入党积极分子呢？

首先是积极分子的遴选。正如前文所言，积极分子是伴随着整个共产革命过程而出现，尽管不同时期对于积极分子的要求有所不同。新中国成立后，中共继续将矛盾学说作为其组织原则的关键内核之一，③ 阶级斗争是矛盾学说演绎出来的基本结论，在20世纪50年代因国内外局势而得到进一步的强化。因此，以阶级划分来确定"敌、我、友"仍然是当时的基本思维模式。这个倾向也对积极分子的阶级属性提出了明确的要求。可见，根据划成份确定贫雇

---

① ［美］詹姆斯·R. 汤森等：《中国政治》，顾速等译，江苏人民出版社1996年版，第238页。

② 贾滕：《乡村秩序重构及灾害应对——以淮河流域商水县土地改革为例(1947—1954)》，社会科学文献出版社2013年版，第243—249页。

③ 舒尔曼在对中共的组织原则进行研究后指出，矛盾学说与民主集中制是中共践行其组织原则的两大理论核心。参见 H. F. Schurmann, *Organizational Principles of the Chinese Communists*, The China Quarterly, No. 2, 1960, p.48。

农或者中农才有资格成为积极分子，而被划入另册的富农、地主及其子女，是无法成为积极分子的。在农村建党环节，中共中央提出入党积极分子的条件是："一、成分好、历史基本清楚；二、响应党的号召，在生产、工作及各种运动中表现积极，并能起带头作用；三、向党靠拢，愿意学习，要求进步。"① 这仅是中共中央对于入党积极分子的大体界定。在具体执行层面，各地往往根据本区情况制定具体细则。例如，在通江县，县委制订的入党积极分子条件是：

（1）成份好（主要是贫雇农），是农民中优秀分子，立场坚定，工作积极；（2）对共产党有起码认识，拥护党和人民政府的政策法令，服从党的领导，能把个人利益服从人民群众的利益，并能密切联系群众者；（3）历史清白，政治上无问题；（4）思想纯洁，作风正派，有发展前途者。②

从以上内容可以看出，在县委制订的四个积极分子条件中，成份好、历史清白均具有明确的量化标准，③但第二、四项条件存在较大的主观随意性，更多地体现了建党过程中的意识形态认同特征。与土改中积极分子要求的个人成份、家庭出身，乃至工作态度等方面不同，在建党过程中的入党积极分子，除了上述要求，还必

---

① 《在建党工作中必须认真教育和考察积极分子》，载《人民日报》1952年9月6日。
② 《通江工委关于建党整党准备工作的指示》（1952年元月1日），通江县档案馆藏县委组织部档案，档案号2/1/12。
③ 据刘坤远回忆，建党之初考察入党积极分子，主要是了解考察对象的三代历史，即祖父、父亲及本人"有没有干过什么（坏事以及担任保甲长等），是不是劳苦大众"。笔者对刘坤远的访谈记录，访谈地点：四川省通江县铁佛镇平坝村；访谈时间：2015年11月2日。

须对共产党的奋斗目标具有明确的认知。长远来说，就是愿意为共产主义事业奋斗终身；近期而言，就是放弃个人利益，积极参加当时正在开展的互助合作运动，并在其中发挥先锋模范作用。

早在1951年3月召开的第一次全国组织工作会议上，刘少奇就批评了那种将建党单纯视为发展新党员的观点，要求各地必须将其"看成是对劳动人民中的积极分子进行长期而有效的思想教育工作和考察工作的结果"。① 西南局也指出，入党积极分子必须"是从各种群众运动与实际工作中产生的"，在农村应是"在互助合作运动中，能够接受党的领导，积极带头参加互助合作并坚决执行自愿互助原则的人"。② 可见，是否积极参加互助合作运动已成为衡量是否为入党积极分子的基本标准。简而言之，积极分子要入党，必须接受并认同共产党的集体化目标，即"懂得党和党的事业"，同时要在实际行动中积极带头，即"开展互助合作运动、在生产中起模范作用"。这种行动逻辑，贯穿着整个农村建党的全过程。简而言之，这个过程大致可以表述为以下顺序：共产主义教育→提高觉悟→入党→发挥带头作用→推进互助合作运动（也存在入党后才接受教育的情况）。

在通江县，县委通过土改发现了一批入党积极分子，共计528人，并依据成份、年龄以及文化程度对他们进行了分类统计，情况如下：在个人成份方面，雇农28人，贫农326人，贫民78人，手工业工人1人，中农163人，摊贩3人；在文化程度方面，文盲241人，初小265人，高小15人，初中修业的9人；妇女16人；在年龄方面，25岁以下为211人，26—45岁为274人，

---

① 刘少奇：《在中国共产党第一次全国组织工作会议上的报告》（1951年3月28日），载中央文献研究室等编：《建国以来刘少奇文稿》（第3册），中央文献出版社2005年版，第190页。

② 《在建党工作中要注意的几个问题——摘录西南局目前关于建党工作的指示》（1952年11月），载四川省委组织部编：《建党学习文件》1953年第1号，达州市档案馆藏达县地委组织部档案，档案号21/1/8。

46 岁以上的仅 46 人。①

尽管以上数据与总数存在明显的出入，但仍然可以看出这些入党积极分子存在以下特征：以贫雇农为主，大都是具有一定文化程度的中青年群体。当然，这些条件仅是基本条件。县委接着会对这些积极分子进行严格的审查与遴选。例如对他们个别谈话、听取民主意见，通过各种途径对其情况进行全面了解，对已经搜集的材料进行对证等。通过调查，发现一些积极分子对入党存在认识误区。例如，"现在要建党我很高兴，过去恶霸所以歪（方言，即嚣张跋扈），就是入了国民党"，认为加入共产党"有办法，吃得开，可以横行天下"；由于有的地方过早宣布"培养一批积极分子就是将来入党的对象"，引起了其中一些人的骄傲自满；一些地方还将年仅 15 岁的未成年人或者 60 多岁的老人也登记为积极分子。② 通过审查资格并将其中不合格者淘汰的方式，有效地增进了其他积极分子的集体认同，为对其进行思想训练提供了前提。

对入党积极分子的资格审查，则经过了个人交代历史、组织调查核实以及征求群众意见三个阶段。特别是在征求群众意见环节，被个别地方机械地搬用，将"申请入党人带到村中开群众大会，结果形成斗争会"。③ 原本用以发展新党员的群众审查方式，竟然演变为类似 1947 年老区土改中针对乡村干部和共产党员进行斗争的"洗脸擦黑"。④ 但也正是有了老区的经验教训，才使这些被审查对象避免了重演老区当年的那一幕。西南局明确指出，尽管要求必须

---

① 《通江县培养农民积极分子的总结报告》（1952 年 5 月 28 日），通江县档案馆藏县委组织部档案，档案号 2/1/12。
② 《通江县培养农民积极分子的总结报告》（1952 年 5 月 28 日），通江县档案馆藏县委组织部档案，档案号 2/1/12。
③ 《西南地区农村建党工作中的几个问题》（1952 年 6 月），载中共中央组织部办公室编：《组织工作》1952 年第 16 期。
④ 参见黄道炫：《洗脸——1946 至 1948 年农村土改中的干部整改》，载《历史研究》2007 年第 4 期。

采用"公开建党的方式",但反对把其演变为"单纯形式的征求群众的意见"。① 可见,当年晋绥区那种"群众要怎样办,就怎样办"的做法在新区被扬弃,而对入党对象代之以更为理性客观的评价。值得注意的是,主导川西、川北区政局的南下干部基本来自原晋绥区,而当时达县地委书记就是当年领导晋绥边区崞县第八区土改的丁耿林。丁担任达县地委书记时,正值包括通江等 8 个县的农村建党。但事实证明,整个达县专区各县中,并未因农村整党与建党发生类似崞县八区的过火现象。这可以算得上是南下干部在新区推行政策时对于北方老区经验的吸纳与教训的扬弃。

但一些地方在审查与训练入党积极分子中,使用措施不当,对其提出了过高要求,导致积极分子入党情绪低落。例如有的地方在对积极分子谈话时随意使用情境假设:"假如敌人把你捉去,你能不能坚持革命到底?""假如要调你到朝鲜,你去不去?"② 通江县在举办入党积极分子训练班时发现,一些青年积极分子在登记时故意隐瞒自己的年龄,主要是担心"调出本地到外面作战"等。③ 另外,一些地方强调积极分子必须是"有奇迹",而把在工作上埋头苦干的人说成是"政治作用不大",进而不吸收入党。有的就有意地把生活小节提到原则高度,"乱扣帽子,而抓住别人已经克服了的缺点不放"。有的认为某些积极分子在和平环境中"没有经过生死考验,不保险,再等待等待"。这些都使积极分子思想发生混乱现象,"不知道怎样才够条件,怎样才能像个党员的样子",对入党

---

① 《西南局关于目前建党工作的指示》(1952 年 11 月 29 日),达州市达川区档案馆藏达县县委组织部档案,档案号 18/1/15。

② 《西南地区农村建党工作中的几个问题》(1952 年 6 月),载中共中央组织部办公室编:《组织工作》1952 年第 16 期。

③ 《通江县第一期建党工作总结报告》(1952 年 10 月 11 日),通江县档案馆藏县委组织部档案,档案号 2/1/12。

"可望而不可及"，甚至"不敢申请入党。"① 在通江县，一些建党组织员在与入党积极分子谈话时，见面就抛出一连串问题："你是什么成份？历史怎样？参加过什么反动组织没有？你愿意作一个共产党员吗？你为什么要作一个共产党员？"经过反复谈话，使一些积极分子情绪紧张："我今天遭了（方言，麻烦了），一条一条的问我，把我振（整）得出了一身毛毛汗。"② 诸如此类的做法，都使积极分子对入党产生了畏难情绪。

在建党中，除了审查积极分子的家庭成份、个人历史，他们在实际工作中的表现则更为重要。但要让积极分子放弃个人利益，服从党的利益，积极投身互助合作运动，正如中共中央所指出的，往往是"易懂难做"，③ 即道理明白，但实施起来往往并不容易。他们中的一些人必然需要经历一个逐渐转变的过程。与土改中的积极分子类似，建党中的入党积极分子身份的确立，仍然需要一个官方认可的过程。"入党积极分子"身份的取得，并非自封或者来自其他人的评价，而必须是来自官方的承认，否则无法享有作为积极分子的政治优势。在建党中，入党积极分子身份的获得更是如此。中共中央明确规定，入党积极分子的选拔，"必须由党的小组提名、支部审查批准、报上级党委备案"。④ 而且，"党有意识地录用、甚至培养积极分子，特别是在群众运动的过程中，这是作出积极表现的一个最重要的试验场，党还有权撤销对积极分子候选人的政治承

---

① 北京市委组织部：《北京市建党工作的几点经验》，载《人民日报》1952年10月23日。

② 《地委建党办公室关于建党工作的意见》（1952年11月11日），达州市档案馆藏达县地委组织部档案，档案号21/1/34。

③ 《西南地区农村建党工作中的几个问题》（1952年6月），载中共中央组织部办公室编：《组织工作》1952年第16期。

④ 范儒生：《我们应该怎样去完成建党的任务》，载《人民日报》1952年8月6日。

认"。① 因此，党组织可以随时通过撤销其积极分子的身份，对其中一些领导合作化运动不力乃至抗拒合作化的人予以惩戒。既然官方能给予积极分子的称谓，那么亦能随时根据其现实表现（特别是互助合作运动）而对该称号予以褫夺并将其从入党发展对象名单中剔除。

例如，据该县铁佛乡首任支部书记刘坤远回忆，当时入党积极分子首先是那些已经担任村主任、小组长、互助组长的人。这些人向党支部提交入党申请后，支部主要通过走访贫下中农，观察他在互助合作运动中的表现，"若不好，就把申请书搁在那里，等他把互助组组织起来再说，不组织就不吸收，主要看是否发挥带头作用"。申请人在递交入党申请书后，不久就会向支部询问申请结果，刘坤远对此的办法是："我们回复他已报到上面去，上面还没拿下来，敷衍了事就过去了，若他能领导互助合作较有成绩，再研究他是否能入党。"例如该乡奇峰村四小组的一个互助组长赵文选，贫农出身，他在向党支部提出入党申请后，支部通过调查，发现他"常常对群众发态度，对群众高打一掌冒划一拳（方言，即态度不好），不联系群众"，以致互助组工作长期无起色。因此，党支部决定不批准他的申请，但为了不打击他的积极性，面对他的询问，支部的处理办法是："我们就慢慢冷落，就说交上面研究，慢慢他就不问了，也放弃入党了。"对此，刘坤远评价道："一个共产党员，要解放全人类，你连一个互助组都带不起来，还要你（入党）做啥子？"② 从刘的回忆内容可以看出，此时入党积极分子最终能否入党，取决于他在互助合作运动中的表现。

针对积极分子举办训练班，使他们对共产党与共产主义有了逐

---

① ［美］詹姆斯·R. 汤森等：《中国政治》，顾速等译，江苏人民出版社 1996 年版，第 239 页。
② 笔者对刘坤远的访谈记录，访谈地点：四川省通江县铁佛镇平坝村；访谈时间：2015 年 11 月 2 日。

步的认识并转变了之前的换班思想。通江县在第一期建党后，民胜村村长（入党积极分子）承认自己土改后存在换班思想，不安心工作，"搞一天算一天"，在学习后"要坚决去掉这种为个人打算的思想，很好的为人民服务到底，搞好人民的翻身事业，从工作中争取入党"。① 在第二期建党中，通江县通过举行积极分子会议，在会上"肯定他们的成绩和各种运动中所起的作用"，并"反复讲解党员标准八项条件，怎样作一个共产党员以及党的最终目的，在中国实现共产主义制度等"，最终使这些积极分子"积极参加各种工作，争取作到党员标准来加入中国共产党"。例如三合乡入党积极分子王九江说："土改后接（方言，娶）了一个女人，就不想工作，这种思想不对，决定今后要好好工作，来争取入党。"三合乡一村妇女委员王伦珍说："我男人是个团员，今天男女平等，我也要争取入团。"除了训练班，还采取了召集积极分子开会的方式，"通过反复讲解党员八条启发教育，以积极的带动次积极的，以整个积极的带动不积极的"，扩大积极分子面，打下入党对象的基础。例如，三合乡第一次就以乡为单位展开了共47人参加的积极分子会议，第二次就扩大为68人，经过会议发动与讨论，这些积极分子"纷纷要求入党入团"。②

当然，作为官方形成的材料，通江县委提交这类总结"同质化"特征仍然较为突出。在报告中，积极分子总是经历了从"接受教育、思想转变，到积极入党"的"顺理成章"之过程。作为研究者应该始终对此拥有清醒的认识，不应将其作为事实的全部真相，但也不能将其作为全部谎言来看待，否则就陷入了"不可知论"的泥潭而无法自拔。笔者以为，针对县委的这类报告，应该以

---

① 《通江县第一期建党工作总结报告》（1952年10月11日），通江县档案馆藏县委组织部档案，档案号2/1/12。

② 《通江县第二期建党工作十八天的情况报告》（1952年10月29日），通江县档案馆藏县委组织部档案，档案号2/1/12。

"审慎的乐观"来分析它,其存在的问题不能忽视,但达到的目标亦不能回避。否则,就无法解释通江建党所取得的成就。

中共是按照马克思主义建党学说建立起来的动员型政党,以组织严密及铁的纪律著称,而位处组织末梢的支部则承担着考察积极分子、吸收新党员、候补党员转正[①]乃至定期召开党员组织生活等职能。因此,通江县农村建党过程中,党支部建设始终是本书关注的重要内容之一。

二、组织末梢延伸:农村支部

根据列宁主义的建党学说,"支部"为党的组织末梢,党通过党员参加支部的组织生活,进而贯彻党的政令并考察与吸收新党员,因此支部被称为党组织的"细胞"与"战斗堡垒"。党组织对党员的控制、政令的贯彻、考察与吸收新党员等均需通过支部来完成,其重要性不言而喻。在革命年代,从中央到地方均极为重视支部建设。[②] 至于建立支部的基本条件,历次党章中都有具体的规定。如中共七大时修改的党章中明确表示,在所有工厂、农村、企业、机关等,"凡有党员三人以上者,即成立党的支部组织"。[③] 支部的基本职能为吸收与管理党员。

[①] 根据列宁主义政党的组织原则,中共新党员入党后需要经历一定的候补考察期,通过了考察期后才能转正成为正式党员。候补与正式党员在党内分别拥有不同的权利。但 1956 年的"八大"修改党章,将"候补"改为"预备",此后"预备党员"的称呼沿用至今。参见邓小平:《关于修改党的章程的报告》(1956 年 9 月 16 日),载中共中央办公厅编:《中国共产党第八次全国代表大会文献》,人民出版社 1957 年版,第 100—101 页。

[②] 中共中央指出,"支部是党的基础,群众组织的核心"。《组织问题决议案》(1929 年 6 月),载中央档案馆编:《中共中央文件选集(1929)》(第 5 册),中共中央党校出版社 1991 年版,第 222 页;1929 年四川省委也提出"支部是党的基本组织、战斗单位、群众核心"的口号,见《四川省委第二次全体会议文件》(1929 年 11 月),载中央档案馆等编:《四川革命历史文件汇集》(甲 4),1983 年自版发行,第 302 页。

[③] 《中国共产党党章》(1945 年 6 月 11 日),载中央档案馆编:《中共中央文件选集(1945 年)》(第 15 册),中共中央党校出版社 1991 年版,第 131 页。

20世纪50年代初期在新区农村中建立党支部，与此时正在推行的互助合作运动有着密切的联系。在第一次全国组织工作会议通过关于整顿基层组织的决议中，明确对基层组织提出了要求："中国共产党的最终目的，是要在中国实现共产主义制度。它现在为巩固新民主主义制度而斗争，将来要为工业国有化，农业集体化，即为转变到社会主义制度而斗争，最后要为实现共产主义制度而斗争。"① 关于支部在互助合作运动乃至集体化运动中的作用，达县地委有着清醒的认识："农村支部是党在农村的政治堡垒，是实现国家对农业的社会主义改造，引导农民逐步过渡到社会主义的领导力量和可靠堡垒。"支部工作的中心是"领导互助合作，发展农业生产。在反复深入地对党员进行总路线教育，提高社会主义觉悟的基础上，教育党员积极参加和领导互助组、合作社，并说明党员加入了互助组、合作社后，不准退组退社"。② 可见，按照组织设计，支部在领导农村互助合作运动中将扮演重要角色。

因为新区大部分农村尚未建立党组织，党员亦很缺少，故20世纪50年代初期的农村建党，主要是在乡一级设立党支部，在党支部人数达到一定数量，即按照各村划分党小组。随着后来各村党员人数的逐渐增加，一些村设立支部后，乡支部改为总支或者党委。但在20世纪50年代初期党在农村的基层组织主要是乡支部。关于农村各乡支部的人数，四川省委规定，在总人口在5000人以下的乡，支部人数为7—15人；人口在5000—10000人的乡，为15—25人；10000人以上的乡，则为25—35人。③ 整个川北地区农

---

① 《中国共产党第一次全国组织工作会议关于整顿党的基层组织的决议》（1951年4月9日），载中共中央文献研究室编：《建国以来重要文献选编》（第2册），中央文献出版社1992年版，第207页。
② 《中共达县地委组织部关于农村建党及其他有关组织工作的意见》1954年2月7日，达州市达川区档案馆藏达县县委组织部档案，档案号17/1/58。
③ 《关于执行省委组织工作会议的决定》（1952年10月18日），达州市达川区档案馆藏达县县委组织部档案，档案号17/1/29；达州市档案馆藏达县地委组织部档案，档案号21/1/34。

第五章 基层权力重构：农村建党与乡村干部成长

村党组织的力量十分薄弱。因此，新政权建立之初，达县地委就发出指示，要求各县以"乡为单位组织支部"，支部的中心工作是"领导生产同时进行剿匪完成公粮工作为中心"，并定期召开会议研究工作。① 新区农村建党开始后，达县地委再次发出指示要求加强支部建设，规定每乡有 3 名以上党员即组成（临时）支部，不足 3 人则加入邻近的支部，凡是超过 7 名党员的支部，应选出组织和宣传委员 1 人，并适当划分党小组，由支委兼任组长。②

与整个西南区的情况类似，在建党前夕，通江县的农村支部极少（仅两个）。1952 年 7 月初，为了推动各县的支部建设，达县地委就明确制订相关计划。在通江县，地委要求在 1952 年 7 月至 1953 年 7 月期间，应于全县 102 个乡中建立支部。按照地委的要求，通江县的乡支部建立主要分为三期完成：第一期为 1952 年 7 月至 9 月，建立 9 个支部；第二期为 1952 年 7 月至 12 月，建立 45 个支部；第三期为 1953 年 1 月至 6 月，建立 46 个支部。共计 100 个支部（另外 2 个支部在建党前已经建立）。③ 通江县农村建党开始后，在第一期建党中，即 1952 年 8 月 17 日至 9 月底，即在麻石、至诚、长坪等 5 个区，共 16 个乡展开建党，共发展党员 119 人，建立了 14 个支部。④ 1955 年底，通江县所有乡均建立了党支部。⑤ 从通江县乡党支部的数字变化可以看出，乡支部的建立与发展新党员类似，并非采取拉夫式地一哄而上，而是经历了一个逐步发展的过程。

---

① 《对目前正在工作的几个意见》（1950 年 3 月 29 日），达州市档案馆藏达县委组织部档案，档案号 21/1/8。

② 《达县地委关于目前建党情况和今后意见的报告》（1952 年 10 月 14 日），通江县档案馆藏县委组织部档案，档案号 2/1/12。

③ 《达县地委一九五二年七月到一九五三年七月建立农村支部的计划》（1952 年 7 月 1 日），达州市档案馆藏达县地委组织部档案，档案号 21/1/34。

④ 《通江县第一期建党工作总结报告》（1952 年 10 月 11 日），通江县档案馆藏县委组织部档案，档案号 2/1/12。

⑤ 中共四川省通江县委组织部等编：《中国共产党四川省通江县组织史资料（1933.1—1987.10）》，四川人民出版社 1993 年版，第 51 页。

例如，在铁佛乡，直至1952年，该乡并无党组织和党员。1952年9月22日，在县委工作组的主持下，该乡在刘家祠举行了党员入党宣誓大会，刘坤远、向兴昌、刘成远等7人成为首批党员（据刘坤远回忆，还有2名非该乡党员一起宣誓，故总数应为9人）并成立铁佛乡党支部，刘坤远为该乡首任支部书记。① 据刘回忆：

> 那天天气有点阴，参会的人除了我们九个人外，还有建党工作组的三名成员、每村两三个代表、群众代表等一百把人。大会开始后，工作组长管守忠（晋绥南下干部。——引者注）讲话："现在这九个都是自愿加入中国共产党，愿意为人民服务，愿意解放千千万万的劳苦大众，经县委批准，这九个人入党开入党宣誓大会。"然后，我们九个人都站起来，他在上面举着手，说一句，我们就跟着说一句，怎么怎么。宣誓结束后，管守忠就说："今天指定一个支部书记，就是刘坤远。他组织七个人开会，收党费，发展新党员。现在下面自己培养党员，申请交给支部，支部审查是否符合条件。"他讲完了，我们也没有表态，就散会了。②

尽管通江经历了苏区时期，但囿于严酷的外部环境，中共并未能顺利地在各乡建立党支部，即使有也仅流于形式。在1952年的农村建党，党支部虽然建立起来，但作为一个外来事物，其究竟在地方扮演什么角色、如何处理与乡政府之间的关系、如何开展工作等，在党支部建立之初，其职能定位并不十分清晰。例如铁佛乡支部在县委工作组的帮助下成立后，"开始对开会啥都不晓得"，工作

---

① 通江县铁佛乡志编纂小组：《铁佛乡志》，1986年自版发行，第83页。
② 笔者对刘坤远的访谈记录，访谈地点：四川省通江县铁佛镇平坝村；访谈时间：2015年11月2日。

第五章 基层权力重构：农村建党与乡村干部成长

组长管守忠告诉刘坤远：

> 你们七个人要定期开会，咋开法？每月过组织生活，畅谈一切，研究培养新党员，群众有什么反映没有，对党员有无反感之类的，畅谈，想说啥就说啥。①

在一个地区建立起党支部并非难事，但其组织效能的发挥却与支部管理与建设、党员的组织观念有着密切的关系。由于新区农村党员入党时间不长，未经过长期组织训练，以致一些支部工作往往出现"无事可做"和"事务缠身"两个极端。1953年初，通江县委曾对农村新建的57个临时支部进行检查，发现不少支部工作亦存在以下问题：

（1）各种工作满足于行政的布置和一般的动员，而对于一个中心工作未有计划，先从党的基层组织（支部）动员布置，研究如何完成这一任务，虽做也未检查，因此支部未形成领导核心，党员个人作用大，支部作用小，甚至有的党员还不明白支部应做些什么。

（2）对党员使用多，教育帮助少，有的党员因工作办法少，发生了强迫命令、脱离群众的现象，也有的因个人利益高于一切，开会不到怕耽误生产，有的家庭关系搞得不好，影响了工作。

（3）个别党员兼职过多，参加会议时间多，有的地方这一问题还未得到适当的解决。②

---

① 笔者对刘坤远的访谈记录，访谈地点：四川省通江县铁佛镇平坝村；访谈时间：2015年11月2日。

② 《通江县委组织部检查支部工作的计划》（1953年2月19日），通江县档案馆藏县委组织部档案，档案号2/1/12。

以上现象的出现，印证了四川省委组织部的判断："农村虽然建立了支部，却不能统一党的思想与行动及解决党员工作、生产和生活上的困难，很难起到核心领导作用。"① 为了帮助支部成为农村工作的核心，通江县委为支部制定的日常工作模式："召开支委扩大会议，紧密结合当前中心工作，先由党内认真研究，做出计划，然后召开支部大会，进一步的吸取下面情况，反复讨论通过，加以详细布置，然后再到党外执行。"② 当然，这只是县委对于支部日常工作开展步骤的基本程序，但实际工作状态要复杂得多。但支部究竟在乡村社会生活中发挥什么样的效能，1953年底统购统销政策的执行，为本书探究这个问题提供了一个案例。

三、支部的实际效能：以统购统销为例

为了解决因国家粮食收入不足的问题，1953年10月16日，中共中央正式通过在全国实行统购统销政策的决议。③ 所谓统销，就是在城市按人口进行粮食配给；统购则是在农村按照一定价格强制性购买农民的余粮，同时禁止粮食在市场上自由流通。这种损害农民利益的做法，无疑会在乡村中遭遇较大的抵制，其中亦包括一些党员干部。在1953年10月召开的全国粮食紧急会议期间，时任四川省委第一书记的李井泉告诉薄一波，经过在四川试点统购统销政策后发现"农村干部对征购抵触情绪很大"。④ 1953年11月通江县县委召开扩干会议传达统购政策，据统计，在参加会议的村、乡、

---

① 《四川省委组织部关于加强农村支部工作的意见》（1953年2月），载中共中央组织部编：《组织工作》1953年第46期。

② 《通江县委组织部检查支部工作的计划》（1953年2月19日），通江县档案馆藏县委组织部档案，档案号2/1/12。

③ 有西方学者认为1953年9月中旬中苏之间达成的物资交换协议，是推动中共中央决定加速合作化以及出台粮食流通管控政策的重要背景。参见 Richard L. Walker, *China Under Communism: The First Five Years*, Yale University Press, 1955, p.152.

④ 薄一波：《若干重大决策与事件的回顾》（上卷），中共中央党校出版社1991年版，第266页。

第五章 基层权力重构：农村建党与乡村干部成长

区以及县级机关干部共 600 人中，有粮食不售或等价惜售的 147 人、放高利贷的 10 人、囤积粮食的 40 人、放弃农业从事商业的 15 人。例如，一区维新乡中队长张恒德，自己囤粮 500 斤并与乡长阎秀明联合投资，在 1952 年贷款 30 万元，以经营白蜡生意；洪口区盐井乡转业军人唐利祥（党员）等三人，"从去年到现在，共放债四三〇〇〇斤大米，借给三八〇余户农民，丰年利息二分"。一些干部甚至还对统购统销持抵触态度，例如涪阳乡乡长李友建说："搭了个联营的股，是为了增加税收，放账是为了开展自由借贷。"① 但根据四川省委的安排，达县专区不仅公粮要比往年多征 1500 万至 2000 万斤粮食，而且还要征购 1.5 亿斤。因此，地委承认，这个任务"是很艰巨的"。② 截至 10 月 8 日，通江县仅完成征购总任务的 13.22%，位列专区八县倒数第二。③

通江县面对如此大的征购压力，首先要打通乡村干部及党员的思想，使他们首先积极带头出售粮食。为此，通江县委采取的主要办法是将建党与统购统销相结合，通过执行统购统销政策来考察入党积极分子和乡村干部，使他们转变思想，从抗拒售粮到积极带头乃至动员其他农民售粮。不仅完成了 1953 年和 1954 年的统购任务，而且在 1954 年发展了新党员 221 人，发现与登记了积极分子 567 人。④ 考察与登记积极分子，吸收新党员，都是党支部的重要职能。因此，通江县之所以能如期如数完成任务，与此时已经建立

---

① 《通江县扩大干部会议总结报告》（1953 年 11 月 26 日），达州市档案馆藏达县地委办公室档案，档案号 19/1/99。
② 《达县地委关于征收公粮与收购粮食的紧急指示》（1953 年 10 月 16 日），达州市档案馆藏达县地委办公室档案，档案号 19/1/104。
③ 《中共达县地委关于收购粮食的紧急通知》（1953 年 10 月 12 日），达州市档案馆藏达县地委办公室档案，档案号 19/1/104。
④ 《中共通江县委组织部关于结合粮食统购统销工作进行建党总结报告》（1954 年 12 月 19 日），通江县档案馆藏县委组织部档案，档案号 2/1/30；1953 年通江县的粮食收购数为 3017 万斤。参见四川省《通江县志》编纂委员会编：《通江县志》，四川人民出版社 1998 年版，第 441 页。

的农村党支部有着密切的关系。

为了使党员积极带头支持统购统销政策,达县地委明确规定,凡是党员在统购统销中表现积极者则可以优先考虑吸收、参加支委以及担任支部副书记。① 这种激励手段,无疑会有效地推动党员踊跃支持统购统销。据档案材料显示,在此次征购过程中,通江县充分发挥了农村党支部的作用。"各个支部在统购统销工作中起到了堡垒核心作用",在 11 月 25 日至 12 月 25 日短短一个月内,不仅"顺利而超额完成了任务",还"加强了互助合作和(对)冬季生产的领导,对五四年的增产打下了可靠的基础"。② 具体做法是,县委和区委首先召开支书联席会议和支部大会,结合统购统销进行党员干部进行总路线教育,③ 进而打通这些党员干部思想。然后"由党内到党外,层层打通思想",采取各种宣传措施对农民展开宣传,例如大小会议、黑板报、屋顶广播、花鼓多种形式,同时采取党团员深入农户"政策送上门"的方式,打通一些农民的思想顾虑。第五区农民李尚毕,待价惜售思想很严重,不愿出售多余粮食,党员何应章亲自到他家,"召开家庭会议,反复讲解统购统销的政策"。经过反复讲解,李说:"共产党领导真好,虽然叫我们卖个粮食,(但是)是为了我们走富裕的道路,大家不受穷,我们一定听毛主席的话。"当场表示愿意卖出余粮 1500 斤。这样,通过党员示范带动群众的方式,该区掀起了"出售剩余爱国粮,支援国家工业建设"的高潮。在第四区,党员共有 49 人,他们率先出售剩

---

① 《中共达县地委组织部关于农村建党及其他有关组织工作的意见》(1954 年 2 月 7 日),达州市达川区档案馆藏达县县委组织部档案,档案号 17/1/58。

② 《通江县委组织部关于农村支部在统购统销中的情况综合报告》(1954 年 1 月 13 日),通江县档案馆藏县委组织部档案,档案号 2/1/30。

③ 邓小平在全国粮食紧急会议上的讲话中明确指出,必须使全党干部明白,统购统销政策的执行,关系到总路线的贯彻,是社会主义改造的重要内容。参见邓小平:《邓小平在全国粮食紧急会议上的讲话记录》(1953 年 10 月 13 日),载中共中央文献研究室编:《邓小平传(1904—1974)》(下册),中央文献出版社 2014 年版,第 954—955 页。

第五章　基层权力重构：农村建党与乡村干部成长

余粮 13220 斤，进而带动全区其他群众踊跃卖粮，最终全区的征购任务得以超额完成。①

从以上档案资料可以看出，乡支部在统购工作中主要采取了"攻心"的方式，即首先打通党员干部的思想，然后由这些人的示范、劝说，使农民自愿卖出多余的粮食，进而完成了统购任务。但这是官方材料所形成的线性叙述路径。但笔者通过口述调查后发现，其实乡支部在使用上述思想动员方式外，还采取了另外一种"攻心"战术。后者的做法，实际上才是更为有效的措施。

据刘坤远回忆，当时铁佛乡即将完成首次统购任务，尽管乡支部成员乃至党团员竭力宣传统购政策，但仍然有一些农民不为所动，坚持不卖自己的粮食，经过多次上门劝说无效。党支部讨论后，决定选取一典型户，具体做法就是：

> 我们在他家开了七八天会，他都不卖（统购粮），最后村上用名字写出来，公示，要求明天必须交到指定地点卖，否则我们就要动员群众来背，还得负责群众的生活费，他没办法，第二天只好自己去把粮食卖了。②

从刘坤远的回忆可以看出，作为本地成长起来的乡村干部，他们在执行上级政策时，针对一些拒不卖粮的农户，并非采取简单粗暴的行政手段，而是反复劝说，最终使其"不厌其烦"最终主动出售粮食，也就是他所称的："互相（劝）说，（把）思想说通，也去把粮食卖了。"③ 刘的说法亦为其他农民所证实。据该乡金斗岩

---

① 《通江县委组织部关于农村支部在统购统销中的情况综合报告》（1954 年 1 月 10 日），通江县档案馆藏县委组织部档案，档案号 2/1/30。
② 笔者对刘坤远的访谈记录，访谈地点：四川省通江县铁佛镇平坝村；访谈时间：2015 年 2 月 28 日。
③ 笔者对刘坤远的访谈记录，访谈地点：四川省通江县铁佛镇平坝村；访谈时间：2015 年 2 月 28 日。

村庞兴镇回忆,他家是富农,因当地执行了保存富农经济的政策,故土改时他家的土地财产没有遭到很大的冲击,相反还成为该村土地最多的农户。土地多,粮食产量自然就多。因此,统购统销政策一开始,他家就被定为卖粮大户。正如大多数农民一样,他家并不愿意出售余粮。为此,村党小组开会,确定他家为重点户后,派出"大队书记"(即党小组长)住在他家,坐逼其卖粮:

> 那个大队书记还住在我家里,喊我交(即卖。——引者注)粮食,没有也不行,要交,想办法。天天还要招待他,那个书记逗硬(方言,认真),装积极。住在我家里,平时出去开会,他(回来后)对我们讲大道理,不交不行,冷起个脸,问为啥子不交统购粮,这是国家的政策,抵触反对不行。大队书记住在我们家一周,七天,目的就是催我们交粮食,他早上出去,吃饭时就回来了,就开始催,那个时候每天给他买一包烟,吃肉,他还不满意,不交齐不行。①

在这种情况下,他家最后不得不如数上交统购粮。细读这个访谈者的回忆内容可知,"不交不行"这句话出现了两次。如此可见,当时中共基层组织在发动农民出售统购粮时发挥出了强大社会动员功能。他们的这种做法并非特例,而具有较强的普适性。据另外一个乡的农民回忆干部动员他们出统购粮食的情景,感觉记忆犹新:

> (统购粮)非要交齐。若交不足,拖欠的话,上面就

---

① 笔者对庞兴镇的访谈记录,访谈地点:四川省通江县铁佛镇金斗岩村;访谈时间:2015年9月5日。另外,此处回忆有误,当时村一级尚无党支部,仅有党小组。故他所说的"大队书记",应该是村党小组长。

要来追。劝你，实在没有，拿小春来抵。你开始说你没有，一次两次没有，三次四次，就像挤牙膏一样，挤点来一点，非交不可。今天来一次，明天来一次，好麻烦的，缠着你。没有不交的，只要有一户人不交，（干部）全都涌到你家里来，三五两天你就受不了。①

尽管刘坤远称，当时为了逼迫农民去卖粮食，他甚至扬言要"动员群众来背"，但这种近乎抢夺的极端做法无疑会引发与农民的直接对抗，造成暴力事件。在口述访谈中，当笔者询问，对于那些迟迟不交统购粮的农民，乡或村上是否会组织人强制执行时，得到的回答是："乡上村上，抢的没有，不敢动手去搜，主要是动员你自己交。"② 可见，刘坤远的这种说辞更多的是对农民施加压力，而非将其真正落到实处。这种做法更多的是一种压力型动员手段，而非常规的行政措施。以刘坤远为例，他作为本地干部，尽管在地方利益与国家政策之间他选择了后者，但在执行统购政策时并非简单地运用行政手段，而更多的是运用身处乡土社会的地缘优势，对农民进行反复动员，最终实现了"攻心"目标，使农民主动交出统购粮。③ 可见，通过口述调查，笔者获得了党支部在执行统购统销政策时的另一路径。④

---

① 笔者对朱以鼎的访谈记录，访谈地点：四川省通江县双泉乡白马村；访谈时间2015年2月21日。
② 笔者对朱以鼎的访谈记录，访谈地点：四川省通江县双泉乡白马村；访谈时间：2015年2月21日。
③ 根据刘自己的说法，那个农民卖了统购粮后，还发出感叹："这个共产党真正英明，开始我们不敢卖粮，现在卖了，既有钱，又有利息（指把钱存信用社）。"这个说法或许有些夸张，但农民在党支部及党小组的动员下，自行出售统购粮却是事实。参见笔者对刘坤远的访谈记录，访谈地点：四川省通江县铁佛镇平坝村；访谈时间：2015年2月28日。
④ 当然，需要说明的是，在动员农民卖粮时，并非只有党支部在负责，而乡政府一方则置身事外。本书意在表明党支部建立后，党组织在农村贯彻政令的强大效能，故对党支部或党小组在统购统销中的角色予以突出。

与农村建党的逐步推进相伴随，中共在县以下的科层系统也进一步完善。根据中共的科层设计，县委以下的党组织为区委，区委负责领导各乡支部。对于区委的地位，四川省委组织部即明确指出，要加强对支部的管理，"主要关键是健全区委"。① 因此，区委在县级以下党务系统中处于承上启下的枢纽地位。

四、区委对于农村支部的管理

按照国家建制，20 世纪 50 年代初期各级政权实行"四实三虚"制度，即中央、大区、省（市）、县、乡为一级政权，而省与县之间一级的专区、县与乡之间的区公所，为省或县政府的派出机构，代表省或县领导各县（乡）。1952 年底，中央决定将各大区军政委员会改为行政委员会，使大区一级由实体政权变为派出机构（大区行政委员会于 1954 年底撤销）。但在县以下行政系统中，区一级机构的性质在这一时期亦发生变化，从实体政权变为派出机构。例如在通江县，1951 年 2 月将原有的 4 个区，重新划为 12 个区，成立区人民政府，作为县以下的政权机构，但在 1953 年 6 月，区人民政府改称区公所，成为县的派出机构。② 故县以下的机构设置为县—区公所—乡。根据列宁主义政党原则，中共往往比照政府或派出机构建立党组织，即县委—区委—乡党支部。区委主要负责代表县委管理下属各乡党支部，对其日常工作予以监督。可见，区委一级在县域党务系统中，处于承上启下的枢纽地位。

关于区委的重要地位，当时的川北区党委就已经有着明确的认识。1952 年 6 月，为了执行西南局第九次会议关于农村建党的决

---

① 《四川省委组织部关于一九五二年下半年建党工作的检查报告》（1953 年 2 月），载中共中央组织部编：《组织工作》1953 年第 46 期。
② 中共通江县委党史研究室编：《中国共产党通江县历史（1928—2007）》，中共党史出版社 2009 年版，第 109 页。

第五章 基层权力重构：农村建党与乡村干部成长

议，川北区党委要求"克服党的组织在县乡之间的脱节现象"并从机关中抽调干部担任区委书记并于8月以前"在有三分之二的区建立区委组织"。① 但在20世纪50年代初期，因为新区农村党组织力量薄弱，不少地方区委并不健全。1952年10月，新合并组成的四川省召开第一次组织工作会议，主要议题是加强农村建党问题，会议明确要求"加速建立与健全区委会：建立与健全区委会机构是管理教育新党员的基本环节"，并计划在1953年4月以前，在全省"三分之二的地区成立党的区委会，六月底全部成立"。凡是没有区委的地方，必须准备建立区工作委员会。② 因为区委负责管理下属各乡支部，支部工作推动的关键是健全区委。③ 而通江县新政权在建立前，县内有两个地下党区委，但经过整党与减租、退押，其中一个区委书记因"地主成份，当伪保长十余年"而被开除党籍和判刑，另外一个区委书记则调任县粮食局长。总之，"区级党委组织机构不健全，建党困难任务之一，全县十二个区，仅有两个区委书记，一个区委委员，没有一个正式完整的区委会"。④ 这就是通江县开展农村建党前夕区级领导机构的情况。

根据省委组织部的要求，经过1952年的农村建党，通江县陆续在12个区建立了党（工）委。作为区委的核心，区委书记人选自然尤为重要。下面，笔者来分析一下通江县各区委以及书记的总体情况，具体如表5-1所示。

---

① 《区党委五二年第二次扩干会议讨论与执行西南局第九次会议决议的报告》（1952年6月），载中共川北区党委政策研究室编印：《川北工作》1951年第94期。

② 《四川省委组织部关于第一次组织工作会议情况的报告》（1952年10月13日），载中共四川省委政策研究室编印：《四川工作》1952年第3期。

③ 《四川省委组织部关于一九五二年下半年建党工作的检查报告》（1953年2月），载中共中央组织部办编：《组织工作》1953年第46期。

④ 《通江原地下党的组织情况报告》（1952年6月5日），达州市档案馆藏革命历史档案，档案号15/1/10。

表 5-1　通江县各区（工）委书记统计（1952 年 12 月）

姓名	籍贯	类别	职务	年龄（岁）	文化程度	来源
王奴小	山西印县	第一区	副书记	35	初小	南下干部
米贤才	四川巴中	第二区	代书记	27	初中	地下党干部
管守忠	山西五寨	第四区	书记	33	高小	南下干部
宫福	山西五寨	第五区	书记	30	初小	南下干部
袁民山	山西五寨	第六区	书记	35	高小	南下干部
陈其唐	四川巴中	第八区	书记	22	初中	地下党干部
贾长柱	山西平定	第十一区	副书记	27	不识字	南下干部
李鹏	四川通江	第十二区	代副书记	37	高小	地下党干部

资料来源：《通江县干部登记表》（1952 年 12 月 25 日），达州市档案馆藏达县地委组织部档案，档案号 21/1/71。(注：第三、七、九、十区尽管均成立了区工委，同时配备了组织、宣传委员及干事，但书记暂缺)

从表 5-1 可知，截至 1952 年底，通江县在下属各区均建立了区（工）委，提前完成了省委组织部关于在 1953 年 4 月前所有区建立区（工）委的任务。据统计，区（工）委工作人员总计 52 人，平均每个区委 4 名工作人员。在职务构成上，主要为书记、组织委员（干事）及宣传委员（干事）。尽管通江县各区（工）委均已建立，但仍然有四个区的区（工）委书记空缺。关于区委书记的任命，达县地委曾有严格规定，要求其人选满足："必须是正式党员，同时要能够掌握政策。"① 此时通江县第二期建党也基本结束，但仍然有 4 个区委书记空缺，足见通江县委对于区（工）委书记人选的慎重态度。在已有的 8 名区（工）委（副）书记中，主要呈现以下特征：第一是以山西南下干部为主、地下党干部为辅，分别

---

① 《地委关于培养审查调配干部的计划》（1951 年 10 月 8 日），达州市档案馆藏达县地委组织部档案，档案号 21/1/15。

占 62% 和 38%；第二是年龄结构，平均年龄为 31 岁；第三是在受教育情况方面，基本具有初小以上文化程度；第四是区（工）委书记人选全部是由下派产生，没有乡干部就地提拔任职的情况。①

在任职经历方面，笔者在档案馆找到了管守忠、宫福、袁民山、米贤才 4 人的个人履历表，前三名南下干部中，管守忠和宫福都曾在南下前担任村支书经历，而袁民山为地方武装系统，无党务任职经历；米贤才曾在 1949 年任支部书记。② 尽管目前尚未找到其余四人的履历档案，结合他们各自的来源和比照其余前四人的履历，可以大致认为，这 8 个区委书记中基本没有曾在 1950 年前担任该职的经历。表 5-1 产生于 1952 年 12 月底，此时通江第一、二期建党已经结束，仍然有 3 个区的区委书记空缺。

另外，根据川北区根据各县的面积、人口、以及区乡建制，将辖区内各县划分为甲、乙、丙三个等级，通江县属于乙等。按照乙等县的编制，区委内部应设书记、宣传、组织、武装、社会委员，农会、青委、妇委等编制，共计 17 人。③ 这个数字与 1953 年中共中央对于区委内部人员编制的规定相符合。④ 但 1952 年底通江县各

---

① 直到 1954 年 2 月，四川省委组织部才明确提出注意提拔优秀的支部书记脱产参加区委。参见《中共四川省委组织部关于一九五四年统一调配干部和大力提拔与培养训练干部的计划》（1954 年 2 月 2 日），《中共四川省委第二次组织工作会议文件汇集》（1954 年 2 月 17 日），达州市达川区档案馆藏达县县委组织部档案，档案号 17/1/58。

② 参见《党员干部登记表（管守忠）》（1950 年 4 月 15 日）、《党员干部登记表（管守忠）》（1950 年 4 月 17 日）、《党员干部登记表（米贤才）》（1950 年）、《党员干部登记表（袁民山）》（1950 年），达州市档案馆藏达县地委组织部档案，档案号 21/1/7。

③ 《达县分区区乡区划表》（1950 年 3 月 30 日）、《甲乙等区级编制草案》（1950 年 3 月 30 日），达州市档案馆藏达县地委组织部档案，档案号 21/1/10。

④ 1953 年 10 月 27 日，中组部部长饶漱石在第二次全国组织工作会议上报告，要求"精简区级编制，加强县级领导"，并将农村中各区委的编制控制在 20 人以内。饶漱石：《为实现党的政治任务和组织任务而斗争》（1953 年 10 月 27 日），载中共中央文献研究室编：《建国以来重要文献选编》（第 4 册），中央文献出版社 1993 年版，第 523 页。

区平均 4 人，远远低于川北区的规定。例如，第四区正式成立区委后，区委人数仅 5—7 人，其中还有些人在区公所中兼职。① 1953 年 7 月，通江县委组织部报告提拔干部情况，称尽管成立了 8 个区委，但"实际无一个健全的"，全县缺区级主要干部达 53 人，每区只有一个正或副书记，"其中有两个区委副书记经常生病，身体弱，不能担负全区工作，甚至出现一个区委书记兼任另一个区的书记的现象"，例如七区工委书记系六区工委书记兼任等。②

可见，1953 年初通江县各区委开展工作的整体情况，主要体现为经验与人力不足，难以对下属各支部展开有效领导与管理。这个现象与一些区委不重视建党有着直接的关系。据四川省委组织部调查，一位区委书记说"秋征任务忙得很，哪有时间干这些事（指建党。——引者注）"。③ 为了加强区委在县级党务系统中的作用，1953 年 1 月 4 日至 9 日，达县地委召开组织工作会议，对各县的建党进行总结。尽管自 1952 年 8 月至 1953 年 1 月，全专区发展农村党员 4011 人，占总任务 45.4%。但在支部管理方面，区委的相关工作还很不够，即"党员自动积极工作的多，区委、支部有计划有系统的布置少，行政式的布置号召多，通过支部布置工作少"，区委对新党员"使用多，教育少，解决实际困难和帮助不够，因此造成党员兼职多，耽误生产多"。为此，达县地委明确指出："区委不健全，这是支部不能管理好，党员（不能）教育好的主要原因。"④ 1953 年 4 月，地委对 4 个农村支部进行了检查后发现，在支部建立

---

① 笔者对刘坤远的访谈记录，访谈地点：四川省通江县铁佛镇平坝村；访谈时间：2015 年 11 月 2 日。

② 《中共通江县委组织部一九五三年上半年培养提拔干部总结报告及今后的意见》（1953 年 7 月 16 日），达州市档案馆藏达县地委组织部档案，档案号 21/1/170。

③ 《四川省委组织部关于建党工作情况及意见的报告》（1952 年 10 月 28 日），载中共四川省委政策研究室编印：《四川工作》1952 年第 4 期。

④ 《达县地委组织部一九五三年第一次组织工作会议情况报告》（1953 年 1 月 10 日），达州市达川区档案馆藏达县地委组织部档案，档案号 18/1/22。

起来后,区委对支部"基本上不管,支部活动情况看不出来",以至区委难以通过支部在农村中发挥影响,甚至一些区委书记在对农村支部的认识定位还存在误区,如认为"党员太少,中心工作又急,不如开同村主任会议贯彻的快,作用还大"。① 可见,区委忽视对于支部的领导,以及未能及时指导支部在农村工作中发挥作用,在当时并非个别现象。

不仅如此,由于区委建立较晚,不少地方都是先建立支部,再建立区委和区工委,使区委"极不健全",主要是因为缺乏经验,且不少区委委员兼行政职务,且"习惯于经过行政系统领导工作,不懂得或不会通过党的支部去领导工作",② 以致区委在领导乡支部工作上难以发挥作用。截至1953年1月,通江县已经建立57个农村支部,但区委建设相对滞后。为了贯彻省委组织部对于通江等地保证新党员质量的指示,③ 通江县委明确要求农村"暂时停止发展党员",要求各区(工)委结合当前工作,加强对支部的领导,其主要工作是"大力发展和培养与登记积极分子",针对不同的党员情况,分别予以停止其转正、劝其退党以及开除出党的处理。④ 但实际上,因为力量薄弱,兼之区委领导支部经验不足,在对支部吸收新党员的管理方面,一些区委工作也存在问题。

1954年4月,县委组织部通过检查区委工作后,发现在吸收新

---

① 《地委组织部关于三月份四个支部的检查报告》(1953年4月——笔者判定),达州市档案馆藏达县地委组织部档案,档案号21/1/129。

② 《四川省委组织部关于加强农村支部工作的意见》(1953年2月),载中共中央组织部办编:《组织工作》1953年第46期。

③ 1952年12月18日,省委组织部回复达县地委组织部,明确指出,不能因为条件不足、时间短促而降低入党条件,"在条件差的边远地区(如通江、南江、巴中等),目前可以少发展或暂停发展,积极做好准备工作后,再发展。以保证新党员的质量"。《四川省委组织部给达县地委组织部的回复并转各地委》(1952年12月18日),达州市档案馆藏达县地委组织部档案,档案号21/1/129。

④ 《通江县委关于检查建党和培养与发展积极分子的计划》(1953年1月16日),通江县档案馆藏县委组织部档案,档案号2/1/12。

党员方面,后者存在疏忽大意的倾向。例如第十区工委在审查支部、吸收新党员时较为马虎,在呈送县委组织部的入党申请书中,除了表明申请者"历史清白和工作情况",对"党的最终目的是什么"根本就没有提及;在入党动机方面,申请者写的是"为了当劳模",因此"看不出其阶级觉悟,难以审批";三区在介绍铁佛、长滩乡5个入党对象的时候,其中有两人申请书中的支部意见缺失,但区委却在申请书上填写"同意支部意见"并加盖区委公章;五区报送材料中,只有支部和区委的介绍情况与意见,却不见本人的入党申请书。对于此种情况,县委组织部批评这些区委工作简直"太粗糙了"。① 诸如此类的现象,都说明了区委初建,在职能方面出现的模糊定位。

  按照制度设计,区委应该在管理农村支部方面扮演着重要角色,其工作成效直接关系到支部的实际效能。省委组织部指出:"凡区委重视支部工作,深入支部,掌握党员的思想情况加强思想教育,提高觉悟,并帮助党员解决了工作、生产中的实际困难,就能发挥党员的积极性,加强党支部的领导核心作用。"② 为了加强区委对支部的领导,四川省委组织部要求"区委书记和区委委员都要做支部工作,必须集体领导,分工负责,经常掌握党员思想情况及培养支部书记的领导能力"。③ 根据四川省第一次组织工作会议的要求,达县地委发出指示,要求"区委或区工委必须均应加强"并应指定区委中的一名成员专门负责对支部的领导。为了使各县委提高对区委工作的注意,要求其每十天向地委报告一次支部工作的

---

  ① 《中共通江县委组织部关于目前农村建党工作进展情况与存在的问题的几点意见》(1954年4月29日),达州市档案馆藏达县地委组织部档案,档案号21/1/209。
  ② 《四川省委组织部关于农村新党员管理教育的经验及今后意见》(1953年8月20日),载中共四川省委政策研究室编印:《四川工作》1953年第30期。
  ③ 《中共四川省委组织部关于上半年农村建党及支部工作的意见》(1954年2月2日),达州市达川区档案馆藏达县县委组织部档案,档案号17/1/58。

第五章 基层权力重构：农村建党与乡村干部成长

情况。① 这些举措的出台使县委强化了对区委工作的督导。

因此，在中共四川省委、达县地委和通江县委的反复强调与推动下，通江县委下属的 12 个区委大都转变职能定位，明确职权，加强了对于支部的管理，有效地推动了支部日常工作的开展。在第一区，区委通过互助合作运动中的建社结合建党，使该区下属的 11 个乡建立了 10 个党支部，并发展党员 131 人，同时还健全了支部，一些支部以前仅有支书没有支委的现象得以改观。例如长兴乡建立支部之初，仅有正副书记各 1 人。但在区委的帮助下，选出了支委，建立了支部委员会，有效地整合支部力量。支部力量的加强又反过来推动了该区互助合作运动的开展，即通过吸收在互助合作中表现突出的积极分子 27 人，这些人"大多数是分布在农业社或准备建社的互助组中"。同时在这个过程中，发现新的积极分子 84 人。②

此外，区委也开始逐步加强对入党对象的审查，主要是通过召集会议向相关干部了解入党对象的情况，必要时还会下乡直接调查，进而保证党员的质量。据刘坤远回忆：

> 乡支部交的一些申请书，有时会被区委压下来。乡上认为这个人可以（入党），区委的组织委员就会抽空到居民小组长那里去问，这个人三代历史怎么样，在生产中起着那些带头作用，是否三心二意，口是心非。最后还会问："你们认为这个人可不可以入党？"他问的时候不会说这个人已经在申请入党，只问这个人是否能入党。若调查对象说："这个人，口是心非，不能带头"。就不行。主要

---

① 《关于执行省委组织工作会议的决定》（1952 年 10 月 18 日），达州市达川区档案馆藏达县县委组织部档案，档案号 17/1/29；达州市档案馆藏达县地委组织部档案，档案号 21/1/34。

② 《中共通江县第一区委会关于建社结合建党工作的初步总结》（1955 年 2 月 20 日），通江县档案馆藏通江县农民协会档案，档案号 183/1/8。

看他积极带头互助生产,拥护三大合作(即生产、供销和信用合作。——引者注),宣传统购统销,带头入股。能不能起着带头作用,不能带头就不允许入党,这一关就把住了。①

此外,区委通过对乡支部的进行日常检查后发现,一些支部工作敷衍了事,如洪口支部在讨论入党对象的会议上,"把未写申请的两个积极分子弄来参加支部大会,形成拉夫凑数现象";有的个别乡支部忽视培养入党积极分子,两个月才培养了两个对象,更有甚者要求申请入党必须年满 32 岁,否则要求其申请入团。② 这些现象,都是区委在加强对支部工作的检查后发现并及时纠正。

前文已提及,在 20 世纪 50 年代前半期,农村建党的主要对象是各级村组干部以及互助组长等,这些已经成为农村政治骨干的人,在建党后逐步成为党员,更是自身地方化的重要特征。因为党员身份的获得,将使他们在个人政治发展中具有更大的优势。以铁佛乡首任支部书记刘坤远为例,他在入党后立即被任命为支部书记,一年后从村主任升任副乡长,正式成为脱离农业生产、拿工资的干部。据他回忆,他之所以能得到提拔,与当时该区的区委书记赵泰(南下山西干部)对他所在支部工作的肯定与赏识有着直接的关系。③ 可见,区委在中共县级以下党务系统中所发挥的作用,其对各乡支部的管理与领导,很大程度上影响了乡村干部的政治生命与个人前途。因此,在乡村干部地方化这个过程中,区委这一级党务机构,代表县委对乡支部进行管理,并负责考查支部各成员的表

---

① 笔者对刘坤远的访谈记录,访谈地点:四川省通江县铁佛镇平坝村;访谈时间:2015 年 11 月 4 日。
② 《中共通江县第八区委员会结合统购统销工作进行建党总结》(1954 年 12 月 4 日),通江县档案馆藏县委组织部档案,档案号 2/1/33。
③ 笔者对刘坤远的访谈记录,访谈地点:四川省通江县铁佛镇平坝村;访谈时间:2015 年 11 月 2 日。

现,他们的考察意见,能在很大程度上左右县委的判断。

五、小结

亨廷顿在论及政党政治与社会秩序时指出,共产党国家在维持政治秩序方面较为成功的原因是具有"建立以新的政治秩序为基础的新的政治制度的能力",早在中共建立早期,毛泽东就尤其"强调组织的重要性"。① 按照列宁主义的农村建政学说,"建立共产党支部"是在农村建政的重要前提之一。② 通过农村建党,中共的组织触角延伸到了原本力量薄弱的广大新区农村,进而实现了自身的"扎根"目标;在农村建党过程中,结合当时正在开展的中心工作,例如"三大合作"(生产合作、信用合作和供销合作)、统购统销等,对入党对象、乡村干部乃至普通民众进行了一次共产党与共产主义的教育,使中共的奋斗目标以及存在宗旨首次与新区乡村成员见面,实现了一次特殊的"共产主义下乡"。通过在农村大张旗鼓地宣传中共的奋斗目标、工作宗旨,"使大家不仅知道我们要发展党,而且知道我们怎样发展党"反对那种"偷偷摸摸地关门讲'八条'"做法。③ 通过这种方式将共产党的奋斗目标和工作宗旨完全展示在民众面前。正如通江县委的一份总结所言:通过宣传使"群众对党的性质和最终目的在思想认识上明确了一步,群众亲身感受到只有在共产党毛主席的领导下才能彻底翻身,感到共产党是光荣伟大正确的唯一政党"。④ 可见,通过建党,实现了"共产主

---

① [美]亨廷顿:《变化社会中的政治秩序》,李盛平等译,华夏出版社1988年版,第327、332页。

② 列宁:《为共产国际第二次代表大会准备的文件》(1920年6—7月),载中共中央马克思、恩格斯、列宁、斯大林著作编译局编译:《列宁全集》(39),人民出版社1986年版,第178页。

③ 北京市委组织部:《北京市建党工作的几点经验》,载《人民日报》1952年10月23日。

④ 《通江县培养农民积极分子的总结报告》(1952年5月28日),通江县档案馆藏县委组织部档案,档案号2/1/12。

义下乡"的总体目标。

20世纪50年代初期中共在新区开展的农村建党,不仅延伸了党组织的权力末梢,还有力地推动了互助合作的开展。正是这些党组织才是合作化运动迅速完成的"关键的因素"。① 相反,作为同样以列宁主义为建党原则的俄共,在集体化时期农村党组织发挥的作用要小得多。② 可以说,合作化运动乃是中共在全国范围取得执政地位后,首次运用动员型政党的组织力量在广大农村顺利实现制度变革的一次重要过渡。

农村建党运动使乡村政治人物拥有了新的身份和政治发展空间。在本阶段的建党中,吸收新党员的主要对象是乡、村、组干部,以及互助组长。③ 这些人入党后,一旦做出成绩且符合年龄等条件,他们极有可能被提拔担任高一级职务。以访谈对象刘坤远为例,他在担任村长时入党,同时因自身的"红色家庭"背景,很快被任命为乡支部书记,一年后担任副乡长。可见,从这个层面上讲,农村建党实际上是对乡村干部本土化这一倾向的加强。可见,此时的农村建党,更是一次干部地方化的生动实践。与此同时,党支部和党小组取代农协在乡村中扮演核心地位,直接改组了土改后的乡村权力结构。

通过农村建党,中国共产党在通江县这个西部山区县份实现了"扎根",通过建立村党小组、乡党支部以及区(工)委,并完善其职能,使县级以下的党组织逐步实现了科层化、规范化。同时,

---

① [美]费正清等主编:《剑桥中华人民共和国史(1949—1965)》,谢亮生等译,中国社会科学出版社1990年版,第122页。

② [英]伦纳德·夏皮罗:《一个英国学者笔下的苏共党史》,徐葵等译,东方出版社1991年版,第484—485页。

③ 尽管四川省委组织部并未明确要求必须从以上干部中吸收党员,但要求注意选择"在生产与互助合作运动中起作用,在群众中有威信的人"优先入党。《四川省委组织部关于一九五二年下半年建党工作的检查报告》(1953年2月),载中共中央组织部办编:《组织工作》1953年第46期。按照这个标准,土改中成长起来的各乡、村、组干部自然在该选择范围之内。

发现与培养积极分子，吸收其中合格者入党，结合当时正在开展的互助合作运动、统购统销等政策，使中共在农村的组织力量得以大大加强。据统计，截至 1956 年 2 月，全县已经建立 11 个党委、15 个党总支、179 个党支部，党员为 1951 名。① 这与建政之初全县农村党员的寥寥无几的情况形成了鲜明的对比。鉴于通江党无论是组织结构还是党员规模，都已发展到了一个全新的阶段。根据党章的要求，1956 年 5 月 16 日至 20 日，中共通江县第一次党代会召开，出席代表 244 人，列席党员 68 人，代表全县 1941 名党员。在此次大会上，正式选举产生了中共通江县第一届委员会。② 新一届县委成立，标志着自 1950 年建立新政权后党组织正式全面在通江县扎下根来，列宁的建党学说，亦最终在中国西部山区的这个普通县份得到成功践行。

---

① 四川省通江县志编纂委员会编：《通江县志》，四川人民出版社 1998 年版，第 570、571 页。
② 《中国共产党通江县历次代表大会简介（一九五六年——一九七八年）》，载通江县档案局编：《通江档案史料》1987 年第 2 期。

第六章

普选建政：乡村干部的民主实践

现代国家的一个重要特征，在于通过民主选举产生合法政府及其主要工作人员。所谓合法，即得到大多数人的认可。但人口众多的国家，往往采取代议政治，即通过选举代表来实现政治参与。任何一个革命政党在取得政权之后，都需要通过民主选举建立代表民意的政府，选举的过程体现了政党意志的合法化。关于此点，斯大林深谙其理。在刘少奇访问苏联期间，他就建议尽快实施普选来产生政府，因为这种形式是"以人民选举出来的"，即更具有合法性，进而避免外界"说你们是用武力控制了位子，是自封的"。因此，他建议新中国在1954年"进行选举与通过宪法"。① 斯大林的建议引起了中共中央的重视并将实施普选提上了议事日程。

1952年12月24日，在全国政治协商会议常务委员会会议上，周恩来代表中共中央正式提议，从1953年起定期召开全国人大和地方各级人大，该提议得到通过。② 普选由此拉开帷幕。1953年元

---

① 刘少奇：《关于与斯大林会谈情况给毛泽东和中央的电报》（1952年10月26日、30日），载中共中央文献研究室等编：《建国以来刘少奇文稿》（第4册），中央文献出版社2005年版，第535、536页；师哲口述，李海文著：《在历史巨人身边：师哲回忆录》，九州出版社2014年版，第296页。

② 《中国共产党提出了重要建议，今年要召开全国人民代表大会》，载《华北人民》1953年第35期。

第六章　普选建政：乡村干部的民主实践

旦，《人民日报》发表社论，明确表示将"召集全国人民代表大会，通过宪法和国家建设计划"作为当年全国的三项任务之一。① 根据这一精神，1月13日，中央人民政府委员会第二十次会议正式通过决定，在全国召开各级人民代表大会，即决定"于一九五三年召开由人民用普选方法产生的乡、县、省（市）各级人民代表大会，并在此基础上接着召开全国人民代表大会"。② 中共中央做出即将实施普选的决定后，各省市立即行动起来。1953年初，新组建的四川省政府委员会召开第一次全体会议，省主席李井泉在会议上要求四川省在1953年夏秋间分别召开省、县、乡三级人民代表大会并选举三级政府：在乡一级，通过召开乡人民代表大会，正式选举正副乡长与委员，成立乡人民政府委员会。他还明确指出，在政权建设中，乡政权应该处于中心地位。③ 可见，乡一级政权的选举，是普选开展的重要一环，它的执行情况，将决定整个普选的实施进程。④

实际上，中共在区域执政时期，特别是在抗战时期，通过实施"三三制"，实现了边区的各级选举，为新中国成立后举行普选积累了丰富的经验。新中国成立初期，为了扩大统一战线，争取团结力量，各县分别定期召开了各界人民代表会议（各代会），这个机构

---

① 《迎接一九五三年的伟大任务》（1953年1月1日），载中共中央文献研究室编：《建国以来重要文献选编》（第4册），中央文献出版社1993年版，第6页。

② 《中央人民政府委员会关于召开全国人民代表大会及地方各级人民代表大会的决议》（1953年1月13日），载中央人民政府法制委员会编：《中央人民政府法令汇编》（1953年），法律出版社1955年版，第6页。

③ 李井泉：《关于四个月来的工作情况及今后工作任务的报告》（1953年1月5日），载西南军政委员会办公厅编：《西南政报》1953年第28期。

④ 学界关于普选的研究，参见熊秋良：《建国初期基层选举中的政治传播——以江苏省首次普选为例》，载《江苏社会科学》2012年第1期；张济顺：《微观史料的政治学解读：普选中的上海底层社会——以仁德纱厂为例（1953—1954）》，载《中共党史研究》2015年第3期。这两篇论文主要侧重考察普选在地方社会的运行情况，而本章则是重点探讨普选（主要是乡选）中的乡村干部、选民与国家三者之间的互动关系。

的主要职能为咨询建议，并无权选举产生政府，其代表亦由政府指定。随着建政的逐步完成，西南区一些县已经尝试通过民主选举产生各代会代表。据《新华日报》（重庆）称，在川北个别县如广元等，由选举产生的代表已经占到了95%以上。[1] 尽管如此，通江县的各代会代表仍然主要是指定产生。可见，在以通江县为代表的新区农村，参加普选对农民来说仍然是破天荒的头一回。对乡村干部[2]而言，普选更是他们即将面对的一道关口。

第一节　普选前奏：划乡建政中的干部选举

在新区农村，通过选举的方式产生干部，并非以1953年为开端，而始于土改结束后的划乡建政。由于旧政权时期的各乡范围较大，管理起来十分不便。以通江县为例，在旧政权时期全县仅4个区、20个乡。但根据土改后划乡建政，全县被分为12个区、105个乡，还有2个镇政府。[3] 此次划乡建政基本奠定了此后通江县各乡的范围并沿用至今。值得注意的是，在划乡建政的过程中，各乡、村、组的干部就是以选举的形式产生。这可以算是为即将到来的普选做了一定的准备。与后者不同的是，此次是直接选举干部，普选则是选举参加乡人代会的代表，二者在本质上有着显著区别。

一、土改后的划乡建政

新政权建立后的首要任务就是迅速重组基层政权组织，建立新的乡村行政体系，例如废除旧乡保甲制度等。在减租、退押及土改过程中，发现与培养了大批积极分子与乡村干部，他们为这个全新

---

[1] 《西南区三年来各级各界人民代表会议的成就，为今年实行普选创造了条件》，载《新华日报》（重庆）1953年5月10日。

[2] 本章的"乡村干部"，主要是指村、组一级的非脱产干部。

[3] 四川省通江县志编纂委员会编：《通江县志》，四川人民出版社1998年版，第557页。

第六章　普选建政：乡村干部的民主实践

的基层行政体系提供了必需的干部基础，使新政权避免了当年南京国民政府建立时基层干部匮乏的尴尬。在土改完成以前，新政权在乡村忙于各类群众运动以及资源汲取，尚无暇对乡以下的行政系统进行彻底改造。随着土改的结束，国内外局势也渐趋稳定，中共中央遂决定彻底废除旧有保甲制度并对乡村政权进行建设。在新区农村，这个过程被称为划乡建政。所谓划乡建政，就是将旧政权时期的乡进一步划小并建立乡以下的行政体系。

在抗战时期，边区基层政权最低层级为村政府，但此时的新政权对其做出了重大调整，那就是将乡政府确定为最低层级的政府组织并取消村政府，将村民划为各若干居民小组，然后由若干居民小组推选村代表主任（习惯仍称村长）。简而言之，乡级以下的主要干部为乡长、村代表主任和居民小组长。后两者虽然为不脱产干部，并不纳入国家公务员序列，但他们却是代表国家"打通最后一公里"，传达、执行政策并直接管理村民的关键群体，对乡村民众施加了极大影响。这种影响随着合作化乃至集体化进程的加快而不断增强。可见，划乡建政的过程，就是新政权重组基层，实现乡村干部本土化的过程，其重要性可以想见："在农村建政中间，最重要的问题，是把乡政权建好。"①

鉴于新区各地乡一级行政区划太大，1952年10月20日，毛泽东就此提出意见，他认为乡太大将面临干部精力不足和"不便群众参加政权管理和解决问题，不便政权联系群众"等问题，进而要求将乡划小。② 在西南区更是如此，西南军政委员会认为，"不管已划或未划地区，都有不够合理的情况，影响人民行使政权和发展生

---

①　乔山：《贯彻农村建政方针，做好农村建政工作！》，载西南军政委员会土改委员会编：《土改简报》1951年第9期。
②　中共中央文献研究室编：《毛泽东年谱（一九四九——一九七六）》（第一卷），中央文献出版社2013年版，第616页。

产",指出:"划好乡的区划,就成为目前建乡工作中的首要一环。"① 1951年11月,为了"便于培养干部和便于深入工作",西南局第七次会议决定在西南区划小区乡,原则是以乡政府为中心的半径不超过30里,人口在500—10000人之间,平均为3000人左右。同时规定县辖区可超过10个,但"区辖乡不得超过十个"。另外,为了便于管理、方便民众,西南局特地就划乡作出具体规定:"重划区乡时,应尽可能地以原有场镇为中心,不要把场镇分割给两个以上的区乡去管辖。凡属较重要的场镇,得视需要另设等于乡级或区级之场镇人民政府,直归区或县管辖。"② 此次会议报告得到了中共中央的批准,并将其转发全国。③ 具体来说,划乡的原则是"必须先和群众商量,既要依照人口、面积、政治、经济、文化等情况,又要照顾自然、地理、历史、习惯和群众关系等条件"。④ 这也就是中共中央所要求的"因地制宜"。⑤

根据中共中央与西南局的要求,1951年12月底,川北行署就调整区乡工作做出具体要求,决定将该区原有的2133个乡,划为3000个乡,即以乡政府所在地为中心的30里为半径,且"适当照顾地形、人口、交通及群众生活经济习惯等条件"进行适当调整。在每乡人口方面,规定"人口较密的地区(如南充和遂宁分区各

---

① 齐光东:《目前乡政权建设工作中的几个问题》,载西南军政委员会民政部编:《民主建政工作》,1952年自版发行,第105页。
② 《邓小平同志在西南局委员会第七次会议上的报告要点》(1951年11月9日),载中共中央西南局农村工作部编:《西南区土地改革运动资料汇编》(下册),1954年自版发行,第24、25页。
③ 《中共中央批转西南局一九五二年工作要点》(1951年11月24日),载中央档案馆等编:《中共中央文件选集(1949年10月至1966年5月)》(第7册),人民出版社2013年版,第264页。
④ 齐光东:《目前乡政权建设工作中的几个问题》,载西南军政委员会民政部编:《民主建政工作》,1952年自版发行,第106页。
⑤ 刘少奇:《在中央选举工作座谈会上的讲话》(1953年7月28日),载中共中央文献研究室等编:《建国以来刘少奇文稿》(第5册),中央文献出版社2005年版,第238页。

县），每乡人口五千人左右，最多不超过一万人；人口较稀的山区，每乡人口三千人左右。人口稀少的大山区，每乡一千至二千人左右，最少不得少于五百人"。① 可见，这种划分方式，基本贯彻了邓小平关于每乡 2500—3000 人的意图。② 这是川北区对于各乡面积与人口的规定，即"划乡"。

为了不影响春耕生产，川北行署要求在 1952 年 3 月至 4 月完成划乡建政，针对调整区乡政权之时，通江等县正处于第三期土改的情况，川北行署要求各县"结合土改，责成各地土改工作团，负责领导进行"。③ 因此，通江县的划乡建政基本是在土改工作团的领导下完成的。该县在民国时期仅 4 个区、20 个乡镇。由于通江县主要为山区，不少乡范围过大。例如新场乡面积为 1200 里，人口为 5825 人，最远的村距离乡政府为 60 里，因此"山遥路远，地势辽阔，所以在行政管理上，人民（在）日常起居上，都感到极不方便"。土改后，初步将其划为 10 个乡、65 个村。④ 经过土改复查，全县最后从民国时期的 4 个区、20 个乡镇，增加到 12 个区 102 个乡镇。⑤ 但此后陆续有新设乡增加，截至 1954 年 1 月，全县为 12

---

① 《川北人民行政公署关于调整区乡工作的指示》（1951 年 12 月 28 日），载川北行署办公厅编印：《川北政报》1951 年第 20 期；《川北人民行政公署关于调整区乡工作的指示（草案）》（1951 年 12 月），四川省档案馆藏川北行署档案，档案号建北 5/34。

② 邓小平：《关于划乡问题给陈云、薄一波的信》（1952 年 10 月 9 日），载中共中央文献研究室编：《邓小平文集（一九四九——九七四）》（中卷），人民出版社 2014 年版，第 10 页。

③ 《川北人民行政公署关于调整区乡工作的指示》（1951 年 12 月 28 日），载川北行署办公厅编印：《川北政报》1951 年第 20 期；《川北人民行政公署关于调整区乡工作的指示（草案）》（1951 年 12 月），四川省档案馆藏川北行署档案，档案号建北 5/34。

④ 《通江土改工作团第四分团第六步复查工作总结》（1952 年 3 月 25 日），通江县档案馆藏减租工作团档案，档案号 52/1/61。

⑤ 中共通江县委党史研究室编：《中国共产党通江县历史大事记通编（1928—2008）》，中央文献出版社 2009 年版，第 24 页；此外，还有全县划为 105 个乡、2 个镇人民政府之说。参见中共通江县委党史研究室编：《中国共产党通江县历史（1928—2007）》，中共党史出版社 2009 年版，第 109 页。

个区、115个乡、714个村。① 可见，通江县各乡级区划在这个过程中出现了较大的变化。

但这个划分过程并非简单地在地图上通过手工作业即能完成，而是涉及多方面的因素，例如习惯、宗族、风俗乃至社区利益等。因此，划乡建政中民众的诉求多样。总的说来，他们的思想动态有以下几个方面。首先是不少人对此持支持态度，认为将乡划小可以方便生活与开会。例如云县乡四村农民杨书春听说划乡建政后表示："过去开会路太远了硬是不方便，实在该把乡划小些才好"。其次是一些农民对此表示怀疑，担心自身利益受损或因宗族观念浓厚，而对划乡存在顾虑。三合乡王文济说："我们这组有四个孤人，二天（方言，即以后）运粮、挖堰塘都要吃亏。"复兴乡一村农民王文金说："我们愿意到复兴去多走几步路没来头，若划到长滩（乡）尽是姓苟的大姓，乡长、村长都是他们，我们要吃亏，我们振（整）死都不去。"② 新场乡一些农民则担心划小乡后会多负担公粮。③ 可见，对于划乡的做法，一些民众仍然存有疑虑。

为了减少阻力并顺利划小各乡，通江县各地土改工作队发挥了重要作用。在新场乡，采取了在乡村召开干部会，小组召开居民小组会等方式，并根据天然地势，提出划分意见，再移交清册，最后各乡村召开欢迎欢送会等一系列措施，④ 来保证划乡的顺利进行。在广纳乡，工作队决定将其划分为石庙乡和新广纳乡，首先组织了建政小组，深入调查，掌握了各村组的"人口、户数、耕地面积插

---

① 《通江县行政区划设置及变化资料》，通江县档案局编：《通江档案史料》1987年第8期。
② 《通江县铁佛区划乡建政工作总结》（1952年4月28日），四川省档案馆藏川北行署档案，档案号建北16/70。
③ 《（通江）新划广纳乡建政工作总结报告》（1952年3月27日），四川省档案馆藏川北行署档案，档案号建北16/7。
④ 《通江土改工作团第四分团第六步复查工作总结》（1952年3月25日），通江县档案馆藏减租工作团档案，档案号52/1/61。

花地等自然环境及经济情况",同时扩大宣传"使广大群众认识建政划小乡,是为了便利自己行使政权管制地主和更有利(于)生产",打破民众"怕划乡后增加公粮负担""怕划到别乡去'人地不宜'"的顾虑。在划定范围后,"依据自然环境习俗取(去)方就圆,从各方面研究讨论,绘就新乡、村、组形式图,注明人口户数土地面积,四至界线,交群众充分讨论,与广泛征求群众意见后",报区、县核定。① 在重新划乡后,原广纳乡为6个村,新成立的广纳乡分担了3.5个村,重新划为7村,每村最少为7个组。"各村到组,最远5里,最近半里",因此划乡后"除个别村外,群众一般满意,认为开会方便"。② 当然,通江县位于山区,乡村大都散居,这与华北平原农村大都聚众而居有明显的差异,兼之山路上下高低极不规则,因此,在划乡之时只能照顾大多数人的利益,不可能使每个人都满意。特别是在划定乡与村、村与组之间的距离时,不可能完全实现理论上的同心圆半径距离。③ 因此,在这种情况下,个人也必须服从集体。

据1952年4月底县委报告,调整区划前全县共9个区、51个乡、345个村、2874个组,其中乡至区距离最远的为180里,步行需2—3天,平均在50里左右;村至乡最远为100里,一般为30里;组到村最远的为60里,一般也有10里;在疆界方面,更是"多犬牙交错,交杂有插花飞地",有些组、村离村、乡原本不远,但"有一水之隔,涨了水就过不来",以致行政领导、群众开会很

---

① 《通江(七个区)土改第六步结合生产处理遗留问题巩固胜利的工作总结》(1952年3月27日),达州市档案馆藏达县地委办公室档案,档案号19/1/58。
② 《(通江县)新划广纳乡建政工作总结报告》(1952年3月27日),四川省档案馆藏川北行署档案,档案号建北16/7。
③ 笔者在访谈时也得知,通江县在划乡之时,首先是召集各该乡村干部会议讨论,然后各该地干部返回村组听取农民意见,最后土改工作队主持作一结论,划定各乡范围,"就是有人(对划定结果)不满意的,那也莫(办)法,国家规定的,该咋办就咋办"。参见笔者对岳坤远的访谈记录,访谈地点:四川省通江县铁佛镇平坝村;访谈时间:2015年11月5日。

不方便。在划分区乡以后，全县"新乡中绝大部分的直径均在六〇华里以内（一般半径均不超过三〇里），"人口在3000—5000人左右，这样使得"人民开会和行使政权及政府领导都大大方便了"。① 可见，划乡建政的举措事实上惠及了大多数乡村民众。

划小乡除了便于管理，方便民众外，还有一个重要目的，那就是"便于提拔干部，确立乡政权贫雇农领导优势，乡划的过大，从斗争中新涌现出来的贫雇农积极分子就不易掌握"，故而在划乡的过程中，必须为乡政权的干部做好选择——"要做到乡政权的领导骨干是德才皆优的积极分子"。② 因此，在划乡建政的同时，新区的乡村政权还进行了一次选举干部的尝试。

二、乡村干部选举的尝试

划乡的同时还要进行建政。所谓建政，就是新政权要废除原有旧的区乡政权乃至保甲制度，建立全新的行政体系。在县域行政系统中，乡是连接县与农民的关键行政单元，其在县域政治中的重要地位不言而喻。为此，西南军政委员会在关于民主建政的指示中，明确要求各县必须"将主要精力放在建好乡政权上"。③ 为了建好乡政权，川北行署亦作了明确的规定：乡一级政府是基层政权组织，设乡长1人，副乡长1—2人，委员9—11人，组成乡人民政府委员会，且在乡农民代表大会闭会期间为全乡最高行政机关，应经常按规定召开会议。乡人民政府内，除乡长、副乡长以外，可分设民政、财粮、文教、卫生、生产、治安（兼农会武装）等部门，由委员互推兼任。"乡应实行以政权为中心，农会为基础的统一领

---

① 《通江县调整区乡工作报告》（1952年4月28日），达州市档案馆藏达县地委办公室档案，档案号19/1/58。

② 乔山：《贯彻农村建政方针，做好农村建政工作！》，载西南军政委员会土改委员会编：《土改简报》1951年第9期。

③ 《西南军政委员会关于加强民主建政工作的指示》（1952年11月27日），载西南军政委员会民政部编：《民主建政工作》，1952年自版发行，第112页。

导",乡长与副乡长可兼任农会主席或农会副主席;"在全区土改结束前,乡农民代表大会代行乡人民代表会议职权,是全乡人民行使政权的最高机关"。一般每月应召开会议一次,每半年改选乡代表和乡人民政府委员会一次,连选得连任。

为了简化行政程序,川北行署将原有 1667 个的村公所(村政府)全部取消,决定"乡以下不设村"。按自然条件和人居情况,选出代表(一般的少至 10 户左右,多则不超过 30 户,应选出 1 名代表),再由几个代表中推选 1 个代表主任,以便与乡人民政府联系各项任务和工作。这些被选出的代表,即为乡农民代表大会的代表。为便利人民过民主生活,"乡以下可划若干居民小组"。① 尽管村一级政权已经取消,但代表主任一职事实上发挥着村长的职能。可见,乡级以下的行政序列分别是村和组。

乡人民代表大会(未正式成立前由乡农民代表会议代行其职权)为县以下的最高权力机关,下设乡人民政府委员会和乡农协委员会两套机构。在这两个机构中,农协会尽管在减租与土改阶段事实上代行了政府职能,但它的性质始终属于民众团体,而在土改结束后,农民协会已经明显不再适应形势的要求,特别是在互助合作运动中,不少农民暴露出"心满意足而产生了严重的'换班、松劲'思想和日渐脱离政治的倾向",更是农协所"无法解决和适应"。因此,土改后农协的地位不断下降,代之而起的则是农村党组织。② 可见,在农村基层政权中,实际上扮演着重要角色的应该

---

① 《川北人民行政公署关于调整区乡工作的指示》(1951 年 12 月 28 日),载川北行署办公厅编印:《川北政报》1951 年第 20 期;《川北人民行政公署关于调整区乡工作的指示(草案)》(1951 年 12 月),四川省档案馆藏川北行署档案,档案号建北 5/34。

② 《川北区党委关于在"三反"运动的基础上进行整党、建党和审查干部工作的计划》(1952 年 6 月 22 日),载中共川北区党委办公厅编印:《〈川北工作〉主要材料汇集》(一),1952 年自版发行,第 249 页。

是乡政府和乡支部。① 乡以下则为村和居民小组，分别为村代表主任和居民小组长。那么，这些乡、村、组干部究竟是如何产生的呢？

实际上，很多乡、村、组干部在土改过程中就已经涌现并开始工作，而划乡建政的过程就是将他们职务通过选举的形式合法化。主要以各居民小组选出小组代表，然后推选出代表主任，参加乡农民代表大会。因乡人民代表大会尚未召开，乡农民代表大会代行人代会职权，为全乡最高权力机关，负责选举正副乡长、乡政府委员以及农协会正副主席。以广纳乡为例，该乡产生乡、村、组干部的流程如下：首先是以家庭会、居民小组会选出小组长和居民代表（10户至30户选出代表1人），后者为乡农代会的代表。召开居民小组大会时，"农民男女老小均一齐到场，充分发扬民主，听取群众意见"，在居民代表中推选出村代表主任（村长）。村代表主任和居民代表为乡农代会代表，然后通过举行乡农代会选举乡政府委员会，并成立农协会。同时，设置乡长及委员九人（乡长在内）组成政府委员会，其委员中应互相推选，分别担任民政、财粮、文教、卫生、治安（兼农会武装）、生产等职；乡农会正副主席由正副乡长兼任，另设组织、青年、妇女、武装、生产（兼乡村政府生产）等七个委员"。在选举过程中，首先是各组代表在村农民大会上，"表明全心全意为人民服务的决心，并向农会宣誓，再召开全乡农代会，乡人民政府委员、农协委员、均应向代表宣誓，表明服务的决心"。② 这就是土改后普选前乡政府建立的基本程序。这些

---

① 据曾为通江县铁佛乡首任支部书记的刘坤远回忆，该支部成立之初，由于对党务工作不熟悉且存在依赖行政的思想，一度出现了"以政代党"的倾向："那个时候以政代党，党支部还没有多大的权力。那个尽管时候党支部成立，但党在政府中的话语权比较弱。"参见笔者对刘坤远的访谈记录，访谈地点：四川省通江县铁佛镇平坝村；访谈时间：2015年11月4日。
② 《广纳乡重点建政工作计划》（1952年2月），载通江土改工作团总团部编印：《通江土改简报》1952年第117号。

干部人选都是在工作队的帮助下成长起来的,其工作业绩也得到了大家的认可。因此,尽管是民主选举,但仍然体现了鲜明的国家意志,即由工作队主导,代表投票选举确认产生。

据西南区统计,截至1952年底,全区19000多个乡都召开农民代表会议或扩大的农民代表会议、乡人民代表会议上选举了乡人民政府,选举出的干部"一般是在一系列的反封建斗争中涌现出来的积极分子和模范人物,他们与群众有密切的联系,为群众拥护与爱戴"。[1] 可见,划乡建政过程中以农代会为核心的选举行为,是此后进行普选的一次重要尝试,亦为人代会的召开积累了经验。

划乡建政使乡、村、组的总数较之以前大为增加,与之相伴随的则是乡级以下干部数量的直线上升,同时实现了乡村干部的新旧轮替。以新划的广纳乡为例,该乡之前有3个村,共有干部145人,其中中农有61人,占干部总数的42%;贫雇农有81人,占56%,且这些人中"本质坏,思想作风恶劣,或者是阶级异己分子地富代言人"的为28人,占19%。划乡建政后,该乡新选出干部135人,干部总数较之划乡前增加了近一倍。[2] 这些新选出的干部,不仅包括乡政府委员会成员,还有各村、组干部。他们基本上是清一色的本地人,这些人大量充实到乡、村、组中,进一步实现了"乡村干部本土化"的目标。

选举对这些文化素质较低的乡村干部而言,是一个全新的事物,来自上级的支持突然在选举中消失,他们需要面对的是来自代表的投票,其内心往往会产生难以把握的"无力感"。故而,他们对此持畏惧情绪。特别是由于经过减租、退押、土改等运动清洗了一批人,而这些人未能得到较为稳妥的安置,引起了在职干部"兔

---

[1] 王德茂:《西南区两年多来民主政权建设的成就》(1952年底——笔者判定),载西南军政委员会民政部编:《民主建政工作》,1952年自版发行,第45页。

[2] 《(通江县)新划广纳乡建政工作总结报告》(1952年3月27日),四川省档案馆藏川北行署档案,档案号建北16/7。

死狐悲"式的忧虑，他们"怕将来建乡政府时候也被选掉"，进而产生"迟回家不如早回家"的思想并说怪话："上台巴掌鼓上去，下台脚尖踢下来，工作做到最后，也是个无下场。"① 在划乡建政的选举中，他们中的一些人会被选掉，例如未能当选小组代表、小组长乃至村干部等。为了使这些落选的干部安心生产，对此，川北行署明确要求："对于落选的原有乡村干部，应给以更多的教育，肯定他们在工作中的成绩，鼓励其在今后继续成为群众的带头人，成为人民政府的助手。"② 通江县要求"对落选的干部，指出缺点，使能争取为继续成为群众中的带头人"。③ 毕竟，这些人从阶级成份、工作热情等方面来说，都是为新政权所看重和信任的，一旦时机成熟，他们将作为积极分子，随时取代原有的乡村干部，再次成为乡村权力掌握者。

第二节 乡村普选的动员与实际运作

抗战时期中共领导下的边区选举，重点是村选，且是由村民投票直接选出干部，主要通过实行"三三制"，巩固与扩大抗日民族统一战线。而此次普选则是依据临时宪法——《共同纲领》的规定，由各村、组选出代表参加乡人代会，然后由代表们在人代会上选出正副乡长及其政府委员会，然后逐级召开县、省、全国人民代表大会，使整个新政权得以顺利建设。可见，这是抗战时期边区的

---

① 《龙团长在总团办公室会议上对目前加强乡村干部政治思想教育的重要指示》（1952年3月10日），载通江土改工作团总团部编印：《通江土改简报》1953年第162号。

② 《川北人民行政公署关于调整区乡工作的指示》（1951年12月28日），载川北行署办公厅编印：《川北政报》1951年第20期；《川北人民行政公署关于调整区乡工作的指示（草案）》（1951年12月），四川省档案馆藏川北行署档案，档案号建北5/34。

③ 《广纳乡重点建政工作计划》（1952年2月），载通江土改工作团总团部编印：《通江土改简报》1952年第117号。

选举与之最大的不同之处。事实上,在此次普选之前,新区各乡已经建立了具有过渡性质的权力机关——全乡农民代表大会,并通过召开农代会选举产生了乡政府及其委员会。从程序上看,这种选举形式与普选没有太大的差别。因此,农代会代表的选举与大会的召开,为此次普选积累了经验。

1953年1月20日,中央政府委员会第二十次会议上,鉴于各方条件已经成熟,决定在当年召开全国代表大会,毛泽东在会上特别指出:"对政权组织,特别是县、乡两级,来一次全国普选,很有必要。"此次会议通过了《关于召开全国人民代表大会及地方各级人民代表大会的决议》。① 此次会议加快了普选的实施进程。按照程序,各乡(镇)、县、省(市)、全国代表大会应从低到高逐级召开。简而言之,乡人民代表大会是最基层的选举单位,由乡人代会产生乡代表,参加县人代会选举县代表,以此类推。可见,乡一级政权的普选,在整个普选过程中扮演着关键性的第一环,"是各级人民代表大会的选举基础",② 其重要性不言而喻。因为乡"是政权的基层组织,乡一级不健全,将影响政权的巩固"。③ 而这个乡政府则正是通过此次普选产生的。

与城市不同,乡一级普选的主要参与对象是广大农民,他们的整体文化素质、认知水平总体较低,尤其是在新区农村,选举无疑是一件新鲜事,但对于选举自身的意义,他们并不十分明白,这就直接影响到其对于选举的参与。普选是民众扩大政治参与的有效途径,更是夯实政权合法性的重要步骤。因此,新政权对于此次普选

---

① 中共中央文献研究室编:《毛泽东年谱(一九四九——一九七六)》(第二卷),中央文献出版社2013年版,第9页。
② 《(中共四川省政府党组)关于进行基层选举工作的意见》(1953年4月10日),达州市档案馆藏达县地委办公室档案,档案号19/1/102。
③ 张际春:《为加速完成土地改革而努力》(1951年11月17日),载中共中央西南局农村工作部编:《西南区土地改革运动资料汇编》(下册),1954年自版发行,第443页。

无疑十分重视并采取多种举措来保证选举的顺利实施。

一、乡村干群对于普选的认识

选举是国家主导下的一次集体政治参与行为,在广大新区农村更是第一次举办。不少干部民众对于选举目的、手段并不清楚。与其他政治运动类似,为了使普选迅速在农村开展起来,中央选举委员会明确要求各市或县选调足够的干部,在经过训练后,再派到各乡镇指导选举工作。① 根据这一要求,四川省内各县均向乡一级政权派出了普选工作组(队)。② 1953 年 5 月,达县专区包括通江县在内的各县均成立了专门的普选办公室并派出普选工作组,主要是"结合生产进行宣传教育、选民登记、发选民证等工作"。③ 可见,此类工作组的主要任务就是协助乡村干部宣传与组织普选,保证普选的如期进行。对于工作队,乡村干部和农民并不陌生。由于对普选工作队的工作任务并不熟悉,乡村干部与民众一开始对于这些人到来的目的并不清楚,甚至还出现了误读。

因为事关选举,鉴于之前土改后建政的经验,不少干部民众直接将此次农村普选认定为一次新的干部轮替——普选就是"换干部"。④ 1953 年 6 月 8 日至 12 日,为了部署基层选举,在四川省选举委员会党组召开的一次专员会议上,各地纷纷反映,普选到来之初,不少乡村干部思想出现了波动,他们均以为此次普选属于新的人事变动,故而表现了消极情绪,"有的想乘机换班,有的等待观

---

① 《中央选举委员会关于基层选举工作的指示》(1953 年 4 月 3 日),载国务院法制办公室编:《中华人民共和国法规汇编 1953—1955》(第 2 卷),中国法制出版社 2005 年版,第 15 页。

② 《四川省委关于训练农村干部与普选工作干部的指示》(1953 年 6 月 14 日),载中共四川省委组织部办公室编:《组织工作文件汇编 干部工作部分 一九五三年》,1959 年自版发行,第 152 页。

③ 《我区各县积极进行普选准备》,载《通川报》1953 年 5 月 28 日。

④ 《各级基层选举试办工作中的宣传经验》,载中共中央宣传部编:《宣传通讯》1953 年第 26 期。

第六章　普选建政：乡村干部的民主实践

望,有的怕群众'刮下台'面子不好看"。① 一些工作中存在失误的乡村干部担心在普选中被斗争,"怕遭整、怕掉"。② 另外一些人则因担任干部,荒废了自家田地,导致家庭矛盾,故而存在"换班"的思想,希望借此机会将自己选掉,即"希望选不上顶好",有的甚至扬言:"死也不当干部,谁要选我就同他算账。"③ 当然,这些干部除了是"换班"思想所致,另外就是个人工作方式、作风不得人心,担心落选而对普选持抵触心理。

通江县的情况大体类似。该县在全面普选前,首先在何家乡进行了普选试点。普选工作组刚下乡时,不少乡村干部认为工作组来搞"互助合作""分胜利果实"和"普换干部"。④ 例如该乡七村邹培德,土改后担任村长(村主任),因工作方式简单粗暴,村民对其意见较大。普选开始后,他误以为"普选就是撤换干部斗争干部",心想:"(当干部是)变了牛还要遭雷打!"为此,他表示"思想搞不通",在工作中态度十分消极。⑤ 在第二区,普选工作组到乡后,一些乡干部因年龄较大,或者"工作与作风有些毛病",存在"怕斗争,怕撤职"的顾虑;该区白庙乡乡长对普选工作组说:"我四十九岁了,你更(给)我做个申请书,我回家生产,叫我十九岁的娃儿出来工作。"这是乡一级干部对普选的态度。

在该区的村干部中,出于对普选就是"选干部"的认识,他们大体可分为"想选举""怕选举""无所谓""继续干"四类,其中最主要的是"想选举,怕选举"。想选举就是"个别的想往上

---

① 《四川省选委会党组关于专员会议讨论与布置基层普选工作情况的报告》(1953年6月),载西南局编:《西南工作》1953年第175期。
② 《四川长寿县葛兰乡普选试验工作总结》(1953年6月),载西南局农村工作委员会办公室编:《农村工作通报》1953年第29期。
③ 《江苏江宁县群众和干部对普选的看法》,载新华通讯社主编:《内部参考》,1953年第136号。香港中文大学中国研究服务中心藏。
④ 《通江县何家乡普选试点工作总结报告》(1953年7月11日),通江县档案馆藏县人民政府档案,档案号33/1/27。
⑤ 《普选是否"大换班",请来问我邹培德》,载《通川报》1953年8月16日。

爬，想斗争别人"；而怕选举，就是担心自己当选干部，而无法"换班"以及在普选中落选。那些对普选持抵触心理的村、组干部，在普选工作组召开会议时候，他们就"不来或出外去了"。白庙乡一村主任彭正云，听到普选工作队来了，赶紧就于7月6日离家去汉中做生意，还说："我在家横竖选不换，我走了看他们去选哪个。"据调查，他主要是"怕三反，怕斗争，怕报复"。在檬子乡，当宣传普选后，三村小组长张步明说："现在工作，不办也不好，办也不好，起来迟了得罪公婆，起来早了得罪丈夫，这次横顺要戴一些帽子。"① 在广纳乡四村，村主任陈国建因工作上存在失误，普选开始他即产生了"怕斗争，怕赔款"的思想顾虑，还说："我二天要让群众斗一伙才得了事。"② 在猫南乡五村，16个村组干部中向普选工作组请假不干的就有14个。有些干部作风有问题，担心被斗争，表现得十分消极，一个村干部说："当干部有啥样，变了牛，二天（方言，某一天）还要遭雷打。"另外一些干部则担心到时候选不上"面子不好看"，还说："积极干啥啊，以后选掉了，才是丢了棒，逗（招）狗咬。"据第一期普选总结显示，在普选到来前夕，"干部思想极为混乱"。③ 可见，囿于认识偏差，除一些存在借普选来"换班"的乡村干部外，其他大多数人对普选表现了冷淡乃至抵触的心理。此外，一些乡村干部担心此时为农忙时节，难以完成普选任务。在何家乡，一村村长屈恩浴说："这么忙，普选咋个搞得好啊。"④ 这些言论十分生动地反映了乡村干部对普选的

---

① 《通江县第二区普选第一步工作总结》（1953年7月18日），通江县档案馆藏县人民政府档案，档案号33/1/27。

② 《广纳乡四村是怎样结合改善干群关系进行代表候选人提名的?》（1953年7月26日），通江县档案馆藏县人民政府档案，档案号33/1/26。

③ 《通江县第一期普选第一阶段工作总结报告》（1953年7月28日），通江县档案馆藏县人民政府档案，档案号33/1/27。

④ 《通江县何家乡普选试点工作总结报告》（1953年7月11日），通江县档案馆藏县人民政府档案，档案号33/1/27。

初步认知。在四川省选举委员会党组召开的一次专员会议上,针对这些乡村干部对于普选存在的认识误区,总结了以下几种原因:一是这些干部"思想落后"想乘机换班安心生产;二是生产耽误太多,工作任务重,"几头受气";三是一些干部存在"脱离群众"的工作作风,加之"过去不少地区在各种运动中撤换干部过多"以及干部问题处理不当等。①

对普通民众而言,此次普选既然是"选干部",那么选谁当干部与自身并不具有直接的关系,故普通民众对此表现出了明显的冷淡。例如在四川内江工农乡,一个农民说:"选来选去还是共产党员当大干部,青年团员当小干部,没有我们的事。"② 在达县专区,据地委组织部报告,一些地方的乡村民众抱着"普选是干部的事情与自己无关的冷淡态度"。③ 这种态度具体表现为:"有些妇女说普选是男人的事;老年人说是青年人的事情;中农说是贫雇农的事情;有些人又认为普选不过是'换一换'干部。"因此,他们"参加普选的劲头不大"。④ 在通江县梓桐乡,一个妇女袁得秀说:"管他普选不普选,横竖都是那几个人。"⑤ 可见,出于普选就是"选干部"的简单认知,不少乡村民众起初大都选择了置身事外的立场。

土改后乡村社会成员阶层出现了标签化的特征,依照土改前夕财富与生产资料占有的多少,他们分别被分为贫雇农、中农、(半地主)富农乃至地主,各自所拥有的政治地位也依次递减。针对普

---

① 《四川省选委会党组关于专员会议讨论与布置基层普选工作情况的报告》(1953年6月),载西南局编:《西南工作》1953年第175期。
② 《四川各普选试办乡农民对农忙时节搞普选很有意见》,载新华通讯社主编:《内部参考》1953年第145号,香港中文大学中国研究服务中心藏。
③ 《中共达县地委组织部关于第一期普选结合建党的工作报告》(1953年10月10日),达州市达川区档案馆藏县委组织部档案,档案号18/1/22。
④ 《我们应该积极参加普选》,载《通川报》1953年6月1日。
⑤ 《通江县第一期普选第一阶段工作总结报告》(1953年7月28日),通江县档案馆藏县人民政府档案,档案号33/1/27。

选的到来，不同阶层自然存在迥然相异的看法。在通江县第二区，一些富农、中农怕在普选中"升阶级"，而地主则"怕斗怕扣"。① 白庙乡的一些地主则对此次普选表现"昏昏沉沉，摸不到这回事来做啥子的"。三村地主赵川碧说："不知这回来那么多的工作同志做啥子，三整（指整党整风。——笔者注）幺台（方言，即结束）没有，生产建政才调查我的材料，不知这回来调不调查。"富裕中农则担心重划阶级，阶级成份会被升到富农："这次工作同志是来复查生产建政，要升阶级的，摸不到（方言，不知）我们的阶级还升不升。"一些中农怕"均二道（次）田"。四村二组中农蒲金汉主动找到工作队干部说，"我听见别个在摆（说），这次是复查，田地不均的要均二道"。② 这是那些中农、富农乃至地主成份的乡村成员对于普选的普遍认识。

除此之外，那些成份为贫雇农的乡村成员（亦包括那些非贫雇农）则担心此时进行普选会影响其正在进行的农忙生产。据新华社《内部参考》报道，1953年上半年，川北地区因严重的旱灾而引起了夏荒，受灾人口达到了300万人，占川北总人口20%之多。③ 为此，2月25日，四川省政府发出紧急指示，要求各地立即采取措施加紧救灾，针对那些春荒较严重的县、区、乡，"以生产救灾为中心，集中全力进行"。④ 因此，川北区土改后农民把主要精力放在抗旱上，此时开展的普选，对他们而言并非当务之急。在这个时候，生存显得比民主更为重要。据调查，农民对于普选并不感兴

---

① 《通江县第二区普选第一步工作总结》（1953年7月18日），通江县档案馆藏县人民政府档案，档案号33/1/27。
② 《二区白庙乡普选办公室白庙第一步工作总结》（1953年7月18日），通江县档案馆藏县人民政府档案，档案号33/1/27。
③ 《川北夏荒仍较严重》，载新华通讯社主编：《内部参考》1952年第115号，香港中文大学中国研究服务中心藏。
④ 《四川省人民政府发出生产救灾紧急指示》（1953年2月25日），载《通川报》1953年3月4日。

趣,他们最大的顾虑就是"怕耽误生产",例如在西充县,一个农民说:"政府啥都会精打细算,这么忙的时候来搞啥普选。"① 达县罗江乡一个农民郑应声抱怨:"这两天又要收小春又要栽秧,那里忙得过来哟!(普选)不如等两个月再搞。"②

通江县的一些贫雇农除了对选谁"当干部"不感兴趣,他们对此时普选"耽误生产"表示了不满。③ 在作为试点的何家乡,普选工作组刚下乡时,农民主要是怕"会议耽误了生产",进而"对选举不理睬"。六村农民冯绍珠说:"开啥子会啊,讲来讲去还不是互助合作。"五村农民李文申说:"生产这么忙,选来选去还不是那几个人,你们选了就是。"④ 在通江县第一期普选中,不少民众主要是"怕会议多,耽误了生产",对普选并不关心,杨柏乡农民赵登云说"我们要生产,政府要普选,还不是与我们找事做"。⑤ 作为政治生活中的一件大事,普选在还没有得到充分的宣传与动员之际,乡村民众对于政治参与本能的冷漠,在此时表露无遗。特别是当这种政治行为会对他们的日常生活产生消极影响之时,这种冷漠乃至抵触心理更会被进一步强化。

可见,为了保证普选的顺利进行,新政权需要强化对普选在乡村社会的宣传与动员,使乡村干部与民众消除认识误区,帮助他们解决普选中遇到的问题,特别是避免耽误农业生产等。正如达县地委组织部所总结,普选的第一步就是"由内到外宣传生产与普选政

---

① 《四川各普选试办乡农民对农忙时节搞普选很有意见》,载新华通讯社主编:《内部参考》1953 年第 145 号,香港中文大学中国研究服务中心藏。
② 《罗江乡选举做得好 普选生产两不误》,载《通川报》1953 年 6 月 22 日。
③ 《通江县第二区普选第一步工作总结》(1953 年 7 月 18 日),通江县档案馆藏县人民政府档案,档案号 33/1/27。
④ 《通江县何家乡普选试点工作总结报告》(1953 年 7 月 11 日),通江县档案馆藏县人民政府档案,档案号 33/1/27。
⑤ 《通江县第一期普选第一阶段工作总结报告》(1953 年 7 月 28 日),通江县档案馆藏县人民政府档案,档案号 33/1/27。

策，解除顾虑，从生产入手动员党员和群众积极参加普选"。① 那么，为了实现普选的预期目标，在乡村社会中普选又是如何被宣传与动员的呢？

二、普选的宣传与动员

宣传与动员为一体两面的关系，因为宣传就是一种有效动员方式与手段。尽管在国民政府时期地方曾建立了（临时）参议会，也通过选举的形式来产生参议员，但这与乡村广大底层民众并无直接的关系。因此，1953年新政权主导下的此次普选，从扩大政治参与层面而言，确实较之旧政权向前大大推进了一步，使民主这种形式普及到了乡村社会的大多数成员（那些被剥夺了选举权的人除外），为改革开放后乡村民主选举积累了重要经验。

对于普选，正如通江县官方的一份内部文件所说，是"我国千年来空前未有的大事"。② 正是如此，广大新区乡村干部民众对此不免存在隔膜和认识误区，进而表现出冷淡乃至消极抵制的态度。因此，新政权必须对他们进行宣传与动员，使之加深对普选意义、政策乃至程序的认识。宣传对于传统中国而言，无疑是一个"舶来品"。特别是十月革命后苏俄带来的相关宣传理论与技术，更对此后国共两党的政治命运影响甚剧，"共产党的胜利标志着苏俄宣传观念在中国地位的进一步确认"。苏俄的宣传观念分为宣传与鼓动两部分，按照列宁的定义，宣传是针对社会重要成员的理性说服行为，而鼓动则是针对普通民众的感情煽动过程。③ 中华人民共和国成立后，作为执政党，中共继续沿袭革命年代的宣传技术与动员模

---

① 《中共达县地委组织部关于第一期普选结合建党的工作报告》（1953年10月10日），达州市达川区档案馆藏县委组织部档案，档案号18/1/22。
② 《通江县各界人民代表会议常务委员会通知》（1953年6月），通江县档案馆藏县人民政府档案，档案号33/1/5。
③ 刘海龙：《宣传：观念、话语及其正当化》，中国大百科全书出版社2013年版，第5、99页。

式,并利用政治优势建立了一个组织严密的庞大宣传系统(从最高层级的中央宣传部到最基层的宣传网),基本实现了基层社会全覆盖。

在此次普选宣传中,为了使普选的政策、意义家喻户晓,新政权建立的这套宣传系统发挥了重要作用。1953年4月9日,中宣部发出指示,认为此次普选尚属首次,"广大人民在这方面缺乏经验",因此宣传极为重要,要求将普选的宣传作为整个普选运动的"重要方面",在宣传效果上力求"最大限度的普遍和深入",使"全国每一处每一人都受到关于普选的宣传教育"。在宣传方式上,利用报纸与广播电台、党的报告员、宣传员、夜校、民校、识字班、集市、庙会等场所,同时利用文化馆、放映队、幻灯队、宣传队、读报组、收音站、屋顶广播等多种形式进行普选宣传。① 地方宣传部门在接到中宣部的这一指示后,立即行动起来。例如在安徽省,宣传部门充分利用报纸、广播电台、剧团以及宣传员等途径,大力宣传普选。②

1953年5月11日,西南局宣传部制定关于普选宣传计划,鉴于此时普选"正逢农忙季节""基层干部很弱与民主作风较差",且"广大人民对于这一大规模的选举尚缺少经验",要求各地结合当地群众的思想状况,"使广大人民群众懂得:为什么要进行选举,怎样进行选举,什么人有选举权,什么人没有选举权,应当选举什么人,不应当选举什么人",动员广大选民积极参加选举运动。同时,要求在农村的宣传中"必须采用小型的、分散的、于群众方便的形式",并在选举开始前七天组织乡以上的机关干部学习选举

---

① 《中央宣传部关于普选宣传工作的指示》(1953年4月9日),载中共中央宣传部办公厅等编:《中国共产党宣传工作文献选编:1949—1956》,学习出版社1996年版,第528、532页。
② 《华东各地进行普选准备工作》,载《华东农民》1953年第11本。

法。① 可见，此次普选从发起到结束，都是在国家权力的引导下完成。因此，基层干部群体是推动普选的关键力量，普选政策的具体宣传与执行都需要依赖这部分人，但因为这部分人自身认知水平的总体低下，在普选宣传之初，他们中的一些人因各种原因对普选持消极态度。可见，要实现基层普选的宣传动员目的，必须首先强化干部对于普选的认知。行之有效的媒介就是报纸。当时绝大多数报纸都实现了"同质化"，成为各级党委的喉舌。因此，报纸的主要读者群仍然是各级干部。

为了宣传普选，自1953年5月起，《人民日报》（中央）、《新华日报》（西南区）、《四川日报》（省）、《通川报》（地）等报纸都对普选进行了连篇累牍的宣传报道。例如《新华日报》（重庆）开设《积极参加普选，选举自己认为满意的和必要的人去管理国家事务》版面、《四川日报》专门开辟《贯彻普选法，开展普选工作》《普选工作简讯》的专栏，增加对普选政策宣传、各地普选工作的经验介绍。作为达县地委机关报，《通川报》对普选宣传更是不遗余力，例如设置《普选宣传材料》等专栏，宣传介绍普选政策、目的乃至其他地区取得的经验，并对包括通江县在内下属各县的普选执行情况进行了登载。检视当时报刊登载的各类宣传材料，除了对各地普选的经验介绍，在对普选本身的宣传方面，以《通川报》当时的报道为例，大体可以分为以下几个方面的内容：

首先是普选的作用和意义。1953年5月25日，该报登载了一篇题为《召开人民代表大会有什么作用和意义？》的文章，对普选和人代会的关系进行了分析：

> 召开人民代表大会，选举人民政府，这说明了我们国家的政权制度，进一步完备了，人民得到了一个政权。大家可以把自己认为最好的人，选进政权机关来，代表自己

---

① 《西南局宣传部关于普选宣传工作的计划》（1953年5月11日），载中共中央西南局宣传部编：《宣传简讯》1953年第24期。

管理国家。这样做就可以提高人民的主人翁觉悟，发挥他们的爱国热情和工作积极性，以便组织起来加强抗美援朝和各种建设工作。①

受众可以从以上内容得出一个重要信息，那就是普选是选民参与组建国家政权的有效途径，强化受众对于"人民政府"这个说法的认同，正如引文中所言的"主人翁觉悟"。国家政权首次与普通民众建立了一个直接的联系，这与传统乃至民国时期底层民众对政治基本疏离的特征背道而驰。民众首次发现，自己还能通过参加普选的方式决定自己的"当家人"，并将那些不受欢迎的人"剔出去"。② 这种看似简单的描述，实则最为有效。因为对普通选民而言，普选仅是选代表而不是直接"选干部"，仍是一种针对在职干部的监督方式，特别是对那些与他们日常生活直接相关的村、组干部，这些人是否能当选为代表，决定权则在他们手中。事实上，这些干部离他们的生活最近，通过普选这种方式，往往更能使选民们品尝到"权力的滋味"。

其次就是将普选与选民自身的利益结合起来，引起受众的情感共鸣。利益驱动始终是人类行为的首要动机。宣传者需要厘清参与普选和选民之间的利益关系，否则难以引起后者强烈的兴趣。针对一些民众认为普选是年轻人的事的看法，《通川报》就此撰文予以澄清：

> 所以我们必须珍惜这个权利，以主人翁的态度，认真负责地选出自己认为最满意和必要的人来当家理事；要知道，选出来的人，就是给我们自己办事的，如果错选上一个坏人或不能代表自己的人，不能把我们的事情办好，甚

---

① 《召开人民代表大会有什么作用和意义?》，载《通川报》1953 年 5 月 25 日。
② 《我们应该积极参加普选》，载《通川报》1953 年 6 月 1 日。

至还要把事情办坏,这该有多大的害处!①

从以上文字可以看出,参加普选与否,几乎和每个选民的自身利益有着直接关系。事实上,《通川报》的这个做法,也符合中共中央的相关要求,即"将普选和解决实际问题的关系向群众说清楚"。例如:

> 当地有坏分子在当权,人民主要是害怕选不掉坏分子,宣传员就要详细地讲解普选中保障人民民主权利不受侵犯和限制的有关规定,选民资格审查和候选人提名中的有关规定,使人民确信他们选掉坏分子的目的能在普选中达到,他们的积极性就会提高。②

可见,这种利益驱动的方式,才是使选民积极参加普选的主要原因。1953年7月25日,《通川报》登载了一首名为《人民代表人民选》的歌曲,歌词以"人民的地,人民的天,人民的代表人民来选"为开头,向读者宣传普选中蕴含"大家的事情大家办"的重要政治意义。③ 具体歌词见图6-1。

以上是以《通川报》有关普选的宣传报道为研究对象,分析其对乡村选民的动员功能。但需要说明的是,尽管该报自我定位为"达县专区的农民报纸",但其党报的特殊性质,加之当时乡村民众的整体文化水平较低,决定了该报的主要受众是各级干部,而非乡村普通选民。但这并非说明当时各级报纸对于普选的宣传动员毫无

---

① 《选举不光是青年人的事》,载《通川报》1953年6月19日。
② 《创造和推广结合生产进行选举的经验》,载《人民日报》1953年6月6日。
③ 《人民的代表人民选》,载《通川报》1953年7月25日。

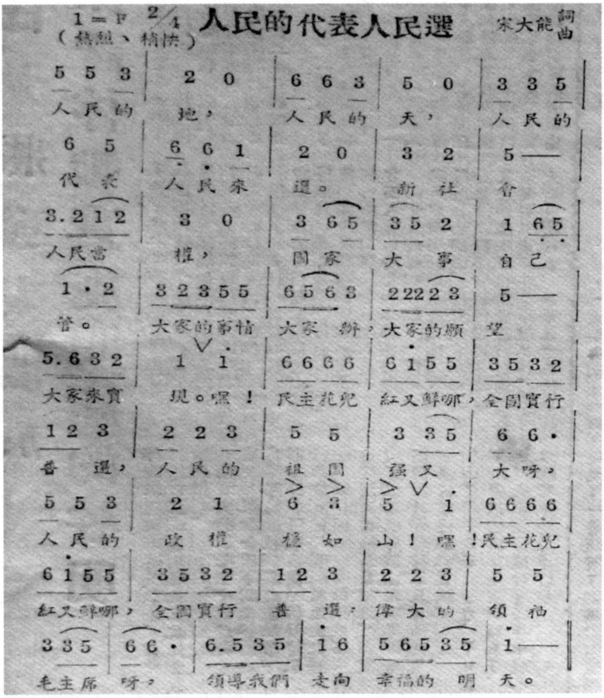

第六章　普选建政：乡村干部的民主实践

图 6-1　《人民代表人民选》曲谱

效果。① 正因为这类报纸的受众主要是干部，他们中的不少人是普选工作组成员，或者就是领导县、乡、村、组普选的各级干部，特别是普选工作队成员和乡村干部，他们是沟通乡村民众与国家之间的桥梁，向民众宣传普选起到了重要的媒介作用。

报纸对于乡村选民的动员效果是有限的。但这些报纸通过其主要受众——普选工作队成员与乡村干部，间接发挥着特殊的动员效果。因此，普选的宣传动员对象首先就是他们这部分特殊群体。因

---

① 据《通川报》统计，1951 年 7 月至 1952 年 6 月，该报发行总量从 26380 份增长到 114681 份，增长了近 6 倍；在通江县的发行量变化更大，从 1000 份提高到 9500 余份，增长近 10 倍。参见《通川报各县发行情况》，载《通川报》1952 年 7 月 1 日。

为"凡能及时教育稳定干部情绪,充分发动与依靠干部,并正确解决干部与群众关系,则干部积极性提高,群众容易发动;否则干部思想抵触,群众亦难发动,甚至有少数村造成选举的失败"。① 事实表明,通过对普选政策的宣传,打消了一些干部对普选的顾虑。通江县在宣传普选之初,一区大兴乡干部杨惠德对此持抵触心理,说:"把我头砍破了我也不干(即不当干部。——引者注)。"但在听了宣传后,他说:"普选是我们自己当家作主,作干部和代表党为人民服务,都是光荣,我们不干谁来干。"② 可见,普选宣传首先扭转了乡村干部的认识误区和偏见,进而使他们积极投身到普选政策宣传和执行中来。

对普选工作队和乡村干部而言,他们需要更加灵活地在乡村宣传普选,而不能采取常规集会等说教的方式。川北在1953年春夏之际因旱灾出现了严重的春荒。不仅川北如此,在整个西南区入夏后,都普遍呈现旱象,四川受灾县更是达到半数以上。"不少地区干田无法栽秧,栽下秧的田许多已干裂,有的红薯、玉米等作物已晒枯或干死。"③ 1953年6月20日,四川省政府发出加强农业生产的指示,要求将普选与生产密切结合起来,"不论选举工作中任何一项活动,都必须服从推动生产"。④ 7月16日,四川省选举委员会在关于普选的补充指示中,再次明确要求:

  基层选举工作必须紧密结合生产去进行,因生产是广

---

① 《四川省选委会党组关于专员会议讨论与布置基层普选工作情况的报告》(1953年6月),载西南局编:《西南工作》1953年第175期。
② 《通江县第一期普选第一阶段工作总结报告》(1953年7月28日),通江县档案馆藏县人民政府档案,档案号33/1/27。
③ 《西南区各地农民进行抗旱保苗工作获成绩》,载《人民日报》1953年7月1日。
④ 《四川省人民政府发出通知 各地要搞好夏季农业生产》,载《通川报》1953年6月22日。

第六章　普选建政：乡村干部的民主实践

大群众的基本要求，也是农村工作中压倒一切的中心任务，而选举工作不仅不妨害生产，且应以生产为中心，在积极领导与帮助群众搞好生产的前提下，密切结合生产去进行。①

生产是农村工作的中心。对此中共中央的认识十分明确："不能因为选举耽误生产。"② 1953 年 5 月 24 日，西南局就基层选举指示四川省委："如果普选妨碍了群众生产与天灾作斗争，不难想象，这样的结果不仅会破坏生产而且普选也势难完成。"③ 可见，在具体执行层面，对于普选的宣传动员，则需要因时因地来决定宣传的具体方式方法。1953 年 6 月 19 日，西南选举委员会办公室介绍了四川普选试点的工作经验，主要就是将普选与生产结合起来，"从领导生产入手，干部深入田间、院落，帮助农民进行生产，解决农民生产上的困难，同时进行普选的各项工作"。④ 四川的整个普选宣传都是利用"晚间及农民生产空隙，并深入田间、深入群众中进行工作"，做到了生产与选举两不误。⑤

通江县第一期普选开始，普选工作队下乡后，首先明确"普选是中心，生产是中心任务的中心"。例如工作组了解到毛浴乡的中心任务是除虫保苗后，即向村民学习生产知识，深入研究并提出有效办法，并在这个过程中向农民宣传普选政策，得到了农民的认

---

① 《四川省选举委员会关于基层选举工作的补充指示》，载《通川报》1953 年 7 月 16 日。

② 《做好基层选举工作》（1953 年 3 月 8 日），载中共中央文献研究室编：《邓小平文集（一九四九——一九七四）》（中卷），人民出版社 2014 年版，第 86 页。

③ 《西南局对四川省委关于基层选举工作指示的批示》（1953 年 5 月 24 日），达州市档案馆藏达县地委办公室档案，档案号 19/1/110。

④ 《四川省普选试点工作取得发动群众的初步经验》（1952 年 6 月 26 日），载西南局农村工作委员会办公室编：《农村工作通报》1953 年第 23 期。

⑤ 《四川省人民政府关于选举工作的报告》（1953 年 9 月 29 日），载西南军政委员会办公厅编：《西南政报》1953 年第 37 期。

可。一个农民说:"毛主席真好,又领导我们搞好生产,又教育我们当家作主人,二天开会(普选)我们要早些来。"太平乡工作组及时解决了棉田的淋雨问题,与群众讨论改种芝麻和荞麦的问题。石桥乡工作干部孔祥林,深入互助组,通过摆龙门阵(方言,即聊天)的方式,利用对比宣传普选,一面与组员研究改进棉花种植技术,如在灭虫方面,利用每亩棉田以鸡蛋5个、桐油6两、60斤水的方式治虫,消灭了该村的棉虫,村民说:"这下把虫治了,开会也就放心了。"在宣传普选政策方面,工作队召开村党团支部会议,组织宣传员及教师采用各种不同形式大力宣传,利用广播站。例如民胜乡各村每到傍晚,便在山头广播,采取一问一答的方式进行宣传。① 普选工作队干部通过将普选与生产结合起来,打消了农民耽误生产的顾虑,为普选的顺利进行打下了基础。

当然,也有一些工作队在宣传时出现了偏差。据西南行政委员会选举办公室调查,一些地方在宣传普选时存在误区,将普选结合生产进行,认为是"普选为主,生产为辅",故而"只一般的宣传普选的意义,对普选与生产的关系,特别是抓住当地生产中的主要问题和普选联系起来向群众说清道理的就很少",引起一些农民的不满:"你们一天叫着普选,我们是在普选啦!豌豆胡豆已收回来了,只有小麦在田间穗选了。"有的地方则对相关选举条文照本宣科,民众反映"听不懂";一些工作队不讲清楚普选的意义,就对当地干部说:"你们满乡跑,大声闹,就说,啊哟!要争取选民啊!多么光荣啊!"甚至称:"瞎子、跛子、瘸子没有选举权。"有的更是将普选说成是"减租退押、土改是地主的儿子或者是外地人(指外来干部)由上面指定为我们农民办事,现在就是选我们自己来办

---

① 《通江县第一期普选第一阶段工作总结报告》(1953年7月28日),通江县档案馆藏县人民政府档案,档案号33/1/27。

事""我们要选好我们的管账先生"等。① 但这类偏向仅是少数，且很快被纠正。

在西南区，针对普选的宣传动员取得了明显成效。1953 年 10 月，西南区第一期普选基本结束，据西南局宣传部报告，全区宣传部门在普选中工作成效明显，在第一期普选宣传工作中，"大部分地区做得较好，发动了百分之八十到百分之九十参加了选举"。② 在通江县第一期普选的 17 个乡中，参加选举的选民占 92.9%。③ 从这个数据可以看出通江县的宣传动员情况。

三、基层普选的运行

在各级选举中，最为基层、也最为重要的应为乡（镇）一级的选举（乡选）了，该层级选举亦被称为"基层选举"。可以说，乡选是全国普选的基础，由它产生的代表即将参加县（市）政府的选举，故"这一次普选的关键是乡选"。④ 但目前学界关于基层普选的研究并不多见。各村、组代表由选民直接选举，他们将参加乡一级人代会，是保证基层选举顺利进行的关键。可见，这些代表的产生过程，直接反映了此次普选中"民主的尺度"。可见，基层普选应是此次普选研究中的重点关注对象。

按照中共中央的最初预计，要求在 1953 年 6 月开始乡选，然

---

① 《西南行政委员会指导选举办公室关于普选宣传工作中村在的问题的通报》（1953 年 7 月 27 日），载西南行政委员会办公厅编：《西南政报》1953 年第 33 期。
② 《西南局转发西南局宣传部"关于第一期普选宣传工作初步经验及今后意见"的报告》（1953 年 10 月），载中共中央西南局宣传部编：《宣传简讯》1953 年第 42 期。
③ 《通江县第一期普选工作总结报告》（1953 年 8 月 29 日），通江县档案馆藏县人民政府档案，档案号 33/1/27。
④ 《做好基层选举工作》（1953 年 3 月 8 日），载中共中央文献研究室编：《邓小平文集（一九四九——九七四）》（中卷），中央文献出版社 2014 年版，第 87 页。

后逐级召开代表大会,并最终在 9 月召开全国人代会。① 可见,中共中央打算在 3 个月内完成普选。但不少地区在 1953 年春秋两季发生水旱灾害,包括川北在内的一些地方出现了春荒,此时若在这些地区强行推动普选,势必无法达到预定目标。生产既是农村的日常中心工作,也是关系国计民生的大事。为了使普选不影响农村的正常生产,中共中央反复要求各地不得"孤立地搞普选",而是要与农业生产结合起来。② 鉴于这种情况,中共中央认为原定时间太过于紧促,"恐怕办不好",故于 1953 年 3 月底将乡选的完成时间推迟到 8 月或 9 月,县选则为 11 月完成,全国人代会则在 1954 年初举行。③ 1953 年 9 月,中央政府委员会再次决定推迟全国基层选举,以便"集中全力进行农业生产,克服自然灾害,争取农产物的丰收",即将全国基层选举推迟到 1954 年 1 月前完成,倘若个别省市仍然有困难,则推迟到 3 月前。④

在四川,1953 年 5 月成立了省选举指导委员会,直接负责全省的普选。在经过普选试点后,1953 年 6 月下旬正式开始全面进行,并预计在 10 月完成普选。⑤ 在达县专区,乡选于 1953 年 7 月初开始。1953 年 5 月,通江县成立领导普选的选举委员会,以县委书记叶永政为主席。县选举委员会成立后,立即制订训练普选工作队干

---

① 邓小平:《在西南局委员会第十次全体会议上的讲话要点》(1952 年 12 月 7 日—9 日),载中共中央文献研究室编:《邓小平文集(一九四九——九七四)》(中卷),人民出版社 2014 年版,第 31 页。

② 《中共中央转达吉林省委关于在基层普选试点中结合生产做好普选的经验报告》(1953 年 8 月 12 日),载中央档案馆等编:《中共中央文件选集(1949 年 10 月至 1966 年 5 月)》(第 13 册),人民出版社 2013 年版,第 153 页。

③ 《做好基层选举工作》(1953 年 3 月 8 日),载中共中央文献研究室编:《邓小平文集(一九四九——九七四)》(中卷),人民出版社 2014 年版,第 85、86 页。

④ 《中央人民政府委员会关于推迟全国人民代表大会及地方各级人民代表大会的决议》(1953 年 9 月 18 日),载中央人民政府法制委员会编:《中央人民政府法令汇编》(1953 年),法律出版社 1955 年版,第 68 页。

⑤ 《全国进行基层选举典型试办工作 四川省选举委员会成立》,载《通川报》1953 年 5 月 28 日。

第六章　普选建政：乡村干部的民主实践

部和乡村干部的计划，主要目的在于通过训练"解决干部工作作风，打破干部顾虑"，使其掌握普选政策与精神实质，熟悉选举步骤与方法，"保证选举法及有关选举政策法令的正确贯彻"。① 在训练完毕后，即向该县的试点乡——何家乡②派出普选工作队，正式推行普选试点。在试点结束后，于 7 月正式开始普选。通江县的普选主要分为两期进行：1953 年 7 月至 8 月为第一期，主要在 2 个区、17 个乡、115 个村进行；1954 年 1 月至 2 月为第二期，范围为除试点乡和第一期之外的乡。在乡选结束后，1954 年 7 月举行了通江县第一届人民代表大会。至此，通江县普选工作圆满结束。

正如中共中央与西南局所指出，乡选"是整个选举工作的关键"。③ 那么乡选究竟是如何运行的呢？普选从一开始，就被作为一场运动来进行操作。中共领导下的任何一场运动，都经历了目标的讨论与制订、训练干部、试点经验总结以及推广、派出工作队等过程。④ 在普选中同样如此。基层选举开始后，中央选举委员会对此极为重视并制订了详细的方案，明确指出"基层选举工作的好坏，决定于县、市的领导"，要求必须以县、市为单位派出普选工作队（组）到各乡镇，主要担任乡镇选举委员会的主席以及指导基层选举的工作。在派遣工作队的干部时，按照每 2000 人口分配 1 名工作队员，采取 3—5 人为一个工作组，每个工作组领导 1—3 个乡，组内分工负责的方式。普选工作队到达后，即在各乡镇建立选举委员会，委员会的人数构成为主席 1 人，委员 4—8 人，在县政

---

① 《通江县关于乡村干部及技术人员的训练计划（草案）》（1953 年 5 月 23 日），通江县档案馆藏县人民政府档案，档案号 33/1/26。

② 之所以选择何家乡试点，其原因在于该乡是通江县最大的一个乡，"且接近县城周围，农民接受新的知识较快"。参见《通江县何家乡普选第一步工作总结》（1953 年 5 月），通江县档案馆藏县人民政府档案，档案号 33/1/27。

③ 《西南局宣传部关于普选宣传工作的计划》（1953 年 5 月 11 日），载中共中央西南局宣传部编：《宣传简讯》1953 年第 24 期。

④ Gordon Bennett, *Yundong*: Mass Campaigns in Chinese Communist Leadership, University of California Press, 1976, p. 39, p. 40.

府任命后即行使职权。在委员的人选问题上，"必须慎重选择为人正派、办事公道、能联系群众且有一定办事能力的人充任"，且要有妇女参加。① 根据这一要求，1953 年 7 月 1 日，达县专区第一期普选工作正式开始，各县均成立了选举委员会，为了执行中央以及四川省选举委员会的指示，全专区共派出了 6000 余名党政机关干部下乡，前往第一期普选的 218 个乡镇，协助开展普选。② 通江县第一期普选乡，共派出了 154 名技术干部、197 名指导干部，组建普选工作组前往各乡协助完成普选。③ 可见，工作队这种特殊的权力运作形式再次被运用，在普选中它代表国家，教会新区乡村民众如何行使选举权，进而保证普选的顺利进行。

总体说来，普选的流程是派出工作队，组建乡镇选举委员会，划分选区、选民登记、公布选民名单、划分选民小组、提出代表候选人、分配代表名额、投票选举产生正式代表。代表选举完毕后，召开各乡镇第一次人民代表大会，选举乡镇人民政府。作为一次大多数乡村民众的政治参与行为，离不开国家的帮助与引导，这也体现了"民主"这一新鲜事物在新区乡村社会的践行特征。举行乡人民代表大会，首先必须选举各村代表，那么各村代表究竟是怎么产生的呢？据时任通江县铁佛乡选举委员会主任刘坤远的回忆，当时各村代表选举的大致过程如下：首先是乡选举委员会召开扩大会议，邀请党、团、青、妇等团体，根据各村人数和各阶层比例，提出代表候选人名单，最后交各村、居民小组讨论，具体过程如下：

> 各村拿到名单后，再以居民小组为单位召开大会，开

---

① 《中央选举委员会关于基层选举工作的指示》（1953 年 4 月 3 日），载国务院法制办公室编：《中华人民共和国法规汇编 1953—1955》（第 2 卷），中国法制出版社 2005 年版，第 15、16 页。
② 《我区第一期普选工作开始》，载《通川报》1953 年 7 月 13 日。
③ 《达县专区第一期普选完成乡镇及干部情况支点开始时间统计表》（1953 年下旬——笔者判定），达州市档案馆藏达县地委办公室档案，档案号 19/1/110。

会时小组长说:"今天乡上要开选举大会选举乡人民政府,我们这个组要选出这五个代表人选(宣布候选代表名单),代表有啥子条件呢,劳模,积极分子和作出优异成绩的干部"。然后一个群众说:"我选某某,你们觉得怎么样",(说完)他停顿一下。然后马上有人说:"这个人可以"。然后大家一哄而过。然后一个个就选出来。结束时(小组长)问:"你们还有啥意见?这五个人当代表,到乡上去选乡长。"大家都说:"莫得啥意见"。各组人选就这样定下来了。①

代表候选人在各组讨论通过后,再提交村一级进行正式选举。值得注意的是,当时乡、村、组一级的选举,均是采取举手表决,而非无记名投票的方式。② 关于为何要采取举手表决,而非抗战时期村选的"投豆子",1953年2月11日,时任中央选举委员会主任的邓小平在中央政府委员会第二十二次会议上专门对此作了说明:

> 选举法草案规定了我们只在乡、镇、市辖区及不设区的市等基层政权单位实行直接的选举,而在县以上则实行间接的选举。我们只在县以上采取无记名投票方法,而在基层政权单位,则一般地采用举手表决的投票方法。这就是说,我们的选举还不是完全直接的,投票的方法也还不是完全无记名的。这是由于我国目前的社会情况,人民还有很多缺乏选举经验以及文盲尚多等实际条件所决定的。

---

① 笔者对刘坤远的访谈记录,访谈地点:四川省通江县铁佛镇平坝村;访谈时间:2015年11月4日。

② 笔者对刘坤远的访谈记录,访谈地点:四川省通江县铁佛镇平坝村;访谈时间:2015年11月4日。

如果我们无视这些实际条件,在现在就勉强地去规定一些形式上好像很完备而实际上行不通的选举方法,其结果,除了增加选举的困难和在实际上限制许多公民的选举权利之外,没有任何的好处。①

可见,1953年的乡村代表选举,在方式上与抗战时期的村选有着明显的差别。尽管此后公布的《选举法》中仍然保留了对乡镇选举中除以举手投票外,"亦得采用无记名投票方法"的规定,②但在实际操作层面,以通江县铁佛乡为例,乡、村、组一级的代表选举基本上遵循了邓小平的上述做法。从选举的流程上我们可以看出,在居民小组一级,主要是讨论通过本组代表候选人。以刘坤远的叙述来看,这种通过主要以推选、协商的方式进行。实际上,在这个层级,无记名投票已经没有多大意义,这又与当时代表的选举标准有着直接的关系。

根据《选举法》,除少数无选举权的人外,只要年满18周岁的中华人民共和国公民,且在代表名额分配上考虑不同阶层与性别以满足"一定要能够代表各阶层"的要求外,③而并未对当选代表的条件作出详细明确规定。根据中共中央对于普选与实际工作结合起来的要求,在农村的互助合作运动逐步深入以及统购统销政策出台之时,地方在执行《选举法》时往往会与之相结合。1953年12月15日,四川省选举委员会发出指示,明确制订了乡选中各村代表

---

① 邓小平:《关于"中华人民共和国全国人民代表大会及地方各级人民代表大会选举法"草案的说明》(1953年2月11日),载中央人民政府法制委员会编:《中央人民政府法令汇编》(1953年),法律出版社1955年版,第21页。

② 《中华人民共和国全国人民代表大会及地方各级人民代表大会选举法》(1953年3月1日),载中共中央文献研究室编:《建国以来重要文献选编》(第4册),中央文献出版社1993年版,第35页。

③ 《做好基层选举工作》(1953年3月8日),载中共中央文献研究室编:《邓小平文集(一九四九——一九七六)》(中卷),人民出版社2014年版,第89页。

的条件:"除原规定注意代表的广泛性外,尤应根据农村阶级情况的变化,注意使劳动农民中热心拥护统购统销、互助合作、社会主义的积极分子、互助组长及生产合作社的社长等当选。"① 关于四川省制订的农村代表候选人标准,笔者在口述访谈中亦得到了印证,前文所引刘坤远对于当时各组推选代表的标准,那就是"劳模、积极分子和作出优异成绩的干部",据他回忆:

> 比如我所在的那个八村,共 5 个居民组,我那时是村长(兼乡支部书记),最后选了 18 个代表(参加乡人代会)。(这些人中)有劳模,互助组长,居民组长。居民组长要干出成绩,例如植树造林;政府号召亩产 600 斤,他打了 700 斤,就是劳模;先是各个居民组推选没有比例,一个组七八个、五六个,到村上来最终选出 18 个人,从成绩中选成绩好的,你若成绩在那里,都是明摆着的。②

可见,按照这个标准衡量,每个组代表候选人的范围已经很小了,基本不需要无记名投票。从程序上言之,这些代表的推选仍然是以《选举法》为依据,且得到了选民的认可,其合法性自不待言。各组人选通过后再提交到村一级进行正式选举。以通江县何家乡为例,该乡在将候选人名单提出后,分配至各村讨论,确定代表后,再由乡上审查后张榜公布各村候选代表名单。该乡第七村分配了 5 个代表名额,全村到会选民 421 人,占选民总数的 94%,5 个代表候选人顺利当选,且"票数相当集中",最低票数都在 416 票

---

① 《四川省选举委员会党组关于对今后基层选举工作的几点补充意见》(1953 年 12 月 15 日),载中共四川省委政策研究室编印:《四川工作》1953 年第 34 期。
② 笔者对刘坤远的访谈记录,访谈地点:四川省通江县铁佛镇平坝村;访谈时间:2015 年 11 月 4 日。

以上。① 代表选举完成后，1953年6月28日，何家乡举行首届人民代表大会，出席代表45人，列席代表27人。经过选举产生了乡人民政府委员以及正副乡长，成立了乡政府。② 这是乡选的大致过程。

因选民文化认知、地域乃至宗族观念的影响，在乡选过程中自然会出现一些"异常"现象。在通江县，尽管各乡都提前确定了各村的代表人数与候选人名单，但在实际村选过程中却出现了代表超额的现象。例如在广纳乡，乡选举委员会在提出代表名单前未能严格控制代表候选人名额，以致各村在提出候选人时"只顾乱提，结果全乡多提了代表十三名"。该乡七村应提4人，结果提了7人；四村应提4人，但提了6人。为了平衡各组，该村主任甚至说："我们选代表要一组选一个"。一些民众出于宗族、地域观念，坚持要某人必须当选。如该乡一村一组通过了赵得浴的代表提名，因此在村一级正式选举时，该组选民公开称："如赵得浴选不出来的话，我们就不选了。"③ 广纳乡的情况并非个案。在白庙乡一个村出现了各组分摊代表名额的现象，在选举时候一些选民要求："河（岸）那边提赵心法，河（岸）这边提李成林，三组提冯绍于，这样提大家都莫意见。"④ 此外，因在提名代表时未提前与该代表沟通，以致出现了被提名后又不同意的现象。在第五村，当张现芳（党员）被提名为代表后，"他母亲拉后腿，不让出来工作"，他本人也说："我不识字，把群众事情办不好，背骂名。"尽管经过动

---

① 《通江县何家乡普选试点工作总结报告》（1953年7月11日），通江县档案馆藏县人民政府档案，档案号33/1/27。
② 《通江县何家乡召开首届人民代表大会总结》（1953年7月3日），通江县档案馆藏县人民政府档案，档案号33/1/27。
③ 《广纳乡改善干群关系结合酝酿代表候选人的几个问题》（1953年7月31日），通江县档案馆藏县人民政府档案，档案号33/1/26。
④ 《白庙乡第七村解决干群关系几点作法》（1953年8月1日），通江县档案馆藏县人民政府档案，档案号33/1/26。

员，但他"仍不愿工作"。① 这类现象，生动地反映了基层选举在实际操作中的复杂态势，以及普选这种民主形式在基层运作中的"尺度"。

平心而论，尽管此次普选存在一定的"民主尺度"，但作为一次乡村民主的首次实践，这次普选仍然具有重要意义。普选是国家政权合法化的重要途径，因此需要最大程度地动员选民参加选举。中共中央认为此次普选实现的三个目标之一即是"做到最大限度地动员选民参加投票"，因为"一定要有相当大数目的选民参加选举才能与我们国家相称"，② 要求各地必须加强宣传与动员，以实现选民最大程度的参与。但对选民而言，拥有选举权体现了自身与新政权的密切关系，而且这种心理优势因被剥夺选举权者（政治贱民）的存在而进一步被强化。在新政权的宣传下，选民们参加选举的积极性自然会较为高涨。

据1953年9月中央选举委员会统计，全国试选区的参选率为87%以上。③ 但就整个达县专区而言，参选率已经达到了90%，而通江县广纳乡四村，参加选举的选民达到了98%。大兴乡红军烈属余明珠因妻子回娘家探亲，该乡普选时，他从100多里以外将其接回，以便参加选举。④ 在通江县第一期普选的17乡，共115个村中，共有选民40914人，参加选举人数为37605人，平均占选民总数的92%。⑤ 尽管笔者未曾见到第二期普选的相关统计数据，但根

---

① 《广纳乡改善干群关系结合酝酿代表候选人的几个问题》（1953年7月31日），通江县档案馆藏县人民政府档案，档案号33/1/26。
② 《做好基层选举工作》（1953年3月8日），载中共中央文献研究室编：《邓小平文集（一九四九——九七六）》（中卷），人民出版社2014年版，第83页。
③ 据全国普选试点统计，总体参选比例为87%以上。邓小平：《关于选举试点工作的报告》（1953年9月5日），载中共中央文献研究室编：《邓小平文集（一九四九——九七六）》（中卷），人民出版社2014年版，第123页。
④ 《我区第一期基层选举基本结束》，载《通川报》1953年9月10日。
⑤ 《通江县第一期普选工作总结报告》（1953年8月29日），通江县档案馆藏县人民政府档案，档案号33/1/27。

据第一期的情况估计，参选率应不低于90%。据《人民日报》报道，截至1954年4月20日，包括通江县在内的整个西南区基层普选全面结束，参与投票的选民达到了90%。该文还称"川陕边革命老根据地的人民在普选运动中，表现出极大的政治热情"，对通江县"毛浴乡六十九岁的老红军干部李能才，在雪夜里扶着拐杖亲自到选民登记站去领取选票，认真地选举了自己的代表"的事迹进行了报道。① 可见，通江县的基层普选工作实现了既定目标。

但需要注意的是，正如前文所言，基层代表的选举条件之一为曾或现任乡、村、组干部。尽管中共中央担心当选为代表的干部过多，使"人民代表大会"变成"干部会"，进而要求参加人代会的代表必须在各阶层、性别均有体现，例如"共产党员名额不能超过三分之一"，② 但对乡干部（不包括村、组干部）群体中的代表当选比例却有着明确的规定，即要求85%以上的原乡干部应当选为代表。③ 西南局更是要求80%以上的乡村干部当选为代表，同时规定当选代表中乡村干部占80%以上。④ 此时的新区大多数乡村干部均为从征粮、减租、退押、土改乃至"三反"等运动中成长起来的，他们之所以担任乡村干部，原因在于表现积极，得到了工作队及新政权的信任，进而将原有干部取而代之。简而言之，主要因执行上级政策和工作队命令得力。但他们作为国家与乡村社区之间的桥梁，难免会顾此失彼，在执行上级政策时难以兼顾乡土利益，如征

---

① 《西南全区基层选举工作胜利结束》，载《人民日报》1954年4月28日。
② 《做好基层选举工作》（1953年3月8日），载中共中央文献研究室编：《邓小平文集（一九四九—一九七六）》（中卷），人民出版社2014年版，第89、90页。
③ 《中共中央批转孙志远关于选举工作座谈会的综合报告》（1953年8月21日），载中央档案馆等编：《中共中央文件选集（1949年10月至1966年5月）》（第13册），人民出版社2013年版，第214页。
④ 需要说明的是，这里的乡村干部是乡村主要干部，即乡长及乡政府委员、村代表主任（不包括小组长）。因为若包括小组长一级，干部数量就会达到数百人，而一个乡的人代会代表一般不会超过50人，所以要实现80%以上干部当选为代表这个目标是不可能的。参见《保证百分之八十以上的基层干部当选作何解释》（1952年6月——笔者判定），载西南局农村工作委员会办公室编：《农村工作通报》1953年第22期。

粮、强推互助合作乃至此后的统购统销等，极易遭致乡民的怨恨，特别是当他们中的一些人乘机滥用职权乃至为非作歹时，更是加剧了自身的合法化危机。一旦时机到来，他们中的不少人就会为此付出代价。抗战后边区乡村干部在整党、"洗脸"运动中的遭遇，即是一个明显的例子。

此次普选既是一次国家政权合法化的乡村政治参与行为，又是一次针对行为失范的乡村干部的整肃与纠正。幸运的是，他们之所以没有抗战后边区乡村干部所经历那般光景，其最大的原因在于两者所处的时代背景不同，此时新政权面临的不是在乡村竭力进行资料汲取与国民党争夺天下，而是要通过普选建立一个稳定的乡村社会秩序。因此，在普选中，工作队（国家）需要在乡村中充当缓冲器，协调因执行上级政令而紧张的干群关系，这些举措使不少乡村干部避免了重蹈当年老区土改初期被斗争的覆辙。

第三节　乡村干群关系协调：普选中的国家、干部与选民

在基层普选中，乡选举委员会在召开党、团、青、妇等团体讨论的代表候选人名单中，现任乡村干部，特别是村、组干部自然会占相当的比例。这些乡村干部大部分都是在经历减租、土改等运动中成长起来的"小领袖"，也在这个过程中在乡村积累起了相当的威望，当选为代表更是理所当然。但另外一部分乡村干部，因工作方式简单粗暴以及滥用职权自肥，早已引起乡民的怨怒，导致干群关系紧张，他们虽被乡选举委员会提名为代表候选人，却在村、组一级难以过关，甚至会直接落选。为此，作为国家代表的普选工作队，为了使那些因工作方式不当而使干群关系紧张的干部在普选中过关，他们在其中扮演调解者的角色，使大部分人顺利当选。因此，笔者拟从乡村干群关系协调的角度，探讨普选过程中国家、干部与选民之间的三方关系。

一、普选前夕乡村的干群关系

在基层普选开始之前,乡镇一级就已经开始了民主选举的尝试,那就是建立农民代表会议制度,在普选完成前代行人民代表大会职权。因此,从字面上可以看出,农民代表会议和人民代表大会之间存在明显的差异,其中最明显的就是参与者的不同。前者的主要对象是贫雇农以及中农,而人民代表大会的组成结构更为多元化,范围也更广,除要求农民占一定比例外,还包括其他行业的代表,甚至还有民主人士或者无党派人士代表。尽管为了使代表大会真正体现其充分的代表性,中共中央曾明确要求限制干部在代表中的比例,以免人代会开成了"干部会",① 但在代表中仍必须有一定的乡村干部比例,却是事实。

因此,这些乡村干部要当选为人代会代表,就必须经过乡选举委员会的提名与村、组选民的讨论和选举通过。因不少乡村干部是在减租、退押、土改等群众性运动中被提拔起来的,他们中的一些人因为盲目执行上级(工作队)的指示,兼之工作作风简单粗暴,在干群关系方面已较为紧张,或者村民已有怨言,在这种情况下,普选就是这些乡村干部面临的一道关口。对此,这些人在普选到来之际抵触情绪十分明显,这种消极对立情绪源自对于普选的认识不足,例如普选就是"选干部"等,甚至在他们中间造成恐慌心理。② 那么,在普选前夕,乡村干部与村民之间的(干群)关系究竟如何,值得探讨。

1950年代前期中共领导下的新区基层政权建设,使广大新区

---

① 《做好基层选举工作》(1953年3月8日),载中共中央文献研究室编:《邓小平文集(一九四九——一九七四)》(中卷),人民出版社2014年版,第90页。

② 例如,川东区江津县十三区文书在向民众宣传普选时,称:"过去土改、民主建政所选的干部都是假的,这回才是真的民主。"参见《西南行政委员会指导选举办公室关于江津、永川等县在第一期基层选举中的问题的通报》(1953年7月29日),载西南军政委员会办公厅编:《西南政报》1953年第33期。

农村内部的权力结构发生了巨大变化。这种新的权势转移，使一批原本处于底层和边缘的乡村成员实现了"翻身"，而那些曾执掌乡村话语权的传统乡绅、保甲长等则彻底边缘化。两者在乡村权力结构中实现了"对翻"。这批新式干部的一个普遍特征是受教育程度极为低下，甚至是文盲，突然掌握了乡村的最高权力，经过上级工作队下乡启发"阶级觉悟"后，他们中的个别人因长期处于权力饥饿状态很难完全做到党要求的"全心全意为人民服务"。他们作为农村中的"当权人物"，① 在掌握权力后，往往难以自我约束，他们或工作态度粗暴、工作方式简单，甚至以权谋私，或欺男霸女等，使干群关系在某些地区较为紧张。例如，据新华社报道，河北省不少基层干部违法现象较为严重，他们"私立公堂，刑讯逼供""乱征乱敛，敲诈勒索""包庇反革命分子帮助地主反攻""镇压民主，压制批评"；此外，一些乡村干部工作方式简单粗暴、强迫命令，为了完成上级规定的打井任务，他们喊出"以打虎的精神完成任务"的口号，强迫命令村民打井，进而导致产生逼死人的恶性事件。例如深县刘家元村 19 岁的青年张某，因不愿打井，竟"在村干部打骂、扣押威逼下自杀"。②

土改后紧接着开始的互助合作运动以及统购统销，都是以中共中央自上而下的强力推动为背景，特别是后者，直接损害了农民的利益，但不少乡村干部面临上级的征购指标，同时，当时对于总路线的广泛宣传，使各级干部们在头脑中形成了资本主义和社会主义道路

---

① 对于这些干部在乡村中的地位，东北局有着明确的认识："农村的党员特别是县区村的党员干部，实质上就是今天农村的当权人物。"参见《东北局关于县区村整党与对党员雇工放债等问题的指示（草案）》（1952 年 8 月 12 日），载中共中央文献研究室编：《建国以来重要文献选编》（第 3 册），中央文献出版社 1992 年版，第 329 页。
② 《河北省农村基层干部违法乱纪情况严重》，载新华通讯社编：《内部参考》1953 年 1 月 30 日，第 499—504 页。香港中文大学中国研究服务中心藏。

斗争的观念，他们中的一些人为了完成任务采取了简单粗暴的做法。①

据西南局宣传部调查，为了加快互助合作运动的发展，四川一些农村出现了强迫命令的现象，在开会时，村干部拿出两张纸，一张上写着"参加互助组的就是跟毛主席走"，另外一张上写着"不参加互助组的就是跟蒋介石走"；对一些不愿意加入互助组的人，则"不准赶场"（方言，即赶集），甚至"没收东西"等。②村干部诸如此类的做法，虽然最后迫使农民加入了互助组乃至合作社，但在干群关系上却出现了严重的倒退甚至恶化。为此，1953年6月中旬，四川省委在指示中明确指出一些乡村干部中存在的严重问题：

> 目前农村干部中存在着的严重脱离群众现象，主要表现在以下几个问题上：第一是在进行各种工作中对待群众的态度上，是比较普遍的采用强迫命令和简单粗暴的工作方式；其次是自私自利、占群众便宜和挪用公款；再次是少数违法乱纪，如贪污、敲诈、侵占私人财产，以及利用职权，采取各种非法手段侵犯人权，强奸妇女，甚至逼死人命等。③

这些现象在土改后的新区农村是存在的。1953年6月11日，达县地委向各县转发了四川省委的指示并对全专区农村干部进行了摸底排查，认为那种"思想作风恶劣，犯有严重错误，或有较严重

---

① 林蕴晖：《中华人民共和国史——向社会主义过渡：中国经济的转型（1953—1955）》（第2卷），香港中文大学出版社2009年版，第151页。
② 《西南局宣传部关于四川省部份地区农村宣传工作的调查报告》（1953年2月19日），载中共中央西南局宣传部编：《宣传简讯》1953年第15期，第6、7页。
③ 《四川省委关于训练农村干部与普选工作干部的指示》（1953年6月14日），载中共四川省委组织部办公室编：《组织工作文件汇编 干部工作部分 一九五三年》，1959年自版发行，第146页。

的违法乱纪县委,群众极不满意,需从各种工作岗位上予以解除者"不足7%,最坏的在5%。① 根据这一指示,通江县选举委员会特地就干群关系问题发出指示,认为那种"思想作风恶劣,犯有较严重错误,或有较严重的违法违纪行为,而为群众所极不满意,需从各种组织岗位上予以剔除者"约为5%,而这类干部中"品质恶劣或成份,历史不纯分子"约占3%。② 可见,四川省委与通江县委提出的这些数据都与中共中央的判断相符:"乡村干部绝大多数是好的。"③ 值得注意的是,在引起干群关系较为紧张的诸多原因中,乡村干部严重违法乱纪甚至犯罪并不是主流。在通江县广纳乡四村的13名干部中,那种"思想落后,犯有一些毛病,群众不满"者为2人,例如村主任陈国廷在工作中"强迫命令,甚至有时打骂群众,抓拉公款,乱收报费",引起村民的很大不满。④ 可见,主要原因是干部的工作方式简单粗暴,进而引起干群关系紧张。

在通江县,何家乡为普选的试点乡,在普选之前,正副乡长之间"互不照顾,各搞一套",在领导生产时盲目生搬硬套,不顾各村实际情况,引起了村民的普遍不满。⑤ 在该乡一些行政村,情况亦大抵类似。例如七村村主任邹培德自己亦承认:"土地改革后我就当了村长,工作中办法少,有时发发态度,工作就干走了。以后觉得这个办法对,就时常发态度,群众有意见不敢提。"⑥ 三村村

---

① 《达县地委转发四川省委关于训练农村干部和普选工作的指示》(1953年6月11日),达州市档案馆藏达县地委办公室档案,档案号19/1/123。
② 《通江县选举委员会对普选地区解决干部关系应注意的几个问题》(1953年7月25日),通江县档案馆藏县人民政府档案,档案号33/1/26。
③ 刘少奇:《在中央选举工作座谈会上的讲话》(1953年7月28日),载中共中央文献研究室等编:《建国以来刘少奇文稿》(第5册),中央文献出版社2005年版,第238页。
④ 《广纳乡四村是怎样结合改善干群关系进行代表候选人提名的?》(1953年7月26日),通江县档案馆藏县人民政府档案,档案号33/1/26。
⑤ 《普选后的何家乡》,载《通川报》1953年8月25日。
⑥ 《普选是否"大换班",请来问我邹培德》,载《通川报》1953年8月16日。

主任蒲国枢,尽管工作积极性较高,但"由于工作方法不对头,引起了部份群众不满"。村民任绍林说:"蒲国枢是工作同志腰包包裹带来的干部,早该换了。"蒲听到此类传言后,十分着急,"心中郁不过",说:"变了牛,还要遭雷打,我再也不干了。"① 其在工作中态度愈加消极,反而更加促使了双方关系的低落。在白庙乡七村,村主任赵心法喜欢在工作中"给群众扣过大帽子",引起一些村民的不满。② 太平乡五村村主任徐洪为了按期完成公粮任务,"催不起粮,曾捆过人"。他曾以贯彻《婚姻法》为名,将有通奸行为的男女捆绑示众,为此引起了公愤。该乡乡长史朋,强迫命令较为严重,村民反映"史乡长一下村,首先就把我们的魂拍掉,戴上几顶大帽子再说"。③ 通江县此类现象的存在,自然使一些地方干群关系较为紧张。

可见,影响干群关系的主要原因是乡村干部的工作方法存在问题,而不是他们为祸乡里、中饱私囊。当然,需要指出的是,干群关系紧张只是一个面向,在一些地方乡村干部与村民之间的关系仍然较为和谐。在通江县猫南乡二村,村主任彭绍文土改后当上村主任,工作积极负责,在分配土改果实时主动将自己分配到的果实让给困难户,一个烈属没房子住,尽管政府为其发放了优待款,但因人手不足,彭便动员了23个农民去帮忙,进而帮助这个烈属渡过了春荒。在工作中他还能照顾村、组的困难。故在此次普选中得到了选民的一致好评,大家都认为:"彭主任,办事热心负责,认真公道,我们还是选他当代表。"在讨论代表候选人时,选民小组首先通过了他的代表提名,说:"我们还是要选他当代表。"④ 可见,

---

① 《何家乡三村改善了干群关系》,载《通川报》1953年7月28日。
② 《白庙乡第七村解决干群关系几点作法》(1953年8月1日),通江县档案馆藏县人民政府档案,档案号33/1/26。
③ 《通江县一区关于改善干群关系的情况报告》(1953年8月4日),通江县档案馆藏县人民政府档案,档案号33/1/26。
④ 张连国:《我们还是要选他当代表》,载《通川报》1953年8月16日。

在那些干群关系较为和谐的地方，乡村干部顺利当选为代表。

但总体而言，普选前夕不少地方的干群关系仍较为紧张。因此，面对普选的到来，出于对"换干部"或者落选代表的担忧，一些乡村干部持消极态度。按照规定，乡村干部在提名代表候选人中要占相当部分的比例，但他们中的一些人因为干群关系较差，贸然进行选举极有可能落选。这些人是在减租、退押、土改等运动中成长起来的乡村政治人物，所以大都能得到新政权的信任。作为沟通国家与村民的桥梁，乡村干部更是国家政策贯彻到乡村中的关键群体。因此，在已划乡建政的情况下，要顺利实现政权的有效运转，就必须依靠他们来完成。通江县委指出，"要很好的掌握基层选举必须依靠基层干部，通过干部发动群众的原则，绝不能存在干群关系问题时，就不能依靠干部"。① 四川省委亦强调，普选必须依靠乡村干部，因为"普选绝不是少数工作组干部的包办代替就可搞好的"。普选工作队只有着力解决干群关系问题，才能保证普选的顺利进行，使该乡80%以上的主要乡村干部当选。为此，省委要求普选工作队分清责任主体："上边应负的责任由上边来担起来，属于干部本身的错误与缺点可指明道路，教育其主动向群众检讨，以取得群众的谅解。"② 可见，普选工作队的另外一个重要任务就是代表国家对一些乡村中紧张的干群关系进行调解。这种责任主体迁移的方式，在一定程度上能够舒缓部分乡村干部的压力和转移乡村成员发泄怨气的目标，进而缓和渐趋紧张的干群关系，保证绝大多数乡村干部候选人当选为代表。

二、干群矛盾的调解

普选前夕的乡村干部，大都是经历征粮、减租、退押、土改等

---

① 《怎样进行代表候选人的提名工作》（1953年7月24日），通江县档案馆藏县人民政府档案，档案号33/1/27。

② 《四川省选委会党组关于专员会议讨论与布置基层普选工作情况的报告》（1953年6月），载西南局编：《西南工作》1953年第175期。

运动后保留或成长起来的贫雇农,他们是工作队开展工作的主要依靠力量并成为工作队撤离后乡村政权的执掌者。因此,除少数人沦落为倚仗权势欺压良善、中饱私囊的"坏干部"外,新政权在总体上对他们是持信任态度的。早在1951年初,《川北日报》发表的一篇社论即指出,乡村干部在政府与民众间"起着桥梁作用"并成为"群众的领袖",但因为"他们思想上并不成熟,政策上还很幼稚,很容易沾染腐朽的思想意识与不良的工作作风,经不起外界的诱惑,经不起严重的考验",且"又有农民阶级本身所带来的狭隘、保守、散漫、自私等天然弱点",进而提出"必须深刻教育这一批可爱而脆弱的乡村干部"这一问题。① 达县地委也指出,乡村干部是"我们祖国和人民的最大的最珍贵的财富,也是我们今后巩固与建设新川北的雄伟力量"。② 可见,各级党政领导机构对乡村干部群体的重要性有着明确认识。

对于现有乡村干部,中共中央亦有一个基本认定,即"乡村干部绝大多数是好的",且"在这次选举中不应该把他们大部选掉"。尽管"违法乱纪的事情在许多乡村是相当普遍地存在着",但涉及乡村干部不多,"一个乡里有一两个就不得了,三个、五个就更为严重",对于那些民愤较大的乡村干部,"必须充分发扬民主、发动群众,选掉一部分",而其他错误不严重的,"给以批评之后再选举他们,此外,再奖励一部分,使原有乡村干部大多数当选,选举就算成功"。③ 中共中央要求,各地"不能作为任务去布置",而是要

---

① 川北日报社论:《来自人民、永远与人民血肉相连——把这条道理反复深刻地教育广大乡村干部》(1951年1月17日),载第四工作团研究组编印:《通南巴土改通讯》1951年第16期。

② 《认真学习"乡村干部十大守则",更好地委人民办好事!》,载《通川报》1951年11月10日。

③ 刘少奇:《在中央选举工作座谈会上的讲话》(1953年7月28日),载中共中央文献研究室等编:《建国以来刘少奇文稿》(第5册),中央文献出版社2008年版,第238页。

使选民自愿选举他们为代表。① 但是，要使一些民怨较大的乡村干部顺利当选，在实际操作中却并非易事。

为了避免重蹈老区当年整党时将原来乡村干部一脚踢开（即"搬石头"）的覆辙，新区在执行减租、退押、土改的时候，特别强调依靠现有乡村干部来开展工作。在此次普选中同样如此，西南选举委员会在一个内部文件中，批评了四川一些试点乡出现工作队"撇开乡、村干部去动员群众"的错误做法，强调要依靠"原有干部和组织"并"从检查领导生产入手，来解决干部和群众关系，充分发动群众积极参加普选"。② 四川省委也指出，"普选绝不是少数工作组干部的包办代替就可搞好的，必须充分发动与依靠现有干部力量才能完成"。③ 但此次普选，实际上是对乡村干部进行一次"群众式审查"，对那些为非作歹、民愤较大的乡村干部进行淘汰（尽管数量很少），进而缓和一些地方（趋于）紧张的干群矛盾。此外，四川省委承认："农村干部中存在着的强迫命令与少数违法乱纪现象确实是严重的"，这种现象若不改进，"将会继续严重地损害党与人民政府在群众中的威信，并影响农业生产及各种政策法令的贯彻"。④ 可见，改进一些乡村干部的工作弊病，也需要借助普选来加以解决。

然而，普选前夕不少乡村干部仍存在明显的焦灼情绪。这种情

---

① 《中共中央批转孙志远关于选举工作座谈会的综合报告》（1953年8月21日），载中央档案馆等编：《中共中央文件选集（1949年10月至1966年5月）》（第13册），人民出版社2013年版，第214页。

② 《四川省普选试点工作取得发动群众的初步经验》（1952年6月26日），载西南局农村工作委员会办公室编：《农村工作通报》1953年第23期。

③ 《四川省选委会党组关于专员会议讨论与布置基层普选工作情况的报告》（1953年6月），载西南局编：《西南工作》1953年第175期。

④ 《四川省委关于训练农村干部与普选工作干部的指示》（1953年6月14日），载中共四川省委组织部办公室编：《组织工作文件汇编　干部工作部分　一九五三年》，1959年自版发行，第146页。

绪来自他们担任干部以来，因执行上级政策而与乡邻产生的抵牾。① 简而言之，紧张的干群关系使他们中不少人难以在普选中过关，即顺利当选为代表。这种焦灼情绪，更是因为对普选的错误认知（即普选就是选干部）在乡间传播而进一步强化。相反，那些原本对某些乡村干部抱有怨怼的选民，更是在普选前夕摩拳擦掌，准备借机公报私仇。在通江县白庙乡七村，村主任赵心法工作方式简单粗暴，得罪了不少选民，因此在普选之初不少干部民众以为普选又是一轮干部斗争与清洗，故后者就存在"把有毛病的干部（弄）来斗一伙（方言，即次）"的想法。② 那么，对待这些犯错误的乡村干部，在普选中究竟应该如何能顺利当选？

前文已经提及，除极少数民愤较大的乡村干部应清洗外，中共中央对他们中的绝大多数人还是持信任态度的。对此，四川省政府党组指出，对待乡村干部的工作失误，除"极少数严重违法乱纪分子"以及"少数有严重错误为群众多极不满意的分子"需要在选举中应予剔除外，其余都应该采取检查工作，"以批评与自我批评的方法，肯定成绩，分清责任，表扬好的，批评坏的，以达到教育提高干部、改进工作作风的目的"。具体说来，就是在乡村干部大会上进行"批评与自我批评"，并"禁止开斗争会及乱捕现象发生"。③ 在此后四川省政府召开的专员会议上，再次强调普选中"（乡村）干部如有错误，绝不采取群众斗争的方式"。④ 从这类材料可以看出，新政权不准备采取召开类似华北老区当年的斗争大会

---

① 在此后的试选指示中，四川省再次要求各地在解决干群关系时，不必提出"新三反"的口号，以免"引起干部恐慌，影响不利"。参见《省委关于基层试选工作的指示》（1953年5月13日），达州市档案馆藏达州地委办公室档案，档案号19/1/103。
② 《白庙乡第七村解决干群关系几点作法》（1953年8月1日），通江县档案馆藏县人民政府档案，档案号33/1/26。
③ 《（中共四川省政府党组）关于进行基层选举工作的意见》（1953年4月10日），达州市档案馆藏达州地委办公室档案，档案号19/1/102。
④ 《四川省选委会党组关于专员会议讨论与布置基层普选工作情况的报告》（1953年6月），载西南局编：《西南工作》1953年第175期。

第六章　普选建政：乡村干部的民主实践

等方式来处理干部的工作失误，而是竭力调解乡村干部与村民之间的紧张关系。

在基层选举中，普选工作队是以上级代表的身份来到乡村，他们代表着国家，调解紧张的干群关系也是工作队的主要职责，以便使乡村干部中的代表候选人顺利当选，同时帮助干部改进原有的工作方式方法。可见，工作队在普选中扮演的角色，就是国家调解人。那么，这种调解究竟是如何操作的呢？对此，西南局有着明确的意见。针对乡村干部工作态度、方式方法不当引起干群关系紧张的问题，西南局承认乡村干部中"命令主义违法乱纪现象是十分严重的"，但要求对其根源以"全面冷静地加以分析，应该分清性质、是非"并对此进行了详细解释：

> 三年来，我们基本上完成了农村中一系列社会改革任务和国家交付给我们的许多财政经济以及其他许许多多的任务。这些十分繁重任务的完成，没有一批基层干部的努力是不能理解的，有些干部为了完成这些任务曾付出了较大的代价，有的甚至光荣的献出了自己的生命，这说明他们的功绩是大的，是我们巩固农村阵地最可贵的资本，但是由于任务是那样繁重，他们的水平又是那样的低，加上领导上严重的官僚主义、主观主义和分割现象的存在，在这种情况下，谁能保证他们完全不脱离群众和不犯错误呢？所以过去许多农村紧张形势的现象，不应该完全由他们负主要责任，这点应给干部和群众交代清楚，因而我们决定在进行这一方面的教育时，该上边负担的连我们在内的各级领导都应该把他们担起来，只有采用这种实事求是的精神处理问题，才能弥补过去的损失，才能使下面干部心悦诚服，对他们才有实际的教育意义，也才能做到在进

行自我批评之后保证百分之八十以上的基层干部继续当选。①

可见，与中共中央类似，西南局对现有乡村干部为新政权作出了巨大贡献表示充分肯定，认为乡村干部工作方式不当导致干群关系紧张，主要原因不在他们本身，而在于自身水平较低、上级的"官僚主义、主观主义"。因此，西南局提出了协调干群关系的基本思路：上级担责。言即，普选工作队在解决干群矛盾时，应将前者工作方式、方法不当归因于上级，而不是乡村干部本身。平心而论，西南局这一判断是符合事实的。当时因为乡村政权内部组织不完善，机构重叠繁多，以致农村"五多"现象极为突出，各种任务指标、表格填写、统计数字上报等都使乡村干部疲于奔命，严重耽误自家生产，引发家庭矛盾。他们在这种情况下，极有可能将这种消极情绪带到乡村工作中去，产生强迫命令的现象。因此，普选工作队下乡后首先需要解决乡村干部的消极情绪，帮助他们顺利"过关"。根据普选的试点经验，调解干群矛盾首先需要工作队出面解决乡村干部存在的思想包袱，即"肯定成绩，分清是非，分清责任，适当表扬"，然后在乡以上领导层面率先检讨，"承担应该承担的责任"并"体贴和照顾他们的困难"，最后开展"民主作风与批评自我批评的教育"，使乡村干部解除顾虑，"打下自觉主动总结工作，检讨缺点的基础，坚定其继续为人民服务的决心，积极参加普选"。②

为此，四川省选举委员会也指出，乡村干部中存在的强迫命令现象，是上级领导机关和干部中存在的"官僚主义、主观主义，不

---

① 《西南局对四川省委关于基层选举工作指示的批示》（1953年5月24日），达州市档案馆藏达县地委办公室档案，档案号19/1/110。
② 《四川长寿县葛兰乡普选试验工作总结》（1953年6月），载西南局农村工作委员会办公室编：《农村工作通报》1953年第29期。

了解下情，不根据干部水平和群众觉悟程度，而过多过急的布置任务，但又很少交代政策和完成任务的具体作法等造成的"，因此在调解干群关系时，"要求上级领导机关和干部必须主动的把责任负起来，要很好地向干部与群众揭示清楚，而不应将上面应负的责任，也推到农村干部身上去"。① 如此一来，乡村干部自身应负的责任就大为减轻，自然较容易取得选民的谅解。

　　根据中共中央与四川省委的相关指示精神，1953年7月20日，通江县选举委员会发出指示，要求做好普选宣传工作，特别提及解决紧张的干群关系，主要方式是"教育群众以此批评与自我批评的方法"，解除乡村干部与民众之间的心理隔阂，"帮助有缺点的干部认识缺点"，并认为只要"干部能真心检讨，改正错误，仍可选他当代表"。② 同时，对于这些在工作中存在失误的乡村干部，工作队应帮助其分析原因，比如"工作方法不对头（方言，即正确）"等。③ 根据通江县第一期普选的总结，各乡改善干群关系的基本步骤是召开乡的扩大代表会议，首先是由乡领导总结生产，分清责任并"带头进行检讨"，同时"问题属于上级者，由工作组担当起代表检讨"，④ 减轻了乡村干部自身的压力，为缓解干群关系准备了前提条件。在何家乡进行普选试点后，该乡11个村，乡、村、组主要干部159人，有强迫命令、存在小贪污，"群众有些意见者（但不大）"即为120人，占该乡干部总数的75%；而"品质恶劣，强迫命令严重，以致违法乱纪，群众相当不满者"为5人。为了改善该乡干群关系，工作组的做法就是对双方进行思想教育，

---

　　① 《四川省选举委员会关于基层选举工作的补充指示》，载《通川报》1953年7月16日。
　　② 《通江县选举委员会指示》（1953年7月20日），通江县档案馆藏县人民政府档案，档案号33/1/27。
　　③ 《乡、村干部怎样参加普选运动?》，载《通川报》1953年6月28日。
　　④ 《通江县第一期普选工作总结报告》（1953年8月29日），通江县档案馆藏县人民政府档案，档案号33/1/27。

"使干部提高思想认识缺点,使群众体贴干部三头受气的困难",然后召开代表会,"凡问题属于上级领导者,先由(普选)工作组长担当起来带头检讨",最后乡村干部进行检讨,便于他们取得村民的谅解。①

除了责任转移的方式,工作队还进一步沟通了乡村干部与村民之间的隔阂,使双方对彼此有了更为深刻的认识。1953年7月20日,通江县选举委员会发出指示,要求各地在解决干群关系时,注意采取措施消除乡村干部和村民之间的隔阂,即以"批评与自我批评的方法"去帮助那些工作上有缺点的干部。② 在做好干部思想工作之余,县委要求,工作组干部应"积极向群众宣传干部工作成绩,和三头受气的苦处",同时"进行一家人教育"。③ 实际上,普选之初很多村民并不愿大胆提意见,主要是"怕脱产干部走后,村干报复",有的人说:"交往一人难上难,得罪一人一句话""过去的就算了吧。"在工作队的鼓励下,他们才主动提出自己对该地乡村干部的意见,实现了双方的沟通。④ 这种双方互谅的方式,缓和了一些地方原本趋于紧张的干群矛盾。

在何家乡三村,村主任蒲国枢因工作任务重,急于求成,时常出现强迫命令的工作方式,村民对他意见很大。普选工作组在了解情况后,首先找对蒲意见不大的任绍国等人闲谈,对他们进行"团结教育",说明"阶级弟兄必须要搞好团结,才能共同办好翻身大事。相反,就会影响团结,给工作带来困难"。任绍国想通了后,

---

① 《通江县何家乡普选试点工作总结报告》(1953年7月11日),通江县档案馆藏县人民政府档案,档案号33/1/27。
② 《通江县选举委员会指示》(1953年7月20日),通江县档案馆藏县人民政府档案,档案号33/1/27。
③ 《关于第二、三步工作初步意见》(1953年7月16日),通江县档案馆藏县人民政府档案,档案号33/1/27。
④ 《达县专署关于选举试点工作总结会议上检讨的几个问题的意见》(1953年7月11日),达州市档案馆藏达县地委办公室档案,档案号19/1/110。

说："蒲国枢给大家办事，本来积极，大公无私，工作上有点小毛病，以后改得脱（方言，即掉），我们还是要他当村主任，不当不得行。"在任的带动下，村民纷纷给他提意见，任绍成说："今后我要正确地给他意见，跟他洗个脸，以后他才能更好地给我们办事。"在当晚的选民小组会议上，他们两人首先发言表态。而对蒲最有意见的任绍银等人，"仔细一想，道理很对，各自也想通了"，大家都觉得蒲能吃苦、办事公道，要是选别人，还不及他，最后一致表示选蒲为代表。在对村民做工作的同时，工作组找到蒲本人，与他谈心，"说明大多数群众对他都满意；少数人不满意，是工作方法有毛病"，只要改进后，就一定能干得更好。蒲想："不能光怪群众，自己工作上还是有不少毛病，今后只要改进工作方法，一定能把工作搞得更好。"① 可见，在工作队的调解下，该村原本趋于紧张的干群关系得到了有效缓解。

在选举结果方面，1953 年 9 月 5 日，中央选举委员会主任邓小平向中共中央报告，根据试点统计，全国原有乡村干部当选为代表的比例在 81% 以上。② 这个数字与四川省第一期普选结果大致相当。据统计，在四川第一期普选中，原有乡村干部（正副乡长、乡政府委员和村代表主任）当选为代表数占干部总数的 81% 左右，占整个代表数的 80% 左右，"使其继续掌握农村政权"。③ 在通江县，第一期普选的乡、村、组干部共 525 人，其中 386 名干部被选为代表，占干部总数的 74%。④ 17 个乡，共 115 个村，若按照每乡正副

---

① 《何家乡三村改善了干群关系》，载《通川报》1953 年 7 月 28 日。
② 邓小平：《关于选举试点工作的报告》（1953 年 9 月 5 日），载中共中央文献研究室编：《邓小平文集（一九四九——一九七四）》（中卷），人民出版社 2014 年版，第 123 页。
③ 《四川省委关于训练农村干部与普选工作干部的指示》（1953 年 6 月 14 日），载中共四川省委组织部办公室编：《组织工作文件汇编 干部工作部分 一九五三年》，1959 年自版发行，第 148 页。
④ 《通江县第一期普选工作总结报告》（1953 年 8 月 29 日），通江县档案馆藏县人民政府档案，档案号 33/1/27。

乡长和政府委员 10 人推算，加上 115 个代表主任，共计 285 人，但此次被选为代表的干部为 386 人，大大超出了西南局对于乡村主要干部80%以上当选的预期（135%）。在试点乡——何家乡，该乡有 11 个村，乡村主要干部大约为 21 人，但最后却选出了 32 名干部担任代表，① 达到了152%，远超西南局（80%）的规定。可见，除了西南局规定的"主要乡村干部"当选为代表，不少小组长亦当选为代表。这直接说明了中共中央与西南局选举意图最终得到了实现，使乡村干部当选为代表的比例呈现越向基层就越高的现象。

在普选工作队的主持下，时任乡村中原本干群关系较为紧张的地区，乡村干部与选民基本实现了"互谅"，至少对彼此进行了一次了解。在这个过程中，工作队主要是通过两种方式展开工作：一方面，工作队出面代表上级担责，将乡村干部一些工作失误的责任进行分担；另一方面，工作队通过启发教育干群双方，以"批评与自我批评"的手段，二者思想上趋于一致。干群矛盾的缓解，自然为他们中的大多数人顺利当选为代表奠定了基础。特别是在乡村干部方面，此次普选对他们工作作风的改进有了很大帮助。正如《通川报》所指出："通过普选，教育干部，改进工作，进一步密切了干部和群众的关系，就再不会有'几头受气'的现象了。"② 在干部改进工作作风、选民理解兼谅解的情况下，前者中的一些人顺利当选为代表自然就较易实现了。

由于代表人数有限，不大可能所有乡村干部最后都能提名或当选为乡人代会代表。对此，中共中央已有预见："个别组织不纯的落后乡相当大的一部分干部被选掉，这是合理的、需要的，也正是

---

① 《通江县何家乡普选试点工作总结报告》（1953 年 7 月 11 日），通江县档案馆藏县人民政府档案，档案号 33/1/27。
② 《乡村干部怎样参加普选运动》，载《通川报》1953 年 6 月 28 日。

我们发扬民主的目的之一。"① 就普选本身来说，确实如此，因为不可能所有干部都能当选为代表。但这种落选，却在一定程度上打击了这些干部的威信与工作积极性。为了安定这些乡村干部的情绪，通江县委特地发出指示，那些"没有提为候选人和选为代表的干部"，应该安抚其情绪，向其解释"选代表不是等于选干部"，因为代表人数有限，所以不可能所有干部都当选，而没有担任代表的那些原任干部"还可继续当干部"。② 既然县委提出了这个问题，可见当时乡村干部对于提名或当选为代表的重视。因为，若未能提名或当选，不少干群就会有"普选就是选干部"的认识偏差，这势必对其在乡村中的威信造成消极影响。

以上内容主要考察了在国家调解下干群矛盾的缓解过程，从工作队出面担责，到协调沟通干群双方，取得彼此谅解，进而为原本民怨较大的乡村干部顺利当选为代表打下基础。但在这个调解过程中，这些乡村干部的态度是问题的关键。接下来，笔者需要对他们在调解过程中的具体表现做一"深描"，藉此来展现普选过程中的复杂与微观面相，使国家、乡村干部与选民之间的三方互动更为立体化。

三、违纪干部检讨及其处理

为了保证乡村干部中的候选人顺利当选为代表，中共中央有明确的思路，那就是"不能作为任务去布置"，而是在选举之前由县上出面召集乡村干部训练，然后让他们"回到群众中去检讨"，同时工作队再出面做些解释，"担负自己应负的责任"，这样使村民再

---

① 《中共中央批转孙志远关于选举工作座谈会的综合报告》（1953年8月21日），载中央档案馆等编：《中共中央文件选集（1949年10月至1966年5月）》（第13册），人民出版社2013年版，第214页。

② 《关于第二、三步工作初步意见》（1953年7月16日），通江县档案馆藏县人民政府档案，档案号33/1/27。

选举他们,"这种办法是可行的"。① 按照中共中央的办法,乡村干部需要面对全体村民进行检讨,但这种做法极易形成斗争会,特别是对于那些干群矛盾较大的乡村,甚至会引发村民针对乡村干部的集体暴力事件。例如据达县专署总结第一期普选经验,在某些县份工作队下乡后,组织乡村干部公开检讨,检讨后民众一个接一个站起来,质问:"允不允许提意见?"② 会场气氛十分紧张。因此,为了避免成为"斗争会",四川省选举委员会明确指出,"干部如有错误,绝不采取群众斗争的方式"。为此,四川省政府党组制订了检讨的基本流程,即在发动乡村干部检讨之前,"首先由县委带头进行讨论,充分发扬民主",然后"逐渐领导区、乡干部进行自我检讨",③ 这种领导带头检讨的方式,分担了乡村干部的压力,使他们主动检讨自己在工作中的失误。但在乡村干部在检讨之时,不能要求"过多、过高,企图把一切问题通过这次选举来完全求得解决",且必须有领导、有秩序地进行。具体流程是:首先由上而下召开乡村干部会,帮助他们打通思想,然后由乡村干部主动在"(乡村)代表会及代表小组与积极分子会"上检讨。④

简而言之,在乡村干部检讨时"不宜直接与广大群众见面,一般可采取先在代表会及村的积极分子会上进行检讨,然后再由代表与积极分子向群众传达的方式为好"。可见,在制度设计中,乡村干部是在全村代表会议等场合进行检讨,而并非全体村民大会,以规避可能出现的集体斗争风险,最大程度维护他们在乡村中的威

---

① 《中共中央批转孙志远关于选举工作座谈会的综合报告》(1953年8月21日),载中央档案馆等编:《中共中央文件选集(1949年10月至1966年5月)》(第13册),人民出版社2013年版,第214页。

② 《达县专署关于选举试点工作总结会议上检讨的几个问题的意见》(1953年7月11日),达州市档案馆藏达县地委办公室档案,档案号19/1/110。

③ 《四川省选委会党组关于专员会议讨论与布置基层普选工作情况的报告》(1953年6月),载西南局编:《西南工作》1953年第175期。

④ 《四川省选举委员会关于基层选举工作的补充指示》,载《通川报》1952年7月16日。

第六章　普选建政：乡村干部的民主实践

信。为了防止牵涉面过大，四川省选举委员会要求乡村干部在检讨时，"只限于现有在职干部目前所存在着的脱离群众的问题"，而涉及土改前的问题，"原则上应尽量避免牵连"，凡是民众没有提出的问题，工作队不要主动去碰，"凡多数群众已基本上满意而不应继续深追的问题，即不必深追；凡与普选无关可不牵涉的问题，即可尽量不牵涉"。① 在通江县，县选举委员会亦作出了类似的规定。② 通过梳理中共中央、四川省委、通江县委对于乡村干部检讨的政策规定可知，新政权对于乡村干部总体上是信任的，力图将这种检讨约束在既定框架之内，避免了老区当年"搬石头"——针对乡村干部的群体暴力事件重演。

作为经历土改（包括减租、退押）运动后成长起来的乡村干部，尽管没有被直接卷入紧随其后的"三反"运动，但他们也对那种"面对面"检举揭发与群众大会斗争造成的压力与恐慌心存余悸。普选前夕乡间流传的"换干部"说法，以及现如今普选工作队的到来，都使"个别犯错误的干部及其家属怕遭斗争"。工作队动员村干部主动检讨之初，由于方式不当，在有的乡，工作队抵达伊始就搜集"乡长过去当土匪材料（无此事）"，连续进行了三天，以致使乡长思想包袱很重，"两天未吃饭"；一些地方采取大会检讨，"几乎形成斗争"。在这种方式之下，气氛十分紧张，不少乡村干部对此持抵触心理。比如有的村干部扬言："老子还检讨，群众还未向老子检讨呢"，觉得自己"三头受气"。那些有过贪污、违法乱纪行为的村干部则称："人是一个，命是一条，敲沙罐（方言，

---

① 《四川省选委会党组关于专员会议讨论与布置基层普选工作情况的报告》（1953年6月），载西南局编：《西南工作》1953年第175期。

② 例如通江县选举委员会要求，针对那些在普选前被清洗或者在土改后建政时落选的干部，其"错误可作处理或未作处理者，一律不告不理"，若遇民众检举，普选工作队则"应说服群众不予追究"，以免"引起不必要的混乱"。参见《通江县选举委员会对普选地区解决干部关系应注意的几个问题》（1953年7月25日），通江县档案馆藏县人民政府档案，档案号33/1/26。

即杀头）也要得。"①

通江县普选之初，一些乡村干部由于担心被斗争，且认为自己"吃自己的饭，办大家的事"以致"三头受气"，还要向村民检讨，感到十分委屈，自然对检讨持抵触情绪。在通江县石庙乡，乡扩大干部会上即出现乡村干部"宁愿撤职，不愿检讨"的现象。例如该乡妇女主任郭其秀在工作中存在失误，且又不愿意与其他乡干部联系，与会者批评她"假积极"。当工作组建议她主动检讨时，她竟称："放屁，斗争没来头（方言，没关系），我宁愿被斗，只要把工作搞脱，不愿检讨。"另外一些干部认为"检讨是耻辱，不划算"，四村干部伍明显说："吃了自己的饭，搞了工作就算了，今天向群众检讨，我真想不过""怕把缺点搞出来羞人"等。特别是那些有过贪污行为的干部，由于担心被斗争，更是对检讨持消极态度。较之城市中的"原子化"居住模式，乡村主要呈现网络状分布格局，乡村成员之间的熟悉与了解程度较之城市居民大为不同。也就是说，乡村成员是居住在一个熟人社会中。作为在土改后成长起来的"小领袖"，要让他们公开检讨自己的错误，无疑将有损其颜面与威信。在这种情形下，与职位相比，"面子"往往显得更为重要。这也就是他们不愿检讨的一个原因。

针对这种情况，工作组长召集全体村组干部会，首先肯定他们的工作成绩，代表乡政府承担"上级的官僚主义"导致乡村干部任务过重的责任，将上级的责任担起来，而"该由干部本身负责的，说明干部政策，主要是以教育为主，并保证不斗，从思想上予以启发教育"。在工作队的担责与保证下，原本对检讨持抵触情绪的乡村干部打消顾虑，开始反思自己并主动在干部会上检讨。该乡乡长率先检讨，他说："毛主席的政策很好，我们的缺点不少，如果今天不纠正转来，工作咋块（方言，怎么）搞得好。"乡长表态后，

---

① 《达县专署关于选举试点工作总结会议上检讨的几个问题的意见》（1953 年 7 月 11 日），达州市档案馆藏达县地委办公室档案，档案号 19/1/110。

第六章 普选建政：乡村干部的民主实践

迅速带动其他人检讨，这些干部在检讨自己的错误后，思想包袱放下了，说："我这一下把包袱松了，人都要轻快些。"三村村长付元吉因过去存在一些贪污事实，起初很怕检讨，这次也在小组会上检讨，坦白自己在土改时候贪污了斗争果实，"又多砍了三根柏树"，他检讨道，"我今后要积极努力，虚心改进自己的工作。决不换班松劲。"① 这种"批评与自我批评"式的自我检讨，一方面承接马克思主义政党组织生活的基本模式，另一方面也与中国传统儒家学说中的克己、修身等"向内里用力"的学说相契合。总之，乡村干部在经过检讨后，大都顺利过关，除极少部分外，大都当选为乡人大代表。接下来，笔者将以通江县何家乡七村村长邹培德为例，说明这种检讨方式在缓和干群关系中的重要功效。

村长邹培德是在土改后被提拔起来的，他在担任村长后，"工作中办法少，有时发发态度，工作就干走了。以后觉得这个办法对，就时常发态度，群众有意见不敢提"，导致该村干群关系较差。1953年5月，通江县将该乡作为普选的试点乡，普选工作队到该村后，一些村民给工作队反映邹时常"发态度"，这让他误以为"普选就是撤换干部斗争干部"，心中十分愤懑："变了牛还要遭雷打!"于是，他便递交辞职申请，要求回家。工作组了解到他的思想情况后，工作组长邓伯仲主动找他谈心，并以自己当区长时不接受意见脱离群众的例子启发他，邹想："国民党时期我家四弟兄，伪保长邹琳德拉了我家五回壮丁，耕牛母猪卖尽，有吃没穿的，今天我当了村主任就松劲，咋对得起毛主席啊!"同时，邓仔细向他分析了强迫命令对工作产生的危害，并鼓励他大胆检讨自己。于是邹向各组组长带口信："我工作态度不好，希望大家提意见。"

在全村代表会议上，邹主动在全村代表会议上检讨自己工作中

---

① 《石庙乡的扩大干部会议是怎样开的》（1953年7月2日），通江县档案馆藏县人民政府档案，档案号33/1/27。

331

的失误。一些与会者向他提了不少意见，军属邓廷泽甚至直接批评他贪污，他一听"颈项都气胀了"。事后邓伯仲找到他耐心开导："假如你是农民，有事找干部，干部揪眉毛，拍桌子，打板凳的，将心比心，自己也受不了嘛。"经过他的开导，邹想通后决定继续检讨。最后他的诚意打动了大家，农民何显富说："邹村长工作积极只是态度不好，今后改了就对了。"其他人也说，"只要你态度好了我们还是选你（当代表）"。为此，邹培德心情十分激动："我工作几年没人提意见，脸脏了不洗，花野猫子实在不好看，今天群众给我照了镜子，知道自己毛病在那里了，想起来毛主席的办法多好哇！"因为邹顺利通过了群众关，在正式选举那天，全村"锣鼓喧天，就像办喜事一样"，全村选民为448人，来了431人，村民刘传武93岁高龄的祖母、80岁的村民何明行拄着拐杖都前来投票。选举结果，邹顺利地当选为代表。他在当选为代表后感慨到：

> （我）工作更起劲了，有事和大家商量。头回开小组长会议我表示一定要向大家学习，又把上面要的五种表如小春收获表、大春播种面积与预计收获表等，和大家也讲了，再拿下去，大家很满意，五天就填完了。过去强迫命令哪里得行啰！各组干部说邹村长对了，他们工作也积极了；群众也说我转变了，地主也不敢乱说了。今后我一定努力为人民办好事，争取入党。①

可见，干部检讨这种形式有效缓解了紧张的干群矛盾。正如四川省委指出的："经验证明，凡是这样做了，多数群众是会满意的，

---

① 《普选是否"大换班"，请来问我邹培德》，载《通川报》1953年8月16日。

第六章 普选建政：乡村干部的民主实践

而代表也才能真正选好。"① 达县专区第一期普选结束后，专署召开由各县负责人参加的经验总结会，会议总结了缓和干群矛盾的基本做法："从党内到党外，积极教育提高，召开乡村代表会议，从总结生产入手，肯定成绩，表扬好的批评坏的，教育启发党团员干部自觉的有重点主动检讨，会后由代表向群众传达讨论，发扬民主，群众提出意见。"同时，达县专署还指示各县："做好乡村干部的思想教育，争取主动检讨（在代表会上检讨）是搞好干群关系的关键。"② 可见，干部检讨是保证基层选举顺利实施的重要环节。

尽管在基层选举中，乡村主要干部（包括一些小组长）基本都顺利当选为代表，但仍然有一些干部落选。这一现象固是限制乡村干部占整个代表数的比例使然，但不排除仍然有一些人落选的可能性。尽管在普选中被淘汰出局的乡村干部人数有限，但仍然是针对他们的一次组织整顿。在这个过程中，涌现的积极分子很快补位，替代了被淘汰出局的原有乡村干部。据中共中央对选举试点的总结，那些没当选的干部中"有相当一部分是老实人，没有能力办事，为新的积极分子所替代"。③ 达县专区第一期普选结果表明，除了大多数乡村干部当选，"同时也增加了一些新生力量"。④ 从这个意义上讲，普选实际上成为乡村干部一次新的轮替。

根据班尼·戈登对 1949 年后中共领导下群众运动的总体性观察，他认为，由于一项群众运动会持续相对长的一个时期，因此往往会出现几个运动重叠进行的现象。"倘若各个运动目标之间存在

---

① 《四川省选举委员会关于基层选举工作的补充指示》，载《通川报》1952 年 7 月 16 日。

② 《达县专署关于选举试点工作总结会议上检讨的几个问题的意见》（1953 年 7 月 11 日），达州市档案馆藏达县地委办公室档案，档案号 19/1/110。

③ 邓小平：《关于选举试点工作的报告》（1953 年 9 月 5 日），载中共中央文献研究室编：《邓小平文集（一九四九——一九七四）》（中卷），人民出版社 2014 年版，第 125 页。

④ 《我区第一期基层选举基本结束》，载《通川报》1953 年 9 月 10 日。

互补性的话，它们就极易自动合并进行。"① 在本案例中，普选尽管只是一次对出席乡人代会代表的选举行为，但在这个过程中暴露出乡村中紧张的干群关系问题，使新政权决定同时展开一次针对乡村干部的教育与整理。为了借此整顿乡村干部队伍，1953 年 3 月 8 日，邓小平在中央选举委员会第一次会议上指出，此次基层选举实现的目标之一就是结合"新三反"，② 将农村中那些"坏分子、违法乱纪份子"和犯有严重的命令主义错误而为人民群众所极不满意的分子，从各种基层组织的工作岗位上剔除出去，把人民群众所爱戴的联系群众的人选出来"。③ 因此，四川省政府党组在发出关于普选的指示时，明确指出借助此次基层普选，"使所有干部都能在群众的鉴别下受到一次深刻的教育"。④

根据四川省普选试点的结果，省委认为"农村绝大多数的干部基本上是好的，工作是有成绩的"，故"为群众所极不满意必须剔除者，应是极少数"，对待这些人的方式就是"选掉了即可解决问题"，只有个别干部需要向村代表会检讨承认错误，以及给予适当行政处分，而那些"违法乱纪严重，并造成严重恶果"必须法办的数量极少，"不会每乡都有，估计将来一两个区会有个把件"。⑤ 因此四川省委对乡村干部总体上是信任的，明确指出：

---

① Gordon Bennett & *Yundong*：*Mass Campaigns in Chinese Communist Leadership*，University of California Press，1976，p. 39，p. 40.

② "三反"运动结束后，针对各级干部中普遍存在的官僚主义、命令主义和违法乱纪问题，中共中央于 1953 年初在全国范围内发起了一场整肃运动，该次运动时间持续了将近一年之久。

③ 《做好基层选举工作》（1953 年 3 月 8 日），载中共中央文献研究室编：《邓小平文集（一九四九——一九七四）》（中卷），人民出版社 2014 年版，第 83 页。

④ 《（中共四川省政府党组）关于进行基层选举工作的意见》（1953 年 4 月 10 日），达州市档案馆藏达县地委办公室档案，档案号 19/1/102。

⑤ 《四川省选委会党组关于专员会议讨论与布置基层普选工作情况的报告》（1953 年 6 月），载西南局编：《西南工作》1953 年第 175 期。

有不少地区已经过了初步的民主建政，干部亦已多次改换。因此应肯定农村干部的工作成绩是很大的，绝大多数干部基本上是好的；除少数品质恶劣、违法乱纪的坏分子外，一般农村干部所犯错误，主要是由于干部政治水平太低，工作任务繁重，领导上官僚主义，对工作指导不具体等原因造成的，其错误主要应由领导上负更多的责任，不能完全由他们负责，对他们主要是教育提高问题。

可见，四川省委对于存在强迫命令的乡村干部是持宽容态度的，认为主要原因在上级而不在乡村干部本身。同时，从数量上来看，"思想作风恶劣、犯有较严重错误，或有较严重的违法行为，而为群众所极不满意，需从各种组织岗位上予以剔除者"约占5%，而那种"品质恶劣或充分，历史不纯分子，最坏的"约占3%。因此，基于这种判断，省委提出了处理这些干部的基本思路：除少数"违法乱纪而造成严重恶果者，须坚决依法惩处"外，主要采取以教育为主的方式，"思想从严、组织从宽，过去从宽、今后从严"的精神分别处理。对强迫命令的干部加强思想教育；对那些自私、占便宜、贪污等行为，一般要求予以退还，但若其家庭困难，可在检讨后不予退还。同时，根据不同情况，予以行政处分，即分别情况与情节处理之。①

较之省委，通江县委制订的处理方案更为详细，可操作性亦更强，并将乡村干部中存在的问题分为以下几类。

首先是强迫命令问题。其做法主要是领导分担他们的责任，若造成严重后果，则"酌情予以适当处分"。但是若有些干部"为了贯彻党与人民政府的政策法令，维护国家与人民利益，由于政治水

---

① 《四川省委关于训练农村干部与普选工作干部的指示》（1953年6月14日），载中共四川省委组织部办公室编：《组织工作文件汇编　干部工作部分　一九五三年》，1959年自版发行，第147、150、151页。

平低或不懂工作方法"为强迫命令者,只要其检讨自身错误并加强对其教育,则可以不予处分。

其次是贪污腐化问题。若一些乡村干部"自私自利,在分果实,贷粮贷款,发放救济粮款中占取了群众便宜而为群众不满",且数字不大,家庭生活有困难,一般又能检讨,则不予处分;相反,若个别干部占便宜太多,群众很不满意,其家中生活又较好者,可动员他酌情主动退出一部分,个别干部侵占公私财产,一般均应退还,情节特别严重,可酌情予以适当处分。为此,县委还确定了具体的贪污款项退还数额。

最后是违法乱纪问题。通江县委明确规定,对于那些"利用职权,以各种非法手段随便扣押、吊打、管制,侵犯人权,强奸妇女(不是通奸),阴谋陷害无辜人民,逼死人命,或营私舞币(弊),进行贪污勒索,侵占他人财产"的乡村干部,主要以其造成后果的严重程度予以处理。对于那些造成严重后果,且民愤较大的干部,必须撤职清洗、并移交司法机关处理;而对于那些"情节虽较严重,但民愤不大者",则予以适当行政处分,或者将其从代表候选人名单中剔除。①

例如在第二区,全区乡村干部共 308 人,其中 186 人当选为代表,被安置其他工作以及落选的干部为 116 人,占总数的 38%,而受到行政处分的干部为 6 人,占总数的 1.9%。② 那些落选或者被安置其他工作的乡村干部,他们作为乡村中的权威人物,新政权首先是仍然信任他们,并竭力维护其地位,进而保证乡村的正常秩序。为此,四川省选举委员会要求各地对那些落选或者从干部队伍中剔

---

① 《通江县选举委员会对普选地区解决干部关系应注意的几个问题》(1953 年 7 月 25 日),通江县档案馆藏县人民政府档案,档案号 33/1/26。
② 《通江县第二区普选工作总结》(1953 年 8 月 21 日),通江县档案馆藏县人民政府档案,档案号 33/1/27。

除的人,应"分别情况加以适当教育安置,以减少农村工作阻力"。① 为此,通江县委要求对他们中"可教育可改造者",设法进行"适当安置,以减少农村工作的阻力"。② 可见,这些乡村"小领袖"在当地的影响力,已经不容新政权小觑。

通过考察普选中违纪干部的检讨及其处理,笔者可以得出以下结论:作为实现选举目标的一种手段,违纪干部检讨及其处理实际上演变成为针对乡村干部的"整肃",尽管这种"整肃"力度较之"整党""三反"远为微弱,但从干部整理运动仅是普选运动中的"边际收益"角度考量,新政权仍然达到了一举两得的目的。通过工作队出面担责的这种形式,使这些本土化的乡村干部对国家的依赖性在一定限度上得到了加强。

四、小结

1953 年 9 月 14 日,据新华社报道,西南区各省第一期基层普选基本结束,还特别提及了包括通江县内的"川陕边革命老根据地"选民参加普选的热忱,且他们"一致赞成那些在全国解放前坚持斗争和在全国解放后领导人民翻身的优秀干部当选为人民代表"。③ 根据《选举法》的规定,在各村的人大代表选定后,则以乡为单位召开全乡人民代表大会,选举产生正副乡长和乡政府委员,正式成立乡人民政府。至此,基层选举大体完成。

通江县在各乡人代会相继召开并选举产生乡政府后,又选举代表前往县城参加全县人民代表大会。由于通江地处山区,面积较大,各乡与县城之间距离较远。以铁佛乡为例,该乡到县城之间距

---

① 《四川省选委会党组关于专员会议讨论与布置基层普选工作情况的报告》(1953年6月),载西南局编:《西南工作》1953 年第 175 期。
② 《通江县选举委员会对普选地区解决干部关系应注意的几个问题》(1953 年 7 月 25 日),通江县档案馆藏县人民政府档案,档案号 33/1/26。
③ 《西南各省第一期基层选举已基本结束》(1953 年 9 月 13 日),载新华社编印:《新华社新闻稿》1953 年第 1209 期。

离长达 90 里，乡代表前往县城参加人代会可谓旅途艰辛。据受访者回忆："（从铁佛乡）走到通江县城，脚都要走跛，全靠步行，又不给发盘缠，自己带饭带米。"尽管如此，担任代表仍然"被认为是光荣的"，所以还是会克服困难前往县城参加人代会。① 1954 年 7 月 6 日至 9 日，通江县第一届人民代表大会召开，出席大会的代表共 288 人，大会通过了"拥护《宪法》（草案）的决议"、县选举委员会主席对于基层普选工作的总结，以及大会准备工作的报告，通过了县长席兆义所作的政府工作报告。② 1955 年 9 月 18 日至 21 日，通江县召开一届二次人民代表大会，本次大会除通过了拥护统购统销等决议外，还有一个重要事项就是选举产生了席兆义为县长的县人民委员会（该年起县政府改称县人民委员会），包括县长 1 名，副县长 2 名，人民委员 13 名。③ 至此，通江县首次普选工作圆满结束。

基层普选的结束，标志着中共主导下基层政权建设的完成。无论是划乡建政，还是普选时产生的政府，基本都体现了上级意志。也就是说，在此次普选中，民主仍然具有一定的尺度。但通过选举这种政治参与形式来产生政府，对广大乡村成员来说无疑是破天荒的头一回，从这个角度而言，新政权将乡村选举在民国的基础上向前推进了一步。1953 年 6 月 19 日，邓小平在中央人民政府委员会第三十二次会议上对此次普选的意义作了充分的阐释："这次普选是一个规模巨大的民主运动，它在我国人民政治生活中具有重大的历史意义。全国基层选举的胜利完成，大大推动了我国人民民主制

---

① 笔者对刘坤远的访谈记录，访谈地点：四川省通江县铁佛镇平坝村；访谈时间：2015 年 11 月 4 日。

② 四川省通江县志编纂委员会编：《通江县志》，四川人民出版社 1998 年版，第 541 页。

③ 中共通江县委党史工委办公室编：《通江历史编年纪续编（1953—1988）》，1989 年自版发行，第 14 页。

度的发展,并为县以上各级人民代表大会奠定了基础。"① 但随着集体化程度的加深,特别是在政社合一的人民公社成立后,选举这种政治参与形式也随之偃旗息鼓。但"文化大革命"结束后特别是改革开放以来,村民自治的呼声日渐高涨,民主选举也成为村民政治生活中的重要内容,他们的维权意识更是与日俱增。若要对这种现象追根溯源,不能不提及 1953 年的这次普选。

需要注意的是,笔者考察通江县的普选,其旨趣并非对此次普选的政策制定及基层运作进行专题研究,而是以 20 世纪 50 年代前期基层政权建设中的干部为考察视角,借此分析普选过程中存在的国家、乡村干部及民众三者之间的关系,特别是乡村干部在普选中的思想动态、行为选择乃至人员更替等。本地人出身的乡村干部当选为人大代表,使自身合法性得以进一步增强。但在整个普选过程中,国家在其中扮演着非常重要的角色,通过派出工作队下乡,帮助乡村干部与民众纠正对普选的错误认知,使基层选举得以顺利进行。同时,对一些地方干群关系紧张的现状予以调整,最终实现干部检讨与民众谅解,正如《通川报》所说:"通过普选,教育干部,改进工作,进一步密切了干部和群众的关系",② 进而保证村主任以上乡村干部顺利当选为人大代表。同时,通过对那些民愤较大、违纪严重的乡村干部予以处理,并吸收新的积极分子补位,实现了一次对乡村干部的人事更替。③

在普选过程中,干群关系虽然在国家调解下得到了缓解,但不

---

① 邓小平:《关于基层选举工作完成情况的报告》(1953 年 6 月 19 日),载中共中央文献研究室编:《邓小平传(一九四九——九七六)》(下册),人民出版社 2014 年版,第 938 页。
② 《乡、村干部怎样参加普选运动?》,载《通川报》1953 年 6 月 28 日。
③ 例如,据达县专区第一期基层选举结果表明,"有许多烈军属和苏维埃政权时代的干部,都被选为代表和乡政府委员"。可见,这些苏区时期的乡村政治人物,在此后将成为乡村干部的重要后备力量。参见《我区第一期基层选举基本结束》,载《通川报》1953 年 9 月 10 日。

应该过高估计这种缓解的绩效与持续时间。因为这种缓解是在工作队的主持下实现的，这与他们两者自发沟通后的缓解有着本质的不同。在这个过程中，乡村干部与村民都成为国家权力的附着物，尤其是前者，随着合作化乃至集体化的推进，他们与国家之间的联系更是密不可分，甚至构建了类似"命运共同体"的关系。也就是说，在国家与村民之间，乡村干部更多的是附着在前者身上，而国家权力产生的强大向心力，使村民中积极分子不断涌现，随时等候取代他们的位置。正是这种权力危机感，使原来已经本土化的乡村干部，更多地体现了其国家依附特征。

结　语

大革命失败后，中国共产党发动南昌起义并在南方建立起大大小小的苏区。但第五次反"围剿"的失败，迫使中共中央绕道西南最后抵达陕北，由此完成了由南向北的战略转移。借助抗战后的国共内战，中共得以顺利夺得东北，而后第四野战军入关南下，协同其余四大主力追亡逐北，最终由北向南夺取了全国政权。因地域面积辽阔，直至1949年10月中华人民共和国成立时，这种南下的军事行动仍在继续。在军事上节节胜利的同时，中共组织史上一种特殊的干部群体——"南下干部"也随之出现。当然，"南下干部"现象是历史上所有以南下行军为统一路径的新政权所共有，并非1949年后的中华人民共和国才出现，比如清王朝入关后大量满族人南下任职等。笔者在本书中对"南下干部"的强调，意在凸显20世纪50年代前期中共新区干部群体结构中的多样性特征。

20世纪50年代前期南下干部主导下的新区政权建设，使此时期的基层干部群体呈现地方化的发展趋向，这是与老解放区最大的不同之处。这种干部地方化的特征主要表现在两个方面：南下干部地方化与乡村干部本土化。所谓南下干部地方化，是指南下干部抵达新区后主要担任区级以上党政机关要职，但他们往往面临人地两疏的困境，例如该地与北方迥然相异的自然环境、气候特征、风俗习惯乃至语言文化等,需要他们积极适应与融入地方,进而实现自身的地方化;所谓乡村干部本土化,是指新政权在重组乡村权力结构时,旧有乡村政治人物如保甲长等均将陆续悉数退出历史舞台,而南下干部人数有限,不可能将组织触角延伸到乡、村乃至组一级,而新的乡村干部则需要在贫雇农积极分子中遴选与提拔。与南下干部大都为清一色的外地人不同,这些新的乡村干部基本上是由本地产生,这个过程就体现了乡村干部本土化的趋向。①

基于以上思考,笔者选取川北通江县为个案,将基层干部置于20世纪50年代前期新区政权建设的大背景下考察,观测中央政令是如何逐级贯彻到县域政治之中,并借助干部地方化的概念,探讨此时期新区干部群体的转型特征与发展趋向。接下来,笔者主要从基层干部的地方化与中央化、乡村干部的生成模式以及干部群体的"螺丝钉"特征等三个方面来阐述本书的主旨——"干部地方化"。

第一节 基层干部的地方化与中央化

根据杨奎松的研究,20世纪50年代初新区的县区级以上党政机构主要职务基本为外来干部所担任。②但若将南下干部全部称为北方人,却又有失周延。因为中共中央在南调干部之时,为了充分发挥地缘优势,采取了尽量派遣原籍干部南下接管新区政权的措

---

① 事实上,乡村干部,特别是村一级的干部不可能由外地人担任,这在任何一个时期均是如此,并非20世纪50年代初期所独有。但此时期乡村干部的选拔,皆与担任县区级领导职务的南下干部有着直接的关系。也就是说,体现了南下干部主导下的乡村干部本土化,而且这种趋势凸显了浓厚的阶级性,即以贫雇农为主要对象。这正是此时期的特殊之处。

② 杨奎松统计了1949年至1954年间,在四川的103个县中,由四川省籍干部担任县级党政正职分别为39人、86人,分别占总数的38%、83%。但这些人全部为外来干部。参见杨奎松:《建国初期中共干部任用政策考察——兼谈1950年代反"地方主义"的由来》,载华东师范大学中国当代史研究中心编:《中国当代史研究》(第一辑),九州出版社2009年版,第21页。

施。例如，在通江县的南下干部中，董绍烈、程道远等人均为通江人，他们是在当时苏区时期参加红四方面军北上，然后被派回通江县任职的本地人。所以，在南下干部中还存在相当一部分本地干部。由此可见"南下干部"群体自身的多元特征。

在抵达接管区域之前，南下干部就已经被任命为当地县区级党政机关的主要负责人，而与此相伴随的，就是地下党干部的整体边缘化。为此，中共中央明确要求，所有地委书记、专员、县委书记、县长一律由外来干部担任，而原地下党干部则"须重新调整和分配工作，将他们放到群众斗争中去锻炼提高"。① 值得注意的是，这些县区级干部在经过一段时间的锻炼后，往往会被提拔到更高一级的党政机关中任职，这种晋升形态保证了南下干部对新区政局的持续影响，他们的这种政治绝对优势甚至一直持续到 70 年代后期。② 笔者通过对通江县建政之初的干部职务分配情况分析可知，在该县的 5 名县委委员中，原有的 2 名地下党成员不久前被调离或者清洗出局，至此开始了南下干部掌控通江政治舞台的局面。

本书对南下干部在通江任职的情况分析表明，他们很多人或许是对于饮食气候、人文风俗冲突的难以调适，或许是出于思乡怀旧，对于在通江工作并不满意与甘心。但面对组织上的安排与调遣，他们中的大多数人都做出了服从的行为选择，并陆续尝试融入地方，尽力实现自身的地方化。从这个角度来说，南下干部对于整个新区政权建立和政局迅速稳定的贡献可谓大焉。据笔者在通江县

---

① 《中央转发云南省委关于初步整顿党组织的决定的批语》（1951 年 6 月 1 日），载《建国以来毛泽东文稿》（第 2 册），中央文献出版社 1988 年版，第 346 页。

② 以江西省为例，根据日本学者田原史起的研究，20 世纪 50 年代至 80 年代间，该省县级政权中的南下干部始终占绝对优势，直到 80 年代中期才出现逆转，而他们所独占的县级主要职位，"在经过了 25 年一直到 70 年代后半，终于才逐渐让位给当地出身的年轻世代"。参见［日］田原史起：《新解放区县级政权的形成——南下干部与地方社会之互动分析》，载中国社会科学研究会编：《全球化下的中国与日本——海内外学者的多元思考》，社会科学文献出版社 2003 年版，第 210 页。

为政之要　惟在得人：川北通江县的政权建设研究（1950—1956）

从事口述调查也得知，这些南下干部在通江工作期间，基本都能与底层民众打成一片并得到了本地干部的肯定。以通江县的南下干部张继为例，他出生于山西五寨县一个贫苦农民家庭，1949年随军南下成为首批南下干部，1953年调入通江县，先后担任通江县公安局长、县委副书记兼县长、通江县委书记。对于张继在通江县的工作情况，网络上流传的《通江县志·人物卷》中对他作出了如是评价："张继在通江工作近28年，作为工农干部，文化不高，但识字能力不低，记忆力特别强"，他在"通江为官一方，造福一方，被干部誉为'务实派'"。① 除张继外，据时任铁佛乡副乡长的刘坤远对该区区委书记赵泰（南下干部）的评价是：

> 赵泰能联系群众，给群众办事，那个时候号召互助合作运动，他整天下乡与农民要在一起，摆龙门阵，他很少在区上坐着，只要早饭一吃，就下乡，搞到午饭时就回区里，他下乡与贫下中农交谈，讲怎么办好互助组，你们要入社入股，共产党就是要为贫下中农当家作主，当互助组长。赵泰这个人，老百姓对他评价很高，说调了很多干部到这里，就这个干部联系群众很深刻，不管谁他都聊得到一起。干部对他的看法都很好。②

同时，笔者还在档案馆搜集到了一张由赵泰亲手填写的干部登记表，在"今后工作意见"一栏他写道："没有意见，从于组织决定，从于群众所给工作。"③ 这也从侧面反映了他作为南下干部在

---

① 《通江县志·人物卷》，http：//www.mala.cn/thread-1619412-1-1.html，2021年10月7日访问。
② 笔者对刘坤远的访谈记录，访谈地点：四川省通江县铁佛镇平坝村；访谈时间：2015年11月4日。
③ 《（通江县）党员干部登记表（赵泰）》（1950年4月），达州市档案馆藏达县地委组织部档案，档案号21/1/7。

新区工作的态度。综合起来观之,以张继和赵泰为代表的南下干部,基本都实现了自身的地方化,并在通江的历史上留下了朴实且真实的记录。

从另外一个角度看,南下干部毕竟人数有限,他们只能占据县区级党政机关的关键岗位,在区级以下例如乡、村乃至组一级的岗位则必须由本地人担任。为了稳定局势与汲取社会资源,针对旧有保甲长,新政权采取了暂维现状的政策,但这个过渡时间较短,他们很快就被新的乡村干部取代。例如在苏南区,尽管区乡两级政权"绝大部分为随军南进的外籍干部接管,也有少数地下坚持的同志充任区乡长的",但乡以下却全部是"原封不动"的保甲制度。① 从前文可知,通江县的情况大体类似。在县域政治中,区乡这一层级极为重要,尤其是乡这一级,作为中国基层政权的末梢,在县域政治中处于枢纽地位。因此,在政权鼎革之际,只有从本地迅速培养起一批可靠的乡村干部取代旧乡保甲长,方能有效实现稳定政局与资源汲取的目标。为解决这一问题,中共中央还专门发出指示,要求各地"把群众运动中涌现出来的工农积极分子逐渐培养和提拔成为党的各种工作干部"。② 在县域政权中,这一任务毫无疑问是由南下干部完成的。实际上,发现、选拔、培养乃至淘汰乡村干部的过程,体现了乡村干部本土化特征。在英国学者许慧文归纳的1950—1956年新中国成功实现乡村社会转型的七个胜利因素中,"干部录用"(Cadre Recruitment)就居其一,她认为"直接录用本地人从事乡村工作,而不是通过中央层面的遴选与训练系统来吸纳

---

① 《关于(苏南区)基层政权的改造与建设》(1951年——笔者判定),江苏省档案馆藏苏南区行署档案,档案号7006/1/147。
② 《中央转发云南省委关于初步整顿党组织的决定的批语》(1951年6月1日),载《建国以来毛泽东文稿》(第2册),中央文献出版社1988年版,第346页。

干部,是中共管理策略成功的一个关键原因"。① 因此,培养乡村干部,就是南下干部的主要任务,而发现、培养与提拔乡村干部,就是南下干部主导下的地方化过程。

需要注意的是,尽管南下干部在培养地方干部的过程中体现了自己的地方化趋向,但这种趋向并不能完全涵盖南下干部在培养本地相对高级别干部时的局限。例如1953年底邓子恢在考察了福建的长汀和江西的瑞金、赣州、吉安等老根据地后发现,南下干部"对地方干部培养与提拔做得很不够",如赣州地委所属17个县,没有一个本地干部担任县委委员。吉安12个县,还有3个县委无本地干部参加,大部分县长、县书、区书,仍是南下干部担任,只有少数本地干部担任副县长、区长。为此,中共中央致函各中央局及省市委,明确指出:"在解放后已经四五年,已经过了多次革命运动的今天,仍不坚决贯彻干部地方化方针,不敢大胆提拔本地干部参加党政领导,不重视老根据地老干部在群众中的作用,则是不正确的",进而要求必须提拔本地干部参加县委,并将其中条件适当者提拔为区委书记及县委副书记,同时要求"尽可能挑选、本县、本区干部当县长、区长"。②

通江县的情况与邓子恢的考察结果大体类似,时至1953年底,5名县委委员全部为清一色的南下干部,在县政府方面,县长席兆义为南下干部,副县长杨载光为本地干部(民主人士)。③ 在区委书记人选方面,据1953年3月统计,在7名区(工)委书记中,

---

① Vivienne Shue, *Peasant China in Transition: The Dynamics of Development Toward Socialism*, 1949 – 1956, Berkeley and Los Angeles: University of California, 1980, p. 323-324.

② 《中共中央批转邓子恢关于老根据地干部情况的报告》(1954年1月5日),载中央档案馆等编:《中共中央文件选集(1949年10月至1966年5月)》(第15册),人民出版社2013年版,第12页。

③ 《(通江县)区级以上干部简明登记表》(1953年12月),通江县档案馆藏县委组织部档案,档案号2/1/24。

结 语

通江县本地干部出身的有3名。① 1954年2月16日,达县地委在全区第二次组织工作会议中亦发现,一些县普遍存在的问题是,"重视老干部提拔,忽视新干部的提拔,重视外来干部的提拔,忽视本地干部的提拔"。② 这固然说明南下干部在建政前几年培养县区级以上本地干部中的成效并不明显,但从另外一个角度观之,要在短短两三年内就必须提拔一定数量的本地干部担任县区级干部,甚至进入县委决策层,显然也与干部的成长规律不符,这也是中共中央并未就本地干部的比例作出硬性规定的原因所在。

根据中共中央对于各地(尤其是新区)注意培养县区级本地干部的要求,四川省贯彻得相对较好。据统计,自1953年以来,全省提拔的区级以上干部有5000多人。③ 在这新提拔的5000多人中,区级干部占多数,他们基本是都是从乡级干部中产生。在这些人中,1949年后参加工作被提拔为县级干部的占14%,"区级领导干部职务多数由本地干部充任"。④ 从以上数据可以看出,此时四川对于区级干部的提拔成效较为明显,在对于本地县级干部的培养与提拔则相对缓慢。甚至到了60年代,中组部负责人安子文在一次会议上透露,据统计,全国县以上的干部,仍然"普遍缺乏新的血液",在全国2074名县委书记中,属于1949年10月后参加工作的竟不到2%,在年龄方面,他们大都在40岁以上,35岁以下的不

---

① 《通江县县区级及相当区级干部高小文化程度以下花名册》(1953年3月12日),达州市档案馆藏达县地委组织部档案,档案号21/1/174。
② 《中共达县地委组织部关于召开第二次组织工作会议情况报告》(1954年2月16日),达州市达川区档案馆藏县委组织部档案,档案号17/1/58。
③ 《中共四川省委对省委第二次组织工作会议的文件的批示》(1954年2月14日),载中共四川省委组织部办公室编:《组织工作文件汇编(干部工作部份)1954年》,1959年自版发行,第104页。
④ 《中共四川省委组织部关于干部提拔与培养训练的意见》(1954年8月11日),载中共四川省委组织部办公室编:《组织工作文汇编(干部工作部份)1954年》,1959年自版发行,第135、138页。

到 5%。① 可见，县以上干部的地方化仍然是一个较为漫长的过程。

然而，本书所要强调的"地方化"，并非与中共中央所定义的地方化（即提拔本地干部担任县区级以上干部）完全一致，而是包括南下干部自身融入地方与贫雇农担任乡、村（组）干部的过程两个内容。在这里，我们需要注意的是这些南下干部和新提拔的乡村干部是否成为杜赞奇笔下的"保护性经纪"，即地方利益的维护者？② 斯蒂文指出，"基层干部在村里是国家的代理人，有责任执行中央的政策，但他们处在来自本社区的持续不断的压力之下，也会用尽量少损害本地利益的方式来解释和实施中央政策"，③ 高铮通过对南下干部在杭州的执政情况研究也证明了这一点。④ 但我们不应该对他们成为地方"保护型经纪"的可能性做出过高的估计。

毋庸置疑，基层干部在整个科层体系中所处的位置，决定了他们来自乡土社会，从这个意义上讲，基层干部的这种本土化趋势并非为 20 世纪 50 年代初期的新区所独有。自清末新政以来，传统社会类似基层自治的地方管理模式被逐渐打破，一些类似"国家经纪人"的基层干部（区乡长、保甲长等）陆续出现并执掌乡村权力，他们与国家政权之间的关系更为密切。但因他们来自地方乡土社会，在充当"国家经纪人"的同时，仍然存在"乡村经纪人"的

---

① 安子文：《在全国工业交通政治工作会议上的讲话》（1964 年 4 月 2 日），载韩劲草主编：《安子文组织工作文选》，中共中央党校出版社 1988 年版，第 194 页。

② ［美］杜赞奇：《文化、权力与国家：1900—1942 年的华北农村》，王福明译，江苏人民出版社 2010 年版，第 36 页。

③ Steve A. Smith, *Local Cadres Confront the Supernatural*: The Politics of Holy Water (*Shenshui*) in the PRC, 1949—1966, The China Quarterly, 188（2006），p. 1010；该文中译本参见董玥主编：《走出区域研究：西方中国近代史论集粹》，社会科学文献出版社 2013 年版，第 366—392 页。

④ 20 世纪 50 年代初期中共政策的多变，使得南下干部在执行过程中根据自身情况予以解释，在通过研究杭州发现，他们在对中共中央政策的态度上，并非一味简单顺从，而是予以"创造性的解释"（creative interpretation），进而使其更符合当地的利益。参见 James Z. Gao, *the Communist Takeover of Hangzhou*: The Transformation of City and Cadre, 1949-1954, University of Hawaii Press, 2004, p. 249。

可能。简而言之,尽管他们实现了地方化,但仍然与国家存在一定的离心倾向。这种现象在20世纪50年代初期被彻底扭转。

20世纪50年代初期,新生的中华人民共和国面临的首要任务,就是彻底摧毁旧政权的底层基础,从上到下建立一个对整个社会实现严密管控的权力网络。基层政权重建,关乎新政权的稳固。要实现这个目的,就必须在乡村中提拔一批全新的国家代理人,那就是乡村干部。建政后,新政权通过在乡村社会开展一系列的运动,在清除旧有基层管理人员(即保甲长)的同时,发现与考察积极分子并以阶级成份为评判依据,最终提拔了大批乡村干部。与晚清与民国时期相比较,这些新式乡村干部具有以下两个特征。

一是对于阶级性的强调。通过土改中的成份划分,将贫雇农确定为乡村干部的主要来源。这些原本处于乡村社会底层的边缘人物,翻身成为权力的掌握者,而那些旧有的乡村政治人物,则以"翻身"的形式,沦为"边缘人物"。可见,乡村旧有权力金字塔实现了颠覆性扭转。

二是权力来自国家授予。这些贫雇农为主的乡村成员之所以能翻身成为新式乡村干部,是因为新政权的选拔与支持。简而言之,国家授予是他们获得这种权威的关键来源。国家既然能授予他们这种地位与权力,当然也能根据其现实表现而随时褫夺,而积极分子的始终存在,使他们对于国家政权的向心力进一步加强。这种向心力体现了乡村干部群体的中央化特征。

南下干部始终认为他们是"毛主席派来的"。① 也就是说,来自上级乃至中共中央的授权是他们在地方政权中保持法理权威的唯一来源,在面临上级命令与地方利益时的抉择时,他们往往会毫不

---

① 在川北通江县,南下干部在该地党政机关中占据主要地位,或许是为了回应本地干部的质疑,他们时常挂在嘴边的一句话就是——"我们是毛主席派来的"。笔者对刘坤远的访谈记录,访谈地点:四川省通江县铁佛镇平坝村;访谈时间:2015年2月28日。

犹豫地选择前者；对乡村干部而言，他们由原本的乡村政治边缘人物一举"翻身"成为"小领袖"，同样得益于新政权的拔擢。倘若一旦丧失其支持，他们不仅将被打入"坏分子"之列，而且还极有可能重演之前被斗争对象的经历。况且，那些随时等待补位的积极分子们的存在，更使他们始终处于职务危机之中。可见，出于自身利益考量（特别是在合作化乃至集体化时期），他们也不可能罔顾上级命令而完全维护地方利益。尽管统购统销政策在农村曾遭到了乡村干部和民众的质疑，但最后仍然被顺利执行，就是一个明显的例子。在整个四川省，原定1953年的收购任务是32亿斤粮食，[①]但最后不仅顺利完成了既定任务，还超过了原计划2亿斤。[②] 在通江县，1953年的收购指标（3017万斤）也得以如期完成。[③] 可见，从这个意义上讲，新区的干部地方化，又充分体现了其中央化特征。换言之，两者处于"并行不悖"的发展态势。

第二节 乡村干部的生成模式

1943年4月，谭震林在淮南党整风运动的一次会议上认为干部队伍可以分为四类：大革命时代、苏维埃运动、抗战初期以及"敌后抗战已经进入创造根据地"时期投身革命运动的干部。而处于干部结构金字塔基座的这部分干部就是"在减租减息运动中间所涌

---

① 《四川省委关于扩大的第四次省委会议向西南局的报告》（1953年11月8日），载中共四川省委办公厅秘书处编：《中共四川省委关于粮食统购统销工作文件汇集》，1954年自版发行，第7页。

② 《四川省委关于停止粮食统购工作的电话通知》（1954年1月5日），载中共四川省委办公厅秘书处编：《中共四川省委关于粮食统购统销工作文件汇集》，1954年自版发行，第40页。

③ 《四川省通江县志》编纂委员会编：《通江县志》，四川人民出版社1998年版，第442页。

(现出)的广大的农村干部"。① 在这里,谭主要以资历为基本标准对干部进行分类,其划分基本原理与后来的"长征干部""抗战干部""解放干部"相似。

在20世纪50年代的乡村社会,同样也可以用金字塔图形对乡村干部的成长历程进行描述。在这个金字塔图形中,全体乡村成员位于基座部分;通过划阶级,将其中的贫雇农区别出来,成为乡村干部的主要来源,他们位于第二层;新政权以社会运动的方式,发现贫雇农中的积极分子,成为乡村干部的后备力量,他们位于第三层;同样,在运动中对积极分子进行考察、淘汰与提拔,使其中一部分人成为"小领袖",即担任村、组干部,他们位于第四层;在成为村干部后,向上流动的难度则突然加大,因为乡干部是脱产并纳入国家财政编制,是真正意义上的"国家干部",其竞争更加激烈。很多村干部最后都没能跳过这个门槛。可见,乡干部则是这些乡村干部向上流动的顶端。他们中的最后成为区乃至县一级干部的人则更是属于佼佼者。

但需要注意的是,在这个金字塔的结构中,除位于最底层的原地主富农外,其他层级的乡村成员的位置并非固定不变,而是存在一个非常态的流动机制。正是这个流动机制,使乡村社会出现了阶层"固化"与"流动"并存的现象。这个现象看似有悖于常理,实则有其本身的内在逻辑。1949年新政权虽然建立,但并不意味着革命的终结,相反是"另一场更深入、更大规模革命的开始",而从社会结构变迁的角度来说,"1949年以后的社会革命更剧烈,也更复杂",因为中共以其严密的控制力和强大的社会动员力,"将全体国民自上而下高度整合为一个历史上前所未有的超大政治组织

---

① 谭震林:《开展淮南党的整风运动的报告》(1943年4月29日),载《淮南抗日根据地》编审委员会编:《淮南抗日根据地》,中共党史资料出版社1987年版,第239页。

体"。① 在乡村社会，土地改革就是实现这种超大政治组织体目标的重要途径。

土改摧毁了一个土地占有不均的乡村社会，同时也塑造了一个政治权利不平等的乡村社会。② 这个政治权利不平等的主要表现就是划阶级，它直接导致了乡村社会出现了长达数十年的阶级格局，造就了一个新的等级社会。阶级这个原本抽象的舶来品，由此深深植入到乡村社会成员的意识之中。这种抽象的外来概念，最终实现了与文化程度总体极低的农民之间的思想对接。③ "阶级不是一个日常生活的或者纯理论的概念，而是一个政治和实践的概念。阶级概念的背后是一整套革命的意识形态，与革命的意识形态相应的是新式的社会关系、权力结构和制度模式。"④ 可见，不同的阶级划分，在革命意识形态中往往伴随着全然不同的政治权利、人际网络乃至婚姻关系。⑤

20世纪50年代初期乡村开展的一系列运动，例如征粮、减租、

---

① 王奇生：《高山滚石：20世纪中国革命的连续与递进》，载《华中师范大学学报》2013年第5期。

② 曹树基：《国家形象的塑造——以1950年代的国家话语为中心》，载《上海交通大学学报（哲学社会科学版）》2008年第3期。

③ 郭于华、孙立平认为，中共通过发动农民诉苦，使这种以革命意识形态为基础的社会框架最终与几乎是文盲的非意识形态的农民之间建立起联系。参见郭于华、孙立平：《诉苦：一种农民国家观念形成的中介机制》，载《中国学术》2002年第4辑。笔者以为，诉苦固然能建立这种思想对接，但并不能保证农民的阶级国家意识的持续。通过农村建党，使农民直接感受到党员与党支部的宣传以及规训，才是最终固化他们这种阶级国家意识的重要手段。

④ 张乐天：《告别理想：人民公社制度研究》，东方出版中心1995年版，第120页。

⑤ 不仅如此，地主、富农的子女在婚姻问题上亦存在困境，特别是地主富农很难与成份较优的贫雇农结成姻亲关系。正是在这种阶级隔离术的主导下，乡村社会的婚姻关系亦呈现其阶级性，即成为另一种"门当户对"。1951年2月17日，川北区农协与妇联指示各级农协妇联，要求贫雇农不得与地主通婚，否则就会犯"敌我不分的政治错误"。参见《地主女儿能不能和农民结婚？——川北农协、妇联致各级农协、妇联的一封信》，载西南军政委员会土改委员会编：《土改简报》1951年第11期。

结　语

退押、土地改革、普选建政乃至统购统销等，不仅是为了资源汲取与稳定秩序，还是一次次针对乡村干部的考察与淘汰——首先将建政之初在乡村中任职的地主、富农成员淘汰出局，然后将在运动中的积极分子遴选出来，加以培养并逐步提拔到组、村和乡等机构中任职。为此，在西南局组织部制订的干部提拔条件中，首要规定就是拟提拔对象必须"经过运动的考验"，① 经过考验的除了有现任的干部，还有另外一个重要群体——积极分子，他们将在运动中被检验、甄别以及提拔任职。正如《新华日报》（重庆）所言：

> 要知道，积极分子的发现和培养，是和运动的本身分不开的，第一批发现的积极分子，并不一定是最好的，在运动中常常有许多新的积极分子后来居上，也有的积极分子，今天积极，明天有可能有了变化。②

可见，积极分子群体始终处于动态调整过程之中，而各类接连不断的群众运动，就是录用与甄别他们的重要途径。据统计，在1949至1952年间全国录用的干部高达259万人，其中57.7%是"从群众运动中产生的工人和农民积极分子"。③ 与民国时期最大的不同在于，1949年后这些新式政治人物来自乡村原政治舞台的边缘，同时他们与国家权威之间的关系更为密切。④ 总之，村庄领导者主要从贫雇农及下中农中产生，且他们的权威则主要来自党与国

---

① 《西南局组织部关于提拔干部工作的报告》（1952年8月），载中共中央组织部办编：《组织工作》1952年第18期。

② 阎玉：《在群众运动中发现和培养积极分子》，载《新华日报》（重庆）1950年12月30日。

③ [美]詹姆斯·R.汤森等著：《中国政治》，顾速等译，江苏人民出版社1994年版，第244页。

④ John P. Burns, *Political Participation in Rural China*, University of California Press, 1988, p.8.

家的授予，这与民国时期的乡村政治人物群体在本质上有着明显的区别。

同时，新政权借助这些运动，对那些掌权以后腐败堕落、营私舞弊乃至抗拒上级政令的乡村干部淘汰出局，同时提拔一批新的积极分子填充这些人留下的政治真空。但那些被淘汰出局的贫雇农干部，除犯有严重的政治错误被打入另册外，其他人仍有机会重新成为积极分子乃至乡村干部。一旦时局需要，他们将再次登上乡村政治舞台。例如在20世纪60年代初，出于对现有大部分公社与生产队干部的不信任，中共中央决定在农村建立各级"贫农下中农协会"，从而"挑选一批真正贫农下中农的积极分子"，在地方党委的领导下"整风""整社"，并"临时代行社队管理委员会的职权，领导生产，安排生活"。① 这些贫农下中农中的积极分子（均非现任干部），由此成为新的乡村权力掌握者。这一切，构成了大多数乡村干部"成长——淘汰——成长"的内循环。

第三节 "国家干部"的诞生

1947年9月25日，《人民日报》曾以"螺丝钉"为主要标题对某军区政治部几个普通工作人员，如食堂种菜师傅、喂猪能手以及机关通讯员的感人事迹进行了专题报道。他们这些人都属于级别极低的普通工作人员。所谓"螺丝钉"，《人民日报》给出的定义是："在各个角落里，默默地工作着，有一份热，发一分光，没有怨言，不讲享受，不计地位名誉。"② 或许是出于这几篇文章的启

---

① 《中央工作会议关于农村整风整社和若干政策问题的讨论纪要》（1961年1月20日），载中共中央文献研究室编：《建国以来重要文献选编》（第14册），中央文献出版社1997年版，第92页。

② 毓明：《访问"螺丝钉"》，载《人民日报》1947年9月25日；《访问"螺丝钉"们（二）》，载《人民日报》1947年9月29日；《访问"螺丝钉"们（三）》，载《人民日报》1947年10月2日。

发，从20世纪60年代起对中国青少年产生巨大影响的《雷锋日记》中记载了下面这段脍炙人口的话：

> 一个人的作用，对于革命事业来说，就如一架机器上的一颗"螺丝钉"。机器由于有了许许多多的"螺丝钉"的连接和固定，才成了一个坚实的整体，才能够运转自如，发挥它巨大的工作能力。"螺丝钉"虽小，其作用是不可估量的。①

虽然这是形容个人与国家之间的关系，但在整个国家机器中，乡村干部同样扮演着"螺丝钉"的角色。在新政权建立的庞大科层体系中，最顶端的是中共中央以及政（国）务院，最基层的是乡支部与乡政府，乡以下的村、组并不属于国家政权范畴。但党与国家政策的传达与执行，最终落实则依靠这些数量极为庞大的乡村干部。可以说，在这个巨型国家（政党）机器中，乡村干部实际上扮演着"螺丝钉"的角色，维系这个机器的正常运转。而在新区乡村，担任县区级领导干部的南下干部，就是领导监督或传导这些"螺丝钉"运转的主要力量并随时根据其执行情况进行奖罚黜陟。在他们的监督下，乡村干部往往会忠实地执行来自上级的指令，即使这些政策可能会对本地区利益造成损害。那么，这些"螺丝钉"究竟是如何被锻造出来的？这就需要回到20世纪50年代前期乡村社会的这个"历史现场"，去审视他们的锻造过程。

乡村干部发挥着连接民众与国家之间的桥梁作用。但新政权在建政之初并未立即将这种作用的优势充分发挥出来。1950年新区农村的征粮运动就是一个明显的例子。在西南区，为了尽快征收到足够的粮食，各地采取了派出工作队的方式，前往农村强制征收。

---

① 雷锋：《雷锋日记》，吉林文史出版社2005年版，第76页。

为了解决征粮干部不足的问题，西南局于 1950 年 1 月初发出指示，要求"从部队中抽调大量干部下乡"，① 不少军队干部或军校学员被派至地方协助征粮。在川东璧山专区，参加征粮的军队人数即达到 4000 人。② 在川南简阳县，因该县区级干部及征粮队成员不少人出自二野军政大学，③ 他们在征粮过程中"普遍的扣人、骂人、吊人"，引发了著名的简阳暴动。据官方统计，参加暴乱"人数达五六千人"。④ 事实上，由于诸多因素，征粮在整个西南农村遭到了很大阻力。截至 1950 年 6 月，该地因公殉职的征粮干部即达 2000 余人。⑤ 可见，这些外地人组成的工作队前往农村征粮，因其工作方式简单粗暴，形成了国家与农民的直接对抗，进而造成了很大的损失。这种抛开本地乡村干部蛮干的教训，很快引起了西南局的注意，开始强调对于农民积极分子的培养与提拔。

在新中国成立之初，为了迅速稳定秩序和实现资源汲取，中共采取了实用性的做法，即保留原有保甲长或者吸收一些地主富农成份的乡村成员参加工作。但这些人始终不可能为新政权所信任，一旦时局稳定，他们将陆续被淘汰出局。20 世纪 50 年代前期农村中的诸多社会运动，为实现一轮轮的乡村干部人事嬗递提供了契机。为此，新政权得以通过征粮、减租、退押、土改等运动发现了大批

---

① 《西南局关于征粮工作的指示》（1950 年 1 月 6 日），载中共中央西南局政策研究室编：《党内资料》1950 年第 3 期。

② 《（璧山专区）王专员谈关于征粮问题》（1950 年 1 月 19 日），上海交通大学历史系藏中共江津县委办公室档案，档案号 0001/0001/00009。

③ 《烽火三月三——二野军大简阳校友一九五〇年春平叛斗争记实》，载全国政协简阳县委员会文史委员会编：《简阳文史资料选辑》（第 15 辑），1989 年自版发行，第 1 页。

④ 《西南局关于简阳匪特暴动的经验教训给各地的通报》（1950 年 5 月 18 日），载川北区党委第一次的党代会秘书处编印：《中央、西南局重要文件汇集》，1950 年自版发行，第 31、32 页。

⑤ 刘岱峰：《关于西南区财经工作的报告》（1950 年 7 月 27 日），载西南军政委员会办公厅编：《西南政报》1950 年第 1 期。

乡村积极分子并将其中的一部分人提拔为干部，但与此同时，按照每个干部的阶级属性与政治历史，对他们中的一些人，例如地主富农、反革命分子、恶霸乃至中农从领导层中调整或者淘汰出去，进而提拔那些在运动中表现积极且出身贫雇农的乡村成员来补位。在通江县，减租、退押和土地改革时期，都对前一次运动中保留下来的乡村干部予以审查。在这里，需要注意工作队在培养乡村干部中的关键性作用。目前学界对于工作队在贯彻执行政策以及动员农民等方面关注较多，但对于他们培养乡村干部中的"母鸡"角色，有待深入研究。事实上，正是因为工作队采取"母鸡带小鸡"、"传、帮、带"等做法，培养了一大批乡村干部，使他们在撤离乡村时，后者已能独立领导乡村工作了。

在普选阶段，工作队这种非常规权力形式再次出现在乡村社会，他们此次的目的不仅是教会选民投票选举，更主要的是帮助那些干群关系紧张的乡村干部"过关"，进而顺利当选为代表。在这个过程中，工作队发挥了国家调解的功能，以上级的面目分担了乡村干部的责任，同时在干群双方调解，使双方矛盾得以缓和乃至化解。但在这个过程中，这些原本"地方化"的乡村干部，在国家调解的过程中进一步"中央化"，即实现了国家依附。

但在提拔培养乡村干部之时，新政权通过整党、"三反"乃至普选等方式，向一些工作队成员以及乡村干部展开规训与惩戒，同时将他们中的一部分人淘汰出局。通过这种做法，乡村干部与国家之间的关系大大加强。因为，他们任职的法理依据在于工作队和上级的授权，一旦丧失了后者的信任，不仅职位会丢失，而且有可能被打入另册。同时，积极分子这一后备干部力量始终存在并活跃于乡村政治舞台，使乡村干部难以消除这种由他们带来的权力危机感，甘愿当"螺丝钉"，忠实地执行上级的指令。

干部依托于组织而存在，没有组织，干部自然也就无从立足。因此，在这里，笔者需要对此时期基层政权建设作一简要交代。中共借助自身的政治优势，在乡村除建立了党、政、军（民兵）组织外，还有农协、青年团、妇联等群众性组织，这些机构一起构成了乡村的政治权力网络，笼罩着每个乡村成员。在这个网络中，起着核心作用的是中共的党支部（党小组）。农村建党，是中共将其组织触角向乡村社会延伸的主要标志。通过在农村建立党支部来管理农村党员，发现积极分子并吸收新党员，成为行政组织的监督力量，这就使党组织对于整个社会的统合能力大大加强。那么，在这个体系之中，乡村干部特别是乡干部，其晋升情况是如何的呢？

20世纪50年代前期，区一级干部普遍缺乏。据统计，自1953年以来，四川省提拔的区级以上干部有5000多人。[①] 在这新提拔的5000多人中，区级干部占多数，他们基本上都是从本地乡级干部中产生，其中，1951年后参加工作的"本地工农干部及革命知识分子"占到了33%。[②] 当时四川尚未合并西康省，所以全省大约有140个县，若以这5000多人中区级干部占4000人计，平均每县提拔28人。可见，对乡干部来说，仍然具有较大的上升空间。在这种上升欲望的激励下，他们自然会竭力执行来自上级的政令，以求得到后者的肯定进而为职级的提升奠定基础。

对村组干部来说，他们因为出身贫雇农，且在各类运动中表现积极，得到了工作队及乡干部的肯定并成长为干部。尽管他们不是正式的国家公务人员，但以层级而言，国家政令的贯彻，这些村组干部却是必经的一环。较之普通村民，他们不仅拥有"小领袖"的法理权威，而且能优先获取到来自国家的政策信息。特别是随着互助合作运动"高潮"的到来，这种优势也就愈加明显。在这个成长过程中，他们对于国家的权威依附性大大加强，特别是"随着他们

[①] 《中共四川省委对省委第二次组织工作会议的文件的批示》（1954年2月14日），载中共四川省委组织部办公室编：《组织工作文件汇编（干部工作部份）1954年》，1959年自版发行，第104页。

[②] 《中共四川省委组织部关于干部提拔与培养训练的意见》（1954年8月11日），载中共四川省委组织部办公室编：《组织工作文汇编（干部工作部份）1954年》，1959年自版发行，第135、138页。

结　语

逐渐将自己的利益和认同更紧密地与新政权联系在一起，他们自身转变成这样一种领导干部：'不怕得罪'他们的同乡，迫切地想要完成上级交给他们的任务"，① 如此一来，坚定执行上级政策，就成为他们的"理性选择"。

例如，农村合作化运动与统购统销政策的贯彻与执行就是一个明显的例子。在1950年，鲍大可针对中共即将实行的互助合作运动表示了悲观，他认为"如果中国共产党人最终进行农业的社会主义改造，那么他们会不可避免地遭到农民的强烈反抗"。② 但事实证明并非如此。尽管中共中央要求各地举办互助组乃至合作社时，以农民自愿为原则，但在实际执行过程中，乡村干部为了尽快完成上级规定的指标，往往人为地造成一个互助合作运动的"高潮"。1953年10月至11月中共中央召开第三次全国互助合作会议以及12月通过《关于发展农业生产合作社的决议》后，更是使互助合作运动达到了高潮。

在这个背景下，1954年，通江县第一届人民代表大会召开，大会正式通过决议，明确指出当前农村的基本任务就是"加速农业合作化运动确保增产任务的完成"，此时通江县参加互助组的农户比例为72.9%。③ 在此后短短两年内，即1956年通江县第一次党代会召开之时，通江县农村从初级社到高级社过渡"已经成为了当前运动的主流"，并预计90%的农户将在1956年底加入高级社。④ 可见，在如此短的时间内，通江县农村就从互助组一跃而入高级社并

---

① ［美］周锡瑞：《关于中国革命的十个议题》，载董玥主编：《走出区域研究：西方中国近代史论集粹》，社会科学文献出版社2013年版，第204页。

② A. Dork. Barnett, *Communist China: The Early Years* 1949—1955, Frederick A. Praeger, Publisher, 1964, p. 24

③ 《通江县首届第一次人民代表大会决议》（1954年7月9日），通江县档案馆藏县人民政府档案，档案号33/1/34。

④ 《中国共产党通江县委员会关于一年来的工作报告》（1956年5月16日），达州市档案馆藏达县地委办公室档案，档案号19/1/260。

成为"主流",最终在 1956 年底实现农业的社会主义改造。这个成绩的取得,若无广大乡村干部的竭力推动,是断不可能完成的。①同时,尽管在这个过程中出现了农民砍伐树木、屠宰牲畜等行为,但总地来说乡村社会秩序并未因此而遭到颠覆性破坏。

在统购统销方面,中共中央于 1953 年底在农村中推行的统购政策,一定程度上损害了广大农民(包括村、组干部)的利益。因此,基层干部执行国家强制征购农民粮食政策,体现着一种极为矛盾的心态:一方面使自己及社区利益受损,另一方面却必须执行党和国家的政策。② 面对这种两难,他们基本上都选择了后者。根据《通江县志》的相关统计材料,1950 年至 1973 年该县的粮食收购情况如表 7-1 所示。

表 7-1 通江县粮食收购统计(1950—1973)

(单位:万斤)

年度	1950	1951	1952	1953	1954	1955	1956	1957	1958	1959	1960	1961
数量	850	1047	1141	3017	5266	4295	4805	5171	6849	7434	6796	5991
超购	—	—	—	—	—	—	—	—	—	—	—	302
年度	1962	1963	1964	1965	1966	1967	1968	1969	1970	1971	1972	1973
数量	3656	4690	4334	4562	4434	4371	3901	2837	4070	4785	3435	4391
超购	97	316	274	180	232	194	32	45	43	75	82	417

资料来源:《四川省通江县志》编纂委员会编:《通江县志》,四川人民出版社 1998 年版,第 442—443 页。

---

① 为了尽快实现合作化,通江县的乡村干部主要采取说服教育以及施加集体压力的方式。据受访者称,当时也有不愿意加入合作社的农民,干部告诉这些人:"你就做这点(土地),啥都得不到,以后你想入合作社都不行",同时"把你孤立起"、"群众开会全部入完,你不入也不强迫你,把你孤立起,你二天想入入不成"。参见笔者对朱以鼎的访谈记录,访谈地点:四川省通江县双泉乡白马村二社;访谈时间:2012 年 10 月 6 日。

② Thomas P. Bernstein, *Cadre and Peasant Behavior Under Conditions of Insecurity and Deprivation: The Grain Supply Crisis of the Spring of* 1955, in A. Doak Barentt, eds, Chinese Communist Politics in Action, University of Washington Press, 1969, p. 350—399.

结 语

从表 7-1 可以看出，在整个 20 世纪 50 年代，通江县都顺利完成了上级分配的收购任务。值得注意的是，自 1961 年起，通江县的粮食收购数量每年都超出了既定数额，而 1961 年与 1962 年正是通江县乃至全国处于严重困难的特殊时期，该阶段粮食超购更说明了通江县乡村干部在执行统购统销政策中的力度，其"螺丝钉"的功能更是凸显无疑。

总之，干部地方化是 20 世纪 50 年代前期新区干部群体转型与发展的整体趋向，并对此后的新区政治经济等方面产生了不可估量的影响。无论是南下干部还是本地干部，他们都直接掌握了该地区近 30 年的命运。相比较而言，乡村干部因直接面对广大底层民众，故对后者的日常生活施加的影响更为直接而深远。他们的身份较南下干部更为特殊，与当地具有千丝万缕的关系。简而言之，乡村干部既是"国家干部"，又是乡村民众的守夜人。忠实地执行党和国家的政策固然是他们的责任，但维护地方利益和帮助村民解决温饱问题，亦为他们所应担当。但在那个"运动式治理"大行其道的时代，[①] 他们贯彻这些运动尚且自顾不暇，带领村民脱贫致富自然就成为空中楼阁。因此，直至 1956 年，通江等县基本的交通问题都尚未得到解决。

1956 年底，据新华社《内部参考》报道，内务部川陕边工作组对通江、南江、巴中等三县进行了调查，发现该地区交通依然闭塞，"主要运输全靠人背，成本高运费贵"，甚至有的山区连供人行走的道路都没有，"因淌水过河淹死，从山上跌下摔死的干部，群众每年都有"。例如在南江县，某个区到县城要涉过 24 道水，1953 年以来就淹死了 2 个乡支部书记。[②] 此时新中国已经成立 7 年之久，

[①] 据统计，1949 年至 1956 年间，中国共经历了 21 次大大小小的政治运动。《中华人民共和国各种政治运动一览表（1949—1976）》，参见胡鞍刚：《中国政治经济史论（1949—1976）》，清华大学出版社 2007 年版，第 741—744 页。

[②] 《革命老根据地人民有些什么疾苦（续昨）》，载《内部参考》1956 年第 2087 期。香港中文大学中国研究服务中心藏。

该地区当时的交通状况仍然未能得到缓解。

20世纪50年代初期国家制订了优先发展重工业战略,但要实现资本的原始积累,就必须使原本就贫弱的农村继续为城市输血,"剪刀差"的出现使农民为社会主义建设事业做出了重大贡献。他们每年在农业生产上的劳动价值严重低于从事其他劳动的价值。在粮食价格方面表现得尤其突出:

> 通江县大米每平均每斤五分三厘二毫,低于成都84.59%,低于重庆91.45%,低于汉中101.1%,小麦、玉米低的幅度还大。而工业品又比重庆、成都等地为贵。现在农民穿一套学生蓝布衣服六元三角,需大米一百二十斤,需玉米一百八十斤,穿一双回力球鞋六元九角,需大米一百三十一斤,需玉米一百五十七斤。主产玉米的空山、河口等乡吃一斤盐巴三角一分,需玉米九斤,吃一斤白糖九角,需玉米二十六斤五两。①

通江县农产品的这个"剪刀差"现象是原革命老区乃至全国农村情况的一个缩影。尽管这与国家整个大政方针有着直接的关系,但对代表社区与民众利益的乡村干部而言,帮助村民脱贫致富仍然是他们义不容辞的责任。改革开放特别是80年代以后,针对通江县在内的原革命老区,国家采取了一系列脱贫攻坚措施,但这种"老区贫困现象"仍然没有得到有效的改观。2012年以来,通江县经过"精准脱贫"攻坚战,已经顺利实现了国家级贫困县的"摘帽",但对一个地处大巴山、工业基础薄弱的农业县来说,实现经济稳定增长和农民致富,依然是摆在全县干部面前的一个任重而道远的奋斗目标。

---

① 《革命老根据地人民有些什么疾苦(续昨)》,载《内部参考》1956年第2088期。香港中文大学中国研究服务中心藏。

参考文献

一、中 文

（一）未刊档案

四川省通江县王坪川陕革命根据地红军烈士纪念馆藏档案
上海交通大学历史系藏档案
四川省通江县档案馆藏档案
四川省达州市达川区档案馆藏档案
四川省达州市档案馆藏档案
四川省档案馆藏档案
江苏省档案馆藏档案
台北"国史馆"藏档案
英国国家档案馆藏档案
中国第二历史档案馆藏档案

（二）口述资料

笔者 2012 年 2 月 21 日、10 月 6 日对朱以鼎的访谈记录。访谈地点：四川省通江县双泉乡白马村二组。

笔者 2015 年 9 月 18 日、3 月 7 日对唐大伟的访谈记录。访谈地点：四川省达州市达川区石桥镇街道。

笔者2015年2月28日、11月2日、11月3日、11月4日、12月18日对刘坤远的访谈记录。访谈地点：四川省通江县铁佛镇平坝村。

笔者2015年9月5日对庞兴镇的访谈记录。访谈地点：四川省通江县铁佛镇街道。

笔者2016年2月17日对岳广林的访谈记录。访谈地点：四川省通江县铁佛镇街道。

（三）报刊

《通川报》

《川北日报》

《四川日报》

《新华日报》（重庆）

《光明日报》

《人民日报》

《华北人民》编辑部编：《华北人民》

《华东农民》编辑部编：《华东农民》

川北行署办公厅编：《川北政报》

川北行署财经委编：《财经资料》

川北行署土改委员会办公室编：《三期土改通报》

川北区第六工作团办公室编：《工作通讯》

川北土改第四工作团研究组编：《通南巴工作通讯》

川东区党委办公厅编：《川东资料》

四川省委党史研究室编：《四川党史研究资料》

通江土改工作团总团办公室编：《学习通讯》

通江土改工作团总团部编：《通江土改简报》

通江土改总团一分团办公室编：《土改通报》

通江县档案馆编：《通江档案史料》

通江县土改工作团第二分团部编：《土改通报》

通江县总工会编：《通江工运史料》
西南军政委员会办公厅编：《西南政报》
西南军政委员会财政部办公室编：《西南财政》
西南军政委员会土改委员会编：《土改简报》
新华通讯社编：《内部参考》
新华通讯社编：《新华社通讯稿》
新华通讯社编：《新华月报》
中共川北区党委办公室编：《重要通报》
中共川北区党委政策研究室编：《川北工作》
中共川北区党委政策研究室编：《农村工作》
中共川南区党委办公室编：《川南通讯》
中共四川省委政策研究室编：《四川工作》
中共中央西北局编：《党内通讯》
中共中央西南局编：《西南工作》
中共中央西南局农村工作委员会办公室编：《农村工作通报》
中共中央西南局宣传部编：《宣传简讯》
中共中央西南局政策研究室编：《党内资料》
中共中央西南局政策研究室编：《西南工作资料》
中共中央宣传部编：《宣传通讯》
中共中央政策研究室编：《党内资料》
中共中央组织部编：《组织工作》
中央政法公报编辑委员会编：《中央政法公报》
重庆市委办公厅编：《重庆工作》

(四) 资料集

《当代江西史研究》编辑部编：《记忆》，当代中国出版社2010年版。

《淮南抗日根据地》编审委员会编：《淮南抗日根据地》，中共党史资料出版社1987年版。

《四川省通江县志》编纂委员会编：《通江县志》，四川人民出版社1998年版。

《向西北西南进军》编辑组编：《向西北西南进军》，四川人民出版社1985年版。

《重庆政协志》编纂委员会编：《重庆政协志1950年1月—1997年5月》，1998年内部编印。

《朱德军事文选》编辑组编：《朱德军事文选》，解放军出版社1997年版。

薄一波：《若干重大决策与事件的回顾》（上卷），中共中央党校出版社1991年版。

《新中国法制研究史料通鉴》（第4卷），中国政法大学出版社2003年版。

陈野苹等主编：《安子文传略》，山西人民出版社1985年版。

成都市档案馆编：《成都解放》，中国档案出版社2009年版。

川北区爱国增产节约委员会办公室编：《三反文件汇编》，1952年内部编印。

川北区党委第一次的党代会秘书处编印：《中央、西南局重要文件汇集》，1950年内部编印。

戴传薪：《西南红祸记》，1952年作者自印。

冯永学等编：《红色回忆》，重庆出版社2002年版。

甘肃省人大常委会办公厅编：《怀念李登瀛同志》，1998年编者自印。

郭际富等编：《通江苏维埃志》，四川省社科院出版社1988年版。

郭林祥：《郭林祥回忆录》，解放军出版社2003年版。

国务院法制办公室编：《中华人民共和国法规汇编1953—1955》（第2卷），中国法制出版社2005年版。

韩劲草主编：《安子文组织工作文选》，中共中央党校出版社1988年版。

湖南省档案馆编:《湖南和平解放接管建政史料》(二),湖南人民出版社 2009 年版。

华东局宣传部编:《中国土地问题历史文件》,山东新华书店(出版年不详)。

蒋子恒主编:《西南革大史稿》,重庆大学出版社 1990 年版。

景杉主编:《中国共产党大辞典》,中国国际广播出版社 1991 年版。

李钟娥撰:《通江县志·舆地志》(卷之二),南京大学图书馆古籍部藏。

林超编:《川陕革命根据地历史长编》,四川人民出版社 1982 年版。

刘崇文等主编:《刘少奇年谱 1898—1969》(下册),中央文献出版社 1996 年版。

《刘少奇选集》(下),人民出版社 1985 年版。

罗点点:《红色家族档案——罗瑞卿女儿的点点记忆》,南海出版公司 1999 年版。

马识途:《沧桑十年：共和国内乱的年代 1966—1976》,中共中央党校出版社 2006 年版。

《毛泽东选集》(第 5 卷),人民出版社 1977 年版。

南充市政协文史委编:《南充市文史资料——胡耀邦与川北区工作回忆》(第 2 辑),1994 年内部编印。

全国政协简阳县委员会文史委员会编:《简阳文史资料选辑》(第 15 辑),1989 年编者自印。

全国政协四川省达县市委员会文史资料委员会编:《达县市文史资料选辑》(第 3 辑),1992 年版内部编印。

山西省五寨县志编纂办公室编:《五寨县志》,人民日报出版社 1992 年版。

师哲口述,李海文著:《在历史巨人身边：师哲回忆录》,九州出版社 2014 年版。

史敬棠等编：《中国农业合作化运动史料》（下册），生活·读书·新知三联书店 1959 年版。

四川省达县志编纂委员会编：《达县志》，四川辞书出版社 1994 年版。

四川省巴中县志编纂委员会编：《巴中县志》，巴蜀书社 1994 年版。

四川师范学院等编：《王叙五遗作选》，2000 年内部编印。

宋士昌等主编：《干部学习词典》，黄河出版社 1989 年版。

四川省通江县铁佛乡志编纂小组：《铁佛乡志》，1986 年内部编印。

四川省通江县政协文史资料研究会：《通江文史资料》（第 3 辑），1989 年内部编印。

王波等编：《晋绥风云人物　军事人物卷》，中央文献出版社 2007 年版。

西南局组织部办公室编：《一九五一组织工作文件汇集》，1952 年内部编印。

西南局组织部办公室编：《组织工作文件汇集》，1953 年内部编印。

西南军政委员会民政部编：《民主建政工作》，1952 年内部编印。

许梦侠：《从齐鲁大地到巴山蜀水——许梦侠八十回眸》，四川人民出版社 2002 年版。

宣汉县老区促进会编：《红色土地上的丰碑》，西南财经大学出版社 2006 年版。

薛暮桥：《薛暮桥回忆录》，天津人民出版社 1996 年版。

杨满仓编著：《中共原平党史纪略 1926—1949》，山西人民出版社 2010 年版。

杨胜群等主编：《邓小平年谱（1904—1974）》（中），中央文献出版社 2009 年版。

于建嵘主编：《中国农民问题研究资料汇编第一卷（1912—1949）》（上册），中国农业出版社 2007 年版。

原平市政协文史资料研究无委员会：《原平文史资料》（第 7 辑），1997 年内部编印。

张锋主编：《当代中国百科大辞典》，档案出版社 1991 年版。

张黎群等主编：《胡耀邦传（1915—1976）》（第一卷），人民出版社等 2005 年版。

张中瀛主编：《四川省人事志》，四川人民出版社 1994 年版。

郑仲兵主编：《胡耀邦年谱资料长编》（上册），香港时代国际出版有限公司 2005 年版。

中共川北区党委办公厅编印：《〈川北工作〉主要材料汇集》（一）（二），1952 年内部印行。

中共达川地委组织部等编：《中国共产党四川省达县地区组织史资料 1926.8——1987.10》，重庆出版社 1995 年版。

中共山西省委党史研究室编：《1949：山西干部南下实录》（下册），山西人民出版社 2012 年版。

中共山西省委党史研究室等编：《晋绥革命根据地大事记》，山西人民出版社 1989 年版。

中共四川党史研究室编：《贺龙与四川》，四川人民出版社 1998 年版。

中共四川省通江县委组织部等编：《中国共产党四川省通江县组织史资料（1933.1—1987.10）》，四川人民出版社 1993 年版。

中共四川省委办公厅秘书处：《中共四川省委关于粮食统购统销工作文件汇集》，1954 年内部编印。

中共四川省委党校等编：《龚逢春纪念文集》，1993 年内部编印。

中共四川省委组织部办公室编：《组织工作文汇编（干部工作部份）1954 年》，1959 年内部编印。

中共四川省委组织部办公室编：《组织工作文件汇编（干部工

作部分）一九五三年》，1959年内部编印。

中共四川省委组织部编：《组织员手册》，1954年内部编印。

中共睢县县委党史资料征集编纂委员会编：《中共睢县党史资料选编》（第3册），1992年内部编印。

中共通江县党史研究办公室编：《党在通江的地下斗争史略》，1984年内部编印。

中共通江县委党史工委编：《通江历史编年纪（—316—1952）》，1985年内部编印。

中共通江县委党史研究室编：《中国共产党通江县历史（1928—2007）》，中共党史出版社2009年版。

中共通江县委党史研究室编：《中国共产党通江县历史大事记通编（1928—2008）》，中央文献出版社2009年版。

中共浙江省委党史研究室等编：《城市的接管与社会改造 杭州卷》，当代中国出版社1996年版。

中共中央办公厅编：《中国共产党第八次全国代表大会文献》，人民出版社1957年版。

中共中央党史研究室第一研究部译：《共产国际、联共（布）与中国革命文献资料选辑（1938—1943）》（第21卷），中共党史出版社2012年版。

中共中央党史研究室第一研究部译：《联共（布）、共产国际与中国苏维埃运动（1931—1937）》（第14卷），中共党史出版社2007年版。

中共中央马克思、恩格斯、列宁、斯大林著作编译局编译：《列宁全集》（39），人民出版社1986年版。

中共中央文献研究室编：《邓小平传（1904—1974）》（下册），中央文献出版社2014年版。

中共中央文献研究室编：《邓小平文集（一九四九——九七四）》（中卷），人民出版社2014年版。

中共中央文献研究室编：《建国以来毛泽东文稿》，中共中央文献出版社 1996 年版。

中共中央文献研究室编：《刘少奇年谱（1898—1964）》，（上下卷）中央文献出版社 1996 年版。

中共中央文献研究室编：《毛泽东年谱（一九四九——一九七六）》（第一卷），中央文献出版社 2013 年版。

中共中央文献研究室编：《周恩来年谱（1898—1949）》（上册），中央文献出版社 2007 年版。

中共中央文献研究室等编：《邓小平西南工作文集》，重庆出版社 2006 年版。

中共中央文献研究室等编：《建党以来重要文献选编（一九二一——一九四九）》（第 26 册），中央文献出版社 2011 年版。

中共中央西南局农村工作部编：《西南区土地改革运动资料汇编》（上、下册），1954 年内部印行。

中共中央宣传部办公厅等编：《中国共产党宣传工作文献选编：1949—1956》，学习出版社 1996 年版。

中共中央文献研究室编：《建国以来重要文献选编》，中央文献出版社 1992 年版。

中共中央政策研究室编：《政策汇编》（上编），1949 年内部印行。

中共中央组织部等编：《中国共产党组织史资料第三卷（下）：抗日战争时期（1937.7—1945.8）》，中共党史出版社 2000 年版。

中共中央组织部等编：《中国共产党组织史资料第四卷（下）：全国解放战争时期（1945.8—1949.9）》，中共党史出版社 2000 年版。

中共中央组织部等编：《中国共产党组织史资料 过渡时期和社会主义建设时期（1949—1996）》（第 5 卷），中共党史出版社 2000 年版。

中国人民解放军《中国人民解放军高级将领传》编审委员会等编：《中国人民解放军高级将领传》（第 23 卷），解放军出版社

2013年版。

中国人民解放军六九一九部队政治部编：《胜利的战斗》，1962年内部编印。

中国人民政协会议四川省达县市委员会编：《达县解放初期的回顾》，1988年内部编印。

中国人民政治协商会议四川省遂宁市文史资料委员会编：《遂宁文史资料》（第5辑），1995年内部编印。

中国社科院近代史所等编：《孙中山全集》（第6卷），中华书局1985年版。

四川省档案馆等编：《四川革命历史文件汇集 省委文件 1929年4月—12月》（甲4），1985年内部编印。

中央档案馆等编：《中共中央文件选集（一九四九年十月——一九六六年五月）》，人民出版社2013年版。

中央人民政府法制委员会编：《中央人民政府法令汇编》（1953年），法律出版社1955年版。

中共中央文献研究室等编：《建国以来刘少奇文稿》（第3册），中央文献出版社2005年版。

［美］盛岳：《莫斯科中山大学和中国革命》，奚博铨等译，现代史料编刊社1980年版。

（五）专著、论文集

陈翠玉：《西南地区实施〈土地改革法〉研究》，法律出版社2010年版。

陈修良撰述，唐宝林编著：《拒绝奴性——中共秘密南京市委书记陈修良传》，香港中和出版有限公司2012年版。

陈益元：《建国初期农村基层政权建设研究：以1949—1957湖南省醴陵县为个案》，上海社科院出版社2006年版。

陈永发：《中国共产革命七十年（修订本）》（下册），台北联经出版公司1998年版。

胡鞍刚：《中国政治经济史论（1949—1976）》，清华大学出版社 2007 年版。

董玥主编：《走出区域研究：西方中国近代史论集粹》，社会科学文献出版社 2013 年版。

樊红敏：《县域政治：权力实践与日常秩序——河南省南河市的体验观察与阐释》，中国社会科学出版社 2008 年版。

高华：《从"大破"到"大立"——文革中的"新生事物"》，高华著，黄骏整理：《高华历史笔记（Ⅱ）》，牛津大学出版社 2014 年版。

高王凌：《中国农民反行为研究（1950—1980）》，香港中文大学出版社 2013 年版。

韩钢主编：《中国当代史研究（第 1 辑）》，九州出版社 2009 年版。

黄树民：《林村的故事：1949 年后的中国农村变革》，素兰等译，生活·读书·新知三联书店 2002 年版。

贾滕：《乡村秩序重构及灾害应对——以淮河流域商水县土地改革为例（1947—1954）》，社会科学文献出版社 2013 年版。

李里峰：《革命政党与乡村社会：抗战时期中国共产党的组织形态研究》，江苏人民出版社 2011 年版。

李立志：《变迁与建设：1949—1956 年的中国社会》，江西人民出版社 2002 年版。

李露：《建国初期"镇反"刑事政策的实施研究（1950—1953）——以西康地区实施状况为主要分析对象》，中国政法大学出版社 2011 年版。

梁启超：《中国历史研究法：外二种》，河北教育出版社 2000 年版。

梁怡等编：《国外中共党史研究述评》，中共党史出版社 2005 年版。

林蕴晖：《中华人民共和国史——向社会主义过渡：中国经济

的转型（1953—1955）》（第2卷），香港中文大学出版社2009年版。

刘海龙：《宣传：观念、话语及其正当化》，中国大百科全书出版社2013年版。

莫宏伟：《新中国成立初期的广东土地改革研究》，中国社会科学出版社2011年版。

南开大学历史系中国近现代史教研室编：《中外学者论抗日根据地——南开大学第二届中国抗日根据地史国际学术讨论会论文集》，档案出版社1993年版。

彭勃：《乡村治理——国家介入与体制选择》，中国社会出版社2002年版。

阮明道：《中国历史与地理论考》，巴蜀书社2002年版。

王春光：《中国农村社会变迁》，云南人民出版社1996年版。

王海光：《时过境未迁——中国当代史采薇》，四川人民出版社2014年版。

王沪宁：《当代中国村落家族文化——对中国社会现代化的一项探索》，上海人民出版社1991年版。

魏长松编著：《轻松读懂哲学知识》，中国城市出版社2012年版。

吴毅：《村治变迁中的权威与秩序——20世纪川东双村的表达》，中国社会科学出版社2002年版。

萧冬连：《筚路维艰：中国社会主义路径的五次选择》，社会科学文献出版社2014年版。

徐秀丽等主编：《中国近代乡村的危机与重建：革命、改良及其他》，社会科学出版社2013年版。

宴可佳等编：《宗教问题探索2011—2012文集》，上海社会科学院出版社2013年版。

杨凤城主编：《中共历史与理论研究》（第1辑），社会科学文献出版社2015年版。

杨奎松：《中华人民共和国建国史研究》，江西人民出版社 2009 年版。

杨念群等主编：《新史学：多学科对话的图景》（下册），中国人民大学出版社 2003 年版。

叶扬兵：《中国农业合作化运动研究》，知识产权出版社 2006 年版。

［英］保尔罗·汤普逊：《过去的声音——口述史》，覃方明等译，辽宁教育出版社 2000 年版。

应星：《村庄审判史中的道德与政治：1951—1976 中国西南一个山村的故事》，知识产权出版社 2009 年版。

应星：《大河移民上访的故事：从"讨个说法"到"摆平理顺"》，生活·读书·新知三联书店 2001 年版。

于建嵘：《岳村政治——转型期中国乡村政治结构的变迁》，商务印书馆 2001 年版。

［美］詹姆斯·R.汤森等：《中国政治》，顾速等译，江苏人民出版社 2010 年版。

张济顺：《远去的都市：1950 年代的上海》，社会科学文献出版社 2015 年版。

张乐天：《告别理想：人民公社制度研究》，东方出版中心 1995 年版。

张孝芳：《革命与动员：建构"共意"的视角》，社会科学文献出版社 2011 年版。

中共南充市委党史研究室编：《中国共产党川北区历史（1949—1952）》，中共党史出版社 2007 年版。

中共重庆市委党史研究室编：《邓小平与大西南 1949—1952》，中央文献出版社 2000 年版。

中国社会科学研究会编：《全球化下的中国与日本——海内外学者的多元思考》，社会科学文献出版社 2003 年版。

中国社科院近代史研究所民国史研究室，四川师范大学历史文化学院编：《一九四〇年代的中国》（上卷），社会科学文献出版社 2009 年版。

［德］马克斯·韦伯：《经济与社会》（第 1 卷），阎克文译，上海人民出版社 2010 年版。

［法］托克维尔：《旧制度与大革命》，冯棠译，商务印书馆 1997 年版。

［加］柯鲁克等：《十里店——中国一个村庄的群众运动》，安强等译，北京出版社 1982 年版。

［加］周杰荣等主编：《胜利的困境：中华人民共和国的最初岁月》，姚昱等译，香港中文大学出版社 2011 年版。

［美］艾尔东·莫里斯等：《社会运动理论的前沿领域》，北京大学出版社 2002 年版。

［美］杜赞奇：《文化、权力与国家：1900—1942 年的华北农村》，王福明译，江苏人民出版社 2010 年版。

［美］费正清等主编：《剑桥中华人民共和国史（1949—1965）》，谢亮生等译，中国社会科学出版社 1990 年版。

［美］傅高义：《共产主义下的广州：一个省会的规划与政治》，高申鹏译，广东人民出版社 2008 年版。

［美］韩起澜：《苏北人在上海，1850—1980》，卢明华译，上海古籍出版社、上海远东出版社 2004 年版。

［美］亨廷顿译：《变化社会中的政治秩序》，李盛平等，华夏出版社 1988 年版。

［美］胡素珊：《中国的内战：1945—1949 年的政治斗争》，王海良等译，中国青年出版社 1997 年版。

［美］孔飞力：《叫魂：1768 年中国妖术大恐慌》，陈兼等译，上海三联书店 2014 年版。

［美］罗威廉：《红雨：一个中国县域七个世纪的暴力史》，李里峰等译，中国人民大学出版社 2014 年版。

［美］塞谬尔·亨廷顿：《第三波——二十世纪末的民主化浪

潮》，刘军宁译，上海三联书店1998年版。

[美] 斯考切波：《国家与社会革命：对法国、俄国和中国的比较分析》，何俊志等译，上海世纪出版集团2007年版。

[英] 伦纳德·夏皮罗：《一个英国学者笔下的苏共党史》，徐葵等译，东方出版社1991年版。

（六）（学位）论文

曹树基等：《大户加征：江津县1950年的征粮运动》，载《近代史研究》2013年第4期。

曹树基：《国家形象的塑造——以1950年代的国家话语为中心》，载《上海交通大学学报（哲学社会科学版）》2008年第3期。

曹佐燕：《"三反"运动的基层运作及其逻辑——以湖北日报社印刷厂厂长张某为中心的考察》，载《当代世界社会主义问题》2015年第4期。

陈洪等：《邓小平主政西南期间的干部教育思想与实践述论》，载《重庆社会科学》2005年第1期。

陈益元：《新中国成立初期中国共产党农村政权建设研究述评》，载《中共党史研究》2014年第3期。

陈益元：《建国初期农村基层政权建设研究述论》，载《文史博览》（理论）2010年第12月。

冯筱才：《跨过1949：二十世纪中国整体研究刍议》，载《社会科学》2012年第5期。

郭娅等：《邓小平与建国初期大西南党的干部队伍建设》，载《西南民族大学学报》2004年第7期。

郭于华、孙立平：《诉苦：一种农民国家观念形成的中介机制》，载《中国学术》2002年第4辑。

胡现岭：《新解放区征粮运动中的农村基层干部行为选择——以河南商水县1950年夏征为例》，载《党史研究与教学》2012年第 3 期。

华伟：《县制：乡土中国的行政基础——县制丛谈之一》，载《战略与管理》2001 年第 6 期。

黄道炫：《洗脸——1946 至 1948 年农村土改中的干部整改》，载《历史研究》2007 年第 4 期。

贾滕：《阶段性变动：乡村土改运动中积极份子生成与淘汰机制研究——以河南商水县为例（1947—1953）》，载《党史研究与教学》2012 年第 3 期。

蒋永敬、庄淑红：《"督抚革命"与"督抚式的革命"》，载《近代中国》2008 年第 18 辑。

黎荣：《1949 年干部南下：双重逻辑下的选择与演变》，载《湖州师范学院学报》2015 年第 3 期。

李德成等：《南下干部的组建与新政权的接管——以江西省南下干部为例》，载《党史研究与教学》2013 年第 4 期。

李里峰：《工作队：一种国家权力的非常规运作机制——以华北土改运动为中心的历史考察》，载《江苏社会科学》2010 年第 3 期。

李里峰：《土改中的诉苦：一种民众动员技术的微观分析》，载《南京大学学报》（哲学社会科学版）2007 年第 5 期。

李若建：《指标管理的失败："大跃进"与困难时期的官员造假行为》，载《开发时代》2009 年第 3 期。

李中清、康文林：《中国农村传统社会的延续——辽宁（1749—2005）的阶层化对革命的挑战》，载《清华大学学报》2008 年第 4 期。

刘金海：《工作队：当代中国农村工作的特殊组织及形式》，载《中共党史研究》2012 年第 12 期。

刘维芳：《新中国建立初期干部队伍建设的历史经验》，载《当代中国史研究》2006 年第 2 期。

罗志田：《南北新旧与北伐成功的再诠释》，载《开放时代》

2000 年第 9 期。

马维强等：《集体化时代乡村干部"反行为"研究——以山西平遥双口村为考察中心》，载《华东师范大学学报》2015 年第 6 期。

满永：《"背靠背"政治：反霸中的革命场景生成——以皖西北临泉县为中心的考察》，载《开发时代》2011 年第 8 期。

满永：《集体化进程中的乡村干部训练——建国后国家权力渗入乡村过程中的微观研究》，载《当代世界社会主义问题》2013 年第 4 期。

满永：《二十世纪五十年代的农村建党——以安徽省为中心的考察》，载《中共党史研究》2015 年第 11 期。

宁书贤：《晋中解放区南下干部入湘记》，载《山西党史资料》1998 年第 2 期。

裴毅然：《前后〈十六字方针：白区地下党的宿命——读〈红岩儿女〉、〈拒绝奴性〉等"两头真"的传记〉》，载《二十一世纪》2014 年 8 月号。

冉绵惠：《新中国建立初期中共重构四川乡村权力结构的努力与成效》，载《四川师范大学学报》2013 年第 6 期。

任日淼等：《山东南下干部进军福建纪程》，载《福建党史月刊》2001 年第 1 期。

唐传喜：《南下战略与南下干部的历史贡献》，载《理论学刊》2012 年第 8 期。

王舸、何志明：《政治参与中的国家权威塑造：新中国成立初期"镇反"运动中的控诉会》，载《江苏大学学报》2012 年第 6 期。

王海光：《贵州接管初期征收一九四九年公粮问题初探》，载《中共党史研究》2009 年第 3 期。

王奇生：《高山滚石：20 世纪中国革命的连续与递进》，载《华中师范大学学报》2013 年第 5 期。

王奇生：《战前中国的区乡行政：以江苏省为中心》，载《民国档案》2006年第1期。

王瑞芳：《严重的问题是教育农民——建国初期中共克服"李四喜思想"的成功经验》，载《当代中国史研究》2006年第4期。

吴继平：《当代中国第一次普选运动中的积极分子评析（1953—1954）以北京市为个案》，载《党史研究与教学》2007年第5期。

熊秋良：《建国初期基层选举中的政治传播——以江苏省首次普选为例》，载《江苏社会科学》2012年第1期。

杨超：《在西南四省区党史资料征集工作会议闭幕式上的讲话》，载《四川党史研究资料》1983年第1期。

杨奎松：《从供给制到职务等级工资制——新中国建立前后党政人员收入分配制度的演变》，载《历史研究》2007年第4期。

张济顺：《微观史料的政治学解读：普选中的上海底层社会——以仁德纱厂为例（1953—1954）》，载《中共党史研究》2015年第3期。

赵黎：《解放初四川土地改革及其意义》，载《中共成都市委党校学报》2003年第1期。

［美］裴宜理：《重访中国革命：以情感的模式》，载《中国学术》2001年第4期。

何志明、吴俊江：《"革命历史是最好的营养剂"——红色故地通江田野调查》，载《四川党的建设（城市版）》2014年第8期。

何志明、郑超：《制法·执法·违法：1950年代初期川西减租退押运动中的社会动员》，载《史林》2015年第5期。

何志明：《1950年代前期川北土地改革运动述论》，载《四川文理学院学报》2012年第6期。

何志明：《地权变动中的农村党建工作研究（1952—1954）——以川北达县为个案》，载《中南大学学报》2014年第3期。

何志明：《农村互助合作的发动与乡村干部教育——以川北达

县为考察中心（1951—1952 年）》，载《当代中国史研究》2014年第 5 期。

何志明：《早期中共与青年团之间的组织纠纷及其调适——以四川地区为考察范围》，载《党史研究与教学》2014 年第 5 期。

冯军旗：《中县干部》，北京大学 2010 年博士学位论文。

冯佩成：《苏联干部制度的形成、发展与影响》，华东师范大学 2006 年博士学位论文。

贾滕：《土改背景下的乡村社会秩序重构——以河南商水县为个案的考察（1947—1954）》，华中师范大学 2008 年博士学位论文。

靳道亮：《战争、动员与国家：抗美援朝运动研究——以江苏地区为中心》，南京大学 2008 年博士学位论文。

李跃新：《1949—1956 年中国共产党干部教育研究》，中共中央党校 2004 年博士学位论文。

孙明：《家庭背景与干部地位获得（1950—2003）》，复旦大学 2010 年博士学位论文。

王红霞：《建国初期中国共产党干部教育转型研究（1949—1956）》，华东师范大学 2008 年博士学位论文。

王建华：《中国共产党干部队伍建设的历史考察与思考》，中共中央党校 2002 年博士学位论文。

杨丽梅：《新中国成立初期四川党的建设研究（1950—1954）——以整风、整党运动为重点》，西南交通大学 2014 年博士学位论文。

杨世宁：《西南军政委员会与建国初期西南区的政权接管》，四川大学 2005 年博士学位论文。

蒋天策：《1949—1956：建国初期干部队伍建设转型的历史考察——以北京市为例》，中共中央党校 2012 年博士学位论文。

李鹏程：《对上海民政局南下干部的历史考察》，华东师范大学 2012 年硕士学位论文。

孙建刚：《1949 年华北解放区南下干部研究》，河北师范大学

2004年硕士学位论文。

杨鹏燕：《南下干部与城市接管——以新中国成立前后的江西省南下干部为研究对象》，江西师范大学2013年硕士学位论文。

(七) 网络文献

《通江县志·人物卷》，载麻辣社区网，http://www.mala.cn/thread-1619412-1-1.html。

《中共通江县委十二届十一次全会举行》（2016年1月4日），载通江县人民政府网，http://www.tjxzf.gov.cn/news/jryw/157309.jhtml。

《（通江县）自然地理》，载通江县人民政府网，http://www.tjxzf.gov.cn/gov/zoujintj/zrdl.jhtml。

二、外　文

(一) 专著

A. Doak Barentt, eds, *Chinese Communist Politics in Action*, University of Washington Press, 1969.

A. Doak Barnett, *Cadres, Bureaucracy, and Political Power in Communist China*, New York and London: Columbia University Press, 1967.

A. Doak Barnett, *Communist China: The Early Years* 1949-55, New York: Frederick A. Praeger, Publishers, 1964.

Chao Kuo-Chun, *Agrarian Policy of the Chinese Communist Party* 1921-1959, Asia Publishing House, 1960.

Dorothy J. Solinger, *Regional government and Political Integration in Southwest China*, 1949-1954, *A Case Study*, Berkeley: University of California Press, 1977.

Gordon Bennett, *Yundong: Mass Campaigns in Chinese Communist Leadership*, Berkeley, CA: University of California Press, 1976.

Hua-yu Li, *Mao and the Economic Stalinization of China*, 1948-1953, Roman & Littlefield Publishers, Inc, 2006.

James Z. Gao, *The Communist Takeover of Hangzhou: The Transformation of City and Cadre*, 1949-1954, Honolulu: University of Hawai'i Press, 2004.

Jeremy Brown andPaul Pickowicz (eds), *Dilemmas of victory: The early years of the People's Republic of China*, Harvard University Press, 2007.

John P. Burns, *Political Participation in Rural China*, Berkely: University of California Press, 1988.

Pranz Schurmann, *Ideology and Organization in Communist China*, University of California press, 1968.

Richard L. Walker, *China under Communism: The First Five Years*, New Haven: Yale University Press, 1955.

Vivienne Shue, *Peasant China in Transition: The Dynamics of Development Toward Socialism*, 1949 - 1956, Berkeley and Los Angeles: University of California, 1980.

Yung-fa Chen, *Making Revolution: The Communist Movement in Eastern and Central China*, 1937 - 1945, Berkeley: University of California Press, 1986.

二、(学位) 论文

Car F. Pinkele, *Local Government and Politics in the People's Republic of China: 1949-1952*, PhD. Dissertation, The New School for Social Research, 1974.

David S. G. Goodman, Li jingquan and the South-west Region,

1958-66: The Life and "Crimes" of a "Local Emperor", *The China Quarterly*, No. 81, 1980.

David S. G. Goodman. , *Central - provincial Relations in the People's Republic of China*: Sichuan and Guizhou, 1955 - 1965, PhD. Dissertation, SOAS, 1981.

Ezra Vogel, Land Reform in Kwangtung 1951 - 1953: Central Control and Localism, *The China Quarterly*, No. 38, 1969.

Fang Shu, Campaign of Party - Expansion of The Chinese Communist Party in 1952, *Communist China Problem Research Series*, Nov. 1953, The Union Research Institute. 牛津大学中国研究中心图书馆藏。

H. F. Schurmann, Organisational Principles of the Chinese Communists, *The China Quarterly*, No. 2, 1960.

Joan W. Scott, "Gender: A Useful Category of History Analysis", *The American Historical Review*, Vol. 91, No. 5, 1986.

John Wong, *Chinese Land Reform in Retrospect*, Land Tenure Center, University of Wisconsin-Masison, April, 1974. 牛津大学中国研究中心图书馆藏。

Julia C. Strauss, Morality, Coercion and State Building by Campaign in the Early PRC: Regime Consolidation andafter, 1949-1956, *The China Quarterly*, No. 188, 2006.

Julia C. Strauss, Paternalist Terror: The Campaign to Suppress Counterrevolutionaries and Regime Consolidation in the People's Republic of China, 1950-1953, *Comparative Studies in Society and History*, Vol. 44, 2002.

Richard H. Solomon, On Activism and Activists: Maoist Conceptions of Motivation and political Role Linking State to Society, *The China Quarterly*, No. 39, 1969.

Shu fang, "Campaign of Party-Expansion of the Chinese Communist

Party in 1952", *The Union Research Institute*, Nov, 1953, Hongkong. 牛津大学中国研究中心图书馆藏。

Steve A. Smith, Local Cadres Confront the Supernatural: The Politics of Holy Water (Shenshui) in the PRC, 1949–1966, *The China Quarterly*, No. 188, 2006.

Thomas P. Bernstein, Problems of Village Leadership after Land Reform, *The China Quarterly*, No. 36, 1968.

后 记

看着眼前的书稿，不禁百感交集。以前总看别人的书，现在自己即将出版学术著作，不免有些诚惶诚恐。学界流传着这么一句话：一个人的博士学位论文很可能是他学术水平的最高峰。原因在于此后很难有如此集中的时间与精力去心无旁骛地完成一本学术著作。与很多宏大题目的著作相比，本书仅仅是一个县的个案研究，在吸引读者的阅读兴趣方面可能并不如意，在选题时就已"输在起跑线上了"。不过，与既有同类主题著作不同的是，本书侧重于"人"的研究，对政权建设中的"人"，也就是不同层级的干部群体进行专题分析，避免过度关注"组织"而忽视"人事"。虽不敢妄言"填补空白"，但仍希望"取法乎上"，让这本小书在本研究领域能有微末贡献。

有言道，"秀才人情纸半张"。这本书之所以能付梓，得益于诸多师友的帮助，特借此机会致谢。

首先感谢我的导师申晓云教授。自硕士阶段起，我就受教老师门下并有幸成为申老师招收的最后一届博士生，也就是学界所称的"关门弟子"。为此，在读期间我始终如履薄冰，时刻以此自勉，努力不负老师期望。在南大六年时间里，申师曾多次带领各位同门外出踏青，紫金山、玄武湖、明孝陵、栖霞山、阳山碑材、镇江金山寺、常州青果巷……都留下了我们的足迹。大家在老师的带领下，颇有"风乎舞雩，咏而归"的味道。这些都给我们留下了珍贵而又难忘的回忆。在本书即将出版之际，老师又欣然拨冗作序，这些都体现了她对弟子的关心与支持。

感谢牛津大学万灵学院的史密斯（Steve A. Smith）教授。在读博期间，承蒙南京大学历史学院院长张生教授的关心，我争取到了研究生院资助博士生短期出国访学项目的支持。由于在签证申请过程中出现了插曲，此次访学一波三折，史密斯教授不得不通过万灵学院发出了两次纸质版邀请函。要知我之前与他素未谋面，对于一个来自遥远国度的学生提出的申请，他不厌其烦地通过官方给我发出两次邀请函，可以想见这需要多大的热心才能做到。在抵达牛津后，史密斯教授不仅为我的研究课题提供重要指引，而且协助我办理图书阅读证，使我得以前往牛津大学博德利图书馆以及中国中心图书馆查阅资料。同时，他知道我是四川人，还特意请我前往牛津汽车站旁边一家名为"成都印象"的中餐馆吃川菜，让我这个来自异国他乡的学生感动不已。

感谢本科和硕、博阶段就读母校——四川师范大学和南京大学的各位师长。四川师范大学是我接受高等教育的第一站，在狮子山求学的四年时光，是忙碌而又充实的。在博士论文撰写阶段，四川师范大学历史文化学院黄天华教授建议笔者注意新政权中的干部群体，这一思路为本课题的研究提供了重要启示。南京大学是我硕士、博士阶段的母校。作为一所声誉卓著的百年名校，南大"诚朴雄伟、励学敦行"的校训，始终激励着每一个南大学子"嚼得菜根，做得大事"，南大历史学系（后更名为历史学院）各位师长以严谨的学术品格、资深的学术造诣、卓越的学术追求，给我们树立了典范和榜样。

感谢笔者就职的四川大学马克思主义学院对本书出版的大力支持，如果没有学院出版基金的资助，本书如期问世的难度可想而知。学院党委书记李栓久教授、常务副院长张洪松教授、副院长刘肖教授以及历任教学科研科科长韩枫、徐冠楠老师，为本书的出版给予了很多关心。笔者所在的中国近现代史纲要教研室诸位同事更是互帮互助，共同营造了一个和谐与温馨的大家庭。

从事学术研究是一个枯燥而又漫长的工作，感谢内子袁瑕对笔者一直以来的理解和支持，寒暑假期她还曾陪我前往档案馆查阅资料和从事田野调查。记得有一次我们在乡下乘坐农村公交车，车上除了赶集的乡亲们，还挤满了一群特殊的乘客——猪仔和鸡鸭，它们特有的叫声和气味与汽车的轰鸣声、乡亲们的笑谈声相映成趣，更为田野调查增添了特别的回忆。2021年，我们家增添了新成员，岳母对瑞瑞的悉心照顾，更是为我们免除了很多后顾之忧。

本书在资料搜集阶段，得到了以下档案馆、图书管理机构的大力支持：中国第二历史档案馆、四川省档案馆、达州市档案馆、通江县档案馆、英国国家档案馆、台湾地区"国史馆"、国家图书馆、上海图书馆、南京图书馆、牛津大学博德利图书馆、牛津大学中国中心图书馆、香港中文大学中国研究服务中心、南京大学图书馆、《达州日报》社资料室。特别鸣谢时任达州市档案局局长的张强先生，他不仅给予我查阅资料的诸多便利，还与我就相关问题展开讨论。没有上述单位和同人的大力支持，要完成本课题是不可想象的。同时也感谢各位受访者对于笔者田野工作的积极支持与配合，为本书提供了大量第一手口述文献。在本书出版之际，他们中的一些人已撒手人寰，但令人欣慰的是，他们一些记忆已通过文字的形式留存，也算是我对他们做的一点微不足道的工作。

在本书的出版阶段，得益于河北师范大学历史文化学院谭徐锋教授的引荐，当代中国出版社对本书的出版给予大力支持，当代中国出版社副总编辑高山先生、编辑沈秋彤女士为本书的编辑工作付出了很多辛劳。

此外，马克思主义学院研究生杨琼、龚顺森、卢洪容、高海涛、陈音宇，历史文化学院研究生张晓梅，马克思主义学院本科生代汝欣、周佳怡、李佳佳等诸位同学在文字校对和引文核对等方面做了大量的工作，特在此一并致谢。

由于学识有限，书中疏漏和错误难以避免，衷心希望能得到学界各位同好的批评与指教。

何志明
2023 年 4 月 20 日于四川大学江安校区文科楼